김 유 신

이종욱

서강대학교 사학과에서 역사를 전공하고 동 대학원에서 신라사로 석사학위와 박사학위를 받았다. 미국 캔자스대학교 대학원 인류학과에서 인류학을 공부했고, 캐나다 브리티시컬럼비아대학교 대학원 인류학 및 사회학과에서 인류학·고고학·사회학을 공부했다. 1977년부터 영남대학교 국사학과 교수로 재직하였으며, 1985년 9월 서강대학교 교수로 부임했다. 서강대학교 제13대 총장을 역임했고 현재는 동 대학 사학과의 명예교수로 있다.

한국 고대의 건국 신화, 초기국가 형성, 대외관계, 정치제도, 지방제도, 왕위 계승, 골품제도, 친족제도, 화랑도 등의 역사를 하나의 틀 속에서 해명해왔다. 이는 한국 고대사 연구의 패러다임을 바꾸려는 작업이었다. 특히 최근 나타난《화랑세기》를 신라판 역사로 인정하는 작업의 중심에 서 왔다.

〈남산신성비를 통해 본 신라의 지방통치체제〉 등 많은 논문을 발표해왔고, 《신라상대왕위계승연구》(1980),《신라국가형성사연구》(1982),《신라골품제연구》(1999),《역주해 화랑세기》(1999),《화랑세기로 본 신라인 이야기》(2000),《신라의 역사》(2002),《화랑》(2003),《대역 화랑세기》(2005),《춘추》(2009),《신라가 한국인의 오리진이다》(2012),《상처받은 신라》(2016) 등의 저서를 출간해왔다.

김유신

초판 1쇄 인쇄   2022년 9월 28일
초판 1쇄 발행   2022년 10월 6일

지은이   이종욱
펴낸이   김경희

펴낸곳   **지식산업사**
           본사 10881, 경기도 파주시 광인사길 53 (문발동)
               전화 (031)955-4226~7   팩스 (031)955-4228
           서울사무소   03044, 서울시 종로구 자하문로6길 18-7 (통의동)
               전화 (02)734-1978,1958   팩스 (02)720-7900

등록번호   1-363
등록날짜   1969년 5월 8일
누리집   www.jisik.co.kr
전자우편   jsp@jisik.co.kr

ⓒ이종욱, 2022
ISBN 978-89-423-0031-0 (03910)

김 유 신

이 종 욱

지식산업사

책머리에

꿈은 이루어진다고 한다. 하지만 꿈을 꾸는 사람이 있어야 그 꿈은 이루어질 수 있다. 신라에는 역사를 만들 거대한 꿈을 꾸고 한평생 목숨 걸고 노력하여 그 꿈을 이룬 사람이 있었다. 이 책에서 다루는 김유신金庾信[595~673년]이 바로 그 주인공이다.

《화랑세기》에 나오는 김유신은 10대의 나이에 두 가지 꿈을 꾸고 그 꿈을 실현하고자 기획했다. 하나는 609년 열다섯 살 때 고구려와 백제를 평정하겠다는 호국護國의 꿈이고, 다른 하나는 612년 열여덟 살 때 열 살의 김춘추를 미래에 군주로 세우겠다는 보국報國의 꿈이다. 이 두 가지 큰 꿈을 이룬 김유신을 신라인들은 "신국지웅神國之雄" 곧 신라의 영웅이라 한 사실이 《화랑세기》에 나온다.

김유신의 보국의 꿈이 아니었다면, 김춘추는 진덕여왕 대에 동궁東宮이 되고 당 태종을 만나 청병할 기회를 얻을 수 없었고, 왕이 될 수도 없었다. 또한, 그의 호국의 꿈이 아니었다면 신라의 삼한통합은 이루어질

5

수 없었을 것이다. 그리고 신라의 삼한통합은 그 뒤 한국사의 전개와 무관할 수 없다. 김유신의 한평생은 다양하게 전개될 수 있던 한국사의 방향을 현재에 이르도록 결정한 것이라 하겠다. 이 책에서 나는 김유신의 두 가지 꿈을 화두로 삼아 그의 한평생에 관한 이야기를 펼쳐 나가겠다.

나는 2007년 9월부터 1년 동안 경주에서 연구년을 보내며 이 책을 쓰기로 했다. 그런데 그때 그곳에서 나는 신라 건국 신화와 초기 역사에 나오는 신라인을 시조로 하는 종성宗姓〔박·석·김씨〕과 육부성六部姓〔이·정·최·손·설·배씨〕의 조상과 이 책의 주인공인 김유신의 위패를 모신 사당이 있어, 그 후손이 연중 여러 차례 제사를 지내는 것을 보았다. 그리고 이들 성씨의 후손이 한국인 인구의 절반이 넘는다는 사실도 알았다. 이로써 신라·신라인의 역사가 오늘의 한국·한국인과 강하게 연결되어 있다는 사실을 되새기게 되었다. 그리고 이 같은 일이 벌어진 까닭은 김유신이 꾸었던 호국과 보국의 꿈과 연결된다는 사실도 주목하게 되었다. 그 과정에 김춘추와 김유신을 주목했고《춘추-신라인의 피, 한국·한국인을 만들다》(2009, 효형출판)를 먼저 출간하였다.

《화랑세기》가 아니었다면 이 책을 쓸 수 없었다. 고려 관점으로 편찬된 고려판《삼국사기》나《삼국유사》도 소중한 자료지만, 두 책은 고려인의 필요에 따른 저술 목적에 맞는 역사를 만들어내는 과정에 김유신에 대한 다른 많은 이야기를 은폐하였다. 그와 달리 신라 관점으로 저술된 신라판《화랑세기》는 그 저술 목적에 따라 김유신에 대한 얽히고 설킨 이야기를 숨김없이 담고 있어 김유신을 신라인으로 살려내는 데 더없이 소중한 자료가 된다.

신라사에 대해 절묘한 가설을 세워온 연구자는《화랑세기》가 신라인의 저술이라는 사실을 인정하고 있다.《화랑세기》는 그 안에 담긴 신라의 제도나 용어가 다르다고 하여 부정당할 책이 아니다. 《화랑세기》에 담겨 있는 미스터리 같은 이야기를 오늘의 이야기로 풀어내려면 역사적 상상력과 준비가 필요하다. 다행히 나는 인류학·사회학을 공부할 기회가 있었기에 《화랑세기》가 담고 있는 의미를 파악해 김유신에 관한 이 책을 쓸 수 있었다. 나는 지난 100여 년 동안 현대의 관점에서 정치의 도구로 만들어진 현대판 김유신이 아니라, 《화랑세기》를 비롯한 모든 사료에 담겨 있는 신라의 제도와 용어를 당당하게 풀어내 가능한 한 신라인 김유신을 살려내었다.

이 책에서 다루는 내용은 이렇다. 먼저 《화랑세기》를 가지고 김유신의 가문과 탄생 그의 골품 그리고 선문仙門에서 활동 특히 10대 때부터 그가 품었던 호국護國과 보국報國의 두 가지 큰 꿈을 이야기할 것이다. 이어 《화랑세기》와 《삼국사기》 등의 자료를 가지고 629년 김유신이 군사 엘리트로서 등장하는 과정, 진덕여왕 대의 김유신, 태종무열왕 대의 김유신과 백제 정복, 문무왕 대의 김유신과 고구려 정복 그리고 김유신의 죽음과 그 일족의 역사를 차례로 다룰 것이다.

이렇게 김유신이 중심이 되어 김춘추를 왕으로 세운 뒤 이루어낸 신라의 삼한통합은 망할 수도 있던 신라를 살려내 한국의 역사를 삼국 시대에서 대신라[이른바 통일신라]라는 새로운 시대로 전환시켰다. 그리고 현재 한국인의 다수가 신라인을 시조로 하는 씨족임을 자처하도록 만들었다. 이 같은 사실을 인정하면, 어린 김유신의 꿈이 김춘추의 즉위와 삼한통합으로 이어졌고 한국인을 고구려나 백제 오리진이 아니라 신라 오리진으로 만들었다는 사실도 알 수 있다. 김유신은 분명 시대가 만들어낸 인물이지만, 그는 새로운 시대를 만들어낸 영웅이기도 하다.

감사 인사를 드려야 할 분이 많다. 모든 분께 늘 감사한다. 특히 이

책과 관련하여 인류학을 공부할 기회를 마련해준 로버트 M. 파일Robert M. Pyle 선생께 감사하다. 인류학적 관점이 아니었다면 이 책을 구상할 수 없었다. 아울러 독자들께 이 책의 수정·보충을 약속드리며 이 책《김유신》을 통해 역사의 힘을 느낄 수 있게 되기를 바란다.

돌이켜보면, 나는 1974년 석사학위 논문을 발표한 뒤 반백 년 가까이 근현대 한국 사학과는 다른 무대에 서서 새로운 시각으로 신라 역사를 탐구해왔다. 어떤 면에서 제로 베이스에서 이루어온 내 역사 탐구를 긍정적으로 평가해주시고, 신라가 망한 뒤 특히 지난 100여 년 동안 만들어진 김유신과 다른 신라 관점의 김유신을 살려낸 이 책의 가치를 인정해주신 지식산업사에 감사한다.

2022년 5월 12일
자곡동 못골마을에서
이종욱 씀

《화랑세기》에 나오는 김유신 세보의 주요 인물

김춘추金春秋(태종무열대왕): 김유신의 여동생 문희와 혼인한 김춘추는 그와 문희 사이에 태어난 딸인 지조를 김유신에게 시집보내 김유신과 중복된 인척 관계를 맺어 김유신의 계보를 강화해주었다.

만명萬明: 김유신의 어머니로 만호태후의 딸, 제26대 진평왕의 사매私妹로 어머니(만호태후)가 같았다.

만호萬呼: 김유신의 외할머니이며 제26대 진평왕의 어머니이고, 선덕여왕과 진덕여왕의 할머니이다.

무력武力: 김유신의 할아버지이며, 제24대 진흥왕의 딸인 아양공주와 혼인하여 김유신의 아버지 서현을 낳았다.

문희文姬(문명왕후, 문명황후, 문명태후): 김유신의 누이동생으로 김춘추와 혼인하였고, 김춘추가 왕이 되자 왕후가 되었다. 아들인 문무왕이 즉위하자 태후가 되었다.

법민法敏(문무왕): 김춘추와 문희의 아들 법민은 제30대 문무왕이 되었다.

보라宝羅**궁주**: 김춘추의 첫 번째 부인으로 642년 대야성에서 백제군에게 죽은 고타소의 어머니이다.

서현舒玄: 무력과 아양공주〔진흥왕과 사도왕후의 딸〕의 사이에서 태어난 아들로 만명과 혼인하여 김유신을 낳았다.

선덕善德**공주(선덕여왕)**: 제26대 진평왕의 둘째 딸로, 그녀의 할머니 만호태후는 김유신의 외할머니이다.

아양阿陽**공주**: 제24대 진흥왕과 사도왕후의 딸로 김유신의 할아버지 무력과 혼인하였다.

영모令毛: 11세 풍월주 하종의 딸로 김유신의 첫 번째 부인이 되었다.

용수龍樹: 제25대 진지왕의 아들로 김춘추의 아버지이다. 김유신의 할머니 아양공주와 진지왕은 남매사이로 김유신과 김춘추는 촌수로는 육촌 사이였고, 김춘추가 왕위에 오르며 문흥대왕으로 추봉하였다.

용춘龍春: 용수의 동생으로 형 용수가 세상을 떠나자 용수의 부탁으로 형수인 천명부인과 조카 김춘추를 맡았고, 김춘추가 왕위에 오르며 갈문왕으로 추존하였다.

지조智照**(지소**智炤**)부인**: 김춘추와 문희 사이의 딸로, 655년 김유신에게 시집가 김유신의 두 번째 부인이 되었다.

진덕여왕眞德女王: 제26대 진평왕의 동생인 국반갈문왕의 딸로 제28대 진덕여왕의 할머니 만호태후는 김유신의 외할머니이다.

진지왕眞智王: 김유신의 할머니 아양공주와 제25대 진지왕은 제24대 진흥왕과 사도왕후 사이에 출생한 남매가 되었다.

진흥왕眞興王: 제24대 왕으로 김유신의 할머니 아양공주의 아버지.

(김)흠순欽純: 김유신의 동생.

차 례

만노군에서 태어나고 성장한 김유신
(595~609년)

《화랑세기》를 보면 신라인들이 김유신을 "신국지웅神國之雄" 곧 신라의 영웅이라고 불렀다. 영웅의 탄생과 성장에는 다 이유와 배경이 있다. 김유신의 탄생과 성장도 그러하다. 이번 장에서는 탄생에서부터 열다섯 살이 되어 서울인 왕경으로 갈 때까지 만노군에서 살던 김유신에 대해 살펴보기로 한다.

먼저 김유신의 부계 가계 조상들이 신라 최고의 군사 엘리트 가문을 형성했다는 사실을 보겠다. 특히 532년에 금관국을 들어 신라에 항복한 구충왕과 그의 세 아들이 신라의 진골 신분을 가진 이유를 밝힐 것이다. 이와 관련하여 김유신의 증조 구충왕이 진골 신분을 가질 수 있었던 이유부터 알아보겠다. 이어 김유신의 할아버지 무력의 군사적 활동과 아양공주와의 혼인을 주목하겠다. 김유신의 아버지 서현의 활동에 대하여 알아보고, 서현과 만명의 혼인이 쉽지 않았던 사실도 살펴보겠다.

이어 김유신의 탄생과 성장에 대해 보기로 한다. 김유신은 왜 만노군에서 탄생했을까? 《화랑세기》에는 《삼국사기》와 다른 이유가 나오고, 김유신이 열다섯 살이 되었을 때 서울인 왕경으로 간 이유도 나온다. 이를 보기로 한다. 여기서는 김유신이 만노에서 영웅의 길을 걸을 준비를 했다는 사실도 이야기할 것이다.

1.1.
김유신의 조상들,
조고지업祖考之業을 이은 군사 엘리트 가문

668년 문무왕이 당나라 장군 이세적李世勣〔또는 이적이라 불렀음〕과 함께 평양을 함락하여 고구려를 멸망시키고 돌아와 남한주南漢州(남쪽 한산주, 경기도 하남시)에 이르렀을 때 김유신의 조상과 관련하여 신하들에게 한 말이 있다.

"옛날 백제의 명농왕明襛王〔성왕〕이 고리산에 있으면서 우리나라를 침공하려 하자, 유신의 할아버지 각간角干 무력武力이 장수가 되어 적군을 맞아 싸워 이긴 기세를 타고 그 왕과 재상 네 명 그리고 사졸들을 사로잡아 그 충격을 막았다. 또 그 아버지 서현舒玄은 양주 총관이 되어 여러 차례 백제와 싸워 그 강한 선봉을 꺾어 변경을 침범하지 못하게 하니, 변방의 백성은 편안히 농사를 짓고 누에를 치며 군신은 밤낮의 근심이 없어졌다. 이제 유신이 조고지업祖考之業〔할아버지와 아버지의 유업〕을 이어 사직을 지키는 신하가 되어 출장입상出將入相〔난시에는 싸움터에 나가 장군이 되고 돌아와서는 재상이 됨〕하니 공적이 빼어났다. 만약 유신공의 한 가문에 힘입지 않았다면 나라의 흥망을 알 수 없을 것이다. 이제 그 관직과 상을 마땅히 어떻게 하면 좋겠는가?" 군신群臣이 말했다. "참으로 대왕의 생각과 같습니다." 이에 유신에게 태대서발한太大舒發翰이라는 직과 식읍 5백 호를 내리고 수레와 지팡이를 주었으며, 궁전에 오를 때 예의에 맞도록 허리를 굽히고 종종걸음으로 걸어가지〔趨蹌〕 않도록 했다(《삼국사기》 43, 〈열전〉 3, "김유신 (하)").

위의 기록을 보면 문무왕의 말 가운데 김유신이 "조고지업"을 이어 사직을 맡은 신하가 되어 출장입상出將入相하였다는 부분이 있다. 출장입상 자체가 "군사 엘리트(군사적 지배세력)" 가문의 존재를 가리키는 것은 아니다. 그러나 김유신이 할아버지 무력과 아버지 서현의 업業을 이어 신라의 사직을 지켜낸 일을 신라인 모두가 인정하였음을 확인할 수 있다. 특히 무력과 서현의 군사적인 공을 이야기한 것은 의미가 있다. 거기에 더하여 위의 기록은 백제와 고구려를 멸망시키는 데 공을 세운 김유신에 대한 포상을 논한 것이다. 나는 이로써 무력 - 서현 - 유신으로 이어지는 군사 엘리트 가문의 탄생에 주목하였다.

가야에서 항복해 들어온 구충왕의 직계 후손으로서 신라에서 최고 지배 세력으로 뿌리내리는 최선의 지름길이자 현명한 방법은 군사 엘리트가 되는 것이었다고 여겨진다. 구충왕부터 보자.

1) 김유신의 증조 구충왕이 신라에서 진골이 된 이유

여기에서 궁금한 점이 하나 있다. 김유신의 증조인 구충왕(구형왕·구해)이 532년 금관국(금관가야·가락국)을 들어 신라에 항복해 왔을 때 신라에서는 구충왕과 그의 세 아들을 진골로 대우해주었다는 점이다. 무엇이 그들을 진골로 편입토록 했을까? 그에 대한 답을 《화랑세기》에서 찾을 수 있다.

| 신라에 항복한 금관국의 구충왕 |　《화랑세기》와《삼국사기》·《삼국유사》는 김유신의 증조에 관해 이야기하며 서로 다른 내용을 보여준다. 이름부터도 다르게 기록하였다.

　먼저《삼국사기》에서 김유신의 증조 김구해(구충왕)가 신라에 항복해 들어왔을 때의 장면을 볼 수 있다.

　　[법흥왕] 19년[532년] 금관국의 주主 김구해가 왕비와 세 아들, 장자인 노종奴宗, 둘째 무덕武德, 막내 무력武力과 함께 국고의 보물을 가지고 와서 항복하므로, (법흥)왕이 예로써 그들을 대우하고, 상등上等의 직위를 주었으며, 그 본국을 식읍食邑으로 삼게 했다. 아들 무력은 벼슬하여 각간에 이르렀다(《삼국사기》4, 〈신라본기〉4, 법흥왕 19년).

　위 기록을 보면, 금관국의 왕 김구해가 신라에 항복해 왔을 때 신라 법흥왕이 그들에게 상등의 직위를 주었다고 나온다. 상등이 무엇인지 알 수 없으나, 신라의 17관등 가운데 진골만이 오를 수 있던 제5등 대아찬大阿飡 이상의 관등이었던 듯하다. 김구해의 아들 무력은 각간角干이 되었다고 한다. 각간은 17관등 가운데 최고 관등이다. 따라서 무력을 포함해 상등의 위를 받은 김구해와 그의 세 아들 모두 진골 대우를 받았음이 분명하다.《삼국사기》에는 김구해와 그의 세 아들이 어떤 이유로 진골 신분을 갖게 되었는지는 기록이 없다.

　다음은《삼국유사》"가락국기"에 나오는 기록을 통해 구형왕(구충왕)이 신라에 항복해 들어오는 장면을 보자.

　구형왕仇衡王: 김씨金氏이다. 정광正光 2년[521년]에 왕위에 올랐는데,

17

……중대통中大通 4년[532년] 임자 신사辛巳에 제23대 법흥왕이 군사를 일으켜 [가락국(김해 지역의 소국, 금관국, 금관가야, 대가야라고도 일컬음)을] 정벌하자 왕이 친히 군졸을 거느리고 지휘했으나, 저편 군사가 많고 이편 군사가 적어서 맞서 싸울 수 없었다. 이에 왕은 동기 탈지이질금脫知爾叱수을 보내 본국에 머물게 하고, 왕자와 장손 졸지공卒支公 등과 함께 항복해서 신라로 들어왔다(《삼국유사》 2, 〈기이〉 2 (하), "가락국기").

《삼국유사》에 나오는 위의 기록을 보아, 532년 구형왕이 신라에 항복한 것은 법흥왕이 군사를 거느리고 가락국을 정벌하러 왔기 때문임을 알 수 있다. 그리고 구형왕이 그의 동생 탈지이질금脫知爾叱수을 가락국(금관국)에 머무르도록 한 조치도 나온다. 구형왕은 왕자와 장손을 거느리고 신라에 항복했다. 그런데 이 기록을 보아서도 구형왕과 그의 아들들이 신라의 진골 신분으로 편입된 이유를 알 수 없다.

그와 달리《화랑세기》15세 풍월주 유신공 조에는 구충왕이 진골이 될 수밖에 없었던 이유가 나온다. 여기서 구체적인 이유를 보겠다.

|신라의 골품 있는 여자를 아내로 맞이한 금관국 왕들| 구충왕의 증손인 김유신이 진골 신분을 얻은 이유부터 보겠다. 김유신의 출생과 성장에 관하여 이야기하려면 그의 직계가계 조상부터 살펴야 한다. 먼저 《화랑세기》에 나오는 다음 기록을 보자.

겸지鉗知[492~521년, 금관국 제9대 왕]는 다섯 형제가 있었는데 모두 우리나라[신라]의 골품骨品이 있는 여자를 아내로 맞이했고, [나라] 안에서 우리나라 조정에 부용(內附)했다. ……겸지왕이 이에 납수를 보내어 청혼하였다. [신라] 조정에서는 출충出忠 각간의 딸 숙씨를 허락하여 보냈다. 겸지는 그 아름다움을 좋아하여 왕후로 삼아 구충仇衝[521~532년, 금관국 제10대 왕]을 낳았다. 구충은 계황의 딸인 계화桂花를 아내로 맞아 왕후로 삼아 무력武力과 무득武得을 낳았다. 모두 우리나라에 왔는데 조정에서 예를 갖추어 대접했다. 무력은 진흥제의 딸 아양阿陽을 아내로 맞아 서현을 낳았다. 서현은 만호태후의 딸 만명을 아내로 맞아 [유신]공을 낳았다. 그러므로 공은 실로 진골眞骨·대원大元·가야加耶 3파의 자손이다. ……좌지坐知[금관국 제6대 왕]는 색을 좋아하여 각국의 여자를 아내로 맞아 왕후로 삼았는데 우리나라에서도 도령道寧 아찬의 딸 복수福壽를 보내어 아들인 취희吹希[금관국 제7대 왕]를 낳았다. 좌지가 크게 기뻐하여 정후正后로 삼았다. 금관(국)에서 우리나라의 여자를 왕후로 삼는 것이 이에서 비롯했다(《화랑세기》15세 풍월주 유신공).

《화랑세기》15세 풍월주 유신공 조의 "세계"에 들어 있는 위의 기록이 수수께끼 같은 이야기라고 할지도 모르겠다. 그러나 이 이야기에는 김유신을 이해하는 데 다른 자료에서는 찾아볼 수 없는 중요한 사실들이 담겨 있다.

첫째, 다른 사서와 달리 《화랑세기》에는 구충과 계화 사이에 두 아들 이름만 나온다. 그렇더라도 《화랑세기》에 나오는 겸지왕 – 구충왕 – 무력 – 서현 – 김유신으로 이어지는 직계가계를 알 수 있다. 이 같은 계보 가운데 겸지왕 – 구충왕 – 무력에 대한 가계는 《삼국유사》"가락국기"에도 보인다. 《삼국유사》"김유신" 조에는 무력 – 서현 – 김유신으로 이어지는 가계가 기록되어 있다. 《삼국사기》〈열전〉"김유신 (상)"에는 금관국의 시조 수로왕의 9세손인 구해(구충왕)가 김유신의 증조로 나오고, 이어 할아버지 무력과 아버지 서현에 대해 나온다.

둘째, 《화랑세기》를 보면 금관국의 왕들이 신라 여자를 왕비로 삼았다는 사실을 알 수 있다. 지금까지 《삼국사기》나 《삼국유사》로는 이 같은 사실을 알 수 없었다. 《삼국사기》에는 금관국 왕들의 계보가 없다. 《삼국유사》 "가락국기"에는 금관국의 시조 수로왕에서 제10대 구충왕까지의 계보와 왕비에 대한 기록이 나오고, 왕비의 이름이나 왕비의 아버지에 대한 기록은 《화랑세기》의 그것과 일치한다. 그런데 《삼국유사》 "가락국기"는 금관국 왕비 가운데 신라 여자들이 있다는 사실은 밝히지 않았다. 금관국 제6대 좌지왕부터 신라 여자를 왕후로 삼기 시작했다는 《화랑세기》의 내용은 김유신의 증조인 구충왕과 그의 아들들이 신라에 항복해 왔을 때 진골로 대우한 이유를 밝혀주는 근거가 된다.

셋째, 김유신의 고조高祖가 되는 금관국 제9대 겸지왕 오형제가 모두 신라의 골품 있는 여자를 아내로 맞았다는 기록에도 주목할 필요가 있다. 여기서 말하는 골품은 진골을 의미한다. 532년 구충왕이 신라에 항복해 올 때 구충왕과 그의 아들들 몸속에 흐르는 신라 진골의 피는 이들을 진골 신분으로 편입할 이유가 되었다고 여겨진다.

┃ 신라인의 피를 더 많이 지니고 신라에 항복한 구충왕 ┃　　나는 2002년 《화랑세기》를 통해 김유신이 왜 신라 최고의 신분을 가질 수 있었는지 밝혔다. 그러나 그때는 《화랑세기》에 나오는 자료에서 구충왕에게 신라인의 피가 어느 정도 들어 있었는지를 따지지는 않았다.

《화랑세기》 15세 풍월주 유신공 조의 "세계"를 보면 금관국의 제6대 좌지왕부터 신라 여자를 왕후로 삼았다는 사실을 알 수 있다. 그 때문에 금관국 왕들에게 신라인의 피가 들어가기 시작하였다.

구충왕이 그의 아들들과 함께 신라에 항복했을 때, 신라에서 그들을 진골로 편입한 것은 그들의 몸속에 있던 신라인의 피를 인정해준 것이다. 532년 이후 구충왕과 무력은 당당하게 신라인이 되었다. 그들에게 신라인, 그중에서도 진골의 피가 많이 들어 있었다는 사실은 누구나 알고 있었다. 그 결과 구충왕과 그를 시조로 하는 종족의 자손들은 신라의 진골로 편입될 수 있었다. 그러나 부계제 사회였던 신라에서 모계를 통해 신라인의 피가 흐르던 구충왕과 그의 아들들을 진골로 편입한 것은 특별한 정치적 배려였다고 생각되지만, 그 이유에 대해 좀 더 생각할 여지가 있다고 본다.

┃신라인을 등용한 금관국, 신라에 온 금관국인┃ 구충왕과 그의 아들들이 신라의 진골로 편입된 데는 또 다른 이유가 있었다. 《화랑세기》에는 금관국의 제7대 취희왕吹希王[421~451년]이 즉위하자 그의 어머니 복수〔신라 도령 아찬의 딸〕가 태후로서 집정하여 신라인을 많이 등용했다고 한다. 금관국 사람들 또한 많이 신라에 왔고, 두 나라 사이의 관계는 점점 밀접해졌다. 취희왕은 신라 진사 각간의 딸 인덕을 왕후로 맞아 질지를 낳았는데, 바로 김유신의 5대조였다. 취희왕 이후로 금관국과 신라 왕실의 인적 교류가 활발했다는 사실을 알 수 있다.

《화랑세기》15세 풍월주 유신공 조의 "세계"에 따르면 금관국 왕들은 5세기 초 제6대 좌지왕坐知王[407~421년]부터 532년 구충왕이 신라에 항복하기까지 100년이 넘는 기간 동안 신라에 부용附庸했다고 한다. 그동안 신라인들은 금관국 사람들을 다른 나라 사람과 달리 잘 대우해주었다. 좌지왕 이후 금관국의 왕들은 신라 여자를 왕비로 삼았고, 정치적으로도 신라의 간섭을 받았다. 금관국 왕자들이 신라에 다녀가기도 했다. 그렇기에 구충왕이 신라에 항복해 들어올 때 신라 조정에서 그 일족을 신라의 진골 신분으로 편입시키는 데 걸림돌이 없었던 것이다.

2) 김유신의 할아버지 무력과 할머니 아양공주

구충왕의 아들이자 김유신의 할아버지인 무력에 대해 주목할 사실이 있다. 그의 혼인이다. 《화랑세기》 15세 풍월주 유신공 조에 "무력은 진흥제의 딸 아양阿陽을 아내로 맞아 서현을 낳았다."라고 나온다. 《화랑세기》 11세 풍월주 하종 조에는 사도법주의 딸 아양공주가 서현의 어머니였다고 나온다. 이로써 진흥왕과 사도왕후 사이에 출생한 아양공주가 김유신의 할머니였던 것을 알 수 있다.

김유신의 할아버지 무력은 진흥왕의 사위였다. 유신의 아버지 서현은 외조부모인 진흥왕과 사도왕후에게 도움을 받았고, 어머니인 아양공주에게 지원을 받으며 정치적·군사적 활동을 하였다. 무력에게 태생의 약점으로 여겨온 금관국에서 항복한 세력이라는 불리함은 찾아보기 어려웠다.

실제로 무력은 군사 활동을 활발하게 전개했다. 진흥왕 12년[551년]에 왕은 거칠부 등에게 명하여 고구려를 쳐서 이긴 기세를 타서 죽령竹嶺 밖 고현(미상) 안의 10개 군郡을 빼앗았다. 〈단양 적성비丹陽赤城碑〉의 비문碑文에 무력은 아간지[제6등 아찬]의 관등을 가진 것으로 나오며, 이간지〔이찬伊飡〕 이사부 등과 함께 대중등大衆等으로 나온다. 적성비 건립 연대는 확정하기 어렵지만, 550년 또는 551년 무렵으로 한강 상류를 점령한 뒤의 일이라고 생각할 수 있다.

《삼국사기》에는 진흥왕 14년[553년] 7월 백제의 동북쪽 변읍을 빼앗아 신주新州(한강 하류 경기도 일대를 관할하던 주)를 설치하고 아찬 무력을 군주軍主로 삼았다고 나온다.[1] 무력은 한강 하류 옛 백제 땅을 점령하는 데

---

1   《삼국사기》 4, 〈신라본기〉 4, 진흥왕 14년.

큰 공을 세웠다. 그때 새로 설치된 신주는 한강 하류까지를 영역으로 포함하고 있었다. 진흥왕은 자신의 사위 무력을 신주의 지방 장관이자 군사령관인 군주로 임명했던 것이다.

진흥왕 15년[554년] 7월 백제왕 명농明穠〔성왕聖王〕이 가야〔加良〕와 함께 와서 관산성管山城(충북 옥천군 옥천읍)을 치므로, 각간 우덕과 이찬 탐지 등이 맞아 싸웠으나 전세가 불리하였다. 신주 군주 무력은 주병州兵을 거느리고 가서 교전했는데, 비장裨將인 삼년산군의 고간高干 도도都刀가 급히 쳐서 백제 왕을 죽였다. 이에 모든 군사가 승리한 기세를 타서 크게 이겼는데, 백제의 좌평 4인과 사졸 2만 9600명을 목 베었으며, 한 필의 말도 돌아간 것이 없었다《삼국사기》 4, 〈신라본기〉 4, 진흥왕 15년).

진흥왕 15년, 왕의 사위이자 김유신의 조부인 무력은 더없이 큰 공을 세웠다. 그가 거느린 군대가 백제 제26대 성왕을 잡아 죽인 것이다. 이로써 무력과 그의 집안은 신라의 군사적 지배 세력으로서 지위를 확고하게 굳혔다. 훗날 서현이나 김유신도 그러한 가문을 배경으로 군사적 지배 세력이 되어 자신의 시대를 살아갈 힘을 얻었다고 하겠다.

여기서 한 가지 생각할 문제가 있다. 무력이 아양공주와 혼인한 시기가 언제였느냐는 것이다. 무력이 그의 아버지 구충왕과 신라에 항복한 시기는 532년이었다. 그때 무력의 나이는 알 수 없다. 그가 백제 성왕을 잡아 죽인 때는 554년이었다. 만일 그 공으로 왕의 사위가 되었다면, 무력이 혼인할 때 나이가 적지 않았을 수 있다. 554년 이전에 무력이 아양공주와 혼인했다면 진흥왕이 무력을 사위로 삼은 또 다른 이유가 있었을 것이다. 지금으로서는 그 이유를 알 길이 없다.

3) 김유신의 아버지 서현과 어머니 만명

《삼국사기》에 김유신의 아버지 서현은 벼슬이 소판蘇判, 대량주(경남 합천) 도독大梁州都督 안무대량주제군사安撫大梁州諸軍事에 이르렀다고 하였다. 김유신의 비문을 살펴보면, 아버지를 소판 김소연金逍衍이라 하여 서현이 혹시 이름을 고쳤는지, 혹은 소연이 자字인지 알 수 없다고 하며 의심이 나기에 둘 다 적는다고 덧붙였다.[2]

서현은 앞에서 본 대로 그 어머니가 진흥왕과 사도왕후 사이에서 출생한 아양공주였다. 그렇기에 서현은 성골 왕, 성골 왕실 세력들과 가까운 관계를 맺었다. 제24대 진흥왕은 서현의 외할아버지이고 사도태후는 서현의 외할머니다. 제25대 진지왕은 서현의 외삼촌이었다. 제26대 진평왕은 서현의 외종사촌이다. 이렇게 성골 세력과 관계를 맺는 것은 신라 골품 사회체제에서 말할 수 없이 큰 사회적·정치적 자산이 되는 일이었다.

┃ 서현과 만명의 만남에 도사리고 있던 어려움의 정체 ┃   서현이 만명과 혼인하는 데는 커다란 어려움이 있었다는 사실은 잘 알려져 있다.

실제로 《삼국사기》와 《화랑세기》에 김유신의 아버지와 어머니의 만남에 대한 기록들이 있는데, 어떤 기록도 두 사람의 만남이 순조로웠다고 하지는 않았다. 《삼국사기》의 기록을 보자.

처음에 서현이 길에서 갈문왕 입종의 아들인 숙흘종의 딸 만명을 보고 속으로 좋아하여 눈짓으로 중매를 거치지 않고 관계를 맺었다. 서현이 만

---

2   《삼국사기》41, 〈열전〉 1, "김유신 (상)".

노군 태수가 되어 함께 가려 하니 숙흘종이 그제야 딸이 서현과 야합野合했음을 알고 딸을 미워하여 딴 집에 가두어놓고 사람을 시켜 이를 지키게 했는데, 갑자기 벼락이 집 문을 치니, 지키던 사람이 놀라 정신이 혼란해졌으므로, 만명이 구멍으로 빠져나가 드디어 서현과 만노군으로 갔다(《삼국사기》 41, 〈열전〉 1, "김유신 (상)").

위 기록을 보면 서현과 만명 두 사람의 야합이 문제가 된 것으로 나온다.

그러나 《화랑세기》의 기록을 보면, 서현과 만명의 결혼이 쉽지 않았던 또 다른 이유가 나온다. 서현의 어머니 아양공주와 만명의 어머니 만호태후의 사이가 나빴기 때문에 만호가 결혼을 불허했다는 것이다. 《화랑세기》의 기록을 좀 더 볼 필요가 있다.

┃ 인통이 달랐던 아양공주와 만호태후의 갈등 ┃ 《화랑세기》 15세 풍월주 유신공 조에 따르면, "처음 만명과 서현이 야합하여 임신을 했는데, [만호]태후는 서현이 대원신통류大元神統流이기 때문에 허락하지 않았다."라고 적었다. 서현이 대원신통류였던 것이 만호태후가 두 사람의 결합을 반대한 근본적인 이유였던 것이다.

당시 왕비를 배출하던 계통인 인통姻統에 진골정통과 대원신통 두 가지가 있었음은 이미 밝혔다. 만호태후는 진골정통이었고, 아양공주는 그의 어머니 사도태후의 인통을 이어받아 대원신통이었다. 그렇기에 만호의 딸인 만명은 진골정통이고, 아양공주의 아들인 서현은 대원신통이었다. 서현의 인통이 만명의 인통과 달랐다. 이 때문에 만호태후가 서현을 받아들이지 않았다. 인통이 달랐기에 만호태후와 아양공주는

1.1. 김유신의 조상들, 조고지업을 이은 군사 엘리트 가문

사이도 나빴다. 이는《화랑세기》덕분에 비로소 알게 된 사실이다.

　서현과 만명의 만남은 서현에게는 도움이 되는 일이었다. 만명이 진평왕의 사매私妹였던 것이 그 한 이유다. 진평왕은 진흥왕의 맏아들인 동륜태자와 만호부인 사이에서 태어났다. 572년 3월 동륜태자가 죽은 뒤 만호부인은 진흥왕의 배다른 동생 숙흘종과 사통하여 만명을 낳았다. 그렇기에 진평왕과 만명은 이부동모異父同母의 남매, 곧 씨 다른 남매가 된다. 이에 진평왕이 만명을 보호해주었다.

　서현이 만명과 야합한 시기는 김유신이 출생한 595년보다 20개월 전 또는 조금 더 이전이었을 것이다. 대체로 593~594년 무렵이 아니었을까 짐작해본다. 서현과 만명이 만노군萬弩郡(지금의 충청북도 진천군 지역)으로 도망하여 20개월 만에 유신을 낳았다고 했기3 때문이다.

| 서현의 어머니 아양공주 |　　아양공주는 서현의 어머니로서 서현에게 누구보다 큰 힘이 되어준 사람이다.《화랑세기》11세 풍월주 하종 조에 따르면, 하종이 풍월주로 있던 시기[588~591년]에 궁중에서는 삼태후[만호·사도·지도]가 정사政事를 행했는데, 태상태후인 사도법주思道法主가 미실궁주美室宮主를 법운法雲으로 삼았기에 정령政令[정치의 모든 명령]이 미실궁에서 많이 나왔다고 한다.

　그런데 이 사도법주의 딸인 아양공주가 곧 서현의 어머니로, 가야파加耶派의 태양이 되어 미실의 세력을 나누었다. 이로 보아 아양공주가 사도를 등에 업고 미실의 세력을 나누어 그의 아들을 지원하였음을 알 수 있다. 서현이 아양공주의 도움을 받아 가며 화랑도의 부제副弟가 되는

3　《화랑세기》15세 풍월주 유신공.

등 활동을 한 시기는 서현과 만명이 만노군으로 도망가기 전이었다.

| 김유신의 외할머니 만호태후 | 김유신의 운명을 결정한 중요한 인물은 바로 만호태후다. 김유신의 외할머니 만호태후는 동륜태자의 부인으로 백정白淨〔진평왕〕을 낳았다.

《삼국사기》에는 동륜태자가 572년 3월 세상을 떠났다고 나온다.[4] 이 기록만으로는 동륜태자가 왜 죽었는지 알 수 없다.《화랑세기》6세 풍월주 세종 조를 보면, 동륜태자가 보명궁의 큰 개에게 물리는 사건으로 말미암아 죽었음을 알 수 있다.

더 자세한 내용은《화랑세기》11세 풍월주 하종 조로 확인할 수 있다. 동륜태자는 진흥왕의 후궁 가운데 한 명인 보명궁주를 연모했는데, 보명은 동륜에게 몸을 허락하려 하지 않았다. 동륜은 이에 장사 몇 사람을 데리고 보명궁의 담장을 넘어 들어갔다. 보명은 미실과 더불어 진흥왕의 총애를 다툴 수 없음을 알고 동륜태자를 힘써 거부하지 않고 섬겨 잘 어울리게 되었다. 그 이후 태자는 매일 밤 담장을 넘어 들어갔다. 이레째 되는 밤에 태자가 아무도 거느리지 않고 혼자 보명궁에 들어가다가 큰 개에게 물렸다. 보명궁주가 동륜을 안고 궁 안으로 들어갔는데 동틀 무렵 죽었다.

동륜태자가 세상을 떠나고 홀로된 만호는 입종갈문왕〔법흥왕의 동생이자 진흥왕의 아버지〕과 금진金珍 사이에서 출생한 숙흘종과 사통하여 만명을 낳았다.

동륜태자의 부인이었던 만호는 자기 아들 진평왕이 즉위하지 않았다면 그 세력을 가질 수 없었다. 삼태후 가운데 한 명이었던 사도태후는

---

4   《삼국사기》4.〈신라본기〉. 진흥왕 33년.

진평왕 36년[614년]에 세상을 떠났다.[5] 사도태후가 살아 있는 한 만호태후는 세력이 강할 수 없었으나, 진평왕이 어머니였던 만호태후를 사랑하였기에 만호가 진골정통의 수주首主가 될 수 있었고 강한 권력을 행사할 수 있었다.[6] 그러므로 만호는 진골정통이 되었고, 진평왕이 재위하는 동안 태후로서 진골정통의 수주首主(우두머리)가 되었다.

▎ 서현의 화랑도 활동 ▎ 《화랑세기》에 서현이 화랑도로 활동한 구체적인 사실이 나온다. 그는 아양공주의 아들인데 영특하고 통달한 기풍이 있어 태상태후[사도태후]가 그를 사랑했다는 내용이다. 외할머니 사도태후와 어머니 아양공주의 사랑과 지원 속에서 서현은 화랑도 활동을 했다. 언제인지 확인하기 어려우나 서현은 전방前方화랑을 지냈다. 건복 5년[588년] 하종이 11세 풍월주가 되자 보리를 부제로 삼고, 서현을 우방右方대화랑으로 삼아 보리에게 속하게 했다.

건복 8년[591년] 정월 미실이 하종에게 11세 풍월주의 지위를 보리에게 전하도록 권했다. 보리가 사양했으나 어쩔 수 없이 풍월주가 되었다. 12세 풍월주가 된 보리는 서현을 부제로 삼고 용춘을 우방대화랑으로 삼았다.[7]

그러나 서현이 부제의 지위를 이어 나가는 데 문제가 생겼다. 12세 풍월주 보리의 처는 만룡이었다. 만룡의 형兄(언니)인 만명은 나이가 찼는데 혼인을 허락받지 않고 서현과 사통하였다. 앞에서 본 것처럼 아양공주와 사이가 좋지 않았던 만호태후가 노하여 자신의 딸인 만명과 아

---

5   《삼국사기》 4, 〈신라본기〉 4, 진평왕 36년.
6   《화랑세기》 11세 풍월주 하종.
7   《화랑세기》 12세 풍월주 보리공.

양공주의 아들인 서현의 결합을 불허하고, 보리에게 명하여 용춘을 서현에 대신하도록 했다. 서현 또한 부제의 지위를 사양하여 용춘에게 넘겨주었다.[8]

이후 서현은 신라 서울인 왕경王京(京師, 京城)에서 화랑도 활동을 중단할 수밖에 없었다. 593~594년 무렵 만명과 함께 만노군으로 도망했기 때문이다.

│ 서현과 화랑도의 가야파 │　　앞에서 나왔듯이, 서현이 화랑으로 활동할 때도 화랑도에 파가 존재했다. 이 파는 일찍부터 만들어졌다.《화랑세기》7세 풍월주 설화랑[572~579년] 조에서 운상인雲上人과 호국선護國仙으로 파가 나뉜 것을 볼 수 있다.[9] 10세 풍월주 미생랑 대[585~588년]에 이르러서는 5개 파로 나뉘었다. 그 가운데 다섯째 파로 천주공을 풍월주로 세우고 서현을 부제로 삼으려는 통합파 가운데 '가야파加耶派'가 있었다.

여기서 서현과 관련하여 가야파를 주목할 필요가 있다. 가야파는 금관국(금관가야)에서 온 인물들로만 이루어진 것은 아니었다. 신라에 항복해 온 다른 가야 소국 사람들도 포함되었다. 8세 풍월주 문노文弩[538~606년]의 예로 그러한 사정을 알 수 있다.

문노는 현재 고령에 있던 대가야를 외조外祖의 나라로 삼았다.[10]《화랑세기》의 해당 부분 글자가 결락되어 단정하기 어려우나, 문노가 가야파 한 무리(一徒)를 모았다는 것은 분명하다.[11] 문노는 화랑이 되고, 가

8　《화랑세기》12세 풍월주 보리공.
9　《화랑세기》7세 풍월주 설화랑.
10　《화랑세기》8세 풍월주 문노.

야파 한 무리는 화랑花郎·낭두郎頭·낭도郎徒들이 되어 그가 거느리는 화랑도를 이루었다는 뜻이다.

문노는 개국開國 4년[554년] 17살의 나이에 무력을 따라 백제를 쳤고, 이듬해에는 북한北漢(현재 서울시 강북 일대로 추정됨)으로 나아가 고구려를 쳤으며, 557년에는 국원國原(현재 충북 충주시 일대)으로 나갔고, 또 북가라를 쳐 공을 세웠으나 보답받지 못했다. 아랫사람 가운데 불평하는 자를 위로하며 "대저 상벌이란 것은 소인의 일이다. 그대들은 이미 나를 우두머리로 삼았는데 어찌 내 마음을 그대들의 마음으로 삼지 않는가?"라고 말했다.[12] 이때 문노가 거느렸던 아랫사람들이 신라로 항복해 들어온 가야 사람들, 그리고 그들과 혈연적으로 연결된 사람들일 가능성이 있다.

이렇게 문노의 일파로서 가야파가 형성되었다. 문노의 경우처럼 가야가 외조의 나라건, 서현과 같이 친조親祖의 나라건 하나의 가야파를 이루었다.

가야파 서현을 지원하는 사람들도 있었다. 앞에서 본 것과 같이 사도태후와 아양공주가 그들이다. 서현이 속한 가야파는 아양공주의 힘으로 그 세력을 가질 수 있었다. 《화랑세기》 24세 풍월주 천관공 조의 찬에 천광공이 "대원신통에서 나왔고 가야파에 들어갔다."고 나온다.[13] 이로 미루어 서현은 태어나며 모계로 어머니의 인통인 대원신통에 속했고, 동시에 부계로 가야파에도 속한 것을 알 수 있다.

서현이 풍월주가 될 기회가 없지는 않았다. 보리가 12세 풍월주가

11   《화랑세기》 8세 풍월주 문노.
12   《화랑세기》 8세 풍월주 문노.
13   《화랑세기》 24세 풍월주 천광공.

되었을 때[591년]에 이르러 서현을 부제로 삼았기 때문이다.[14] 일반적으로 풍월주가 물러나면 부제가 풍월주 자리에 올랐다. 그런데 만호태후가 만명과 서현의 결합을 불허하여 만노군으로 도망하였기 때문에 그는 풍월주가 될 수 없었다.

| 만노로 도망간 서현과 만명, 만노에 봉해진 서현 |　　　만명과 함께 만노군萬弩郡으로 도망갔던 서현을 등용한 사람은, 만명과 아버지가 다르고 어머니가 같은 진평왕이었다. 진평왕은 사매인 만명을 생각하여 서현을 만노[군]에 봉했다고 한다.[15] 만노에 봉한 것이 무엇을 의미하는지 단정하기는 어려우나, 만노군을 봉지封地로 준 것을 의미하므로 결과적으로는 지방관으로 임명하였다고 볼 수 있다. 그때는 아직 군郡의 지방관에 태수太守라는 관직명을 사용하지 않았다. 따라서 군의 지방관인 당주幢主라는 관직을 주었다.[16] 이로써 서현과 그 가족들은 만노군에서 그들 나름대로 안정된 생활을 영위할 수 있었다고 여겨진다.

　　서현은 만노군의 당주가 됨으로써 그곳에 머무르는 시간을 헛되이 보내지 않게 되었다. 당주는 군의 행정적·군사적 통치를 맡았던 직책이다. 서현이 당주직을 수행하며 지방의 사정과 신라 왕국의 현실을 몸소 체험하여 깨닫고 신라가 나아갈 길을 생각할 기회를 얻게 되었을 것이다. 김유신 또한 서현의 곁에서 신라가 맞닥뜨린 근본적인 문제들을 바라보며 성장했다고 하겠다.

14　《화랑세기》12세 풍월주 보리공.
15　《화랑세기》15세 풍월주 유신공.
16　이종욱, 〈남산신성비를 통하여 본 신라의 지방통치 체제〉,《역사학보》64, 역사학회, 1974, 40~46쪽.

1.2.
만노군에서 탄생한 김유신과
그의 성장

　김유신은 595년 만노군에서 태어나 그곳에서 609년까지 살아야 했다. 실제로 그가 만노군에서 보낸 15년 동안의 생활은 신라 진골로서 당연히 누려야 할 신분적인 특권을 포기한 것이었다. 그런 면에서 서현과 만명 부부 일가의 만노군에서 삶은 하나의 시련이자 고통이었다. 그들의 시련이 그대로 김유신의 시련이기 마련이었다. 유신에게 닥친 시련은 단순하지 않았다. 그 자체가 골품 사회체제와 관련되었기 때문이다.

　서현과 만명 그리고 유신에게 닥쳤던 시련의 본질은 무엇이었고, 그들은 그것을 어떻게 극복했을까?

| 탄생과 동시에 만들어진 김유신의 세계世系와 그 의미 |　　앞에서 제시한 《삼국사기》〈열전〉"김유신 (상)"의 기록처럼, 김유신은 탄생부터 남달랐다.

　이러한 사실을 이야기하기에 앞서,《화랑세기》15세 풍월주 유신공 조의 세계世系를 그린 연구가 있다. 이 세계를 통해 김유신에게 피를 전해준 사람들을 찾아볼 수 있다.

　김유신의 할머니 아양공주는 진흥왕의 딸이다. 외할아버지 숙흘종은 입종갈문왕의 아들로 진흥왕의 배다른 동생이었다. 진흥왕과 숙흘종은 모두 입종의 아들이지만, 진흥왕의 어머니는 지소只召이고 숙흘종의 어머니는 금진이다.

김유신의 외할머니 만호는 진종과 지소태후의 사통으로 태어난 사녀私女였다. 진종은 법흥왕과 입종갈문왕의 동생이었다. 김유신의 어머니인 만명의 외할머니 지소태후는 법흥왕의 딸로, 작은아버지인 입종갈문왕과 근친혼을 하여 진흥왕을 낳았다.

김유신의 증조 대에 진흥왕과 입종갈문왕이 있고, 사도태후와 지소태후도 있다. 고조 대에는 지증왕, 법흥왕, 입종갈문왕 등이 있다. 세계가 "개인의 골품"을 정하는 장치로 작동했었다. 이 같은 세계로써 만들어진 김유신의 계보는 그의 "개인의 골품"을 정할 뿐 아니라 현실적으로 권력과 특권을 부여하는 사회적·정치적 지위를 결정하였다.

| 김유신의 신분을 결정한 것은? |　　　　신라의 골품제가 엄격하게 운용되었다는 사실은 잘 알려져 있다. 실제로 골품제는 서울인 왕경 사람과 지방 사람을 엄격하게 구분하는 신분을 편제하였다. 지방 사람들은 골骨신분〔성골·진골〕과 두품頭品〔6두품~1두품〕 신분일 수 없었다. 대신 진촌주眞村主〔5두품 대우〕·차촌주次村主〔4두품 대우〕·평인 신분으로 나뉘었다.[17]

김유신은 만노군에서 탄생했으나 진골 신분을 가졌던 것이 분명하다. 앞에서 본 것과 같이 김유신의 세계가 중요한 기준이 되었기 때문이다. 부모를 비롯한 세계의 성원들이 모두 진골이었기에 김유신은 진골 신분이었다. 거기에 더하여 부수적이긴 하지만 김유신이 신라 왕경 사람이었다는 일종의 본적本籍이 중요한 기준이 되었던 사실도 생각할 수 있다. 신라인들에게는 그 출생지가 아니라 '본적'이 중요했던 것이다.

17　　이종욱,《신라골품제연구》, 일조각, 1999. 292~310쪽.

| 김유신의 탄생, 이름의 유래, 출생지 |　　《화랑세기》는 서현과 만명이 만노로 도망하여 무릇 20개월 만에 김유신을 낳았는데 꿈에 상서로움이 나타났다고 하였다.[18]

　《삼국사기》에도 서현과 만명의 꿈 이야기가 나온다. 서현은 경진일庚辰日 밤에 화성과 토성 두 별이 자기에게 내려오는 꿈을 꾸었으며, 만명 또한 신축일辛丑日 밤에 동자가 황금으로 만든 갑옷을 입고 구름을 타고 집 가운데로 들어오는 꿈을 꾸었다고 한다. 얼마 뒤 아이를 배어 20개월 만에 김유신을 낳으니 이때가 진평왕 건복 17년, 수나라 문제 개황 15년 을묘[595년]였다고 했다.[19]

　《삼국사기》에는 유신이라는 이름을 지은 사연도 들어 있다. 서현은 "내가 경진일 밤에 좋은 징조의 꿈을 꾸고 이 아이를 얻었으니 마땅히 경진庚辰으로 이름을 지어야겠소. 그러나 예禮에 날과 달로써 이름을 짓지 않으니 지금 경庚과 유庾는 글자가 서로 닮았고 진辰과 신信은 음이 비슷하기도 하며, 게다가 옛날의 현인에 유신庾信으로 이름 지은 이가 있었으니 [어찌] 이것으로 이름을 짓지 않으리오."라며 유신으로 이름을 지었다고 한다. 이 기록에는 만노군이 고려의 진주鎭州이며 유신의 태胎가 간직된 산은 고려에서 태령산이라고 한 것으로 나온다.

　위와 같은 이야기들은 《화랑세기》에는 나오지 않는다.

18　《화랑세기》 15세 풍월주 유신공.《화랑세기》를 보면 유신공이라고 나오고 김유신이라고는 나오지 않는다. 그때 신라 최고 지배 세력에 속한 사람들은 성이 아니라 한 사람한 사람의 계보를 파악하고 있었다. 그러나 여기서는 현재 한국인들이 유신보다 김유신이라는 이름에 익숙한 점을 감안하여 김유신이라는 이름을 사용하였다.

19　《삼국사기》 41, 〈열전〉 1, "김유신 (상)".

│ 김유신의 탄생에 대한 신비화 │   그에 대한 신비화神祕化는 그 자신이 위대한 인물이었기 때문에 따라다니는 현상이었다. "신국지웅" 김유신에 대한 신비화는 그가 태어나서 죽을 때까지, 더 나아가 죽은 뒤에도 이어졌다.

나는 신라인들에게는 수많은 신神이 있었다고 생각해왔다. 그들은 어느 곳에나 신이 있고 언제나 신들이 신라인들을 지켜보고 함께한다고 생각했다.[20] 신궁神宮에는 내물왕이나 법흥왕 등 세상을 떠난 신라의 왕들이 모셔졌다. 신라 왕국의 성골 왕들은 살아서는 지배자이자 왕궁의 주인이었고, 죽은 뒤에는 왕비·후궁들과 함께 신궁에 모셔졌다. 이렇게 신격화된 존재들에게 신라인들은 인간적인 면을 부여했다.

그들 스스로 신격화·신비화하는 일들도 벌였다. 살아 있는 신라인은 말할 것도 없고, 세상을 떠난 신라인들도 신비화하였다. 실제로 김유신에 대한 신비화는 다양하게 전개되었다.

│ 김유신의 탄생에 대한 고구려인들의 신비화 │   《삼국유사》"김유신"조에는 그의 탄생과 관련된 또 다른 이야기가 나온다. 신라인들이 아니라 고구려인들도 김유신의 탄생을 신비화한 것을 볼 수 있다.

김유신이 열여덟 살이 되었을 때, 검술을 닦아 국선[21]이 되었다고 한다. 그때 어디서 왔는지 모를 백석白石이란 자가 몇 해 동안 화랑도의 무리에 있었는데, 김유신이 고구려와 백제를 치려고 밤낮으로 모의하자, 백석이 그 계획을 알고 적국을 정탐하자고 했다. 이에 김유신은 백석을 따라나섰다. 백석을 따라나선 김유신에게 호국신들이 백석의 정체를

---

20   이종욱,《신라의 역사》1, 김영사, 2002, 329~330쪽.
21   이 국선은《화랑세기》에는 풍월주로 나온다.

알려주었다고 한다. 이에 백석에게 캐물으니 그가 답하는 가운데, 고구려 사람이라는 사실을 알게 되었다. 이에 더하여 고구려에 퍼졌던 김유신의 탄생에 대한 아래와 같은 이야기를 듣게 된다.

"나는 본래 고구려 사람(고본古本에는 백제라 했으나 잘못이다. 추남은 고구려 사람이요, 또한 음양을 역행함도 보장왕 때 일이다)이오. 우리나라의 여러 신하가 말하기를, 신라의 유신은 우리나라의 점쟁이 추남楸南(고본에는 춘남春南이라고도 하나 잘못이다)이었는데, 일찍이 고구려의 국경에 거꾸로 흐르는 물(혹은 수컷과 암컷이 더욱 뒤바뀐 일이라고도 한다)이 있으므로 그에게 점치게 했소. 추남은 '대왕의 부인이 음양의 도를 역행했으므로 나타난 표징이 이와 같습니다.' 하고 아뢰었소. 대왕은 놀라고 괴이하게 여겼으며, 왕비도 크게 노하여 이를 요망한 여우의 말이라 하고 왕에게 고하기를 '다시 다른 일을 시험해 물어서 그 말이 틀리면 중형에 처하라'고 했소. 이에 쥐 한 마리를 함 속에 감추어두고 이것이 무슨 물건이냐고 물으니 추남은 말했소. '이것은 틀림없이 쥐인데 그 수는 여덟입니다.' 이에 말이 틀린다고 하여 죽이려 하니, 추남이 맹세하여 말하기를 '내가 죽은 뒤 대장이 되어 반드시 고구려를 멸망시킬 것이다.'라고 하였소. 그를 곧바로 목을 베어 죽이고 쥐의 배를 갈라 보니 그 새끼가 일곱 마리나 있었으므로 그제야 그의 말이 맞은 줄 알았소. 그날 대왕의 꿈에 추남이 신라 서현공의 부인 품속으로 들어갔으므로 이것을 신하에게 이야기했더니, 모두 '추남이 마음속으로 맹세하고 죽더니 그 일이 과연 들어맞았습니다.'라고 말했소. 그 때문에 나를 보내어 여기에 와서 이런 계획을 꾸미게 했을 뿐이오."라고 했다. 공[유신]이 백석을 죽이고 온갖 음식물을 갖추어 세 신(三神)에게 제사 지내니 모두 나타나서 제물을 흠향했다(《삼국유사》 1, 〈기이〉 2 (상), "김유신").

위의 자료에는 김유신이 고구려인 추남의 환생이라고 되어 있다. 신라인들이 그와 같은 이야기를 믿었는지는 확인하기 어렵지만, 오히려 신라인들이 아니라 고구려인들에게 퍼졌던 설화화된 이야기가 신라에 전해진 것으로 생각된다.

| 만노에서 이루어진 서현과 만명의 가족 | 서현과 만명은 만노군에서 자녀들을 낳아 가족을 이루었다. 유신에게는 흠순과 보희·문희·정희라는 동생들이 있었다. 그들 가운데 누구까지 만노군에서 머물던 시기에 태어났는지는 알 수 없다. 다만 《화랑세기》를 보면 흠순은 598년생이므로 만노에서 태어난 것이 분명하다. 그리고 서현의 가족이 왕경으로 귀환한 것이 609년이므로 세 누이동생도 만노에서 태어난 것으로 볼 수 있다.

| 만노에서 김유신의 가족들이 처했던 상황 | 서현과 만명이 만노군으로 도망한 뒤 609년까지 그곳에 머물렀는지, 또는 그 이전에 왕경으로 귀환했는지는 알 수 없다. 여기서는 김유신의 부모인 서현과 만명은 만노로 도망하여 17년 가까이 지냈다고 보고자 한다. 그동안 서현은 진평왕의 명으로 만노군 당주〔뒷날의 태수〕가 되었다고 생각되기에 군 안에서는 최고의 지위에 있었다고 본다.

만명은 진평왕과 아버지가 다른 동복 남매로서 위상을 가지고 있었다. 또한 만명은 만호태후의 딸로서 신라 골품 사회체제 안에서 태후로부터 일정한 지원을 받을 수 있었던 인물이다. 그러므로 서현은 진흥왕의 외손자였고, 진평왕에게는 매제妹弟가 되는 셈이었다. 만명과 서현이 가졌던 신라 왕실 세력들과의 관계는 만노군의 일반 지배 세력들과는 견줄 수 없는 사회적·정치적 위상을 부여해주었다.

그럼에도 서현과 만명이 만노군으로 도망한 이유 자체가 해소되는 데는 시간이 필요했다. 만호태후의 노여움이 줄어들었다고 해도 서현과 만명의 만남 그 자체가 문제가 되었기 때문이다. 만호태후는 대원신통 아양공주와 갈등을 빚었기에 그 아들인 서현도 받아들이지 않았다.

서현과 만명이 이룬 가족들은 그들의 세계世系가 부여하는 골품 체제상의 특권을 만노군에서 모두 누릴 수는 없었다. 그들이 권리와 특권을 행사한 것은 서울인 왕경으로 귀환 이후의 일이었다.

┃ 서현의 가족이 만노에서 가졌던 가장 큰 소망은? ┃ 진평왕이 서현을 만노군에 봉한 결과 서현과 가족들이 생활의 안정을 찾을 수 있었다고 보았다. 그러나 그들에게는 무엇보다 왕경으로 귀환하여 그들의 정치적·사회적 지위를 다시 회복하는 일이 급했다. 그들 가족이 살아남기 위해서는 당연한 일이었다.

그때 서현과 만명, 그리고 그들 자녀의 운명이 어떻게 될 것인지는 아무도 몰랐다. 진평왕이 사매인 만명을 도와주었다고는 하지만, 서현과 만명 부부의 처지에서는 그들 가족이 왕경으로 귀환할 수 없는 상황도 염두에 두지 않을 수 없었기 때문이다. 서현과 만명은 그들의 운명에 대해 노심초사했을 것이다.

이들의 이 같은 소망은 서현을 시조로 하는 종족宗族의 앞날이 어떤 길로 가느냐 하는 문제와도 관련되어 있었다. 왕경으로 귀환하여 진골로서 지위와 특권을 누리느냐, 아니면 만노군의 지방 세력으로 몰락하여 역사의 무대에서 사라지느냐 하는 갈림길에 서 있었던 것이다.

서현 가족의 왕경 귀환 문제는 왕을 비롯한 최고 지배 세력들과의 계보 관계를 어떻게 활용하느냐에 달려 있었다. 여기서 그들을 둘러싼 계보 속 인물 가운데 누가 가장 중요한지 따져볼 필요가 있다. 만노에 살게 된 서현과 만명의 세계와 세보에서 가장 중요한 인물은 만호태후가 아닐 수 없었다. 그들로서는 무엇보다도 만호태후와의 관계를 좋은 것으로 만들어야 했다. 여기에서 김유신을 주목하게 된다.

┃ 어린 김유신과 왕실 세력의 관계 ┃ 신라는 부계제 사회였다. 김유신의 부계 가계는 김유신 → 서현 → 무력 → 구충왕으로 거슬러 올라간다. 그의 증조할아버지 구충왕은 금관국의 왕이었으나, 신라에 항복하였기에 왕으로서 지위를 유지할 수 없었고 신라 사회에서 그 세력을 크게 키울 수도 없었다. 김유신이 가야계의 피를 이었다는 사실은 그의 가계에 속한 인물들에게 평생 따라다니는 꼬리표였다. 김유신이 화랑도 가운데 하나의 파인 가야파의 우두머리가 된 것도 그 때문이었다. 서현과 그의 가족에게 가야 출신이라는 사실은 하나의 약점이 될 수도 있었다.

그러나 이들은 모두 신라 왕실과 관계가 있었다. 김유신의 할아버지 무력이 진흥왕의 딸 아양공주와 혼인했다는 사실은, 그가 성골 왕인 진흥왕의 사위로서 신라 사회 안에서 가야파지만 커다란 세력을 가질 수 있었음을 뜻한다.

┃ 김유신은 만노군에서 화랑이 되었을까? ┃ 만노군에 있을 때 김유신은 화랑도와 관계가 있었을까? 이 문제와 관련하여서는 만노군 같은 지방에 화랑도가 있었는지를 생각해보아야 한다. 시간적인 차이는 있으나 지방에도 화랑도가 있었다는 사실을 《화랑세기》에서 확인할 수 있다.

《화랑세기》에 따르면, 681년 제31대 신문왕이 즉위했을 때 김흠돌이 반란을 일으켰다. 그의 반란이 진압되었을 때 자의태후가 화랑도를 폐지하라고 명했다. 반란을 일으킨 시위侍衛 삼도三徒 가운데 김흠돌의 무리가 많았기 때문이다. 그러나 지방의 낭정郎政은 옛날 그대로 스스로 남아 있었다고 한다. 그 가운데 실직悉直(강원도 삼척 지역)에서 가장 성했으며, 오래지 않아 그 풍속이 다시 서울로 점점 퍼졌다는 것이다. 이때 화랑의 풍속이 크게 변했다고 하였다.[22]

이로써 신라의 화랑도는 서울인 왕경에만 있었던 것이 아니라는 사실을 알 수 있다. 김유신이 만노군에 머물던 당시 그 지역에도 지방의 화랑도가 있었고 낭정이 유지되고 있었을 수 있다. 그러기에 여기서는 김유신이 만노군에서 화랑도 활동을 했을 가능성을 열어두고자 한다. 이 같은 경험이 그가 609년 왕경에 온 뒤 가야파의 우두머리가 되어 화랑이 되는 기반이 되었다고 여겨지기 때문이다. 김유신이 지방 낭정地方郎政에서 화랑도의 조직과 화랑으로서의 자질을 익혔을 것이다.

┃김유신이 만노군에서 배웠던 것은?┃ 《화랑세기》8세 풍월주 문노 조를 보면 화랑도의 좌삼부左三部는 도의道義·문사文事·무사武事를, 우삼부右三部는 현묘玄妙·악사樂事·예사藝事를, 전삼부前三部는 유화遊花·제사祭事·공사供事를 담당하였다고 나온다. 김유신 또한 화랑도의 훈련 과정에서 이 같은 것들을 배웠을 것으로 본다.

그와 동시에 화랑들이 실제로 배웠던 것들이 있다. 역사·문장·음률·노래·피리·춤·검 등이었다.[23] 김유신 또한 만노군에서 이 같은 것들을 배웠다고 생각된다. 서현과 만명이 그들의 자녀들 교육에 힘썼을 것이라 여겨지기 때문이다.

---

22 《화랑세기》32세 풍월주 신공.
23 이종욱, 《화랑》, 휴머니스트, 2003, 253쪽.

| 백제·고구려를 거쳐 신라의 땅이 된 만노군 | 　김유신을 이해하려면 만노군이 어떤 곳인지 먼저 보아야 한다.《삼국사기》에는 현재의 진천군은 본래 고구려 금물노군今勿奴郡이었는데, 신라 경덕왕이 흑양군黑壤郡또는 황양군黃壤郡이라 고쳤고, 고려 시대에는 진주鎭州라 불리던 곳으로 나온다.[24] 그런데 만노군은 원래 백제 땅이었다. 475년 고구려의 장수왕이 백제를 침공하여 개로왕을 죽이고 점령했던 지역이다. 그런데 551년 신라 진흥왕이 거칠부 등 8명의 장군에게 명하여 백제와 더불어 고구려를 치게 하고 죽령(현재 경북 영주시 풍기읍과 충북 단양군 대강면 사이의 고개) 밖 10개 군을 차지한 바 있다. 그리고 진흥왕은 553년 7월 백제 동북쪽 변읍을 빼앗아 신주를 설치하고 김유신의 할아버지 아찬 무력을 군주로 삼았다. 이 무렵에 만노군이 신라의 땅이 된 것이었다.

　만노군 지역 사람들은 원래 백제 사람들이었는데, 475년에 고구려 사람이 되었고, 551년부터 신라 사람이 되었다. 이 같은 상황을 생각하면, 만노군의 지방관으로 임명되었던 서현은 새로 정복한 지역과 인민을 신라의 지배 체제 아래 편입하는 임무를 맡았던 것으로 볼 수 있다.

　이러한 지역에서 태어나 열다섯 살까지 살았던 김유신에게는 소중한 경험을 할 기회가 주어진 것이다. 만노군에서 살던 시기 김유신은 정복자와 피정복자의 엇갈린 운명을 직접 체험하며 고구려와 백제를 멸망시켜 신라가 정복자의 권리를 행사해야 하겠다는 각오를 다졌을 것이다.

| 김유신, 만노에서 신라의 현실을 직시하다 | 　전쟁은 나와 적을 구별하는 기준이 된다. 삼국 사이의 전쟁은 세 나라가 남남이었다는 사실을 말

24　《삼국사기》35, 〈잡지〉4, 지리 2.

해준다. 당시 삼국 사람들 사이에 하나의 민족이라는 생각은 없었다. 백제인으로, 고구려인으로 그리고 신라인으로 살아야 했던 만노군의 백성들을 보면 그러한 사정을 알 수 있다.

그런데 만노에서 보낸 15년의 세월 동안에 김유신은 오랜 전쟁을 겪으며 시달리고 있던 신라 지방 사회의 현실을 직접 보고 느낄 수밖에 없었다. 그가 그곳에서 태어나서 왕경으로 갈 때까지의 기간에도 몇 차례나 전쟁이 벌어졌다. 602년 8월 백제가 아막성을 공격해와 왕이 장병을 보내 백제군을 크게 쳐부수었지만 귀산과 추항이 전사했다. 603년 8월에는 고구려가 북한산성을 침범하므로 왕이 친히 군사 1만을 거느리고 가서 막았다. 605년 8월에는 군사를 보내 백제를 침공했다. 608년에 진평왕은 고구려가 여러 차례 국경을 침범함을 걱정하여 고구려를 치고자 원광법사에게 수隋나라에 군사를 청하는 글을 지으라고 명했다. 그해 2월에 고구려가 북쪽 국경에 침범하여 8천 명을 사로잡아 갔다. 4월에는 우명산성을 함락시켰다.

그 무렵 신라는 축성 사업을 벌이기도 했다. 591년 7월 남산성(남산신성, 경주시 남산에 있는 성)을 쌓았는데 둘레가 2854보였다. 593년 7월에는 명활성을 고쳐 쌓았는데 둘레가 3천 보였고, 서형산성을 고쳐 쌓으니 둘레가 2천 보였다. 그 가운데 남산신성을 축조하는 데 전국에서 동원한 사람들을 2백여 분단으로 나누어 성을 쌓았다는 사실을 〈남산신성비문〉으로 확인할 수 있다.[25]

신라가 백제와 고구려를 상대로 벌인 전쟁은 신라 백성 전체에 고통을 안겨준 것이 틀림없다. 어린 유신은 왕경이 아닌 만노군에 있었기에

---

25   이종욱, 〈남산신성비를 통하여 본 신라의 지방통치 체제〉,《역사학보》64, 역사학회, 1974, 25쪽.

그러한 백성들의 고통을 직접 보고 느낄 수밖에 없었다. 더욱이 그의 아버지 서현이 만노군을 다스리는 책임자였기에 지방 사회의 신라인들이 그러한 고통에서 벗어나도록 해야겠다고 생각하였을 것이다. 그렇기에 뒷날 왕경으로 간 뒤 화랑도 활동을 하며 고구려와 백제를 평정하면 곧 나라에 외우外憂가 없어질 것이라는 말을 하게 되었다고 본다. 만노에서 보낸 기간에 유신이 보았던 신라 사회의 현실, 나아가 신라가 직면한 국가의 본질적 문제를 정확히 찾아낸 것이 신라의 삼한통합이라는 꿈을 갖도록 만들었다고 여겨진다.

1.3.
왕경으로 귀환한 김유신과 그의 가족

마침내 김유신 일가에게 서울인 왕경으로 돌아갈 기회가 주어졌다. 김유신의 세계世系 속 인물인 만호태후가 허락했기 때문이다.

┃김유신이 609년보다 일찍 왕경으로 갔을 가능성은?┃ 《화랑세기》에는 만호태후가 김유신을 보고 싶어 하여 왕경으로 돌아올 것을 허락하여 만났다고 나온다.[26] 그 시기가 언제였을까? 분명한 자료가 없다.《화랑세기》12세 풍월주 보리공 조에 보면, 서현과 만명이 만노로 도망하자

26 《화랑세기》15세 풍월주 유신공.

만호태후가 더욱 노하여 벌을 주려 하였으나 만명의 동생 만룡과 그 남편 보리가 힘써 만호태후의 노여움을 풀어 무사하게 되었다고 한다.[27]

｜왕경으로 귀환한 김유신, 영웅으로의 길이 열리다 ｜　　김유신을 만난 만호태후는 그를 자신의 손자로 받아들여 주었다. 이에 서현과 만명도 김유신과 함께 서울인 왕경으로 귀환한 것이다.《화랑세기》15세 풍월주 유신공 조에 그 사연이 나온다.

> [유신]공은 자라자 태양과 같은 위용(天日之表)이 있었다. [만호] 태후가 [유신공을] 보고 싶어 하여 돌아올 것을 허락하여 보고는 기뻐하며 "이 아이는 참으로 내 손자다."라고 했다. 이로써 가야파가 마침내 받들었다(《화랑세기》15세 풍월주 유신공).

서현과 만명이 왕경으로 귀환한 것은 김유신 때문이었다. 이로써 김유신이 태어나기도 전 그의 부모에게 닥쳤던 시련이 한 번에 사라지고, 그의 앞날에는 한 길 대로가 활짝 열렸다. 김유신은 그에게 주어진 대로를 걸으며 영웅으로서 삶을 시작한 것이다.

｜서현, 만명, 그리고 김유신의 왕경 귀환과 그들의 거처 ｜　　서현과 만명에게 서울(왕경)은 생소한 장소가 아니었다. 만노군에서 왕경으로 돌아온 그들의 거처는 서현의 아버지 무력이 원래 살았던 재매정택財買井宅(경주시 교동)일 가능성이 높다.

27　《화랑세기》12세 풍월주 보리공.

《삼국유사》"진한"조의 서른다섯 금입택 가운데 재매정택이 유신공의 조종祖宗[씨족의 시조와 종족의 시조]이라고 나온다. 이로써 재매정택이 김유신과 그의 조상들이 살던 집이었음을 알 수 있다. 532년에 신라에 항복해 들어온 구충왕부터 재매정택에 살았고, 김유신도 뒷날 그곳을 거주지로 삼았다. 그 뒤에는 김유신을 중시조로 하는 종족에 속한 후손들이 이어 살았다고 짐작된다. 여하튼 서현과 만명은 609년 재매정택으로 귀환하였을 것이다.

선문에서 활동하며 역사를 만들
두 가지 큰 꿈을 기획한 김유신
(609~629년)

영웅의 탄생에는 준비가 필요했다. 609~629년, 곧 김유신의 나이 열다섯 살에서 서른다섯 살까지는 그가 진정한 영웅이 되고자 준비하는 기간에 해당하는 시기였다. 청소년과 청장년기를 거치는 동안 그는 선문에서 활동하며 역사를 만들 두 가지 꿈을 기획했고, 화랑도의 부제[609~612년]·풍월주[612~616년]·상선[616~629년]으로 활동하며 화랑도의 파맥을 융합하였고, 언제인가 김춘추를 왕으로 세우기 위한 결사인 칠성우를 결성했다. 그는 유·불·선을 인정하며 선문에서 활동하여 인심을 얻었다.

김유신 그 자신 혼자만이 아니라 왕국의 정치와 신라의 운명을 결정하는 인물로 자리 잡아갔다. 그렇게 김유신은 그의 꿈을 이루어 역사를 만들 준비를 했다. 김춘추를 만난 것이나, 칠성우를 결성한 것이 그러한 예라 하겠다. 그는 선문에서 활동하며 누구나 인정하지 않을 수 없는 영웅이 될 준비를 한 것이다.

10대의 김유신이 기획한 호국과 보국의 꿈,
훗날 역사를 만들다

김유신은 10대의 나이에 화랑도에서 부제와 풍월주를 지내며 두 가지 큰 꿈을 기획하고 그 꿈을 실현하기 위한 준비를 시작했다. 먼저 그 꿈이 어떤 것인지 보자.

1) 열다섯 살 김유신이 밝힌 삼한통합이라는 호국護國의 꿈

609년 왕경으로 온 김유신은 열다섯 살의 나이에 풍월주 호림虎林(579~?년)의 부제가 되었고, 가야파들이 그를 받들게 되었다. 그때 김유신이 화랑도들에게 일러 말한 것이 있다.

[유신공은] 늘 무리(徒)에게 일러 "우리나라는 동쪽 바다에 치우쳐 있어 삼한을 통합할 수 없다. 이것은 부끄러운 것이다. 어찌 구차하게 골품과 낭도의 소속(徒屬)을 다투겠는가. 고구려와 백제를 평정하면 곧 나라에 외우外憂(외적이 침입하는 근심)가 없어질 것이니, 가히 부귀를 누릴 수 있다. 이것을 잊으면 안 된다."라고 말했다(《화랑세기》15세 풍월주 유신공).

위 기록에서 김유신은 삼한을 통합해 평화와 부귀를 누리겠다는 것이며, 군사력을 바탕으로 그 꿈을 이루겠다는 것이었다. 군사력 없이는 평화와 부귀를 누리는 꿈은 이루어질 수 없다. 전쟁에 승리할 수 있는 군사력의 확보를 그는 늘 생각하고 준비했다.

김유신이 품었던 삼한통합의 꿈은 호국의 꿈이었다. 그런 이유가 있다. 616년 보종공에게 풍월주의 지위를 물려준 뒤 김유신은 낭도들에게 말하기를 "너희들이 선仙을 배우고자 하면 마땅히 보종형공을 따아야 하고, 호국입공護國立功 하려면 마땅히 나를 따라야 할 것이다."[1] 라고 한 것을 볼 수 있다. 이때 김유신이 말한 호국입공은 호국의 꿈을 밝힌 것이다.

열다섯 살의 나이에 화랑도의 이인자인 부제副弟가 되었을 때부터 김유신은 자신이 시작한 삼한통합이라는 호국의 꿈을 화랑도 전체의 꿈으로 만들었고, 나아가 신라인 전체의 꿈으로 만들어갔다. 그때부터 김유신은 삼한통합을 이루고자 장기 계획을 세웠다.

2) 열여덟 살 김유신이 품은 김춘추를 왕으로 세우려는 보국報國의 꿈

김유신은 삼한통합을 이루려면 새로운 왕국, 그리고 그 왕국을 이끌 새로운 리더십을 갖춘 왕이 그 자리를 차지해야 한다고 생각하였다. 609년 왕경으로 온 뒤 화랑도 활동을 시작하며 김유신은 그가 평생 모셔야 할 새로운 지도자이자 나아가 언젠가 왕위에 오를 수 있는 인물을 찾았을 것이다. 때마침 기회가 주어졌다.《화랑세기》에 나오는 다음 기

---

1   《화랑세기》15세 풍월주 보종공.

록을 보자.

> 곧 건복 29년[612년] 임신년이었다. [유신]공이 [풍월주의] 자리에 올랐다. 날마다 낭도들과 더불어 병장기를 만들고 궁마를 단련했다. 용춘공이 이에 [유신공을] 사신私臣으로 발탁했다. [유신]공은 보국報國[나라의 은혜를 갚음]하기로 맹세하고 시석矢石[화살과 돌]을 피하지 않고 따랐다. 용수공 또한 그에게 그 아들[김춘추]을 맡겼다. 공은 크게 기뻐하며 "우리 용수공의 아들은 '삼한지주三韓之主'[삼한의 주인]입니다."라고 했다(《화랑세기》 15세 풍월주 유신공).

위의 기록으로 보아 김유신이 612년 풍월주의 지위에 올랐을 때 김춘추의 작은아버지 용춘이 그를 사신私臣[개인이 거느린 신하]으로 발탁하였다. 그때 김유신은 보국報國하기로 맹세하고 용춘을 따른 것을 볼 수 있다. 국가를 위하여 장군으로 활약하던 용춘을 받드는 일 자체가 결국 나라의 은혜에 보답하는 일이 되었기에 용춘을 따르는 일 자체가 보국이라고 했을 것이다.

김유신에게는 또 다른 보국을 할 기회가 주어졌다. 용수가 그 아들 김춘추를 김유신에게 맡긴 것이 그것이다. 당시 열여덟 살 김유신은 처음부터 자신보다 여덟 살이나 어린 열 살의 김춘추를 "삼한지주" 곧 삼한의 군주가 될 인물로 보았다. 이는 김춘추를 신라만의 왕이 아니라 삼한을 통합한 대신라의 임금이 될 인물로 받든 것이다. 이로써 김유신은 김춘추를 대신라의 왕위에 올리려는 두 번째 꿈을 꾸고 있었다.

그때 김유신은 김춘추가 진지왕의 손자이고 용수의 아들이라는 사실의 의미를 잘 알고 있었다. 만일 진지왕이 579년에 폐위되지 않았다면 용수가 성골로 왕위를 이었을 것이고 아들 김추추도 성골로 왕위를 이었을 것이라는 생각을 했다. 그런데 실제로는 진지왕이 폐위되며 용수가 출궁했고 진골로 족강이 되었다. 그렇더라도 김춘추는 성골이 사라지면 언제인가 왕위에 오를 가능성이 큰 인물이었다. 이에 김유신은 김춘추를 왕위에 올리기로 마음먹었다고 볼 수밖에 없다.

여기서 《화랑세기》 18세 풍월주 춘추공 조에는 김유신과 김춘추의 관계를 밝히는 또 다른 이야기가 나온다.

> 18세 (풍월주) 춘추공은 우리 무열대왕이다. 얼굴이 백옥과 같고 온화한 말로 말을 잘했다. 커다란 뜻이 있었고 말이 적었으며 행동에는 법도가 있었다. 유신공이 위대한 인물[大器]로 여겨 군君으로 받들었으나 왕[김춘추]이 사양하여 부제가 되었다(《화랑세기》 18세 풍월주 춘추공).

위 기록 가운데 김유신이 김춘추를 군君으로 받들었다는 것이 왕으로 받들었다는 뜻은 아니다. 이는 김유신이 김춘추에게 15세 풍월주의 지위를 넘겨주려 했다는 뜻이다. 그때는 풍월주가 군君이 되고 부제는 신臣이 되었던 것이다. 당시 김유신은 김춘추를 언젠가 왕으로 모셔야 할 인물이며, 한평생 그는 군君이고 자신은 신臣의 위치에 있어야 한다는 사실을 잘 알고 있었다. 김유신은 그때부터 김춘추가 신라의 국왕이 되고 자신은 그의 신하가 되는 꿈을 꾸었다고 하겠다.

612년, 당시 열여덟 살이었지만 김유신은 신라 왕실의 변화, 언젠가 성골이 사라질 가능성을 감지하였을 것이다. 어쩌면 그의 부모(서현과 만명)에게서 그와 같은 왕실의 변화를 알았을 수 있다. 실제로 김유신은 제26대 진평왕과 그의 두 아우인 진정갈문왕眞正葛文王 백반伯飯과 진안갈문왕眞安葛文王 국반國飯 삼형제가 아들을 낳지 못한 사실을 주목하였을 것이다.

그런 성골이 모두 사라질 상황을 맞아, 진평왕은 비상조치를 취했다. 실제로 603년에 진평왕은 자신의 장녀인 천명공주와 제25대 진지왕의 장남인 용수를 혼인시켜 다음 대의 왕위를 용수에게 물려주려고 했다. 이미 진지왕이 폐위되어 족강族降되면서 성골에서 진골로 신분이 떨어졌던 그때 용수가 왕위 계승자의 지위를 가질 수 있었던 이유는 성골 신분을 유지한 천명공주 덕분이었다. 이는 부계제 사회에서 여자도 한 대에 한하여 부계 성원권을 가질 수 있었기 때문이다.[2]

그러나 612년 진평왕은 또 다른 결정을 내렸다. 비록 여자이지만 성골인 선덕공주(덕만)를 왕위 계승자로 정하고, 용춘을 선덕공주와 혼인시켜 사위로 삼은 것이다.[3] 선덕공주가 왕위 계승자가 되었을 때 용수와 천명, 김춘추는 출궁出宮당하였다. 궁에서 살 수 없게 된 천명공주는 성골 신분에서 족강하여 진골이 되었다.[4] 용수와 천명공주, 그리고 김춘추가 출궁하지 않고 용수가 왕위 계승자로 남아 있었다면 언젠가 용수의 뒤를 이어 김춘추가 왕위를 이었을 것이다.

612년 궁중에서 쫓겨난 김춘추는 왕위에서 멀어지는 듯하였다. 그때 15세 풍월주 김유신은 왕자나 전군殿君[5]이라 하더라도 낭도가 없으면 위엄을 세울 수 없다고 하며 그를 자신의 부제로 삼았다.[6] 김유신이

2   Ernest L. Schusky, *Manual for Kinship Analysis*, 2nd edition, New York: Holt, Rinehart & Winston, 1972, 28쪽.

3   《화랑세기》15세 풍월주 유신공.

4   《화랑세기》는 골품제에 관한 이야기를 하는 책이 아니기에 612년 천명이 출궁하며 성골에서 진골이 된 사실을 밝히지 않았다. 그러나 천명은 출궁과 동시에 바로 진골로 족강되었음을 염두에 둘 필요가 있다(이종욱, 《춘추》, 효형출판, 2009, 185쪽).

5   신라에서 전군은 아버지가 왕이고 어머니가 후궁인 왕자를 가리킨다.

장차 김춘추를 왕으로 세우기로 마음먹고 그를 부제로 삼아 낭도를 거느리게 했던 것임을 짐작할 수 있다.

그때 열여덟 살 김유신은 열 살 김춘추를 왕위에 올릴 계획을 실행하기 시작하였다. 단순히 왕위에 오를 것으로 본 것이 아니라, 김춘추를 왕으로 세우고자 다양하고 혁명적인 계획을 김유신 자신이 세우고 실천하기 시작한 것이었다. 언젠가 성골 신분인 사람들이 없어지면 성골과 가장 가까운 혈족인 김춘추가 왕위에 오를 수 있다는 사실을 김유신은 알고 있었다. 왕위는 비워둘 수 없는 자리이기 때문이다.

열여덟 살의 김유신이 전쟁터에서 죽음을 무릅쓰고 용춘을 모신 것도 보국이고, 김춘추를 "삼한지주"로 모신 것도 보국이다.

| 김유신의 힘이 된 용수와 용춘의 활동 |　612년, 김유신이 15세 풍월주가 되었을 때 김유신을 주목했던 두 사람이 있다. 용춘과 용수가 그들이다. 이 두 사람은 그 뒤 김유신의 호국과 보국의 꿈을 이루는 데 큰 힘이 되었다.

진지왕의 아들로 용수가 형이고 용춘이 동생이다. 이들은 579년 진지왕이 폐위될 때 성골에서 진골로 족강된 인물들이다. 뒤에 다시 보겠지만, 이 두 사람은 진평왕과 사촌 사이였다. 이들은 당시 성골인 진평왕과 가까운 혈족이었다. 따라서 이들은 왕실과 조정에서 중요한 역할을 맡고 있었다.

먼저 용춘과 김유신의 관계를 보겠다. 용춘[578~647년]은 596년에서 603년까지 13세 풍월주를 지냈다. 《화랑세기》를 보면 선덕공주가 612

6　《화랑세기》 15세 풍월주 유신공.

년 용수에 대신하여 왕위 계승자가 되었을 때, 용춘이 자기를 능히 도울 수 있다고 생각하여 사신私臣이 되기를 청한 바 있다. 이에 진평왕이 용춘에게 명하여 공주의 명을 받들도록 했다. 용춘은 사양했으나 어쩔 수 없어 받들게 되었는데, 자식이 없어 물러날 것을 청했다고 나온다.[7] 여기서 말하는 사신은 단순한 신하가 아니라, 용춘이 황서皇婿 곧 진평왕의 사위가 된 것으로 선덕공주와는 부부관계를 맺은 것을 의미한다.[8] 용춘은 진평왕의 뒤를 이어 왕위 계승을 할 지위에 있던 선덕공주의 남편이 된 것이다.

앞에서도 보았듯, 원래 진지왕의 차남인 용춘은 578년에 성골로 태어났다. 그런데 579년 진지왕이 폐위되며 용춘도 족강이 되어 진골이 되었다.[9] 그런 용춘이 선덕공주의 사신(이 경우는 지아비이기도 함)이 되었고, 그런 용춘이 김유신을 사신으로 삼았다.

용춘은 한평생 장군으로 신라의 외우를 없애는 전쟁에 참전하였다. 이 같은 용춘의 활동은 삼한통합을 이루려는 김유신의 호국의 꿈을 이루는 데 커다란 도움이 되었다. 실제로 김유신은 629년 고구려 낭비성娘臂城(충북 청주시로 비정하고 있으나, 당시 신라와 고구려의 국경은 한강 하류 지역을 관장한 신주 넘어 고구려 영토로 비정됨)을 함락시킬 때 홀로 가장 큰 공을 세운 바 있다. 바로 그 전투에 이찬 임영리와 파진찬 용춘 그리고 소판 서현 등이 참전했다.[10] 김유신은 용춘 등이 지휘하는 전투에서 군사 엘리트로 데뷔한 것이다.

---

7   《화랑세기》13세 풍월주 용춘공.
8   《화랑세기》13세 풍월주 용춘공.
9   이종욱,《신라 골품제연구》, 일조각, 1999, 197쪽.
10   《삼국사기》41, 〈열전〉 1, "김유신 (상)".

다음은 용수를 주목해야 한다. 603년 진평왕의 명으로 용수는 천명공주와 혼인하였다. 그때 천명은 여자이지만 성골로 왕위 계승권이 있었고, 실제 왕위는 그의 남편인 용수가 계승하기로 되어 있었다. 그런데 612년에 이르러 진평왕이 선덕공주를 다음 대의 왕위 계승자로 정하며 용수와 천명공주 그리고 그들 사이에 출생한 김춘추는 출궁한 것이다.[11] 그렇더라도 용수는 진평왕의 명으로 용춘에 뒤이어 선덕공주를 모셨다.

용수는 왕실과 관계가 깊었다. 용수가 내성사신內省私臣이 된 것도 그 한 예다. 원래 585년에는 대궁大宮(신라 월성 안의 왕궁)·양궁梁宮(신라 만월성 안의 왕궁)·사량궁沙梁宮(신라 금성 안의 왕궁) 세 곳에 각기 사신을 둔 바 있다. 그런데 진평왕 44년[622년] 2월 이찬 용수를 내성사신으로 임명하여 삼궁을 겸하여 맡도록 했다. 내성이 관장했던 삼궁은 진평왕을 비롯한 선덕공주 등 성골들이 살던 궁이었다. 이 같은 삼궁과 관련된 업무를 관장한 용수는 성골 왕실과 밀접한 관계에 있었던 것이 틀림없다. 김유신에게 김춘추를 맡겼던 용수가 내성사신으로서 왕실의 업무를 맡게 된 것은 김유신의 보국報國의 꿈을 이루는 데 큰 힘이 되었음은 말할 것도 없다.

11 《화랑세기》 13세 풍월주 용춘공.

2.2.
화랑이 되어 선문에서 활동을 시작한 김유신
(609~612년)

앞에서 본 대로, 609년 왕경으로 온 김유신은 화랑으로 활동을 시작했고 부제를 거쳐 풍월주, 그리고 상선上仙이 되었다. 여기서는 609년부터 629년 낭비성娘臂城 전투에 참전하기 전까지 선문에서 활동한 김유신에 대해 보겠다.

사람은 어느 정도 나이가 들어 맺은 인연, 요즘으로 치면 중·고등학교나 대학교에서 맺어진 인연은 오래 지속되기 마련이다. 김유신도 화랑도 활동으로 평생을 가는 인연을 맺었다. 김춘추와 칠성우七星友가 바로 그들이다.

| 화랑도의 기능 | 화랑도는 신라인들에게 어떤 의미를 지닌 조직이었을까? 그 기능은 무엇이었을까?《화랑세기》서문은 "옛날에 선도仙徒는 단지 신을 받드는 일을 주로 했는데, 국공國公들이 무리[화랑도]에 들어간 뒤에 선도는 도의道義를 서로 힘썼다. 이에 어진 재상과 충성스러운 신하가 이로부터 솟아났고, 훌륭한 장군과 용감한 병졸이 이로부터 나왔다. 화랑의 역사를 알지 않으면 안 된다."[12]라고 기록하고 있다.

12 《화랑세기》서문.

이러한 기록을 보면 화랑도(선도) 조직에 변화가 생긴 것을 알 수 있다. 소지왕 대[479~500년]에 지증智證은 부군副君으로서 왕위 계승권을 가지게 되었다. 그때 지증의 아들 법흥은 국공으로 있었다. 《화랑세기》서문에 나오는 것과 같이, 국공의 지위에 있던 법흥은 종래 화랑도들이 맡았던 신神을 받드는 일을 행하였다고 짐작된다. 그런데 540년에 화랑도가 새로이 편제되며 현좌충신賢佐忠臣과 양장용졸良將勇卒을 배출하는 조직으로 되었다. 인재 양성 조직으로도 기능하게 된 것이다. 김유신은 바로 이러한 화랑도의 우두머리인 풍월주에 오른 것이다.

| 김유신이 활동할 때의 화랑도 조직 | 김유신이 선문에서 부제와 풍월주로 활동하던 시기[609~616년]에 편제되었다고 생각되는 화랑도 조직에 대해 알아보기로 하자.[13]

우리가 아는 화랑도는 원래 540년 진흥왕이 즉위한 뒤 지소태후가 설치한 조직이다.[14] 당시 편제된 화랑도 조직의 구체적인 모습은 알기 어렵지만, 《화랑세기》를 보면 8세 풍월주 문노가 "낭도 부곡部曲"을 편제하였던 사실을 알 수 있다. 15세 풍월주 김유신은 기본적으로 문노가 편제한 화랑도 조직을 운용했다고 생각된다.

　　[문노]공 때에 낭도의 부곡部曲을 두었다. 좌우봉사랑左右奉事郎을 좌우대화랑左右大花郎으로 만들고, 전방봉사랑前方奉事郎을 전방대화랑前方大花郎으로 만들어서 각기 3부部의 낭도를 거느리게 했다. 또 진골화랑眞骨花郎, 귀방화랑貴方花郎, 별방화랑別方花郎, 별문화랑別門花郎을 두었고, 열둘에서 열세

13　　이종욱, 《화랑세기로 본 신라인 이야기》, 김영사, 2000, 240쪽.
14　　《화랑세기》1세 풍월주 위화랑.

살의 빼어난 진골 및 대족大族15의 자제로서 속하기를 원하는 자로써 이를 삼았다. 좌화랑左花郎 2인, 우화랑右花郎 2인을 두었으며 각기 소화랑小花郎 3인, 묘화랑妙花郎 7인을 거느렸다. 좌삼부는 도의道義·문사文事·무사武事를 맡았고, 우삼부는 현묘玄妙·악사樂事·예사藝事를 맡았고, 전삼부는 유화遊花·제사祭事·공사供事를 맡았다. 이에 제도가 찬연히 갖추어졌다《화랑세기》8세 풍월주 문노).

위 기록으로 보아, 8세 풍월주 문노가 편제한 화랑도 조직인 낭도 부곡의 형태가 드러난다. 풍월주와 부제가 거느렸던 진골화랑 등과 좌삼부·우삼부·전삼부의 각 3부를 합한 9부 및 그 안의 화랑들, 그리고 9부가 담당했던 아홉 가지 업무가 어떤 것인지도 알 수 있다.

이에 낭도 부곡에 속한 화랑의 수는 적지 않았던 것으로 짐작된다. 진골들이 화랑이 될 수 있었지만, 특별한 경우 7세 풍월주가 된 설화랑이나 8세 풍월주가 된 문노같이 진골이 아닌 대족[아찬 이상의 관등을 받으면 진골 신분이 되던 집안)에 속한 사람들이 화랑이 되기도 했다. 물론 문노는 뒤에 골품을 얻어 진골이 되었다.

그런데 《화랑세기》에 나오는 기록을 보면, 화랑도 조직에는 화랑만이 아니라 낭두郎頭와 낭도郎徒가 있었다. 당시 신라에는 여러 명의 화랑이 있었고 각 화랑은 각기 낭두16와 낭도를 거느렸다. 현재 한국의 군대와 견주어보면, 대체로 화랑은 장교, 낭두는 부사관, 낭도는 사병에 해당한다고 볼 수 있다. 그들 여러 명의 화랑과 그들이 거느린 낭두와 낭

---

15 진골과 같은 신분은 아니지만, 세력이 있고 문노와 같이 아찬 이상의 관등을 얻으면 골품을 얻어 진골이 될 수 있는 이들을 가리킨다.

16 낭두는 일정한 세력 집단이 되어 화랑도의 낭정에 영향을 미치는 등 점차 그 지위를 확대해갔다.

도 전체를 관장하기 위해 화랑도 전체의 우두머리로서 풍월주라는 자리를 두었다. 풍월주 밑에 부제를 두고, 부제 밑에는 또 다른 화랑의 여러 직책을 설치해 신라 전체 화랑도를 관장토록 했다.

다음으로 화랑 아래에 자리했던 낭두에 대해 살펴보자. 낭도 부곡의 좌삼부·우삼부·전삼부에 설치된 9부에는 낭두들이 있었다.[17] 낭두들은 낭정에 중요한 역할을 하던 사람들이었다.[18] 이들은 화랑과 낭도 사이를 연결하는 특별한 존재였다. 낭두는 김유신의 꿈을 이루는 데 드러나지 않은 공을 세운 집단이었다.

먼저 낭두 조직에 대해 보자. 다음과 같은 기록이 있다.

[양도공이] 풍월주가 된 뒤, 처음에 낭두 7급을 9급으로 고쳤다(《화랑세기》 22세 풍월주 양도공).

화랑도 조직은 진화 발전해 나갔다. 시간이 지나며 새로운 자리들이 설치된 것이 그 증거다. 22세 풍월주[637~640년] 양도良圖가 7급인 도두 위에 8급 대도두와 9급 대노두를 더한 것이 그 한 예라 하겠다.

위 기록으로 보아, 김유신이 선문에서 활동하던 시기에는 화랑도 조직의 낭두가 7급으로 되어 있었음을 생각할 수 있다. 당시 7급의 낭두는 어떤 것이었을까? 다음 기록이 있다.

처음에는 낭두에 낭두郎頭·대낭두大郎頭·낭두별장郎頭別將·상두上頭·대두大頭·도두都頭의 등급이 있었다. 이에 이르러 [양도]공이 그 위에 대도두大都

---

17 《화랑세기》 13세 풍월주 용춘공.
18 《화랑세기》 24세 풍월주 천광공.

頭·대노두大老頭를 더하였다. 도두都頭 이하는 각기 별장을 두어 그 벼슬길을 넓혔고 그 지위를 높였다(《화랑세기》 22세 풍월주 양도공).

위의 기록에서 별장을 제외한 낭두에는 낭두·대낭두·상두·대두·도두의 5급이 있음을 알 수 있다.

다음 기록은 화랑과 낭두 밑의 낭도에 대한 것이다.

국초에 서민庶民의 아들들도 준수하면 곧 낭문郎門19에 나아가 [낭]도가 되었다. 열셋에서 열네 살에 동도童徒가 되었고, 열여덟에서 열아홉 살에 평도平徒가 되었고, 스물셋에서 스물네 살에 대도大徒가 되었는데, 대도 가운데 입망자入望者는 망두望頭라고 했다. 공과 재주가 있는 자를 천거하여 신두臣頭로 삼았다. 신두는 낭두가 될 수 없었고, 오직 망두만이 낭두가 되었다. 대도大徒가 서른 살이 되면 곧 병부兵部에 속하거나 농공農工에 종사하는 일로 돌아가거나 향리의 장長20이 되었다(《화랑세기》 22세 풍월주 양도공).

국초에 낭도는 서민의 아들들로 준수한 자들이 낭도가 된 것을 알 수 있다. 그런데 낭도는 연령에 따른 구분이 있었다. 그 가운데 동도는 아직 어려 군대에 갈 나이가 아니었고, 평도와 대도는 입대할 수 있었다. 서른 살이 넘으면 화랑도의 활동을 공식적으로 마치고 병부에 속하기도 한 것이 확인된다. 이들 병부에 속한 낭도들 가운데는 김유신을 위해 일한 사람도 있었을 것이다.

19   낭문은 화랑이 속한 선문과 달리 낭도들이 속한 곳이다.
20   향리의 장은 촌락의 차촌주 또는 진촌주가 된 것을 의미할 수 있다(이종욱, 〈남산신성비를 통하여 본 신라의 지방통치 체제〉, 《역사학보》 64, 역사학회, 1974, 49~67쪽). 왕경인의 경우 촌주가 아니라 왕경 6부나 6부 밑 이里의 장을 뜻한다 하겠다.

│ 화랑도의 활동 │　　　　화랑도가 하던 공식적인 일들이 있다. 앞에서 본 것과 같이 화랑도 삼부가 맡았던 도의·문사·무사·현묘·악사·예사·현묘·악사·예사가 그것이다.

그런데 《화랑세기》에는 화랑도들이 배웠던 구체적인 일들이 나온다. 화랑도들도 김유신이 배웠던 역사·문장·음률·노래·피리·춤·검 등을 배웠다고 생각된다. 그때 선배 화랑들이 가르침을 담당했다. 11세 풍월주를 지냈던 하종은 토함공에게 역사를 배웠고, 이화랑에게 노래를 배웠으며, 검劍은 문노에게서 배웠고, 춤은 미생에게서 배웠다고 나온다.[21] 비보랑은 설화랑과 함께 노래와 춤을 배웠으나 설원(설화랑)에게는 미치지 못하였는데, 이에 비보랑은 문노에게 나아가 검을 배워 가장 뛰어난 제자가 되었다고 한다.[22] 김유신 또한 위와 같은 여러 가지를 배웠을 것이다.

화랑도들이 배웠던 일 가운데 궁마弓馬와 검은 중요한 의미를 지녔다. 《화랑세기》에는 김유신도 풍월주가 되어 병장기를 익히고 궁마를 단련했다고 나온다.[23]

화랑과 궁마·검의 관계를 알려주는 일화가 있다. 《화랑세기》 10세 풍월주 미생랑 조를 보면, 미실이 동생인 미생에게 명해 사다함을 따르게 해 낭도가 되었는데 그는 열두 살임에도 말에 오를 수 없었다고 한다. 미진부가 그를 쫓아내려 하자, 미실이 "어찌 내 아우를 한 번에 내칩니까?" 하고 따져 말했다. 사다함 또한 부득이 받아들였다. 그런데 문노

21　《화랑세기》 11세 풍월주 하종.
22　《화랑세기》 9세 풍월주 비보랑.
23　《화랑세기》 15세 풍월주 유신공.

가 꾸짖어 "무릇 낭도란 자의 힘이 말에 오를 수 없고, 검을 사용할 수 없다면, 하루아침에 일을 당할 때 어디에 쓸 것인가?"라고 했다. 사다함이 용서를 빌며 말하기를 "이는 내가 사랑하는 사람의 아우입니다. 얼굴이 아름답고 춤을 잘 추어 또한 여러 사람을 위로할 수 있으니, 이에 받아들일 수 있지 않겠습니까?" 하니 문노가 다시 따지지 않았다고 한다.[24]

화랑도는 순국무사였나?

화랑도가 참전한 것은 사실이다. 그렇다고 화랑도가 모두 순국무사였을까? 8세 풍월주를 지낸 문노를 보자. 그는 열일곱 살에서 스무 살에 이르기까지 백제, 고구려, 북가라와 벌였던 전쟁에 참전하였다.[25] 문노의 낭도들은 무사武事를 좋아했고 협기俠氣가 있었다고 한다. 이는 화랑도들이 참전하였던 것을 잘 보여주는 예라 하겠다. 《화랑세기》를 보면 647년 1월 비담 등이 반란을 일으켰을 때는 왕경에 이를 진압할 군대가 적어 24세 풍월주 천광공이 낭도들을 모두 동원해 적진으로 돌격하여 난을 평정하는 공을 세웠던 일도 있다. 화랑도의 군사 활동을 인정하지 않을 수 없는 것이다.

그러나 화랑도가 순국 무사로만 이루어진 것은 아니었다. 앞서 간단히 말한 것처럼 화랑도 가운데에는 향가를 잘하는 무리도 있었다. 7세 풍월주 설화랑의 낭도들이 대표적인 예라 하겠다. 그들은 향가를 잘하고 청유淸遊를 즐겼다. 그러므로 신라인들은 문노의 화랑도를 호국선護國仙이라고 했고, 설원랑의 화랑도를 가리켜 운상인雲上人이라 했다. 골품이 있는 사람들은 설화랑의 화랑도를 많이 따랐고 초택草澤의 사람들은

24 《화랑세기》10세 풍월주 미생랑.
25 《화랑세기》8세 풍월주 문노.

문노의 화랑도를 따랐는데, 서로 의義를 갈고 닦았다고 한다.[26]

화랑도의 수행에는 전국 산천을 돌아다니는 것[周行天下]도 있었다. 김유신이 천하를 두루 돌아다니고 고사高士들과 결속을 맺은 것이 그 예다.[27]

화랑도들의 이와 같은 일들은 화랑도가 뒷날 현좌충신과 양장용졸이 되고자 준비하는 과정이라고 할 수 있다. 그때 신라는 화랑도로 나라를 이끌 다양한 인재들을 양성했다.

실제로 사다함을 예로 들어보자.《삼국사기》를 보면, 진흥왕 23년[562년] 9월 가야가 배반하므로 왕이 이사부에게 명하여 이를 치게 하고 사다함을 부장으로 삼았다. 사다함은 가야를 항복시키는 데 큰 공을 세워 상을 받았는데, 상으로 받은 포로는 풀어주어 양인良人으로 만들고 논밭은 싸운 병사들에게 나누어주어 나라 사람들이 그를 칭찬했다고 하였다.[28]

그런데《삼국사기》〈열전〉에는 이와 다소 다른 기록이 나와 눈길을 끈다. 진흥왕이 이사부에게 명하여 가야를 공격하게 할 때 사다함은 열다섯에서 여섯 살의 나이로 종군을 청했는데, 왕은 그가 어리다[幼少]고 불허하였다는 것이다. 그러나 그가 여러 차례 청하고 뜻이 확고하므로 귀당비장貴幢裨將으로 삼아 출정시켜 공을 세웠다고 했다.[29]

《화랑세기》에 나오는 기록도 볼 수 있다. 그에 따르면 사다함이 선봉이 될 것을 청하였으나 진흥왕은 그가 어려 종군을 허락하지 않았다. 그러나 사다함이 사사로이 낭도를 거느리고 몰래 출정하여 야인野人[30]

26 《화랑세기》7세 풍월주 설화랑.
27 《화랑세기》15세 풍월주 유신공.
28 《삼국사기》4,〈신라본기〉4, 진흥왕 23년.
29 《삼국사기》44,〈열전〉4, 사다함.

을 대파하니 (진흥)제帝가 훌륭하게 여겨 그를 귀당비장으로 삼았다고
하였다. 그때 사다함은 열여섯 살이었는데, 정병精兵 5천을 거느리고 전
단문梅檀門으로 달려들어 백기를 세웠다고 기록되어 있다.[31] 위의 세 가
지 이야기 가운데《화랑세기》의 이야기가 사실을 전하는 것이라 여겨
진다.

여기서 주목할 사실은, 화랑이라고 하여 모두 전쟁에 나간 것은 아니
고, 일정한 나이가 되지 않았던 어린 화랑은 원칙적으로 참전할 수 없었
다는 것이다. 물론 사다함을 보면 어린 나이에도 스스로 출전을 결심한
일도 있었다.《화랑세기》에는 문노가 열일곱 살에 백제와 벌인 전투에
참전하고, 열여덟 살에는 고구려와 벌인 전투에 참전한 예도 나온다. 그
렇더라도 단정하기는 어려우나 낭도로 따지면 동도童徒에 해당하는 열
여덟에서 열아홉 살까지는 원칙적으로는 전쟁에 나갈 수 없었다고 본
다. 부제나 풍월주로 있던 김유신도 전쟁에 나간 기록은 없다.

| 만호태후의 도움으로 단번에 부제가 된 김유신 |　　부제는 화랑도 조직
에서 풍월주 버금가는 자리였다. 시골 만노에서 왕경으로 돌아온 김유
신이 화랑도의 다른 자리를 거치지 않고 처음부터 부제의 자리를 차지
한 것은 특별한 일이었다.

만호태후의 부름을 받은 김유신은 14세 풍월주[603~612년] 호림의 부
제가 되었는데, 원래 호림의 부제는 보종宝宗[580~?년]이었다. 보종은 김
유신이 중망衆望이 있다고 하여 부제의 자리를 양보하였는데, 이는 미실
궁주가 만호태후를 기쁘게 하려던 것이었다고 한다.[32] 그때 김유신의

30　야인野人에 관해 달리 말한 적 있으나 여기서는 가야가 끌어들인 왜인으로 보고자 한다.
31　《화랑세기》5세 풍월주 사다함.

나이는 열다섯 살이었는데 커다란 도량을 지니고 있어 낭도들을 능히 다스렸다고 하였다. 호림이 풍월주 자리에서 물러날 때 원래 김유신이 아니라 보종이 15세 풍월주가 되었어야 하니, 보종이 김유신에게 부제의 자리만이 아니라 풍월주의 지위까지 양보한 셈이었다.[33]

누가 무어라 해도 김유신이 한평생 살아가는 데 남들과 같은 출발선에 선 것은 이때부터였다. 그 출발을 직접 도운 사람은 김유신의 외할머니 만호태후였다. 그녀가 김유신을 받아들여 준 일은 김유신의 한평생 진로를 새롭게 정하는 변화를 불러일으켰다. 이 때문에 가야파들이 김유신을 받들었다. 609년 왕경으로 온 김유신을 추종한 세력은 가야파들이었다.

이 시기 보종의 어머니인 미실궁주는 이미 왕에게 색을 바치는 "색공지신色供之臣"의 지위에서 물러나 있었기에 화랑도에 영향력을 크게는 행사할 수 없었다. 이에 만호태후가 화랑도에 관해서만이 아니라, 신라 사회의 여러 면에서 진평왕의 어머니로서 가장 강력한 세력을 발휘하던 상황이었다. 그렇기에 만노군에서 올라온 김유신은 앞에서 본 대로 만호태후의 비호를 받아 단숨에 부제의 지위를 차지할 수 있었다. 골품제 사회인 신라는 그런 나라였다. 김유신이 부제가 되는 데 그의 아버지 서현이나 할아버지 무력은 필요조건을 제공했을 뿐, 그의 외할머니 만호태후가 가진 세력이 충분조건을 제공한 것이다.

┃ 보종을 위하여 김유신을 반대한 염장 ┃ 김유신이 호림의 부제가 되는 일에 반대한 사람이 있었다. 뒤에 17세 풍월주를 지낸 염장廉長[586~648

32 《화랑세기》15세 풍월주 유신공.
33 《화랑세기》15세 풍월주 유신공.

년]이다. 그는 천주天柱와 지도태후의 아들로, 김춘추의 아버지 용수와 그 동생 용춘의 씨 다른 동생[異父同母弟]이었다.

지도태후는 염장을 사랑하여 용춘에게 맡겨 호림에게 속하게 했다. 599년 염장은 열네 살로 보종보다 여섯 살 적었는데 준수하기는 대체로 비슷했다. 염장은 보종의 아름다움을 사랑하여 자원하여 그의 아우가 되었고, 보종은 오히려 염장을 형처럼 섬겨 그의 말을 들어주지 않는 것이 없어 둘의 정이 마치 부부와 같았다고 한다. 603년 호림이 풍월주에 오르면서 보종은 부제가 되고 염장은 전방화랑이 되었다. 그때 염장은 열여덟 살이었는데 용기와 힘이 있어서 능히 무리를 복종시킬 수 있었고, 키가 이미 보종보다 커서 그를 아이처럼 업어주었다고 한다. 보종이 김유신에게 부제의 자리를 양보한 것을 반대한 염장은 그가 보종을 형으로 받든 개인적인 이유였다. 그런데 뒷날 김유신이 칠성우를 결성할 때 두 사람 모두 포함시킨 사실이 흥미롭다.

┃**611년의 김유신에 대한 신비화**┃ 호림의 부제로 있던 때에도 김유신과 관련된 신비화 사건이 벌어졌다. 《삼국사기》〈열전〉의 다음 기록을 보자.

건복 33년[611년] 유신공이 열일곱 살이었는데, 고구려·백제·말갈이 신라의 강토를 침범하여 노략질하는 것을 보고 강개하여 구적寇賊을 평정할 뜻을 가지고 홀로 중악中嶽(경주시 서면 단석산)에 들어가 높은 바위[石崛]에서 재계를 하고 하늘에 아뢰어 맹세하기를, "적국敵國이 무도하여 승냥이와 범이 되어 우리 강토를 침략하니, 거의 편안한 해가 없습니다. 저는 한낱 보잘것없는 신하이지만 재주와 힘을 헤아리지 않고 화란을 없애고자 마음을 먹고 있사오니, 오직 하늘은 저를 살피시어 손을 제게 빌려주시옵소서." 라고 하였다. 나흘을 머무니 갑자기 한 노인이 갈옷을 입고 와서 말하기를, "이곳에는 독한 벌레와 사나운 짐승이 많으므로 두려워할 곳인데, 귀한 소년이 와서 홀로 있으니 무슨 까닭인가?" 라고 물었다. 유신이 대답하기를 "장자長子께서는 어디서 오셨으며 존명은 누구신지 알고 싶습니다." 했다. 노인이 말했다. "나는 거주하는 곳도 없으며, 가고 그침을 인연에 따라 한다. 이름은 난승難勝이다." 유신은 이 말을 듣고 그가 비상한 사람임을 알고 두 번 절하며 앞으로 나아가서 말했다. "저는 신라 사람입니다. 나라의 원수를 보고 마음이 상하고 머리가 아파서 이곳에 와서 만나는 분이 있기를 기다렸습니다. 삼가 원하오니 장자께서는 제 정성을 불쌍히 여기시어 방술方術을 가르쳐주십시오." 노인이 잠잠히 말이 없으므로 유신이 눈물을 흘리면서 간절히 청하기를 그치지 않으면서 예닐곱 차례에 이르니 노인은 그제야 말했다. "그대는 나이가 어리면서도 삼국을 통합하려는 마음을 가졌으니 어찌 장하지 않으랴?" 이에 비법을 가르쳐 주며 말했다. "이 비법은 부디 함부로 남에게 전하지 말라. 만약 불의한 일에 이를 쓴다면 도리어 앙화를 받을 것이다." 말을 마치고 작별하여 2리쯤 가다가 뒤따라 쳐다보았으나 보이지 않고 다만 산 위에 빛이 있는데 찬란하여 오색 광채와 같았다(《삼국사기》 41, 〈열전〉 1, "김유신 (상)").

위의 기록으로 신라인들이 김유신을 방술方術을 전수하여 활약한 인물로 받아들였다는 사실을 알 수 있다.

┃인박산에서 기도하여 영험을 얻다┃   김유신에 대한 또 다른 신비화 사례로《삼국사기》〈열전〉에 나오는 이야기를 보자.

건복 29년[612년]에 이웃한 나라 적이 한층 더 핍박해오므로 공은 더욱

웅대한 뜻을 나타내어 홀로 보검寶劍을 가지고 인박산咽薄山(열박산, 울산시 울주군 두서면과 두동면에 걸쳐 있는 열박재)의 깊은 골짜기에 들어가서 향불을 피워놓고 하늘에 아뢰어 빌기를, 중악中岳에서 한 것같이 했다. 맹세하고 이내 기도하기를 "천관신天官神(도가에서 말하는 삼관신의 하나, 인간의 선악을 맡아 기록함)께서는 빛을 내리시어 보검에 영험을 나타내주소서."라고 했다. 사흘째 되는 날 밤에 허성虛星(북쪽에 있는 별, 28수宿의 하나)과 각성角星(동쪽에 있는 별, 28수의 하나) 두 별의 빛이 환하게 빛나면서 칼에 내려오니 칼이 움직이는 듯하였다(《삼국사기》 41, 〈열전〉 1, "김유신 (상)").

이 이야기에 나오는 이웃한 나라의 적(鄰賊)은 그가 열일곱 살 때 중악에 들어간 이유와 같이 고구려·백제·말갈이었을 것이다. 김유신이 611년 중악中岳에 들어간 이유와 612년 인박산에 들어간 이유가 같았다고 보인다. 다만 611년에는 부제로서 들어간 것이 확실한데, 612년에 들어간 것이 호림의 부제로서인지 또는 15세 풍월주가 된 뒤인지는 생각해 볼 문제다. 단정하기는 어려우나, 김유신이 중악에서 돌아오자 풍월주가 되었다는 기록을 사실로 본다면 612년에는 풍월주로서 호국護國을 위해 인박산에 입산한 것이 신비화되지 않았나 한다.

┃신병이 좌우에서 김유신을 호위했다는 신비화┃   《화랑세기》에도 다음과 같이 김유신에 대한 또 다른 신비화 이야기가 나온다.

이에 지혜와 용기가 있는 낭도를 뽑아서 전국(天下)을 두루 돌아다니고 고사高士들과 힘써 결속을 맺었으며, 중악中岳에 들어가 노인에게 비결秘訣을 받았다. 그의 신변에는 늘 신병神兵들이 있어 좌우에서 호위했다(《화랑세기》 15세 풍월주 유신공).

《화랑세기》에는 김유신이 중악에서 노인에게 비법을 전해 받았고, 신병들이 그의 좌우에서 호위했다는 이야기가 있다. 김유신이 중악에 다녀왔고 풍월주가 된 해는 612년이다. 따라서 신병들이 언제부터 김유신을 좌우에서 호위했는지는 나와 있지 않지만, 아무리 빨라도 612년 무렵부터라고 생각된다.

바로 이 신병에 대한 기록은 《삼국사기》에 또 나온다. 주목할 사실은 612년 김유신을 호위하기 시작한 신병들이 673년 6월 김유신이 죽기 얼마 전에 떠나갔다는 것이다.

이처럼 김유신에 대한 신비화는 그가 태어나면서부터 시작되어 세상을 떠날 때까지 여러 가지 형태로 이어졌음을 볼 수 있다. 이 같은 신비화는 그의 사회적·정치적 지위와 관련되어 있다. 그에 대한 신비화는 그의 지위를 확고하게 만들어주었고, 세상을 떠난 뒤에도 그의 격을 높여주는 장치로 작동했다.

2.3.
가야파의 종주이자 세 파의 자손인 김유신

우리는 《화랑세기》를 통해 화랑도에 파·파맥이 있었다는 사실을 알게 되었다. 김유신 또한 파맥과 무관하지 않았고, 《화랑세기》에는 김유신의 파맥에 대해서도 나와 있다. 따라서 김유신을 신라 관점에서 이야

기하려면 그를 둘러싼 파맥을 주목하지 않을 수 없다.[34]

화랑도의 파맥은 김유신이 태어나기도 전부터 있었다. 실제로 7세 풍월주 설화랑 대[572~579년]에 이미 2개 파로 나뉘었음은 앞에서 보았다.[35] 10세 풍월주 미생랑 대[585~588년]에는 5개 파가 있었다.[36] 12세 풍월주 보리공 대[591~596년]에는 진골정통·대원신통·가야파의 3개 파로 나뉘었다고 나와 있다.[37] 화랑도의 파가 나뉘고, 시간이 지나며 파맥에도 변동이 생겼다.

|가야파, 왕경으로 온 김유신이 처음 거느렸던 화랑도의 파| 열다섯 살의 나이에 왕경으로 와서 갑자기 호림공의 부제가 되었을 때 김유신은 거느린 낭도가 없었을 것이다. 그는 낭도를 어떻게 거느렸을까? 이에 대한 답이 있다.

《화랑세기》15세 풍월주 유신공 조를 보면, 그때 김유신을 화랑으로 받든 파가 있었는데 가야파였다고 한다. 이 파는 서현을 화랑으로 받들던 가야파 낭도들일 수 있다. 그런가 하면 《화랑세기》8세 풍월주 문노 조에 나오는 것과 같이 문노와 관련된 가야파 일도—徒[38]와 연관된 파일 수도 있다.

신라 화랑들에게는 많고 적건 간에 각기 낭도가 있었다. 한번 맺어

---

34 《화랑세기》에 나오는 파맥이 근대적 사고의 표현 양식이라 하여 《화랑세기》 부정론을 편 주장도 있다. 그러나 화랑도의 파맥을 그대로 밝힌 것은 그 자체로 《화랑세기》가 신라 관점에서 저술된 신라판(신라 버전) 역사서라는 사실을 증명하는 한 이유가 된다.

35 《화랑세기》7세 풍월주 설화랑.

36 《화랑세기》10세 풍월주 미생랑.

37 《화랑세기》13세 풍월주 용춘공.

38 《화랑세기》8세 풍월주 문노.

진 화랑과 낭도의 관계는 평생 이어졌다. 화랑은 그가 거느린 낭도에게 관직을 마련해주고, 낭도들은 그가 모신 화랑에게 여러 가지를 지원하며 평생 살아가던 사회였다. 화랑은 동시에 한두 명이 아니라 수십 명이 있었고, 그 수십 명이 각기 그 밑에 화랑도를 거느렸다. 김유신이 거느린 화랑도 또한 그러한 화랑도 집단 가운데 하나였다. 우선 그는 가야파 화랑도를 거느렸다.

당시 김유신이 거느렸던 낭도의 수가 얼마나 되었는지 알 수 없다. 다만 화랑에 따라 수백명의 낭도를 거느리기도 했던 것은 사실이다.

그런데《삼국사기》"열전"에는 김유신이 "열다섯 살에 화랑이 되었는데 그때 사람들이 기뻐하여 복종했으며, 그들을 용화향도龍華香徒라 이름했다."라고 나온다. 여기서 말하는 용화를 미륵불과 연관시켜온 것이 사실이다. 그런데《화랑세기》를 보면 김유신은 일차적으로 가야파였던 것을 알 수 있다.

| 김유신이 세 파의 자손이 된 이유 |　《화랑세기》15세 풍월주 유신공 조의 "세계"에 나오는 다음 기록을 다시 한번 주목하자. 김유신이 세 파의 자손이라는 대목이다.

구충은 계봉의 딸인 계화를 아내로 맞아 왕후로 삼아 무력과 무득을 낳았다.[39] 모두 우리나라[신라]에 왔는데 조정에서 예로써 대접하였다. 무력은 진흥제의 딸 아양을 아내로 맞아 서현을 낳았다. 서현은 만호태후의 딸 만명을 아내로 맞아 (유신)공을 낳았다. 그러므로 공은 실로 진골·대원·가

39　《삼국유사》2,〈기이〉2 (하)," 가락국기"와《삼국사기》4,〈신라본기〉4, 법흥왕 19 년[532년] 조 그리고《화랑세기》에는 금관국의 마지막 왕과 그의 세 아들의 이름이 달리 나온다.

야 세 파의 자손이다(《화랑세기》 15세 풍월주 유신공).

김유신이 화랑도 안에 있던 세 파의 자손이라는 사실을 확인하려면 김유신의 파맥에 관하여 살펴보아야 한다.

1) 김유신과 진골정통·대원신통으로 나뉜 인통의 관계

《화랑세기》에 나오는 것과 같이, 인통은 원래 왕과 혼인하는 여자들의 계통으로 모계계승을 하였으며 진골정통과 대원신통이라는 두 계통이 있었다. 뒤에는 신라의 왕과 왕비를 비롯한 지배 세력은 말할 것도 없고, 화랑도의 화랑, 낭두들도 인통과 무관하지 않았다. 남자들은 어머니의 인통을 이었다. 김유신의 할머니 아양공주와 외할머니 만호태후가 인통이 달랐기에 김유신의 부모가 고통을 받았던 사실도 앞에서 보았다. 김유신 또한 인통과 관계가 있었다.

| 김유신과 진골정통의 관계 |　　김유신은 모계로 진골정통과 관계되었다. 어머니 만명부인은 지소태후의 딸인 만호태후〔동륜태자의 부인〕의 딸이었다. 인통으로 따지면 지소태후가 진골정통이었기에 그의 딸 만호부인이나 그의 딸인 만명부인 또한 진골정통이다. 그렇기에 김유신은 어머니인 만명부인의 인통에 따라 진골정통이 되었다.

| 김유신과 대원신통의 관계 |　　김유신이 대원신통과 관계된 데는 이유가 있다.《화랑세기》15세 풍월주 유신공 조의 세계는 김유신의 할아버지 무력이 아양공주를 아내로 맞아 서현을 낳은 사실을 밝히고 있다. 진

흥왕과 대원신통이었던 사도황후 사이에서 출생한 아양공주는 당연히 대원신통이었다. 아양공주의 아들 서현도 어머니의 인통을 이어받아 대원신통이었다.

그런데 김유신은 서현의 인통을 이을 수 없었다. 김유신은 그의 어머니 만명부인의 인통을 이어받아 진골정통으로 태어났기 때문이다. 그런데도 김유신이 대원신통을 포함한 세 파의 자손이라고 한 것은 무슨 이유일까? 이는 그의 아버지 서현이 대원신통이었기에 그를 대원신통의 자손이라고 한 것일 수 있다.

2) 태어나며 가야파였던 김유신

김유신이 가야파였다는 사실이 흥미롭다. 그는 가야파로서 아무런 제약 없이 화랑도에서 활동했고, 뒷날 상대등上大等의 지위까지 올랐다. 골품체제 사회였던 신라에서 가야파가 있었다는 사실을 불가사의한 일이라 생각할 수 있다. 그러나 신라 관점의 이야기를 전하는《화랑세기》를 보면 가야파의 존재를 부정할 수 없다.

여기서 한 가지 분명히 하고 넘어갈 사실은, 화랑도 안의 가야파는 이미 망한 가야를 독립시키려 활동하는 일과 전혀 무관했다는 점이다. 가야파는 해당 화랑도의 출생이 가야인과 관련이 있어 생겨난 파였을 뿐이다. 가야파의 한 무리를 거느렸던 문노의 파를 호국선이라고 이를 때 호국護國은 그 자체로 신라에 대한 것이었다는 사실을 확실히 할 필요가 있다. 그러한 사실을 누구도 의심하지 않았기에 가야파는 신라 사회에서 당당하게 활동할 수 있었다.

《화랑세기》에는 김유신을 가야파, 가야파의 우두머리[加耶之宗][40],

가야파의 정통〔加耶正統〕[41]이라고 한 기록들이 나온다. 김유신은 가야파 전체의 우두머리가 되었고, 김유신의 가야파는 정통파로서 비정통 가야파와는 구별되었던 것이다.

이제 화랑도 가운데 가야파의 정체를 알아보기로 한다.

┃ 가야파의 정통과 비정통 ┃ 가야파는 그렇게 단순한 존재가 아니었다. 그들이 말했던 가야파가 금관국 출신들만 가리키는 것이 아니었다는 사실도 그 한 이유다. 금관국 계통 가야파처럼 구충왕의 부계 후손으로 이어지기만 한 것이 아니라는 점도 또 다른 이유이다. 가야파 안에는 가야 공주와 같이 가야 여자에서 비롯된 파가 만들어진 예도 있기 때문이다. 가야파는 그 출발 상황에 따라 크게 두 계통으로 나뉘었다.

첫째, 정통 가야파가 있었다. 서현 – 김유신〔15세 풍월주〕으로 이어지는 가야파였다. 이들은 금관국에서 항복해 들어온 종족宗族의 성원인 서현 – 김유신을 우두머리로 하는 파였다. 이들은 처음부터 부계를 따라 가야파를 이어 나갔다.

둘째, 비정통 가야파가 있었다. 문노〔8세 풍월주〕와 천주, 그리고 염장〔17세 풍월주〕을 중심으로 한 가야파가 그들이다. 이들 계통의 가야파는 신라인 아버지와 가야인(특히 대가야·북국, 현재 경남 고령 지역의 소국) 어머니 사이에 태어났다는 특징을 갖고 있다. 가야국 문화공주가 어머니였던 문노가 그 대표적인 예다. 문노 이후에는 부계 혈통을 따라 그들 비정통 가야파의 파맥이 이어져 나갔다.

---

40 《화랑세기》15세 풍월주 유신공.
41 《화랑세기》15세 풍월주 유신공.

| 두 가야파가 뭉치다 |　　정통과 비정통 가야파는 어떤 관계에 있었을까?《화랑세기》10세 풍월주 미생랑 조는 당시 5개 파가 나뉜 것을 밝히며, 다섯 번째로 천주공을 풍월주로 세우고 서현랑을 부제로 삼으려한 통합파 가운데 가야파를 들고 있다.

　천주공의 어머니 월화공주는 대가야(북국) 이뇌왕의 딸이라고《화랑세기》에 나온다. 한편 앞에서 본 것처럼 서현은 금관국에서 항복해온 구충왕의 손자이자 무력의 아들이며 김유신의 아버지이다. 여기서 미생이 풍월주로 있던 시기[585~588년]에 천주의 경우처럼 대가야 왕의 외손인 가야파와 김유신처럼 금관국 왕의 친손인 가야파가 하나로 뭉쳤음을 알 수 있다. 그렇게 가야파가 만들어지고 그 세력을 넓혀갔다.

|《화랑세기》의 시대에 가야파가 존재할 수 있었던 이유 |　　신라와 가야 소국들 사이의 관계는 신라와 백제·고구려의 관계와 다른 양상으로 전개되었다. 실제로 신라와 가야 소국들 사이의 관계는 우리가 생각도 하지 못했던 방향으로 전개되었다는 사실이《화랑세기》에 나온다. 법흥왕[514~540년 재위]이 가야의 두 소국을 남국(금관국, 김해 지역)과 북국(대가야, 고령 지역)으로 나누었는데, 두 나라가 신라의 부용국附庸國이 되었다는 것도 새로이 알 수 있다.

　《화랑세기》20세 풍월주 예원공 조에는 가야와 신라의 관계에 관한 이야기가 있다. 648년 김춘추가 당나라에 가서 당 태종을 만나는 외교사절단에 원광의 조카이자 선화仙花인 예원이 선발되었다. 당나라 재상이 예원에게 한 질문 가운데 한 가지를 보자.

　　　[당나라 재상이] 묻기를 ……"가야가 너희 나라를 부용국으로 삼았는지

너희 나라가 가야를 부용국으로 삼았는지 어느 것이 옳으냐?" 했다. 공이 말하기를 "우리나라는 한漢 선제宣帝 오봉五鳳 원년[기원전 57년]에 섰고, 가야는 한 광무光武 건무建武 18년[기원후 42년]에 섰으니, 누가 옳은지 알 수 있다."[42] 했다. 당나라의 재상이 그렇게 여겼다(《화랑세기》 20세 풍월주 예원공).

위 기록을 보면, 가야가 신라에 부용한 것을 확실히 알 수 있다. 거기에 더하여 제6대 좌지왕부터 금관국 왕들이 진골 신분을 가진 신라 여자를 왕비로 맞았던 사실은 앞에서 보았다. 그 결과 제7대 취희왕 이후 신라에 항복해 들어온 구충왕까지 역대 왕들은 신라인의 피를 더 많이 물려받았다.

북국(대가야)의 경우는 어떠했을까?《화랑세기》 8세 풍월주 문노 조에 보면, 북국에서 이뇌를 왕으로 삼고 신라의 우화공주를 처로 삼았다고 나온다. 그런데 얼마 지나지 않아 이뇌의 숙부인 찬실이 이뇌를 내쫓고 스스로 왕이 되었다. 문노의 어머니 문화공주는 북국왕의 딸이라고도 하고 야국野國왕의 공녀貢女 곧 왜국 왕이 조공으로 바친 딸이라고도 했다. 처음에 문화공주는 호조의 첩이 되었는데, 호조의 아들 비조부와 더불어 통하여 가야파가 된 문노를 낳았다는 것이다.[43]

북국의 찬실이 야국野國[왜국일 것으로 보임] 왕의 사위가 되고, 이뇌왕은 신라 왕의 사위가 되었다고 나오는 부분이 주목된다. 북국의 경우 언제부터 신라 여자를 왕비로 삼았는지는 알 수 없으나, 이뇌왕이 신라 공주를 왕비로 삼았던 것을 밝힌 연구가 있기 때문이다. 금관국은 5세기

---

42   당시 신라인들은《삼국사기》와《삼국유사》에 나오는 신라와 가야의 건국 시기를 이미 알고 있었다. 그때 신라인과 가야인들이 만들어 가진 그들의 건국 신화가 현재까지 전하는 것이라 하겠다.
43   《화랑세기》 8세 풍월주 문노.

초부터 신라 여자를 왕비로 삼았다.

이처럼 금관국이건 북국이건 가야의 소국들은 신라 여자를 왕비로 삼았고, 신라의 정치적 간섭을 받아 부용국이 되었다는 연구가 있다. 그런 가야 소국들은 신라에 항복하거나 반란을 일으켰다가 정복당했다.

북국은 561년 반란을 일으켰다. 북국의 마지막 왕이었던 도설지가 550년 이전 신라에 항복하여 신라 조정의 신료가 되었다가, 561년 2월 이후 다시 북국의 왕이 되어 561년 9월 반란을 일으킨 것이다.[44] 금관국과 북국 사람들은 서로 다른 길을 걸었다. 그 결과 북국 사람들보다 금관국 사람들이 신라에 더 잘 적응했고, 그러한 가야의 세력들이 신라 사회에서 가야의 정통으로 인정받게 되었다고 볼 수 있다.

그런데, 한 가지 짚고 넘어갈 문제가 있다. 신라에 백제파와 고구려파가 있었을까 하는 문제다. 신라인들은 분명히 백제와 고구려를 가야와 다르게 보았다. 가야 소국들, 특히 금관국과 북국 세력들은 5세기 초부터 신라인과 혼인 관계를 맺었고 신라의 부용국이 되었다. 그러나 백제와 고구려는 나라의 운명을 걸고 전쟁을 벌이던 적국이었다. 신라인들이 백제인과 고구려인들을 신라의 지배 세력으로 받아들이는 데 인색했던 것은 당연한 일이다.

신라의 삼한통합 뒤 신라 최고 신분인 진골까지 편입된 백제·고구려 출신 피정복민은 극소수였다. 백제인 가운데 진골로 편입한 예는 찾기 어렵다. 고구려인 가운데에는 보덕국을 세웠던 안승이 거의 유일하게 진골로 편입된 고구려인이라고 볼 수 있다. 그러나 그것도 잠시였고, 안승의 후손으로서 신라 진골 신분을 유지한 사실을 찾아볼 수 없는 실정

---

44   이종욱,《화랑세기》를 통해 본 신라 화랑도의 가야파),《한국고대사탐구》27, 한국고대사탐구학회, 2017, 514~515쪽.

이다. 혹 666년 신라에 항복했던 연정토와 그 무리를 진골로 편입했을 가능성이 있으나 그의 후손 또한 역사에 자취를 찾을 수 없다. 그 결과 신라에서 옛 백제인이나 옛 고구려인으로 "백제파"나 "고구려파"를 형성할 만한 세력을 갖출 수 없었다고 보는 것이다.

신라인들이 금관국인을 중심으로 하는 가야인들, 북국 여자와 혼인하여 낳은 문노나 천주공과 그들의 후손을 가야파로 인정한 것은 신라의 피정복민 정책의 한 단면과 그 융통성을 보여주는 것일 수 있다. 특히 금관국과 북국은 신라 사람들과 5세기 초부터 혼인 관계를 맺었고, 신라의 부용국이 되었기에 신라인들로서는 가야 소국 사람들을 신라 지배층으로 받아들일 여건이 갖추어져 있었다. 이것이 신라에 가야파가 있었던 이유였다고 하겠다.

┃ 인통이 화랑도의 파맥으로까지 퍼지다 ┃　　이렇듯 진골정통·대원신통·가야파로 구성된 화랑도의 파맥은 화랑도 자체에서 생긴 것이 아니었다. 인통을 지닌 여자 가운데 여러 가지 이유로 신분이 낮은 여자들이 나타났다. 이들은 진골 지배 세력만이 아니라 두품 세력들과도 혼인하며 파맥을 이루었다. 그 과정에서 신분이 떨어진 인통을 지닌 여자들은 화랑들 밑에 있으면서 낭정의 실무를 담당하던 낭두의 부인이 되기도 했다. 이에 낭두들도 인통을 갖게 되었다. 그 결과 인통은 풍월주를 비롯하여 화랑과 낭두에게까지 확산되었다.

한편 가야파는 대체로 532년 금관국이 신라에 항복한 뒤 금관국만이 아니라 북국(대가야) 등에서 항복해 들어온 사람들로 이루어졌다. 그런데 모계로 이어진 인통과 달리 부계로 이어진 가야파에는 처음부터 진골만이 아니라 그 밑의 신분이었던 가야 출신, 곧 가야에서 신라로 이주

한 사람들도 있었다. 또 진골 신분인 가야파 화랑과 신분이 낮은 여자 사이에서 태어난 이들이 화랑도의 낭두가 되기도 했다.[45]

따라서 이들이 화랑도에 들어가며 가야파도 화랑만이 아니라 낭두들까지 "화랑도의 파맥"을 이루었음을 생각하기는 그리 어렵지 않다. 화랑과 낭두에 파맥이 널리 퍼진 결과 낭정을 장악하려는 세 파의 다툼이 벌어졌고, 낭권郎權이 어느 한 파에 몰려 다른 파의 세력이 소멸되는 현상도 벌어졌다.[46]

| 가야파는 신라인들의 파였다 |　특히, 문노가 579년 진지왕의 폐위에 참여한 공으로 진골 신분을 얻게 되며 가야파는 번성했다. 이에 김유신이 화랑도로 활동하던 시기에 가야파는 하나의 파로 자리 잡고 있었다. 그런데 문노나 김유신을 비롯한 가야파는 가야인이 아니라 신라인들로 이루어진 파였다. 그 조상들의 부계나 모계에 가야계가 있었을 뿐, 이미 신라의 시민권을 받아 신라인이 된 사람들의 파였다. 신라에서 만들어진 가야파는 김유신이라는 영웅을 만나 그 세력을 키울 수 있었다.

3) 대인무사의 정신으로 골품과 파맥을 화합케 한 김유신

화랑도에 파맥이 있었지만, 김유신은 그 자체를 자신의 힘을 키우는 장치로 만들었다. 김유신이 화랑도의 파맥을 화합케 한 것이 그것이다.

45　《화랑세기》17세 풍월주 염장공 조를 보면 "공의 외척과 처족들이 일을 사사로이 청탁하여 3파 낭두의 딸들을 모아 첩으로 삼았기 때문에 서자가 매우 많았다."라고 나온다. 풍월주를 지낸 사람이 낭두의 딸들을 첩으로 삼는 것은 낭두의 파맥을 번성하게 만드는 일이 되었다.
46　《화랑세기》17세 풍월주 염장공.

김유신은 가야파만 특별하게 대우하지 않았기 때문에 낭도들의 화합을 이룰 수 있었다.

김유신이 왕경으로 온 뒤 호림공의 부제로서 화랑이 되었을 때 벌어진 일화를 통해 그가 어떤 사람이었는지 볼 수 있다.《화랑세기》에 나오는 자료를 보기로 한다.

> 그때 [유신]공의 나이가 열다섯 살이었는데 커다란 도량을 지니고 있어 낭도들을 능히 다스렸다. 가야파의 낭도로서 승진하기를 탐하는 자가 말하기를 "어른[풍월주]께서는 가야정통加耶正統으로 어찌 저를 사적으로 돌보지 않습니까?" 했다. 공이 정색을 하며 "나는 곧 [만호]태후의 손자인데 네가 무슨 말을 하는가? 또한, 대인은 사애私愛를 하지 않는다. 공이 있으면 비록 미천하여도 승진할 것이다. 어찌 공을 세우지 않는가?" 했다. 낭도는 크게 부끄럽게 여기며 물러났다. 어떤 이가 고하기를 그 낭도가 장차 배반할 것이라고 하였다. 공은 "옳지 않으면서 붙는 것은 배반하는 것만 못하다. 그렇지만 그 낭도가 승진을 탐하는 기색으로 보아 반드시 공을 세울 것이다."라고 했는데, 후에 과연 그렇게 되었다. 공은 이로써 능히 각 무리〔徒〕를 화합했다《화랑세기》 15세 풍월주 유신공).

당시 "화랑도의 파맥"에 따라 화랑이 낭도를 사적으로 대우하는 것은 보편적인 현상이었음에 틀림없다. 그러나 김유신은 그 요구를 거절했다. 파맥에 따라 사애私愛를 하지 않은 것은 그의 활동에 있어 중요한 출발점이 되었다. 그러한 태도의 밑바탕에는 만호태후의 손자라는 자부심과 대인은 사애를 하지 않아야 한다〔大人無私〕는 생각이 깔려 있었던 것이다.

김유신은 한평생 개인이나 파맥을 위한 사익이 아니라 국가를 위한 공익[국익]을 우선시하였다. 그의 정신은 끝내 화랑도 파맥 사이의 다툼을 화합으로 바꾸는 결과를 가져왔다. 김유신은 화랑도의 파맥을 화합시킴으로써 "신국지웅"이 될 출발선에 설 수 있었다. 그가 가야파만을 위해 화랑도 활동을 했다면 신라인들은 그를 신국의 영웅으로 생각하지 않았을 것이다. 대인 무사의 자세는 김유신이 선문에 있으며 기획한 두 가지 꿈을 실현할 수 있는 근본적인 바탕이 되었다.

┃삼한통합을 신라인 모두의 꿈으로 만들다┃ 화랑도를 하나로 화합시킨 김유신이 늘 화랑도에게 일러 한 말이 있다. 앞에서 보았듯, 고구려와 백제를 평정하면 나라에 외적이 침입하는 근심〔外憂〕이 없어져 마땅히 부귀를 누릴 수 있을 것[47]이라고 한 것이다. 김유신이 이 말을 한 시기는 호림공의 부제가 되었을 때이니, 그가 풍월주가 되기 전이다. 이 같은 김유신의 외침은 실제로 나중에 삼한통합으로 이루어졌다. 열다섯 살에 말한 그의 꿈, 곧 삼한통합은 개인의 꿈을 넘어 화랑도의 꿈이 되었고, 더 나아가 신라인 모두의 꿈이 되었다.

---

47 《화랑세기》 15세 풍월주 유신공.

2.4.
15세 풍월주가 된 김유신의 활동
(612~616년)

《삼국유사》"김유신" 조에는 김유신이 열여덟 살이 되던 임신년에 검술을 닦아 국선國仙이 되었다고 나온다. 이를 바탕으로 지금까지 김유신이 국선이었다고 생각해왔다. 그러나《화랑세기》를 보면 김유신은 국선이 아니라 풍월주를 지낸 것으로 나온다. 이에 지금까지 제대로 파악하지 못했던 김유신에 대한 사실을 비로소 알 수 있게 되었다.《삼국사기》나《삼국유사》는 풍월주라는 존재 자체를 은폐하였기 때문이다.

고려 시대에 편찬된 사서에는 풍월주에 관한 기록 자체가 빠져 있다. 그런데 조선 시대에 편찬된《삼국사절요》에 풍월주에 관한 기록이 비로소 나온다. 여기서 신라인이 신라인들의 관점에서 쓴《화랑세기》와 조선 시대 조선인들의 관점에서 쓴《삼국사절요》를 견주어보지 않을 수 없다.

┃《삼국사절요》와《화랑세기》의 풍월주┃ 1476년[조선 성종 7년]에 편찬된《삼국사절요》에는 법흥왕 27년 경신년[540년] 12월 조에 "신라 왕이 용모가 단정한 동남童男을 선발하여 풍월주라 일컬었고, 선사善士를 구하여 그 도중徒衆으로 삼아 효도와 우애[孝悌], 충성과 신의[忠信]를 연마하게 했다."라고 나온다. 조선 초 자료에 풍월주가 나오는 것으로 보아 신라 시대에 풍월주가 있었다는 사실을 알 수 있다.

|《삼국사기》·《삼국유사》와 《화랑세기》의 사료적 가치| 고려 관점에서 쓴 《삼국사기》와 《삼국유사》는 풍월주의 존재를 언급하지 않는 데 그치지 않고 화랑도 자체에 대한 기록을 거의 삭제하였다. 이는 두 사서의 저술 목적과 관련 있는 문제이다. 여기서 이 두 책의 사료적 가치에 얽힌 본질적 문제와 한계를 알 수 있다.

이와 함께 신라인이 신라인들의 관점에서 쓴 《화랑세기》의 사료적 가치를 새삼 주목하지 않을 수 없다. 32명 풍월주에 관한 전기인 《화랑세기》에 나오는 김유신에 관한 기록은 《삼국사기》에 나오는 김유신의 열전보다 그 분량이 훨씬 적다. 그러나 《삼국사기》가 말하는 김유신은 이미 고려 관점에서 쓴 김유신이고, 《화랑세기》에 나오는 김유신은 신라 관점 그 자체의 김유신이다. 《화랑세기》가 생중계하는 신라인의 신라 이야기 가운데 풍월주 김유신의 모습을 더 살펴보자.

|풍월주가 된 김유신| 김유신이 중악에 들어가 노인을 만나고 비법을 받아 돌아오자 호림이 풍월주의 지위를 김유신에게 물려주겠다고 하였다. 김유신은 사양했으나 어쩔 수 없이 15세 풍월주가 되었다. 그가 열여덟 살이던 건복 29년 임신년壬申年[612년]의 일이었다.[48]

|미실의 손녀 영모를 아내로 맞아 화주로 삼은 풍월주 김유신| 화랑도에는 풍월주의 아내 화주花主, 낭두郎頭의 아내 봉화奉花·봉로화奉露花·봉옥화奉玉花가 있었고, 서민의 딸들로 구성된 유화遊花가 있었던 것으로 《화랑세기》에 나온다. 국선國仙의 아내는 선모仙母라 불렀다.

풍월주가 된 김유신은 아내를 맞았다. 만호태후는 미실의 손녀이자

48 　《화랑세기》 15세 풍월주 유신공.

하종의 딸인 영모令毛를 김유신의 아내로 맞이하도록 하여 미실을 위로
하였다. 미실이 만호태후를 위로하고자 호림의 부제였던 자신의 아들
보종으로 하여금 그 지위를 김유신에게 물려주게 함으로써 김유신이
풍월주가 될 수 있었기 때문이다.

호림의 아내로서 화주의 지위에 있었던 유모柔毛의 동생이 영모였다.
호림의 아내는 문노의 딸 현강낭주였는데 일찍 세상을 떠났기에, 유모
를 아내로 맞이하여 유모가 화주로 되었던 것이다.[49]

유모와 영모 자매가 각기 14세 풍월주 호림과 15세 풍월주 김유신의
아내로서 화주가 되었다. 유모와 영모는 11세 풍월주 하종의 딸이고, 하
종은 미실과 6세 풍월주 세종 사이에서 태어났다. 미실의 손녀 둘이 화
주가 된 것이다. 이를 신라인들이 영화롭게 여겼다는 사실이 흥미롭
다.[50]

┃풍월주로서 고구려와 백제 정복을 준비하다┃　　김유신은 풍월주가 된
뒤로 날마다 온갖 병장기를 제조하고 활쏘기와 말달리기를 함께 연마
했다. 부제 때 고구려와 백제라는 두 적국을 평정해야 신라인들이 부귀
를 누릴 수 있다고 한 말을 실천하고자 노력을 기울인 것이다. 김유신이
풍월주로 있던 시기 화랑도들은 그의 뜻에 따라 골품을 따지거나 화랑
도의 파맥을 따져 싸우기보다 국가를 위해 군사적 실력을 축적하는 데
힘을 기울였다.

49　《화랑세기》14세 풍월주 호림공.
50　《화랑세기》15세 풍월주 유신공.

│ 김유신과 용춘·용수·춘추의 인연 │　　앞에서 본 것과 같이, 김유신은 612년부터 이미 김춘추를 훗날 신라의 왕이 될 인물로 생각했다. 진평왕과 김춘추, 그리고 용수·용춘의 관계에 관해 보겠다.

용수와 용춘은 579년에 폐위된 제25대 진지왕의 아들들이었다. 용수가 맏아들이었고, 용춘은 작은아들이었다. 진지왕이 폐위된 뒤 이들은 비록 성골 신분을 잃었지만, 왕실 세력으로서 아직도 커다란 위상을 지니고 있었다. 진평왕의 두 친동생을 빼면 용수와 용춘이 왕과 가장 가까운 부계 혈족이었다. 그 때문에 진평왕은 자신의 뒤를 이어 왕위를 계승할 후보자를 정하는 과정에 장녀 천명을 용수와 혼인시켰고, 뒤이어 선덕과 용춘을 혼인시켰다.

그런데 진평왕의 뒤를 이어 선덕(진덕 포함)공주가 즉위하고 나면, 다시 그들과 가장 가까운 혈족인 용수 그리고 용수의 아들인 김춘추에게 왕위 계승의 기회가 주어질 것을 김유신은 알았다. 공주는 왕위에 오르더라도 그의 아들은 남편의 혈족이 되므로 왕위 계승권이 없기 때문이다. 이 경우 603년에서 612년까지 한때 왕위 계승자로 정해졌던 용수나 그의 아들 김춘추가 언젠가 왕위에 오를 수밖에 없다는 사실은 당시 신라의 골품제와 친족제의 원리에 부합하는 일이었다.

만호태후의 손자로서 "대인大人은 사私가 없다."라고 한 김유신은 그때 김춘추를 택하여 자신의 노력함으로써 그가 왕위를 계승하도록 만들기로 했다. 어떤 면에서는 김춘추를 왕으로 세우는 것 자체가 김유신에게 가장 큰 꿈이자 가장 잘하는 투자일 수 있었다.

│ 김유신은 신흥 귀족이 아니고 김춘추는 소외된 귀족이 아니었다 │　　현대 한국 사학을 이끈 역사가들이 용수와 용춘, 그리고 용수의 아들이었던

김춘추를 "소외된 귀족"이라 하고 김유신을 "신흥귀족"이라 해왔다. 그러나 김춘추와 김유신 두 사람이 대등한 위치에 있었다고 볼 수도 없다. 그러한 사정을 좀 더 살펴보자. 김춘추는 진평왕과 부계로 오촌, 선덕여왕과는 모계로 삼촌, 부계로 육촌으로, 성골 남자가 사라지면 선덕여왕과 가장 가까운 진흥왕의 부계 혈족이 되었다. 이러한 사실로 보면 김춘추가 당시 신라 왕실에서 소외된 세력일 수 없음을 알 수 있다. 용수가 진평왕 대에 내성사신으로 활동한 것도 그의 아들 김춘추가 소외된 세력이 아님을 말해준다.

김유신은 진평왕의 씨 다른 동생인 만명의 아들로서, 진평왕과 모계의 촌수로는 삼촌 사이다. 선덕여왕과는 촌수로 따지면 모계로는 사촌, 부계로는 육촌 사이였다. 그리고 김유신은 촌수로 따져 진평왕과는 모계로 삼촌, 부계로 오촌 간이고 김춘추나 선덕여왕과는 부계로 육촌 간이었다. 그런데 김유신의 할머니가 진흥왕의 딸인 아양공주이므로 신라 왕실과 가까웠던 것도 사실이다. 이에 김유신도 신흥 귀족이라고 할 수도 없다는 사실을 알 수 있다. 그러면서도 김유신은 신라 성골 왕실과는 외척 관계였기에 김춘추와는 격을 달리한 것이 사실이다.

김춘추와 김유신이 당시 진평왕과 계보상에서 멀지 않은 관계에 있었다는 사실은, 그들의 활동에 힘이 되었을 것이다. 그렇다고 김춘추와 김유신 두 사람이 신라 사회에서 동등한 사회적·정치적 지위에 있었던 것은 아니다.

김유신과 김춘추 사이에는 건널 수 없는 강이 있었다

여기서 신라인들인 김춘추와 김유신을 신라인의 관점에서 바라볼 필요가 있다. 김춘추와 김유신은 같은 진골 신분이고 또 김춘추와 김유신은 육촌 사이가 된다. 그러나 두 사람 사이에는 건널 수 없는 깊은 강이 있었던 사실을 생각할 필요가 있다.

"개인의 골품"을 정하던 기준인《화랑세기》의 세계를 보면 두 사람 사이에 "개인의 골품"에 차이가 있었기 때문이다. 골품제 사회인 신라에서 김춘추는 성골이었던 진지왕과 용수의 가계에 속했고, 김유신은 가야에서 온 구충의 아들과 손자인 무력과 서현의 가계에 속했다. 김춘추는 진평왕과 혈족 관계였고, 김유신은 진평왕과 인척 관계였다. 진평왕과 혈족 관계냐 인척 관계냐 하는 문제는 두 사람 또는 두 사람이 속한 종족의 성원들 사이 "개인의 골품"에 차이가 나는 문제였다. 따라서 김춘추가 김유신이 꾸었던 두 가지 꿈을 자기의 꿈으로 삼아, 자신이 왕위에 오르고, 삼한통합을 이루는 꿈을 품었더라도 진평왕의 혈족인 김춘추는 군君이고, 진평왕의 인척인 김유신은 신臣이라는 신분을 벗어날 수 없는 일이었다. 김춘추와 김유신이 같은 꿈을 실현하고자 한평생을 함께했지만, 골품 사회체제 안에서 두 사람의 차이를 없앨 수는 없었던 것이 신라 사회였다.

김유신은 김춘추를 612년부터 큰 그릇(大器)으로 여겼으며 신라의 군주가 될 인물로 받들었고, 평생 스스로 한 번도 신하의 지위를 벗어난 일이 없었다. 그러면서도 김춘추와 김유신이 신라의 왕실과 맺었던 계보 관계는 그들 두 사람의 활동에 힘을 더해준 것도 분명하다.《화랑세기》에서 김춘추와 김유신의 관계를 좀 더 살필 필요가 있다. 두 사람이 군건하게 맺어진 이유를 보자.

┃용춘과 김유신, 용수·춘추와 김유신의 인연이 맺어진 숨은 이유┃ 13세 풍월주였던 용춘이 15세 풍월주가 된 김유신을 사신私臣으로 삼고, 용수

가 그의 아들 김춘추를 김유신에게 부탁한 숨은 이유는 없었을까? 형제 간인 용수와 용춘이 김유신과 김춘추를 연결해준 까닭을 생각해보자. 단정할 수는 없지만, 김유신이 김춘추를 '삼한지주三韓之主'라 한 말에서 그들 사이에 일종의 밀약이 이루어졌음을 알 수 있다. 603년에서 612년 까지 진평왕의 뒤를 이어 왕위에 오를 계승자로 정해졌던 용수가 출궁 당하며 왕위 계승자로서 지위를 잃게 된 상황에서, 용수와 용춘은 김춘 추를 김유신의 보호 아래에 두어 언젠가 왕위에 오를 기회를 찾고자 한 것이었다고 추단할 수 있다.

┃용수·용춘과 천명·선덕·천화 공주의 관계와 김유신┃　　김유신과 용수·용 춘과의 관계를 한층 더 강화하는 일이 벌어졌다. 용춘과 용수와 선덕공 주와 관계가 그것이다.

　　선덕공주善德公主가 점점 자라자 용봉의 자태와 태양의 위용이 왕위를 이을 만하였다. 그때는 마야황후가 이미 죽었고(崩), 왕위를 이을 아들이 달 리 없었다. 그러므로 [진평]대왕은 [용춘]공에게 뜻을 두고 [천명]공주에게 그 지위를 양보하도록 권하였다. [천명]공주는 효심으로 순종하였다. 이에 지위를 양보하고 출궁出宮하였다. 선덕은 [용춘]공이 능히 자기를 도울 수 있다고 생각하여 사신私臣이 되기를 청했다. 대왕이 이에 [용춘]공에게 공 주의 뜻을 받들도록(奉) 명했다. 선덕은 총명하고 지혜로웠으며 감정이 풍 부했다. 공이 감당하지 못할 것을 알고 굳이 사양하였으나 어쩔 수 없이 받 들게 되었는데, 과연 자식이 없어 물러날 것을 청하였다. 대왕이 용수공에 게 모시도록 명했는데 또한 자식이 없었다(《화랑세기》13세 풍월주 용춘공).

　　용춘과 용수가 차례로 선덕공주를 받든 것은 김유신의 활동에 득이 되는 일이었다고 여겨진다. 용춘과 용수와 천명·선덕·천화 공주의 관계를 아래《화랑세기》의 기록에서 보자.

처음에 용수공은 천화공주天花公主를 아내로 맞았는데, 천명공주를 아내로 맞게 되자 천화공주를 [용춘]공에게 주었다. 아들을 낳았는데 일찍 죽었다. [용춘]이 선덕공주를 모시게 되자 제帝가 천화공주를 백룡공白龍公에게 내려주었다(《화랑세기》 13세 풍월주 용춘공).

위 기록을 보면 603년 용수가 천명공주와 혼인하기 전에 천화공주와 혼인했었는데 진평왕에 따라서 용수가 천명공주와 혼인하게 되며, 천화를 용춘에게 준 것을 볼 수 있다. 용춘이 선덕공주를 모시자 천화공주를 백룡[51]에게 다시 내려준 것도 볼 수 있다.

현재 우리가 신라인의 혼인 형태를 용납할 수 없다고 하더라도, 그러한 관계로 김유신이 커다란 힘을 얻었다는 사실을 생각해본다. 진평왕에 의하여 진평왕의 딸들을 받들었던 용춘과 용수가 성골 왕실에서 차지하는 위치가 바로 김유신을 크게 도와준 배경이 되었다는 사실을 짐작할 수 있다. 다시 말하지만, 용춘이 사신으로 삼았던 김유신, 용수가 아들 김춘추를 맡겼던 김유신은 용수와 용춘으로 말미암아 신라 사회 안에서 그 지위가 중요해진 것을 생각할 수 있다.

| 천명부인과 김춘추를 용춘에게 맡긴 용수 |　김춘추는 용수와 천명공주의 아들이었다. 그런데 김춘추는 용춘의 아들이 되기도 했다. 그 이유는

51　백룡은 파진찬으로 629년 낭비성 전투에 용춘, 서현 등과 함께 참전한 장군이었다(《삼국사기》 41, 〈열전〉 1, "김유신 (상)").

아래《화랑세기》의 기록에 나온다.

> 용수전군龍樹殿君이 죽기[薨] 전에 부인과 아들을 [용춘]공에게 맡겼다.
> 그 아들은 곧 우리 태종太宗 황제이고, 부인은 곧 천명공주이다(《화랑세기》
> 13세 풍월주 용춘공).

위 기록만으로는 용수가 천명부인과 김춘추를 용춘에게 맡긴 시기
가 언제인지는 알 수 없다. 그러나 용춘은 태화 원년[647년] 8월 세상을
떠난 것으로 나온다.[52] 한편 〈신라 황룡사 9층탑 찰주본기〉에는 황룡사
9층 목탑을 세우는데, 이간 용수를 감군監君으로 645년에 건립을 시작
하여 이듬해[646년]에 일을 마친 것으로 나온다. 이러한 사실을 보면 용
수가 645년 또는 646년까지 살았다는 것을 알 수 있다. 이에 용수가 용
춘에게 천명과 김춘추를 맡긴 시기는 646년 황룡사 9층 목탑을 세우기
시작한 때부터 647년 용춘이 죽기 이전 언제일 것으로 추측된다.

이로써 김춘추는 용수의 아들이자 용춘의 아들이 되기도 했다.[53] 김
유신은 612년에 용춘의 사신이 된 바 있다. 이에 김유신과 김춘추의 관
계는 용춘 덕분에 한층 더 가까워진 것으로 생각해볼 수 있다.

| 김유신이 김춘추를 택하여 평생 군신 관계를 맺은 이유 |　　612년 풍월
주가 된 김유신이 김춘추를 택하여 왕위를 잇게 하려는 꿈을 갖지 않았

52　《화랑세기》13세 풍월주 용춘공.
53　《삼국사기》태종무열왕 즉위 조에 태종무열왕 춘추가 진지왕의 아들 용춘(일설에는
　　용수라고 한다)의 아들이라고 나오는 이유가 바로 여기에 있다. 그런데《화랑세기》를 통
　　해 김춘추는 용수의 아들이고 용춘은 그의 작은 아버지였는데, 용춘이 형사처수兄死妻嫂
　　하여 김춘추를 아들로 삼게 된 것을 알게 되었다.

다면 김춘추가 왕위에 오를 수 있었을까 궁금하다. 그가 김춘추가 아니라 647년 1월 반란을 일으켰던 비담 등과 결탁했다면, 김춘추의 왕위 계승은 불가능했을 것이다. 결과적으로 김유신의 선택은 성공했다.

여기에는 김유신의 정확한 상황 판단이 있었다. 첫째, 김유신은 김춘추가 열 살까지 왕궁에서 살았던 경험을 주목했다고 여겨진다. 앞에서 본 것과 같이, 김춘추는 603년 왕위 계승권자가 된 용수와 진평왕의 장녀 천명공주의 아들로 왕궁에서 태어나 열 살이 될 때까지 왕궁에서 살며 왕자王者들의 삶을 스스럼없이 익혔다. 그러한 경험이 김춘추가 왕이 될 자질을 길러준 것이 틀림없다. 훗날 648년 김춘추가 당나라에 들어가 당 태종을 만났을 때 보여준 당당한 모습은 그가 경험한 왕자로서의 삶에서 비롯했다고 본다.

둘째, 김춘추는 성골 왕인 진덕여왕과 가장 가까운 혈족이었다. 진평왕과 그의 두 동생이 아들을 생산하지 못했으므로 김춘추가 선덕·진덕여왕과 가장 가까운 부계 혈족의 위치에 있었다. 따라서 진덕여왕이 세상을 떠나고 성골 왕 시대가 끝나면 김춘추가 왕위에 오르는 것은 당연한 일이었다.

셋째, 김유신은 김춘추의 능력을 알아보았다. 김춘추에게는 특별한 능력이 있었다. 그는 지성, 배포, 대담함, 위엄, 자부심, 리더십, 판단력, 인내력, 설득력, 현실 인식능력, 방법 강구능력, 세계화[중국화]능력, 인재 관리능력, 국가 경영능력, 국가 지배구조 개혁능력 등을 갖추고 있었다.[54]

612년 김유신이 김춘추를 언젠가 왕위에 올리기로 한 것은 한국사의 방향을 결정한 일대 사건이라 하겠다.

---

54   이종욱,《춘추》, 효형출판, 2009, 375쪽.

92
제Ⅱ장 선문에서 활동하며 역사를 만들 두 가지 큰 꿈을 기획한 김유신(609~629년)

│국선이 아닌 풍월주가 된 김유신│ 《삼국유사》에는 김유신이 국선이 되었다고 나오지만,[55]《화랑세기》에는 김유신이 임신년에 풍월주가 되었다고 하였다. 《화랑세기》7세 풍월주 설화랑 조에는 설화랑이 풍월주로 있을 때[572~579년] 문노가 국선으로 임명된 일이 나온다. 그때 문노는 설원에게 도맥道脈으로 스승이고, 통맥統脈으로는 아우였다고 한다. 이러한 사실을 통해 계통을 달리하는 풍월주와 국선이 동시에 존재했던 것을 알 수 있다.

579년 진지왕을 폐위하는 쿠데타에 문노가 가담하여 공을 세웠다. 그 공으로 그는 아찬의 관등에 올랐고, 골품을 얻어 진골이 되었으며, 비로소 미실의 총애를 받아 선화의 위를 얻으니 곧 8세 풍월주였다. 진지왕이 즉위했을 때인 576년 지도왕후의 명에 따라 국선國仙이 되었던 문노는 579년 풍월주風月主가 되어 582년까지 그 자리를 지켰다. 풍월주가 있던 시기 국선은 계통을 달리하는 화랑도의 우두머리였다. 그러나 국선이 풍월주가 된 것을 보면 풍월주가 최고 지위였던 것도 사실이다.

뒷날 풍월주를 우두머리로 하던 화랑도가 폐지되는 일이 벌어진 바 있다. 681년 제31대 신문왕이 즉위하던 순간 김유신의 조카인 흠돌이 반란을 일으켰을 때, 신문왕의 어머니 자의태후가 풍월주를 우두머리로 하는 화랑도를 폐지토록 명했다. 그 뒤 화랑도를 없앨 수 없다고 하여 화랑도를 다시 설치하였다. 부활한 이 화랑도의 우두머리가 국선이었다고 여겨진다.

여하튼 612년에 김유신은 국선이 아니라 풍월주가 되었다. 그때 김유신은 화랑도 전체의 우두머리가 된 것이다. 그런데 김유신이 풍월주가 되는 일이 아래 기록과 같이 그리 순탄한 것만은 아니었다.

---

55 《삼국유사》2, 〈기이〉 2 (상), "김유신".

이보다 앞서 보종공이 풍월주가 되기 전에 [유신]공에게 양보했다. 그러므로 대원[신통]파가 불평을 많이 품고 있었다. 공이 이에 풍월주의 지위를 보종공에게 물려주었다(《화랑세기》 15세 풍월주 유신공).

호림의 부제였던 보종이 김유신에게 부제 지위, 나아가 풍월주의 지위까지 양보한 것에 대해 대원신통파가 불만을 품었던 것이다. 이에 김유신은 16세 풍월주 지위를 자신의 부제인 김춘추가 아니라 먼저 자신에게 그 지위를 양보했던 보종에게 되물려주었다.

┃김유신에 대한 신비화, 호국의 신들이 김유신을 구하다┃　　　《삼국유사》 "김유신"조에 그가 612년 18살에 국선이 되었을 때 벌어졌다는 신비화에 관한 이야기 가운데 앞에서는 고구려인들이 김유신을 어떻게 신비화했는가에 대한 기록을 제시한 바 있다. 여기서는 호국신들이 김유신을 구해주는 장면을 보겠다.

　　[유신공은] 나이 열여덟이 되던 임신년[612년]에 검술을 닦아 국선이 되었다. 그때 백석白石이라는 자가 있었는데 어디서 왔는지는 모르나 몇 해 동안 화랑도에 속해 있었다. 유신공이 고구려와 백제 두 나라를 치려고 밤낮으로 모의하니, 백석이 그 계획을 알고 유신공에게 말했다. "제가 공과 함께 은밀히 적국을 먼저 정탐한 뒤 도모하는 것이 어떻겠습니까?" 유신이 기뻐하며 백석을 데리고 밤에 떠났다.

　　어느 고개 위에서 쉬는데, 두 여자가 나타나 유신공을 따라왔다. 골화천骨火川(경상북도 영천)에 이르러 머무르는데, 또 한 여자가 문득 나타났다. 유신공이 세 낭자娘子와 즐거이 이야기하고 있자니 그들이 맛있는 과일을 대접하였다. [유신]랑이 이를 받아먹고 마음으로 서로 허락하여 이에 그 실정을 이야기했다. 낭자들이 말했다. "[유신]공의 말씀하는 바는 이미 들었습니다. 원컨대 공이 백석과 작별하고 우리와 함께 숲속에 들어가면 다시 실정을 말하겠습니다." 이에 함께 숲속으로 들어갔다. 낭자들은 문득 신의 형상으로 변하여 말했다. "우리는 내림奈林·혈례穴禮·골화骨火 등 세 곳의 호국신[護國之神]입니다. 지금 적국의 사람이 [유신]랑을 유인하고 있는데도 유신랑은 그것을 알지 못하고 따라가므로 우리가 유신랑을 말리려고 온 것입니다." 말을 마치자 낭자들이 자취를 감추었다.

유신공은 이 말을 듣고 놀라 쓰러졌다가 두 번 절하고 숲속에서 나왔다. 골화관에 머물 때 유신공은 백석에게 말했다. "지금 다른 나라에 가면서 요긴한 문서를 잊고 왔다. 나와 함께 집에 돌아가서 가지고 오자." 마침내 집에 돌아와서 백석을 결박하고 고문하여 그 실정을 물으니 백석이 말했다. "나는 본래 고구려 사람이오."라고 했다. ……[유신]공이 백석을 죽이고 온갖 음식물을 갖추어 세 신[三神]에게 제사 지내니 모두 나타나서 제물을 흠향했다(《삼국유사》1, 〈기이〉2 (상), "김유신").

위 기록 가운데 중략한 부분에 나오는 내용이 바로 앞 장에서 소개한 억울하게 죽은 고구려인 추남과 관련된 김유신의 신비화 이야기이다. 백석의 꼬임에 빠져 죽을 뻔한 김유신을 호국신들이 구해준 이야기는 김유신에 대한 또 다른 신비화를 보여준다.

《삼국사기》나 《삼국유사》에 나오는 김유신에 대한 신비화 이야기를 보면, 먼저 방술의 비법을 배운 것을 들 수 있다. 보검에 영험이 나타나기도 했다. 호국신들이 김유신을 구해준 이야기도 있다. 김유신을 둘러싼 이 같은 신비스러운 이야기들을 신라인들은 사실이라 믿었다고 생각된다. 그리하여 신라인들은 김유신을 특별하게 여기게 되었다.

┃천명공주와 김춘추의 불안을 해소시킨 김유신┃ 《화랑세기》13세 풍월
주 용춘공 조를 보면, 선덕공주에게 용봉의 자태와 태양의 위용이 왕위
를 이을 만하게 되자 진평왕은 용춘공에게 뜻을 두고 천명공주에게 왕
위 계승권자의 지위를 양보토록 했다. 천명공주는 효심으로 순종하여
그 지위를 선덕공주에게 양보하고 출궁한 것으로 나온다.[56] 그해가 612
년이었다. 그때 진평왕은 성골인 천명공주의 자격으로 용수를 왕위 계
승자로 정했던 것을, 성골인 선덕공주를 후계자로 정하고 선덕공주를
용춘과 혼인시킨 것이었다.

그때 용수와 출궁당한 천명공주는 무엇인가 불안했던 모양이다. 그
러한 정황을 생각할 수 있는 기록이 《화랑세기》에 나온다.

> 얼마 뒤 선덕공주가 왕위 계승자가 되고, 용춘이 (진평)왕의 사위가 되
> 었다. 천명공주는 ▢▢. (공)주는 불안해했다. (유신)공이 춘추공을 설득
> 하기를 '천도天道가 자재自在하니 ▢▢▢은 한때의 일로 충효에 어긋남이
> 있어서야 되겠습니까?' 했다. 춘추공이 그렇게 여겼다. 이에 천명을 위로
> 하여 (근심을) 해소해주었다."《화랑세기》15세 풍월주 유신공)

위 기록에 결락이 있어 천명공주가 불안해한 이유를 알 수 없지만,
탈락한 두 곳의 글자에 출궁出宮이 들어 있다는 점을 생각해보자. 이렇
게 보면 그때 천명공주가 불안해한 이유 가운데 가장 큰 것은 선덕공주
에게 왕위 계승권자의 지위를 넘긴 것이었는데, 구체적으로 천명공주
가 출궁하며 성골에서 진골로 족강되고 왕위 계승권을 잃게 되었던 것
이다.

56　《화랑세기》13세 풍월주 용춘공.

그렇다면 김유신이 천명공주를 안심시킬 수 있는 것은 무엇이었을까? 분명한 사실은 김유신이 김춘추에게 설득하기를 천도天道가 있으니 출궁은 일시적인 일로 나라와 진평왕에게 대한 충효에 어긋남이 있어야 되겠는가 한 것 정도로 짐작해본다. 조금 더 추측하자면, 612년 출궁한 김춘추를 군君으로 모시고 언제인가 왕위에 오르도록 하는 꿈을 꾸었던 김유신이 김춘추에게 그러한 꿈을 내밀히 밝혔을 수 있다. 성골의 소멸을 예측한 김유신은 언제인가 미래에 김춘추가 왕위에 오를 수 있다고 보았고, 김춘추가 왕위에 오른다면 당연히 왕궁으로 돌아갈 수 있다는 사실을 들어 설득했을 것이다. 김유신은 그와 같은 생각을 김춘추를 거쳐 천명공주에게 전달했다고 본다. 그렇기에 그들의 불안을 잠재울 수 있었을 것이다.

| 김유신, 출궁당한 김춘추를 부제로 삼은 까닭 |　612년 풍월주가 된 김유신은 그의 부제, 곧 화랑도 전체의 이인자 자리에 열 살밖에 안 된 김춘추를 앉혔다. 《화랑세기》의 다음 기록에 그러한 사정이 나온다.

> [유신]공이 춘추공에게 말하기를 "바야흐로 지금은 왕자나 전군이라 하더라도 낭도가 없으면 위엄을 세울 수 없습니다." 했다. 춘추공은 이에 [유신]공의 누이인 문희를 아내로 맞았고 공의 부제가 되었다(《화랑세기》 15세 풍월주 유신공).[57]

김유신은 어떤 이유로 용수의 아들인 김춘추를 그의 부제로 삼았을

57　김춘추가 김유신의 부제가 된 시기는 612년이고, 문희와 혼인한 시기는 그 10여 년 뒤이므로 이 기록에는 문제가 있다. 두 사실이 시간적 배경이 바뀌었다고 하겠다.

까? 신라 중고 시대(제23대 법흥왕~제28대 진덕여왕)인 514년에서 654년까지는 성골 왕의 시대였다. 성골은 그 자체로 성聖스러운 존재였기에 낭도를 비롯한 추종 세력을 거느리지 않아도 되었다. 왕국 전체의 신료와 백성들이 성골 왕을 신성하게 여겼다. 특히 왕과 그 형제들의 가족들로 이루어진 성골은 '살아 있는 신(生神)'으로 받들어졌다. 그런데 김춘추는 태어나면서부터 진골 신분이었다. 진골은 성골보다 그 수가 훨씬 많았다. 김춘추가 왕위에 오를 만한 큰 인물(大器)인 것은 알지만, 성골들처럼 몇 안 되는 경쟁자 가운데에서 왕위를 계승할 상황은 아니었다. 그렇기에 김유신은 김춘추에게 당시 세상이 바뀌어 왕자나 전군이라도 낭도를 거느리지 않으면 위엄을 세울 수 없다고 한 것이다. 김춘추가 왕이 되려면 낭도를 거느려 위엄을 갖출 필요가 있다고 본 것이다. 여기서 말하는 위엄은 군사적 실력까지 의미한다고 여겨진다.

그렇게 하여 15세 풍월주 김유신은 김춘추를 자신의 부제로 임명하여 화랑도를 거느리게 만들었다. 당시 김유신은 성골이 아닌 김춘추가 왕위에 오르면 신성함을 내세워 통치할 상황이 아니라는 사실을 잘 알았다. 그에게 필요한 것은 현실적으로 도움을 줄 사람들은 화랑도들이라고 인식한 것이다.

《화랑세기》에는 염장도 김춘추를 부제로 삼았다고 나온다.

> [염장공은] 유신공의 부제로서 춘추공을 부제로 삼아 그 지위를 넘겨주었다(《화랑세기》 17세 풍월주 염장공).

위 기록을 보면, 17세 풍월주 염장이 김유신의 부제였던 김춘추를 부제로 삼아 풍월주의 지위를 넘겨준 것을 알 수 있다. 부제는 풍월주가 되기 위한 하나의 조건이었기에 김춘추를 다시 부제로 임명하여 18세 풍월주로 삼았던 것은 아닐까 짐작해본다.

| 김유신이 호림의 부제로서, 또 15세 풍월주로서 얻은 것 |　　609년 열다섯 살에 호림의 부제가 되었던 김유신은 612년 열여덟 살에 풍월주가 되어 616년 스물두 살까지 햇수로 4년 동안 그 자리를 지켰다. 그 사이 김유신은 무엇을 얻었을까? 현재로서는 김유신이 부제와 풍월주를 지낸 시기나 그가 거느렸던 화랑·낭두·낭도의 수가 얼마나 되었는지 알 길이 없다. 그러나 609년에서 616년까지 햇수로 8년 동안 김유신이 신라 화랑도의 중심에 있으면서 모든 화랑도를 장악한 우두머리가 되었다는 사실을 주목할 필요가 있다.

당시 신라에는 여러 명의 화랑이 각기 낭도를 거느리며 화랑도를 만들었다. 어떤 화랑도는 만들어졌다가 자취를 감추기도 했다. 그러나 김유신이 만들어 이끌었던 '용화향도龍華香徒'는 나이 든 화랑도가 명단에서 빠지고 새로운 화랑도들이 이어서 이름을 올리며 그 존재를 이어 나갔음을 염두에 두어야 한다.[58] 김유신의 화랑도는 그가 승승장구함에 따라 자체적으로 발전해 나갔음을 알 수 있다.

화랑도 활동에서 인연을 맺었던 화랑과 낭도들 가운데 평생 운명을 같이한 사람이 많았다. 화랑들로 평생 관계를 유지한 칠성우가 그 대표적 예라 하겠다. 칠성우는 알천·임종·술종·염장·유신·보종·호림의 7명을 의미한다. 중심인물은 당연히 김유신이었다. 김유신은 풍월주로 있으며 칠성우를 만들었다. 뒤에 자세히 밝히겠지만, 칠성우는 삼한통합과 김춘추를 왕으로 세우기로 한 김유신의 두 가지 꿈을 이루기로 뜻을

58　　이종욱, 앞의 책, 2003, 121쪽.

같이한 사람들의 결사結社였다.

또한, 화랑도는 많은 사람으로 이루어진 복잡한 조직이었다는 사실도 주목할 필요가 있다. 풍월주를 중심으로 편제된 화랑도 조직은 그러한 화랑도들을 관할하고자 잘 짜여 있었다. 이러한 조직을 이끌었던 경험으로 말미암아 김유신은 뒷날 정치·군사 엘리트가 되었을 때 조직을 이끌 수 있는 리더십을 갖출 수 있었다.

김유신은 풍월주가 되며 열 살의 김춘추를 부제로 삼아 화랑도의 부제와 풍월주 활동을 할 수 있도록 해줌으로써 김춘추는 많은 화랑과 낭두, 그리고 낭도를 자신의 세력 기반으로 만들 수 있었다.

┃김춘추에게 풍월주 지위를 물려주지 않은 김유신┃ 앞에서 본 것처럼 김유신은 가야파, 진골정통, 대원신통이라는 세 파에 얽힌 인물이었다. 당시 화랑 가운데 진골정통이나 대원신통 또는 가야파 가운데 어느 파에 속하지 않은 사람은 없었을 것으로 보인다. 김유신은 그 가운데서도 대원신통인 보종에게 풍월주 지위를 물려주었다. 미실이 14세 풍월주 호림의 부제였던 아들 보종에게 그 지위를 김유신에게 양보하도록 하여 김유신이 풍월주가 될 수 있었다. 그때 대원신통파들은 불만이 많았다.[59]

이러한 사정을 잘 알고 있었기 때문에 김유신은 보종을 부제로 삼아 풍월주 자리를 물려준 것이다. 이는 일반적으로 부제가 차기 풍월주가 된다는 원칙을 지키기 위한 것이었다.

《화랑세기》에는 김유신이 염장을 부제로 삼아 풍월주 지위를 물려주려 하였는데, 염장은 보종을 힘써 추천하여 부제가 되게 하고 스스로

59   《화랑세기》15세 풍월주 유신공.

좌방대화랑이 되었다고 하였다.[60]

그러나 생각해볼 문제가 하나 있다. 김유신이 15세 풍월주 자리에서 물러나던 616년 김춘추의 나이가 열네 살이었다는 점이다. 그때 김춘추가 바로 풍월주가 되었다면 화랑도의 우두머리로서 역할을 제대로 수행할 수 있었겠는지 의문이다. 김유신이 김춘추를 위하여 10년을 기다렸다가 풍월주가 되도록 하였을 가능성에 무게가 실린다.

| 김유신의 화랑도는 선도와 어떤 관련이 있었을까? | 《화랑세기》서문을 보면 신라 화랑들은 선도仙徒라고 했다. 신라에서는 신神을 받들어 연燕의 동산桐山, 노魯의 태산泰山에서 한 것과 같이 하늘에 대제를 지냈다고 한다. 지소태후가 원화源花를 폐지하고 화랑을 설치하여 나라 사람들로 하여금 받들게 했으며, 법흥왕이 위화랑을 사랑한 데서 화랑이라는 이름이 나왔다고 한다. 옛날에는 선도가 단지 신을 받드는 일을 주로 했는데, 앞에서 보았듯 국공들이 봉신奉神을 한 뒤로 선도는 도의에 힘써 현좌충신과 양장용졸이 이로부터 나왔다고 되어 있다.[61]

《화랑세기》서문으로 미루어 보아 선도의 기능이 바뀌었음을 알 수 있다. 그 변화 과정에서 김유신은 어떤 위치에 있었을까? 이에 대해 신라 화랑이 신선을 숭배한 데서 창출된 도교道教의 교단敎團 그 자체일 가능성이 있다고 하면서 김유신의 행적이 그 증거라는 견해가 있다. 김유신의 수도 행각의 지향점은 도교 신학이라는 것이다. 또한 진흥왕 대에 신라판 도교 집단으로서 화랑이 출범했다고 보며, 김유신에게서 방사方士, 곧 도교 교단의 지도자급 도사의 풍모가 풍긴다는 것이다.

---

60   《화랑세기》17세 풍월주 염장공.
61   《화랑세기》서문.

원래 선도仙徒라고 한 것으로 보아 신라의 화랑·화랑도가 신선 사상, 나아가 도교적 색채가 있었던 것을 부정할 수는 없다. 실제로 김유신과 도가의 관계를 말하는 증거로 612년 보검을 가지고 인박산에 들어가 천관신에게 보검에 영험을 내려주기를 빌었던 사실을 볼 수 있다. 그러나 화랑·화랑도가 도가, 도교 교단과만 관련된 것은 아니라는 사실도 생각할 필요가 있다.

12세 풍월주 보리는 3년 동안 그 자리에 있다가 용춘에게 그 지위를 물려주고 상선이 되었다. 그는 상선의 지위에 있었으나 몸은 불문佛門에 바쳐 형[伯氏]인 원광圓光을 도왔다.[62] 14세 풍월주 호림은 낭도들에게 일러 말하기를 "선불仙佛은 하나의 도道이다. 화랑 또한 불佛을 알지 않으면 안 된다. 우리 미륵선화彌勒仙花[7세 풍월주 설화랑]와 보리사문菩利沙門[12세 풍월주 보리공] 같은 분은 모두 우리들의 스승이다."라며 보리에게 나아가 계를 받았다. 이로써 선불이 점차 서로 융화했다고 한다.[63] 화랑도에 불교가 점차 자리 잡아간 것이다.

14세 풍월주 호림에 이르러 선불, 곧 신선 사상과 불교 사상이 화랑도들 사이에 융화하였음을 알 수 있다. 16세 풍월주 보종은 우주의 진기를 깊이 살펴서 물고기와 새[魚鳥], 그리고 꽃과 나무[花木]가 끊임없이 생기는 이치에 정통하지 않은 것이 없었고, 선도仙道에 정통했다. 김유신이 풍월주의 지위를 보종에게 물려주며 낭도들에게 한 말이 주목된다. 그는 "너희들이 선仙을 배우고자 하면 마땅히 보종형공을 따라야 하고, 나라를 지켜 공을 세우려면 마땅히 나를 따라야 할 것이다."[64]라고

62   《화랑세기》12세 풍월주 보리공.
63   《화랑세기》14세 풍월주 호림공.
64   《화랑세기》16세 풍월주 보종공.

하여 선도와 호국을 나누었음을 알 수 있다. 화랑도가 변했다. 특히 신을 받드는 일을 주로 하던 선도의 임무를 국공들이 수행하게 되며 화랑도는 도의상면道義相勉하여 인재를 배출하는 기능을 갖게 되었던 것이다.

김유신은 호국을 내세운 화랑도의 중심에 섰다. 그가 611년 화랑으로 있으며 중악에 들어간 것이나, 612년 풍월주가 된 뒤 인박산에 들어간 것이 선도와 관련된 행위일지는 모르나, 그 자체의 궁극적 목적은 호국에 있었음을 알 수 있다. 화랑도는 시간이 지나며 선仙만이 아니라 불佛과 유儒 삼교와 관계를 맺어가며 변해간 것을 알 수 있다.

┃천관녀 설화┃　　김유신 이야기에서는 천관녀天官女 설화가 빠지지 않는다. 이 책을 구상할 때 과연 천관녀에 대한 이야기를 다루어야 할지 망설였다. 어쩌면 그것이 고려도 아닌 조선 관점에서 쓴 이야기일 수 있다는 생각에서였다. 《동경잡기東京雜記》에 나오는 기록을 소개한다.

천관사天官寺: 오릉 동쪽에 있다. 김유신이 어렸을 때 모부인이 날마다 엄한 훈계를 하여 함부로 남과 사귀어 놀지 않았는데, 하루는 우연히 계집종의 집에서 잤다. 어머니가 불러놓고 교훈하여 말하기를, "나는 이미 늙었다. 낮이나 밤이나 네가 자라나서 공명을 세워 임금과 어버이를 영화롭게 하기를 바랐는데, 이제 네가 천한 아이들과 음탕한 집과 술집에서 논단 말이냐?"하고 흐느껴 울기를 마지아니하였다. 유신은 곧 어머니 앞에 나아가 스스로 맹세하기를 "다시는 그 문 앞을 지나지 않겠습니다."라고 했다. 하루는 술에 취해 집으로 돌아오는데, 말이 예전 다니던 길을 따라 그 창가에 이르렀다. 창녀는 기쁘기도 하고 원망스럽기도 하여 울며 나와 맞이하였다. 유신이 이미 깨닫고 타고 온 말을 베어 죽이고 안장을 버리고 돌아왔다. 그 여자가 원망하여 노래 한 곡을 지었는데 전하고 있다. 절은 바로 그

집이며 천관天官은 그 여자의 이름이다(《동경잡기》, 〈고적〉, "천관사").

《동경잡기》에 전하는 고려 이공승의 시에도 자세한 정보는 알 수 없으나 천관에 대한 부분이 나온다. 이로써 천관과 김유신의 관계에 대한 설화가 신라 시대부터 알려져 있었다는 것을 생각할 수 있다. 김유신은 어려서부터 절제할 줄 아는 능력을 지녔던 것 같다.

2.5.
상선이 된 김유신의 활동
(616~629년)

《삼국사기》나《삼국유사》의 기록에는 616~629년 사이 김유신의 행적이 뚜렷하게 나와 있지 않다. 그렇다고 그와 관련한 행적을 전혀 찾을 수 없는 것은 아니다. 그 하나가《삼국유사》에 나오는 김유신의 누이 문희와 김춘추의 혼인에 관한 것이다. 그러다가 진평왕 51년[629년] 8월 고구려 낭비성을 공격한 전투에서 김유신이 중당中幢 당주幢主로서 참전하여 큰 공을 세웠다고 나온다.[65]

《화랑세기》에는 이 기간에 김유신에 관한 기록들이 나온다. 김춘추를 왕으로 세우려는 계획과 신라의 삼한통합 계획에 관련된 것들이 보

---

65   《삼국사기》 41, 〈열전〉 1, "김유신 (상)".

인다. 이로써 616~629년 동안의 김유신에 관한 이야기를 다음과 같이
재구성할 수 있다.

┃상선이 된 김유신┃　　　616년에 풍월주의 지위를 보종에게 물려준 김
유신은 상선上仙이 되었다. 부제와 풍월주로서 활동을 끝내고 상선의 지
위에 있으며 김유신은 삼한통합과 김춘추를 왕으로 세우려는 두 가지
꿈을 실현하려 부단히 노력했다.

┃김유신이 보종에게 풍월주를 물려주고 한 일┃　　《화랑세기》15세 풍월
주 유신공 조에는 다음과 같은 이야기가 나온다.

　　　　열국列國을 순행하며 뜻과 기개가 있는 사람[志氣之士]들을 모집하여 삼
　　한을 통합했다(《화랑세기》15세 풍월주 유신공).

　　구체적인 연대는 나오지 않으나, 위 기록은 김유신이 풍월주의 지위
에서 물러나 상선이 된 뒤 열국을 순행하며 기개가 있는 사람들을 모아
삼한통합을 준비한 것을 말한 것이다. 여기서 말하는 열국이 우리가 아
는 고구려·백제·일본·수나라·당나라 같은 나라일까 궁금하다. 고구려와
백제를 순례하며 삼한통합을 이루고자 뜻과 기개가 있는 사람들을 모
집했다고는 생각되지 않는다. 그렇다고 일본이나 중국에 가서 사람들
을 모집한 것도 아니었다.
　　그러면 열국은 어떤 의미를 지닌 것일까? 삼한통합 이전 금관국 같
은 피정복 소국을 의미한다. 열국에는 제후諸侯의 대국이라는 뜻이 있
다. 신라에 정복된 진한辰韓 소국들과 가야의 소국들은 대체로 나중에

신라의 군郡으로 편제되었다.[66] 그곳 사람들은 금관국[남국]이나 북국 [대가야] 사람들처럼 신라 조정에 진출하여 가야파를 형성하기도 했지만, 그렇지 않은 피정복 소국 세력들은 지방에 머물며 촌주 정도의 세력을 보장받고 살았다. 그 지방 세력들을 신라에서 일종의 제후諸侯 같은 존재로 보았을 수 있다. 김유신이 그들 가운데 뜻과 기개가 있는 인재들을 모집하고, 유대를 강화해 훗날 삼한통합에 동원했으리라 생각된다.

│ 상선이란? │ 신라의 화랑도 조직을 재구성해 보면, 풍월주의 자리를 물러난 사람들은 상선이 되어 활동하였다. 화랑을 물러난 사람들은 상랑上郎 또는 상화上花가 되었다. 상선과 상랑들은 열선각列仙閣을 만들어 활동하였다.[67] 616년 풍월주의 자리에서 물러난 김유신은 상선이 되었다. 상선이란 어떤 것이었을까?

《화랑세기》에 구체적으로 상선을 따로 설명한 예는 없다. 그러나 상선을 지낸 사람들에 관한 이야기들이 나온다. 그러한 자료로 상선의 구체적인 성격을 정리할 수 있다. 12세 풍월주 보리는 3년간 풍월주의 지위에 있다가 부제인 용춘에게 자리를 전해주었고, 그 뒤 상선이 되었으나 몸은 불문에 바쳤다고 하였다.[68] 이 기록으로 풍월주에서 물러나면 상선이 되었다는 것을 알 수 있다. 따라서 상선의 수는 풍월주를 지냈던 사람만큼밖에 없었다고 하겠다.

《화랑세기》9세 풍월주 비보랑 조를 보면 문노와 비보랑이 모두 상선이 되었음을 알 수 있다. 화랑도에 파가 나뉘자 비보랑이 그 잘못이

---

66   그러한 피정복 소국들을 열국列國이라고 하였다고 본다.
67   《화랑세기》9세 풍월주 비보랑.
68   《화랑세기》12세 풍월주 보리공.

자기에게 있다고 하여 상선의 지위에서 물러나고자 했다. 그때 문노가 허락하지 않고 "선도의 우두머리는 오직 우리 두 사람인데 그대가 물러나면 사기士氣를 일으킬 수 없다."라고 한 것이다.[69]

열선각에 모인 상선과 상화의 수는 적지 않았을 것이다. 그렇다고 무한정 늘어나는 것도 아니었다. 이러한 상선과 상화도 파가 나뉘었다. 진골정통·대원신통·가야파로 나뉘었다고 본다. 그보다 앞선 시기에는 문노·비보랑이 속한 호국선護國仙 계통과 이에 대비되는 설화랑 중심의 운상인雲上人 계통으로 나뉘기도 했다.

11세 풍월주 하종 때는 파가 나뉜 상선과 상화를 화합하려는 시도가 있었다. 하종은 선정仙政을 모두 미실에게 물어 결정하였는데, 미실은 파의派議를 염려하여 열선각을 만들어 모든 상선과 상화를 하나로 규합하고자 하였다. 이로써 대의大義를 통과시켜 결단하니 비록 파의가 많았으나 무사히 지나갔다고《화랑세기》는 말하고 있다.[70]

상선은 풍월주나 그 밖의 화랑들에게 존경의 대상이었다. 상선들은 낭정에 관여했다. 부제의 임명에 관여한 것도 볼 수 있다. 그러나 풍월주가 상선의 명령을 반드시 따른 것은 아니었다.[71] 또 상선 가운데 낭정에 간섭하지 않은 때도 있었다.

┃상선들의 모임┃ 상선들에게는 그들만의 모임이 있었다.《화랑세기》16세 풍월주 보종공 조에 그가 여러 상선의 모임에 참석하였다는

---

69 《화랑세기》 9세 풍월주 비보랑.
70 《화랑세기》 9세 풍월주 비보랑.
71 그런 예가 있다. 22세 풍월주 양도공은 군관을 부제로 삼았는데 이를 허락하지 않는 상선들이 많았다. 그러나 양도공은 상선들의 명을 따르지 않았다. 군관은 침착하고 중후하고 커다란 지략을 가지고 있어 위아랫 사람을 잘 다스렸고, 후일 양도공의 훈업 또한 군관의 손에서 많이 나왔다(《화랑세기》 22세 풍월주 양도공).

내용이 나온다. 김유신도 이 모임에 참석했다. 김유신이 결성한 칠성우 가운데 상선들이 여러 명 있었다. 그가 상선들의 모임을 잘 활용한 것을 알 수 있다.

2.6.
김춘추를 왕으로 세우고자 '칠성우'를 결성하다

　김유신을 포함한 칠성우는 평생을 함께한 동지들이었다. 칠성우는 김유신이 선문에서 꾼 두 가지 꿈을 신라인 모두의 꿈으로 만들고 그 꿈들을 실현한 중심 세력이 되었던 집단이었다. 김유신이 결성한 칠성우를 이해해야 신라의 삼한통합이나 김춘추의 왕위계승에 대해 이해할 수 있다. 칠성우에 관한 이야기는《화랑세기》에만 나온다.

┃칠성우는 어떤 존재였을까?┃　　김유신이 그의 두 가지 꿈을 실현하는 데는 능력 있는 사람들이 필요했다. 그 가운데서도 칠성우는 절대적으로 필요한 인재였다. 칠성우는 김유신이 화랑과 풍월주 그리고 상선으로 활동할 때 결성한 결사結社였다.[72]

　칠성우의 명단은《화랑세기》14세 풍월주 호림공 조에 나온다.

72　이종욱, 앞의 책, 2009, 133~142쪽.

알천공關川公·임종공林宗公·술종공述宗公·염장공·유신공·보종공 등과 더불어 칠성우七星友를 이루어 남산에서 만나 자적했다. 통일지업統一之業(통일의 사업)이 공 등으로부터 많이 시작되었다. 성대하고 지극하도다(《화랑세기》 14세 풍월주 호림공).

위의 기록에 호림을 넣으면 칠성우가 된다.

칠성우는 북두칠성과 연결해볼 수 있다. 칠성우는 북두칠성과 같은 존재였고, 그 우두머리는 김유신이었다. 그러나 김유신은 북두칠성의 한 별이었을 뿐이다. 북극성은 김춘추를 가리킨다고 생각된다.

처음 칠성우가 결성될 때는 하나의 사적인 모임 정도였을 것이다. 그러나 칠성우는 시간이 지나며 힘을 더해갔다. 뒷날 진덕여왕 대에 이르면 칠성우들은 김춘추를 왕위에 올리고 삼한을 통합하려는 계획을 이끌어가는 강력한 정치 세력이 되었다.

┃ 칠성회를 연 김유신 ┃ 《화랑세기》 16세 풍월주 보종공 조에 보면, 나라에 큰일이 있으면 김유신이 칠성회七星會를 열어 반드시 보종에게 물었다고 나온다.[73] 이 같은 칠성회가 열린 시기는 칠성우가 조정을 장악한 진덕여왕 대일 것이다. 그때 칠성우들의 정치적 힘이 더 없이 커진 것을 알 수 있다.

┃ 왜 칠성우인가? ┃ 칠성우라는 이름은 일곱 명으로 구성되었기에 나온 것이 분명하다. 그런데 김유신 때문에 그렇게 불렸다고도 생각할 수 있다.《삼국유사》〈열전〉 "김유신" 조에는 김유신이 진평왕 17년 을

---

73 《화랑세기》 16세 풍월주 보종공.

묘[595년]에 태어났는데 칠요七曜〔해·달·수성·화성·목성·금성·토성〕의 정기를 타고난 까닭에 등에 칠성七星의 무늬가 있고, 또한 신이함이 많았다고 한다. 이로써 칠성우 또는 칠성회의 '일곱 별'은 그의 등에 있던 칠성에서 유래한 것으로 짐작할 수도 있다.

| 김유신은 언제, 왜, 어떻게 칠성우를 만들었나? | 칠성우가 처음 만들어진 시기는 언제였을까? 612년 김춘추는 부모인 용수와 천명공주를 따라 출궁했다. 천명공주가 진평왕의 뜻에 따라 왕위 계승권을 포기하고 출궁한 것이다. 바로 그 612년 김유신은 풍월주가 되었고, 출궁한 김춘추가 언젠가 왕위를 계승할 것을 간파하여 그를 왕으로 올리려는 장기 계획에 돌입해 있었다.

그 출발이 칠성우를 결성한 것이었다고 본다. 처음부터 일곱 명이 동시에 하나의 결사를 만든 것인지 알 수 없다. 그러나 그때부터 김유신은 한 사람 두 사람 모아 마침내 칠성우를 결성했을 것이다. 그들 칠성우야말로 춘추의 왕위 계승을 이루고자 오랜 기간 노력을 다한 집단이었다. 《삼국유사》"진덕왕"조에 나오는 알천 등이 남산에서 모임을 열었던 사실로 보아 진덕여왕 대[647~654년]에는 이미 칠성우가 결성되었음을 알 수 있다.

뒤에 보겠지만 진덕여왕 대에 칠성우들은 왕정을 장악하고 김춘추를 왕으로 세우는 데 필요한 모든 조처를 하였다.

| 칠성우 한 사람 한 사람의 서로 다른 재능 | 칠성우들은 각기 서로 다른 재능을 지니고 있었다. 그 가운데 풍월주를 지낸 사람들이 있다. 14세 풍월주 호림, 15세 풍월주 김유신, 16세 풍월주 보종, 17세 풍월주

염장이 그들이다. 임종林宗은 미생랑이 풍월주로 있던 시기[585~588년]에 화랑도의 5개 파 가운데 하나인 통합원류파 소속 화랑이었다. 알천은 진덕여왕 원년[647년] 2월에 상대등으로 임명된 인물로, 칠성우 가운데 가장 나이가 많았다. 술종述宗의 아들 죽지가 651년에 설치된 집사부執事部의 장으로 임명되었으므로 술종 또한 나이가 많았다고 여겨진다.

칠성우는 그들의 재능을 합쳐 김춘추를 왕으로 세우고 왕정을 장악하였을 뿐 아니라, 신라인들의 오랜 염원인 외우를 없애는 삼한통합의 주역으로 거듭날 수 있었다. 칠성우마다 따로 지니고 있던 능력을《화랑세기》에서 살펴보자.

1) 보종(581~?년), 우주의 진기를 달관한 16세 풍월주

먼저 16세 풍월주[616~621년] 보종에 대한 기록을 보자. 보종은 화랑이 되어서도 낭두들을 하대하지 않고 아저씨[叔]라 불렀으며 한 번도 그 항렬을 바꾸지 않았고, 부제 염장을 오히려 형처럼 섬겼다고 한다. 얼굴은 어린아이 같았고, 늘 콩죽을 먹고 고기 먹는 것은 좋아하지 않았다. 아침에 일어나면 정원의 여러 종류의 고목을 보고 물고기를 기르고 학을 기르며 그 사이를 거닐었다.

[보종공은] 유신공을 엄한 아버지와 같이 두려워했다. 유신공이 웃으며 "형이 어찌 아우[弟]를 두려워합니까?" 하자, [보종]공이 말하기를 "[유신]공은 바로 천상의 일월이고 나는 곧 인간의 작은 티끌입니다. 감히 두려워하고 공경하지 않을 수 있겠습니까?"라고 말했다. 드디어 풍월주의 위를 물려주었다. 여러 차례 이야기한 것처럼 유신공이 낭도에게 일러 말

하기를 "너희들이 선을 배우고자 하면〔學仙〕마땅히 보종형공을 따라야 하고, 나라를 지켜 공을 세우려면〔護國立功〕마땅히 나를 따라야 할 것이다." 라고 했다. 미실궁주가 일찍이 유신공에게 일러 말하기를 "내 아들은 어리석고 약하니 도와주기를 바란다."라고 했다. 유신공이 "신이 실로 어리석습니다. 형은 비록 약하나, 그 도는 큽니다. 걱정하지 마십시오."라고 했다. ……역대 상선들의 모임에서 번번이 아랫자리에 앉아서 오직 "예.", "예." 할 뿐이었다. 그러나 우주宇宙의 진기眞氣를 깊이 살펴서 물고기와 새〔漁鳥〕그리고 꽃과 나무〔花木〕가 끊임없이 생기는 이치에 정통하지 않은 것이 없었다. 유신공이 병이 나자 [보종]공이 문득 몸소 치료하며 "우리 공은 국가의 보배이니 나의 의술을 숨길 수 없습니다." 했다. 이로써 그가 편작扁鵲의 [의]학을 갖추었음을 모두 알게 되었다. 나라에 큰일이 있으면 유신공이 칠성회를 열어 반드시 보종공에게 물었다. [보종]공은 "나는 물고기와 새의 벗일 뿐 국사를 어찌 알겠습니까. 오직 여러 공을 따를 뿐입니다."라고 했다. 그러나 유신공은 [보종]공의 한마디를 중하게 여겨 묻지 않은 적이 없었으니, 보종공의 덕 또한 크다(《화랑세기》16세 풍월주 보종공).

김유신과 보종의 관계는 특별했다. 보종은 김유신보다 16살이나 많았지만 그를 하늘의 해와 달로 여기고 자신을 인간 세상의 작은 티끌로 여겼다. 그러나 김유신은 보종의 한마디를 중하게 여겼다. 보종은 우주의 진기를 터득했던 인물이기 때문이다. 이에 선을 배우려면 보종을 따르고 나라를 지켜 공을 세우려면 김유신 자기를 따르라고 한 것이다.

2) 염장(586~658년), 용수의 이부형제였다

17세 풍월주[621~626년] 염장은 용수·용춘과 어머니가 같고 아버지가 다른 동생이었다.

《화랑세기》17세 풍월주 염장공 조의 찬에는 칠성우와 삼한통합의 관계를 생각하게 만드는 내용이 있다.

몸소 검약하여 부유했고 [보종]공에게 충성스러웠고 칠성七星과 교유하여, 힘을 다하여 도와 함께 했으니 통일의 사업이 실로 [염장]공에게 힘입었다《화랑세기》17세 풍월주 염장공).

염장은 칠성우 가운데 한 사람이었다. 그가 다른 칠성우들과 힘을 다해 도와 함께했으니 삼한통합이 실로 염장에게 힘입었다는 것이다. 염장은 칠성우로서 어떤 역할을 하여 삼한통합을 이루게 했을까? 이에 대해서는 뒤에 보기로 한다. 다만 염장이 632년 조부調府〔조세를 거두어들이는 관부)의 장관인 영令이 되어 사적으로 부를 쌓고 김유신과 김춘추 등에게 재물을 공급하였음을 밝혀둔다.

3) 호림(579~?년), 선과 불을 융화하다

14세 풍월주[603~612년] 호림은 화랑도에 부처를 본격적으로 끌어들여 선도仙道만이 아니라 불도佛道의 번성에도 공을 세운 인물이다.《화랑세기》14세 풍월주 호림공 조의 찬에 나오는 다음 기록을 볼 수 있다.

찬하여 말한다: (지소)태후의 손(자)이고 진골정통의 무리이다. 복되게 불선佛仙에 들어갔으니 공이 천추에 드리웠다《화랑세기》14세 풍월주 호림공).

호림에 관한 또 다른 이야기를 볼 수 있다.

[호림]공은 마음가짐이 청렴하고 곧았으며 재물을 풀어 무리에게 나누어주었다. 그때 사람들이 탈의지장脫衣地藏이라고 했다. 공은 낭도들에게 일러 말하기를 "선불은 하나의 도이다. 화랑 또한 불佛을 알지 않으면 안 된다. 우리 미륵 선화(7세 풍월주 설화랑)와 보리 사문(12세 풍월주 보리) 같은 분은 모두 우리의 스승이다."라고 했다. 공은 곧 보리공에게 나아가 계를 받았다. 이로서 선불仙佛이 점차 서로 융화했다.

공은 처음 문노공의 딸 현강낭주玄剛娘主를 아내로 맞았으나, 일찍 죽었다. 하종공의 딸 유모낭주柔毛娘主를 다시 아내로 맞이하였다. 그때 미실궁주의 나이가 이미 많았는데 낭주를 매우 사랑하여 귀한 아들을 보기를 원했다. 공에게 명하여 천부관음千部觀音을 만들어 아들을 기원하도록 했다. 이에 선종랑善宗郎(자장慈藏)을 낳았는데 자라서 율가律家의 대성인이 되었다. 공은 부처를 숭상함이 더욱 깊어졌다. 이에 유신공에게 (풍월주의) 자리를 물려주고 스스로 '무림거사茂林居士'라 불렀다(《화랑세기》 14세 풍월주 호림공).

이 기록을 보면, 풍월주로서 선도와 불도를 함께한 사람으로 7세 풍월주 설화랑과 12세 풍월주 보리에 더하여 14세 풍월주 호림이 있었던 것을 볼 수 있다. 그는 조정의 일에 간여하지 않았으나 그 또한 삼한통합에 공을 세운 것이다.

《화랑세기》에 나오는 보리에 관한 기록을 함께 보자.

[보리]공은 3년간 풍월주의 위位에 있다가, 부제인 용춘공에게 전하여주었다. 위는 비록 상선이었으나 몸은 불문에 바쳐 맏형(伯氏)을 도왔다. 만룡과 후단 모두 머리를 깎고 여승이 되어 공의 뜻을 받들었다. 만룡은 늘 같

은 날 성불할 것을 기도했는데, 과연 그 말과 같이 되었다. 아! 성하도다. 공의 만년의 일은 《고승전高僧傳》74에 나온다(《화랑세기》 12세 풍월주 보리공).

보리는 풍월주의 지위를 용춘공에게 넘겨준 뒤 상선이 되어 몸을 불문에 바쳐 백씨伯氏 곧 맏형인 원광을 도왔고 그의 만년의 일은 《고승전》에 있다고 하였다. 보리에게 호림이 계戒를 받았는데, 상선이 된 뒤 불가에 귀의한 보리와 달리 호림은 풍월주로서 화랑도에게 선과 불이 하나의 도이며 이를 모두 알아야 한다고 했다는 점이 흥미롭다.

신라 화랑들이 선만이 아니라 불에도 귀의하게 된 것은 신라인의 사상적·종교적인 면에서 획기적인 변화를 가져온 사건이다. 많은 신라인이 이제 불교라는 종교를 알게 된 것이다. 이러한 변화는 신라가 중국이나 인도와 종교로 연결되고 동양 문명의 일원으로 자리 잡아가는 상황을 보여준다는 점에서 의미 있는 일인 동시에 커다란 변화였다.

앞에서 살펴본 《화랑세기》 14세 풍월주 호림공 조의 기록은 호림의 혼맥婚脈과 그의 아들 자장慈藏에 관해서도 설명해준다. 호림은 처음에 8세 풍월주를 지낸 문노의 딸 현강낭주와 혼인했다. 비록 현강낭주는 일찍 죽었으나, 호림이 당시 화랑도의 한 파를 형성하였던 문노와 연결되었고, 그의 화랑도와 긴밀한 관계였던 것을 확인할 수 있다. 현강낭주가 세상을 떠난 뒤에는 호림은 유모낭주와 혼인했는데, 유모낭주는 11세 풍월주 하종의 딸이고, 6세 풍월주 세종과 미실의 손녀였다. 이 혼인으로 호림은 세종·하종과도 연결되었던 것이다. 호림의 혼맥은 그의 한평

---

74   《삼국사기》 46, "열전" 6의 뒷부분에 김대문에 대하여 본래 신라의 귀문 자제이고 성덕왕 3년[704년]에 한산주 도독이 되었다고 나온다. 이어 전기 약간 권을 지었다고 하며 《고승전》, 《화랑세기》, 《악본》, 《한산기》가 아직도 남아 있다고 나와 있다. 이로써 그의 전기가 《삼국사기》 편찬 당시까지 남아 있었다는 사실을 확인할 수 있다.

생 활동의 힘이 되었다.

┃호림의 아들 자장의 탄생과 불교의 관계┃ 칠성우의 아들들 또한 칠성
우와 뜻을 같이하여 김유신의 꿈인 김춘추의 왕위 계승과 삼한통합을
이루고자 했다. 그 한 사람이 호림의 아들 자장慈藏이다.

먼저 자장의 탄생에 관해 보기로 한다. 호림은 유모낭주와 사이에서
선종랑善宗郎을 낳았는데 그가 자라서 율가의 대성인이 되었다고 한다.
선종랑은 바로 우리가 잘 아는 자장법사다. 자장은 신라 불교의 중심이
된 인물이었다. 《삼국유사》 "자장정율慈藏定律" 조로써 자장에 관해 알
수 있다.

> 자장 대덕大德은 김씨로 본디 진한의 진골인 소판蘇判〔3급 관등〕무림茂林
> 〔虎林〕의 아들이다. 그의 아버지는 청요淸要의 관직을 거쳤으나 뒤를 이을 아
> 들이 없었으므로 이에 삼보에 귀심歸心하여 천부관음 보살에게 나아가 한
> 자식을 낳게 해주기를 축원했다. "만약 아들을 낳게 되면 내놓아 법해法海
> 〔불법의 세계〕의 진량津粱〔나루와 다리〕으로 삼겠습니다."라고 맹세했다. 갑자
> 기 그 어머니 꿈에 별이 떨어져 품 안으로 들어오더니, 이로 말미암아 태기
> 가 있었다. 낳으니 석가세존과 생일이 같았으므로 이름을 선종랑善宗郎이라
> 했다(《삼국유사》 4, 〈의해〉 5, "자장정율").

선종랑〔자장〕은 일찍이 양친을 여의고 속세를 꺼려 처자식을 버리고
전원田園을 희사하여 원녕사元寧寺를 만들고 홀로 깊고 험준한 곳에 머물
며 고골관枯骨觀을 닦았다. 마침 조정에 태보台輔의 자리가 비어 문벌로
논의하여 여러 차례 불렀으나 나가지 않았다. 나오지 않으면 목을 베겠
다고 했으나 자장은 "내가 차라리 하루만이라도 계를 지키다 죽을지언

정 계율을 어기고 백 년 동안 살기를 원치 않는다."라고 했다. 이에 왕이 그의 출가를 허락했다.

자장은 636년에 당나라에 가서 불교의 교화를 구했다. 643년에 선덕여왕이 당 황제에게 자장의 귀국을 청했다. 자장은 황제와 태자로부터 선물을 받았다. 그는 신라에 아직 불경과 불상이 구비되지 않았기에 《대장경》한 부를 비롯해 불상·가사·폐백 등을 구하여 돌아왔다.

| 자장 또한 삼한통합과 김춘추를 왕으로 세우려 노력하다 |　　호림의 아들 자장이 칠성우와 뜻과 행동을 같이한 것을 볼 수 있다.

첫째, 그는 삼한통합을 이루고자 했다. 선덕여왕에게 황룡사 9층탑의 축조를 청한 것이 그것이다. 아래 기록에 그러한 사정이 나온다.

> 황룡사 9층탑은 선덕대왕 대에 세운 것이다. 일찍이 선종랑이라는 진골 귀인이 있었는데 어려서 살생을 좋아하여 매를 놓아 꿩을 잡곤 하였다. 하루는 그 꿩이 눈물을 흘리며 울자 이에 감동받아 불교에 들어가기로 마음먹고 출가하여 법호를 자장이라 하였다. (선덕)대왕 즉위 7년째(인평 5년 무술)인 대당 정관 12년, 신라의 국사 신통을 수행하여 서국에 들어갔다. 선덕왕 12년, 계묘[643년]에 본국으로 돌아가려고 남산의 원향선사圓香禪師에게 머리 조아려 하직하였는데, 선사가 "내가 관심觀心으로 그대의 나라를 보매, 황룡사에 9층탑을 세우면 해동의 여러 나라가 모두 그대의 나라에 항복할 것이다."라 하였다. 자장이 이 말을 듣고 돌아와 왕에게 보고하자, 왕은 이간 용수龍樹를 감군으로 삼아 대장大匠인 백제의 아비 등과 소장 2백여 인을 데리고 탑을 세우도록 하였다. 선덕왕 14년, 을묘[645년]에 처음 건립하기 시작하여 4월 …에 찰주를 세우고 이듬해에 모두 마쳤다. 철반 위쪽은 높이가 7보이고 그 아랫부분은 높이가 30보 3자이다. 과연 삼한을 통합하여 … 군신이 안락한 것은 지금까지 이에 힘입은 것이다(〈신라 황룡사9층탑 찰주본기〉).

경문왕 12년[872년]에 작성된 이 〈신라 황룡사9층탑 찰주본기〉의 기록을 보면 당나라 원향선사가 황룡사에 9층탑을 세우면 해동의 여러 나라가 신라에 항복할 것이라는 말을 한 것을 들은 자장이 황룡사에 9층탑을 세울 것을 선덕여왕에게 청한 것을 알 수 있다. 위의 기록을 보면 645년에 처음 건립을 시작하여 4월에 찰주를 세우고 이듬해인 646년에 완공한 것으로 나오고 있다.

그런데 황룡사 9층탑의 축조와 관련된 이야기는 다른 사서에도 나온다. 《삼국사기》에는 선덕왕 14년[645년] 3월 탑을 처음으로 축조하였는데 이는 자장의 청을 따른 것이었다고 하여,[75] 탑의 창건과 그 이유를 밝히고 있을 뿐 완공 연대 등 다른 내용은 없다.

그와 달리 《삼국유사》 "황룡사 9층탑"조에는 신화화된 이야기가 나온다. 당나라에 간 자장법사가 태화지太和池 옆을 지나는데 갑자기 신인神人이 나와서 이야기를 나누었다. 그 가운데 다음과 같은 대화가 있다.

"그대 나라에 어떤 어려운 일이 있는가?" "우리나라는 북쪽에 말갈이 이어져 있고 남쪽으로는 왜국이 인접해 있으며, 고구려와 백제 두 나라가 번갈아 변경을 침범하는 등 이웃의 구적寇賊들이 횡행하니, 이것을 백성들이 걱정하고 있습니다." "지금 그대의 나라는 여자를 임금으로 삼았으므로 덕은 있어도 위엄은 없다. 그 때문에 이웃 나라가 침략을 도모하니 그대는 빨리 본국으로 돌아가야 한다." "고향에 돌아가서 어떠한 이로운 일을 해야 합니까?" "황룡사의 호법룡護法龍은 나의 맏아들인데, 범왕梵王의 명령을 받아 그 절에 와서 보호하고 있으니, 그대가 본국에 돌아가 절 안에 9층탑을 세우면 이웃 나라는 항복해 오고 구한九韓이 조공을 바치게 되어 국조가 길이 태평할 것이다. … ─절 안의 기록인 〈사중기寺中記〉에는 종남산

---

75   《삼국사기》 5, 〈신라본기〉 5, 선덕왕 14년 조.

(당나라 수도)의, 원향선사가 거처한 곳에서 탑을 세울 인유因由를 받았다
고 한다(《삼국유사》 3, 〈탑상〉 4, "황룡사 9층탑").

위의 기록에 나오는 신인神人은 고려 관점에서 쓴 《삼국유사》에 나
오며 신화화된 인물이다. 실제 자장이 당나라에서 만났던 인물은 원향
선사였던 것이 분명하다.[76] 자장은 당나라에 가서까지 신라의 외적인
고구려와 백제의 침범으로 백성들이 걱정하는 사실을 말하고 그 해결
책을 묻고 있는 것을 볼 수 있다. 원향선사(신인)는 황룡사에 9층탑을
세우면 9한이 조공을 바칠 것이라는 해결책을 말하였다.

643년 신라로 돌아온 자장법사는 탑을 세워야 할 이유를 보고했다.
선덕왕은 이에 이찬(이간) 용수龍樹를 감군監君으로 삼아 645년부터 황
룡사에 9층탑을 세우기 시작하여 646년에 탑을 완성했다.[77] 황룡사 9
층탑의 감군으로 임명된 용수는 김춘추의 아버지였다.

《삼국유사》 "황룡사 9층탑" 조에는 안홍이 지은 《동도성립기東都成立
記》에 나온다는 기록이 있다.

　　　신라 제27대에 여왕이 왕이 되니, 덕은 있어도 위엄이 없으므로 9한九韓
　　이 침범하게 되었다. 만약 용궁 대궐 남쪽 황룡사에 9층탑을 세우면 이웃
　　나라의 침해를 진압할 수 있을 것이라 하여 탑을 세웠다. 제1층은 일본, 제
　　2층은 중화中華, 제3층은 오월吳越, 4층은 탁라乇羅, 제5층은 응유鷹遊, 제6
　　층은 말갈靺鞨, 제7층은 단국丹國, 제8층은 여적女狄, 제9층은 예맥穢貊을 진
　　압시킨다(《삼국유사》 3, 〈탑상〉 4, "황룡사 9층탑").

76　　이종욱, 《한국사의 1막 1장 건국신화》, 휴머니스트, 2004, 206~230쪽.
77　　황수영 편저, 〈신라 황룡사9층탑 찰주본기〉, 《한국금석유문》, 일지사, 1976, 160쪽.

《삼국유사》의 기록에 나오는 9한 가운데 고구려 백제라는 명칭은 없지만, 제5가 백제, 제9가 고구려가 된다. 결국, 자장이 황룡사 9층탑의 축조를 청한 것은 김유신이 품었던 두 가지 꿈 가운데 하나인 삼한통합과 관련된 것을 알 수 있다.

그런데 황룡사 9층탑의 축조 시기에 관하여 기록들의 내용이 다소 차이가 있다. 이를 정리할 필요가 있다. 이《삼국유사》 "황룡사 9층탑" 조에 인용된《국사》 및《사중기》에는 선덕왕 대인 645년에 탑이 처음으로 이루어진 것[塔初成]으로 나온다. 이는 〈신라 황룡사9층탑 찰주본기〉의 연대와 다르다. 여기서 황룡사 9층탑의 축조를 시작한 시기는 645년이고 완공된 시기는 그 이듬해라는 〈신라 황룡사9층탑 찰주본기〉의 기록을 따를 필요가 있다고 본다. 그 시기는 아직 칠성우가 왕정을 장악하기 이전이었다. 그때 이미 자장은 삼한통합보다도 더 나아가 9한을 정복하고자 황룡사 9층탑 축조를 왕에게 요청했던 것이다.

둘째, 자장은 진덕여왕 대에 벌어진 김춘추와 칠성우의 중국화 개혁 작업에도 관여했다.《삼국유사》에 다음의 기록이 있다.

> 자장은 일찍이 나라의 복장服章이 중국과 같지 않았으므로 조정에 건의했더니 윤허하여 좋다고 했다. 이에 진덕여왕 3년, 기유[649년]에 처음으로 중국 의관을 입었다. 다음 해 경술[650년]에 또 정삭正朔을 받들어 비로소 영휘 연호를 쓰기 시작했다. 이후로 매번 중국에 조빙할 때 그 반열이 번국蕃國의 윗자리에 있었으니 자장의 공이다(《삼국유사》4, 〈의해〉5, "자장정율").

위의 기록은 신라에서 처음으로 관리들이 중국식 공복을 입고 중국 연호를 사용한 것을 밝힌 것이다. 그리고 중국의 장복(복장)을 입기 시작한 것이 자장의 건의였음을 알 수 있다. 중국 연호의 사용이 자장의 건의였는지는 알 수 없다. 그러나 진덕왕 즉위 후 이루어진 이 두 가지 조치는 신라의 중국화 정책의 출발점이자 하이라이트라 할 수 있다. 당시 중국에 여러 해 머물던 자장은 신라의 중국화 조치에서 두 가지가 중요하다는 생각을 했다고 보여진다.

중국 복장과 중국 연호의 채택의 정치적 의미는 뒤에 다시 보기로 하자. 다만 638년에서 643년까지 당나라에 갔던 자장은 그곳에서 신라가 당면한 국가적인 문제를 해결하고자 방안을 생각한 결과 신라인 관리들이 중국 관리의 공복을 입고, 중국 연호를 사용해야 한다고 생각했던 것 같다.

셋째, 자장은 그의 아버지 호림의 뒤를 이어 불교에 귀의하여 신라 불교계를 장악한 것을 볼 수 있다. 선덕여왕은 귀국한 자장을 대국통大國統으로 삼아 승니僧尼의 모든 규범을 승통에게 위임하여 주관하게 했다. 《삼국유사》를 보면 신라 불교 교단의 최고 지위에 오른 자장은 신라 불교에 혁신을 불러왔다.

　　자장은 이러한 좋은 기회를 만나 용감히 나아가서 불법을 널리 펴뜨렸다. 승니의 5부에 각기 구학舊學을 더 증가시키고 반 달마다 계율을 풀이했으며, 겨울과 봄에는 모아 시험해서 지계持戒와 범계犯戒를 알게 했으며, 관원을 두어 이를 유지하게 했다. 또 순사巡使를 보내어 지방의 사찰을 차례로 검사하여 승려의 잘못을 징계하고, 한 시대에 불법을 보호함이 이때 가장 성했다. 마치 공자가 위나라에서 노나라로 돌아와 음악을 바로잡아 아雅와 송頌이 각기 그 마땅함을 얻음과 같았다. 이때 나라 안의 사람들로써 계를 받고 불법을 받든 이가 열 집에 여덟아홉이나 되었으며 머리를 깎고 중이 되기를 청하는 이가 해마다 달마다 불어갔다. 이에 통도사를 세우고 계단을 쌓아 사방에서 오는 사람을 받아들였다(《삼국유사》 4, 〈의해〉 5, "자장정율").

당나라에 갔던 자장은 귀국 후 황룡사의 주지이자 대국통이 되어 신라 불교를 혁명적으로 개혁하였던 것이다. 이 같은 불교의 혁신은 진덕여왕 대 칠성우들의 혁명적 개혁 작업과 뜻을 함께한 것이 분명하다.

┃ 자장이 신라 불교계를 장악한 의미 ┃　　　골품 사회체제를 갖춘 신라는 왕을 중심으로 하는 정치세력이 모든 것을 장악했다. 그런데 이 같은 왕 또한 불교와 무관할 수는 없었다.

성골 왕 시대 왕들은 신라 불교의 중심인 황룡사를 장악하여 그들의 신성함을 갖출 수 있었다. 성골 왕들은 불교의 교리를 잘 알지 못했으나, 그들이 여러 겁劫에 걸친 선행을 거쳐 성골이 되고 왕이 되었다는 믿음의 정당성을 얻었다고 본 것이다.

그런데 성골 왕 시대뿐만 아니라 진골 왕 시대에도 불교가 하였던 기능이 있었다. 당시 종교 특히 불교는 골품 신분 사이의 구분과 신분 사이의 갈등을 해소하고 신분적인 간격을 정당화하였다. 이는 정치가 할 수 없는 것들이었다. 한편 불교의 승려들은 신과 인간을 연결해줄 뿐만 아니라 교육도 맡았다. 또한, 중국 문명을 받아들이는 일도 하였다. 그들은 문자를 해독했고, 외교 문서를 다루었으며 국왕에 대한 자문을 담당하기도 했다.

칠성우 멤버 호림의 아들 자장은 황룡사의 주지가 되어 전국의 불교계를 장악하였다. 성골 왕의 사찰이었던 황룡사를 진골 왕 시대에도 신라 불교의 중심으로 이끌어 나갔다. 그리고 자장은 단순히 불교계만 장악한 것이 아니라 중국화를 요청하여 신라의 새로운 길을 모색하는 데 앞장섰다. 이 같은 자장의 활동은 김춘추를 왕으로 세워 진골 왕 시대를 열려던 김유신을 중심으로 한 칠성우의 활동 가운데 한 부분을 담당했다는 것을 의미한다.

4) 알천, 칠성우의 수석으로 있었다

《삼국유사》"진덕왕"조에는 알천 등 여섯 명이 남산 오(우)지암에서 모이는 다음의 이야기가 나온다.

[진덕]왕의 시대에 알천공·임종공·술종공·호림공(자장의 아버지이다.)·염장공·유신공이 있었는데, 남산 오지암에 모여서 나랏일을 의논하였다. 그때 큰 호랑이가 나타나서 자리에 뛰어드니 여러 공이 놀라 일어났으나, 알천공은 조금도 움직이지 않고 태연히 담소하며 호랑이의 꼬리를 붙잡아 땅에 메어쳐 죽였다. 알천공의 완력이 이와 같았으므로 수석에 앉았으나 공들은 모두 유신공의 위엄에 복종했다(《삼국유사》 2, 〈기이〉 2 (상), "진덕왕").

보종이 빠져 있지만, 위 기록이 칠성우의 모임이라는 것은 분명하다. 여기에서 알천은 맨손으로 호랑이를 잡는 완력을 보여 윗자리에 앉았다. 그가 칠성우 가운데 나이가 많았고 힘이 가장 셌다는 것을 알 수 있다. 알천이 모습을 드러낸 것은 장군으로서였다. 《삼국사기》의 기록을 보겠다.

[선덕여왕 5년] 여름 5월에 두꺼비가 서쪽 옥문지玉門池에 많이 모여들었다. 왕이 듣고 측근 신하에게 말했다. "두꺼비의 성난 눈은 군사의 모습

이다. 내 일찍이 듣건대 서남쪽 변경에 이름이 옥문곡玉門谷(경남 합천이라는 견해도 있으나 정확한 장소는 알 수 없음)이라는 땅이 있다고 하니 필경 적병이 몰래 그곳에 숨어들어 온 것이 아닌가?"이에 장군 알천과 필탄 등에게 명하여 가서 살펴보게 했다. 과연 백제 장군 우소가 독산성獨山城(경주 읍지에는 독산이 신광현, 현재 포항시 신광면 소재일 수 있으나 단정하기 어렵다)을 습격하려고 군사 5백 명을 거느리고 와서 그곳에 와서 숨어 있었다. 알천이 갑자기 쳐서 남김없이 죽였다(《삼국사기》 5, 〈신라본기〉 5, 선덕왕 5년).

알천은 이때 백제 군사를 소탕하여 공을 세웠다. 선덕여왕 6년[637년] 7월에는 대장군으로 임명되었다.[78] 선덕여왕 7년[638년] 10월에는 고구려가 북쪽 변경 칠중성을 침범하니 백성들이 놀라 혼란해져서 산골로 들어갔으므로, 선덕여왕이 알천에게 명하여 그들을 안심시켰다.[79] 진덕여왕 원년[647년] 2월에는 상대등이 되었다.[80] 칠성우들이 비담의 난을 진압하고 진덕여왕이 즉위하면서 그가 상대등의 자리에 오른 것이다. 이로써 칠성우는 김춘추를 왕위에 올리려는 작업을 충실히 진행할 수 있게 되었다.

5) 임종, 국력 강화를 추구한 문노파의 최정예

임종에 관한 자료는 많지 않다. 《삼국유사》 "진덕왕" 조에는 나오지만 《삼국사기》에는 이름이 없다. 《화랑세기》에 나오는 자료로 그의 정체를 조금 알 수 있다.

---

78   《삼국사기》 5, 〈신라본기〉 5, 선덕왕 6년.
79   《삼국사기》 5, 〈신라본기〉 5, 선덕왕 7년.
80   《삼국사기》 5, 〈신라본기〉 5, 진덕왕 원년.

《화랑세기》10세 풍월주 미생랑 조에 따르면 화랑도에 쟁론이 있었다. 다섯 개 파가 있었는데, 그 가운데 첫 번째 파를 통합 원류라 불렀는데, 이들은 귀천에 거리끼지 않고 내외에서 인재를 등용하여 국력을 키우고자 하였다. 임종·대세·수일 등이 중심이었고 문노파 가운데 가장 정예들이었다고 한다.[81]

《화랑세기》26세 풍월주 진공 조에 "사린思隣은 처음에 임종의 대사大舍가 되었는데 임종의 첩 호명好明과 통하여 딸 진수眞凍를 낳았다. 임종이 호명을 사린의 처로 삼게 하여 진공眞功을 낳았다."라고 나온다. 한편《삼국유사》"도화녀 비형랑" 조에는, "이때 각간 임종에게 아들이 없었으므로 [진평]왕이 명령하여 [길달吉達을] 뒤를 이을 아들로 삼게 했다."라고 되어 있어, 임종이 진평왕 대에 각간에 올랐던 사실을 알 수 있다.

그의 나이는 알 수 없다. 그러나 귀천을 가리지 않고 안팎에서 인재를 등용하여 국력 증진을 도모한 칠성우 임종은 신라의 삼한통합을 이룰 힘을 키우는 데 앞장섰던 인물이 분명하다.

6) 술종, 그의 아들 죽지가 집사부의 중시가 되다

술종述宗에 관한 자료도 찾기 어렵다.《삼국유사》"효소왕 대 죽지랑" 조에 다음 기록이 있다.

이전에 술종공이 삭주朔州(강원도 영동 지역을 관정하던 주) 도독사都督使가

---

81   《화랑세기》10세 풍월주 미생랑.

되었다. 장차 임지로 가려 하는데 이때 삼한에 병란이 있으므로 기병 3천 명으로 그를 호송했다. 그가 떠나 죽지령에 이르니 한 거사가 그 고갯길을 평탄하게 닦고 있었다. 공이 그것을 보고 탄복·칭찬했으며, 거사 또한 공의 위세가 매우 큼을 존경하여 서로의 마음이 감동되었다. 공이 주州의 치소治所에 부임한 지 한 달이 지나 꿈에 거사가 방안으로 들어오는 것을 보았다. 부부가 같은 꿈을 꾸었으므로 더욱더 놀라고 괴이히 여겨 이튿날 사람을 보내어 거사의 안부를 물었다. 그 지방 사람이 "거사가 죽은 지 며칠 되었습니다."라고 알려 주었다. 사자가 돌아와서 그 사실을 아뢰었는데, 그가 죽은 날짜가 꿈을 꾸었던 그날이었다. 공이 말했다. "아마 거사가 우리 집에 태어날 것 같구려." 다시 군사를 보내 죽지령 위 북쪽 봉우리에 장사 지내고 돌로 미륵불 하나를 새겨 무덤 앞에 모시게 했다. 공의 아내가 꿈꾼 날로부터 태기가 있더니 이윽고 아이를 낳았다. 그래서 이름을 죽지라 했다(《삼국유사》 2, 〈기이〉 2 (하), "효소왕 대 죽지랑").

술종에 관한 자료가 많지 않아 더 이야기하기 어렵다. 그러나 그의 아들 죽지竹旨에 관한 기록이 있다. 진덕여왕 5년[651년] 2월 품주稟主를 고쳐 집사부라고 하고 파진찬 죽지를 집사부의 중시로 임명한 사실이 그것이다. 651년의 집사부 설치는 칠성우들이 김춘추를 왕으로 세우려는 행정조직 개편의 하이라이트라 할 수 있다. 왕정 전반을 총괄하는 관부의 장으로 술종의 아들 죽지가 임명된 것이다. 칠성우들이 대를 이어 김춘추를 왕으로 세우고자 일하였음을 볼 수 있다. 그러한 예는 호림과 그 아들 자장도 마찬가지였다.

7) 김유신, 파맥을 넘어 칠성우를 이끌다

일반적으로 화랑도는 파맥에 따라 서로 다른 활동에 관심이 있었고, 파맥의 선후배들이 이를 이어갔다.

그러나《화랑세기》의 기록으로 알 수 있듯, 김유신이 결성한 칠성우는 파맥을 같이한 집단이 아니었다. 칠성우 가운데 김유신과 호림은 진골정통이었으며, 보종과 염장은 대원신통이었다. 그리고 김유신과 염장은 가야파였다.

김유신이 파맥을 고수하고 자기파의 이익을 탐했다면 칠성우는 결성되지 못했을 것이다. 그러나 김유신은 앞에서 보았듯이 "대인무사大人無私"를 내세워 가야파에 대한 사애私愛[사사로운 편애]를 거부했다. 이 같은 자세로 파맥이 다른 화랑도들을 화합시켰기에 다른 파맥의 사람들을 끌어안아 칠성우로 만들 수 있었다. 다시 말하지만 칠성우는 김춘추를 왕으로 세우는 계획과 삼한통합을 이루는 계획을 실현하려 했던 정치적 결사였다. 역사를 바꿀 꿈을 꾸던 이들에게 파맥은 걸림돌이 될 수 없었다.

이처럼 각기 재능을 달리하는 여러 파의 인재들이 모여 칠성우를 이루었다. 그들의 서로 다른 능력이 한데 어우러지면서 김춘추를 왕으로 세우고 삼한통합을 이루는 바탕이 되었다. 앞에서 보았던《삼국유사》"진덕왕" 조의 기록으로 확인할 수 있듯이, 칠성우는 그때에 이르러서는 왕정을 장악하고 국사를 논하여 결정하는 세력으로까지 성장하였다.

주목할 사실은 이 칠성우의 중심에 김유신이 있었다는 점이다. 당연한 일이지만, 김유신이 그들의 우두머리가 된 것은 나이가 많아서도 아니고 경험이 많아서도 아니었다. 그는 위엄으로 칠성우의 우두머리가 되었다. 오지암 회의에서 윗자리에 앉은 것은 알천공이었지만, 모든 공이 복종한 이가 김유신이었다는 기록이 이를 단적으로 증명한다.

여기에서 김유신의 리더십을 주목하지 않을 수 없다. 조직을 이끌어 가는 지도자의 구실은 말할 수 없이 크다. 그의 리더십으로 칠성우들은 김춘추를 왕으로 세우고 삼한통합의 길을 열었다. 김유신이 있었기에 칠성우가 새로운 역사를 여는 역할을 맡을 수 있었다.

| 칠성우가 삼한통합에 기여한 공 | 백제와 고구려를 평정할 때까지 생존했던 칠성우와 그렇지 않은 칠성우가 있었다. 그러나 생존 여부를 떠나 이들은 어떤 형태로든 신라의 삼한통합에 공을 세웠다. 《화랑세기》의 기록으로 이를 살펴보자.

우선 앞에서 본 것처럼 《화랑세기》 15세 풍월주 유신공 조의 세계에는 그가 삼한을 통합하여 오동五東의 질서를 바로잡은〔統合三韓 一匡五東〕 혁혁한 공명이 해와 달과 함께한다는 내용이 있다.[82]

17세 풍월주 염장공 조에는 통일의 사업이 실로 그에게 힘입었다고 나온다.[83] 실제로 백제와 고구려 평정의 주역 가운데서도 주역이었던 김유신과 달리, 염장은 분명히 칠성우로 활동하였고 또 김춘추·김유신·김흠순 등에게 재물을 공급하기는 했지만, 백제와 고구려를 평정하기 전에 세상을 떠난 것으로 보인다. 그런데도 《화랑세기》는 통일지업統一之業이라고 표현하여 그 또한 삼한통합에 힘을 보탰음을 말하고 있다.

칠성우의 아들들 또한 칠성우의 사업에 힘을 더했음을 생각하면 신라의 삼한통합은 실로 칠성우에게 힘입은 바 컸다고 하겠다.

82 《화랑세기》 15세 풍월주 유신공.
83 《화랑세기》 17세 풍월주 염장공.

｜ 칠성우들의 계보상 관계 ｜　김춘추와 칠성우는 계보로도 연결된다. 그러나 칠성우 모두가 포함된 계보를 그릴 수는 없다. 풍월주를 지내지 않았던 알천·임종·술종은 자료가 부족하여 계보를 연결시킬 수 없기 때문이다. 여기서는 15세 풍월주 김유신, 16세 풍월주 보종, 17세 풍월주 염장, 그리고 18세 풍월주 김춘추의 계보 관계를 살펴보겠다.

김춘추와 김유신이 처남·매부 사이라는 것은 잘 알려진 사실이다. 원래 김춘추의 정궁 부인이 보종의 딸 보라寶羅였으므로 보종은 그의 장인이 된다. 김춘추의 아버지 용수와 염장이 이부동모異父同母 관계이므로, 김춘추와 염장은 구태여 따지자면 삼촌 사이이다. 한편 14세 풍월주 호림의 부인인 유모와 15세 풍월주 김유신의 부인 영모는 자매였다.

김춘추를 중심으로 김유신, 보종이 계보로 연결된다는 사실은 칠성우들의 결속을 다지는 또 하나의 이유가 되었다.

2.7.
문희와 김춘추를 혼인시켜
계보를 강화한 김유신

김유신은 계보상으로도 김춘추와 떼려야 뗄 수 없는 관계를 만들어 나갔다. 누이동생 문희와 김춘추를 혼인시킨 것이다. 이는 김유신의 꿈 두 가지 가운데 김춘추를 왕으로 옹립하려는 것과 관계있다. 누이동생을 김춘추와 혼인시킨 일은 김유신 개인으로서만이 아니라 가문의 모든 것을 걸고 벌인 일이라 하겠다. 김유신은 골품제 사회인 신라에서 꿈을 이루려면 세보를 강화해야 한다는 사실을 알고 이 혼인을 주도했다.

┃보희의 꿈을 산 문희, 김춘추의 부인이 되다┃ 문희가 김춘추의 부인이라는 것은 오늘날 누구나 잘 아는 이야기다. 《삼국유사》 "태종 춘추공" 조에, 제29대 태종무열왕의 왕비는 문명황후 문희로 유신공의 막내 누이라고 나온다.

┃《삼국사기》에 나오는 고려판 이야기┃ 《삼국사기》 문무왕 즉위 조에, 김춘추와 문희의 혼인에 관한 고려판(고려 버전)의 이야기가 나온다.

> 문무왕이 왕위에 올랐다. 이름은 법민法敏이며 태종왕太宗王의 맏아들이다. 어머니는 김씨 문명왕후로서 소판 서현의 막내딸이며 김유신의 누이동생이다. 그의 언니가 꿈에 서형산西兄山 꼭대기에 올라앉아 오줌을 누었는데 나라 안[滿國內]을 가득 채웠다. 꿈에서 깨어난 뒤 아우와 꿈 이야기를 하니 아우는 농으로 "나 언니의 꿈을 사고 싶어." 하고 비단 치마를 값으로 치러주었다. 그 며칠 뒤 유신이 춘추공과 공차기(蹴鞠)를 하다가 춘추의 옷끈을 밟아 떨어뜨렸다. 유신이 말했다. "우리 집이 다행히 가까이 있으니 가서 옷끈을 답시다." 이에 그와 함께 집으로 가서 술자리를 베풀고 조용히 보희를 불러 바늘과 실을 가져와서 꿰매게 했다. 그러나 언니 보희는 연고가 있어서 나오지 않고 그 아우가 앞에 나와 옷끈을 꿰매는데 엷은 화장과 산뜻한 복장으로 예쁜 자태가 사람의 눈을 부시게 했다. 춘추가 그를 보고 좋아하여 이에 혼인을 청해서 예식을 올렸다. 곧 임신하여 아들을 낳으니 이가 법민이다(《삼국사기》 6, 〈신라본기〉 6, "문무왕 (상)").

이 기록에는 김춘추와 문희의 만남에 어려움이 없었던 것으로 나온다. 그만큼 고려판《삼국사기》에 나오는 위의 기록이 고려 관점의 기록으로 변경된 것이라는 뜻이다.

｜《삼국유사》에 나오는 또 다른 고려판 이야기｜　　김춘추와 문희의 만남에 대해서는《삼국유사》에도 고려판 이야기가 나온다.

제29대 태종대왕의 이름은 춘추요, 성은 김씨다. 용수 각간으로 추봉된 문흥대왕의 아들이요, 어머니는 진평대왕의 딸인 천명부인이다. 왕비는 문명황후 문희이니 곧 유신공의 막내 누이이다.

처음에 문희의 언니 보희가 꿈에 서악에 올라가서 오줌을 누었더니 오줌이 서울〔京城〕에 가득 찼다. 이튿날 아침에 아우 문희에게 꿈 이야기를 했더니, 문희는 듣고 말했다. "내가 이 꿈을 사겠어요." "무엇을 주겠느냐?" "비단 치마를 주면 되겠어요?" "좋다." 문희가 옷깃을 벌리고 꿈을 받을 때 보희가 말했다. "어젯밤 꿈을 너에게 준다." 문희는 비단 치마로써 꿈값을 치렀다. 그 뒤 열흘이 지나 유신이 춘추와 같이 정월 오기일에 유신의 집 앞에서 공을 차다가〔蹴鞠〕 일부러 춘추공의 옷을 밟아 옷고름을 뜯고는 말했다. "내 집에 들어가서 달기로 합시다." 춘추공은 그 말을 따랐다. 유신은 아해阿海에게 옷고름을 달아 드리라고 하니 아해는 "어찌 사소한 일로써 귀공자에게 경솔히 가까이할 수 있겠습니까?" 하고 사양하였다(《고본》에는 병으로 나오지 않았다고 한다). 이에 아지阿之에게 옷고름을 달아드리도록 시켰다. 춘추공은 유신의 뜻을 알아차리고 마침내 문희를 사랑했다. 이후로 춘추공이 자주 다녀갔다.

유신은 문희가 아기를 밴 것을 알자 꾸짖었다. "네가 부모에게 알리지도 않고 아이를 배었으니 무슨 일이냐?" 이에 온 나라에 선언하고 그 누이 문희를 불태워 죽이려 하였다. 어느 날 선덕여왕이 남산에 놀러 가심을 기다려 유신이 뜰 가운데 나무를 쌓아놓고 불을 지르니 연기가 일어났다. 왕이 그것을 바라보고 무슨 연기냐고 묻자 시종하는 신하들이 아뢰었다. "아마 유신이 자기 누이를 불태워 죽이려는 것 같습니다." 왕이 그 까닭을 물었다. "그의 누이가 남편도 없이 몰래 임신하였기 때문입니다." "그것이 누가 한 짓이냐?" 때마침 춘추공이 왕을 모시고 있다가 얼굴빛이 크게 변했다. 왕이 말했다. "네가 한 짓이니 빨리 가서 목숨을 구해라." 춘추공은 임금의 명령을 받고 말을 타고 달려가서 왕명을 전하여 죽지 못하게 하고 그 뒤 공공연히 혼례를 행했다(《삼국유사》 2, 〈기이〉 2 (상), "태종 춘추공").

위 기록에 선덕여왕이라고 나온다는 사실은 이 이야기가 고려 관점으로 변경된 것임을 나타낸다.

❙《화랑세기》에 나오는 신라판 이야기 ❙ 이와 관련하여 《화랑세기》 18세 풍월주 춘추공 조의 기록에서 새로운 사실들을 알 수 있다. 이에 따르면, 김춘추는 626년 스물네 살 때 18세 풍월주의 지위에 올랐고, 김유신의 누이 문희를 화군花君(원래는 화주이나 뒤에 김춘추가 왕위에 올랐기에 화군으로 높여 기록한 것임)으로 삼아 맏아들 법민法敏(문무제)을 그해[84] 낳았던 것으로 나온다. 관련 신라판 기록을 비교해보자.

이에 앞서, 문희의 언니 보희가 서악에 올랐는데, 큰물이 경성에 가득한 것을 보고 불길하다고 생각했다. 문희가 [그 꿈을] 비단 치마로 바꾸었다. 그 후 열흘 만에 유신이 [춘추]공과 더불어 집 앞에서 축국蹴鞠을 했는데, 곧 정월 오기일午忌日이었다. 유신은 일부러 공의 치마(裙)를 밟아 옷섶의 고

---

84   〈문무왕릉비文武王陵碑〉에 문무왕이 세상을 떠난 때 나이가 56세였다고 하여 계산하면, 문무왕은 626년생이 된다.

름을 찢었다. 들어가서 꿰매기를 청하니, 공이 따라 들어갔다. 유신이 보희에게 시키고자 했는데 병 때문에 할 수 없어서 문희가 이에 나아가 바느질을 하여 드렸다. 유신은 피하고 보지 않았다. 공이 이에 사랑(幸)을 했다. 1년쯤 되어 임신했다.

그때 공의 정궁 부인인 보라궁주는 보종공의 딸이었다. 아름다웠으며 공과 서로 마음이 잘 맞았다. 딸 고타소古陀炤를 낳자 공이 몹시 사랑하여 감히 문희를 받아들이지 못하고 비밀로 했다. 유신은 이에 장작을 마당에 쌓아놓고 막 누이를 태워 죽이려 하며 임신한 아이의 아버지가 누구인지 물었다. 연기가 하늘로 올라갔다. 그때 [춘추]공은 선덕공주를 따라 남산에서 유람하고 있었다. 공주가 연기에 관하여 묻자, 좌우에서 고했다. 공이 듣고 얼굴색이 변했다. 선덕공주가 "네가 한 일인데 어찌 가서 구하지 않느냐?"고 꾸짖었다. 춘추공은 이에 □□□하여 [문희를] 구했다. 포사鮑祠[포석사)에서 길례吉禮를 행했다.

얼마 안 있어 보라궁주가 아이를 낳다가 죽었다. 문희가 뒤를 이어 정궁이 되었다. 이에 이르러 화군이 되어 아들을 낳았다(《화랑세기》 18세 풍월주 춘추공).

신라판《화랑세기》와 고려판《삼국유사》에 나오는 김춘추와 문희의 만남에 대한 기록에는 차이가 있다.

첫째,《삼국유사》에는 보희가 서악에 올라가 오줌을 누었더니 오줌이 서울에 가득 찼다고 하였다.《화랑세기》에는 단지 큰물이 경성에 가득 찼다고 썼다. 나는《화랑세기》가 사실을 말하고 있다고 본다.

둘째, 춘추공의 옷고름을 다는 데 대해《삼국유사》에서는 아해[보희]가 "어찌 사소한 일로써 귀공자에게 경솔히 가까이할 수 있겠습니까?"라고 말한 것으로 나오며, 병으로 나가지 않았다는《고본古本》의 기록을 함께 남겼다. 이 고본이《화랑세기》의 기록을 가리키는 것일 수 있다고

2.7. 문희와 김춘추를 혼인시켜 계보를 강화한 김유신

생각할 수 있다.

셋째,《삼국유사》에는 김유신이 선덕여왕이 남산에 놀러 가는 것을 기다렸다가 문희를 태워 죽이려 했다고 나온다. 이는 세간의 소문에 신경 쓴 것일 수 있다. 아니면 문희를 태워 죽인다는 연극을 벌여 정략결혼을 성취함으로써 계보를 강화하려 한 것일 수 있다.

넷째,《삼국유사》에는 선덕(여)왕이 김춘추를 구해주었다고 나오지만,《화랑세기》에는 선덕여왕이 아니라 선덕공주라고 나온다. 선덕이 김춘추를 구해준 시기는 김춘추가 풍월주가 되어 문희를 화군으로 삼기 이전이다. 김춘추가 풍월주가 된 시기는 626년인데, 그때 선덕은 왕이 아니라 공주로 있었다. 이러한 사실들로 보아《화랑세기》의 기록이 신라 관점으로 만들어진 신라판(신라 버전)의 이야기를 사실적으로 잘 전하고 있으며,《삼국유사》의 이야기는 고려 시대에 공주를 왕으로 바꾼 것임을 알 수 있다.

다섯째,《화랑세기》에는 선덕공주의 명으로 문희를 구한 김춘추가 문희와 포석사에서 길례를 행하였다고 되어 있다. 그들의 관계를 공식적으로 선포한 것이다. 그러나 김춘추에게 정궁 부인 보라궁주가 있었다. 보라궁주의 존재는 문희, 나아가 김유신이 넘어야 할 산이었다. 김유신이 문희가 정궁이 될 수 없다는 사실을 알면서도 김춘추와 관계를 맺도록 한 사실을 주목하지 않을 수 없다.

여섯째,《삼국사기》나《삼국유사》에는 김춘추에게 정궁 보라궁주가 있었으며 그 사이에서 고타소古陀炤라는 딸이 태어났다는 사실이 나오지 않는다. 그 때문에 김춘추의 아이를 임신한 문희가 정궁이 되지 못했다는 사실도 없다. 보라궁주가 아이를 낳다가 세상을 떠난 뒤에야 비로소 문희가 정궁이 된 사실도《화랑세기》로만 알 수 있다.《화랑세기》

는 보라궁주의 존재를 밝힘으로써 스스로 그 중대한 사료적 가치를 드러내 보인다.[85]

　김춘추와 문희의 혼인은 김유신과 김춘추의 관계가 한층 긴밀해졌음을 뜻한다. 또한, 뒷날 김춘추가 왕위에 오르게 되면 골품제 사회 안에서 차지하는 김유신 일가의 사회적·정치적 지위가 높아지게 될 것을 의미한다. 실제로 문희는 태종무열왕의 왕비로서 지위를 누렸고, 문무왕 대에는 태후로서 지위를 한껏 누렸다. 이 같은 문희 때문에 김유신의 위상도 높아졌다.

┃ 선덕공주, 김춘추와 문희의 결혼을 공식화하다 ┃ 　　문희와 김춘추의 혼인은 쉽지 않았다. 그때 김유신은 보라궁주의 존재를 잘 알고 있었음에도 절박하게 김춘추와 그의 누이를 혼인시키려 한 것이 분명하다. 그는 누이와 김춘추의 혼인 문제를 해결하고자 비상 수단을 썼다. 문희가 임신한 아이의 아버지가 누구인지 모를 리 없는데도 문희를 태워 죽이겠다며 불을 피운 것이다.

　그때 선덕공주가 문희를 살려주었다. 그리고 김춘추는 당장 문희를 정궁으로 삼지는 못하였지만, 포석사鮑石祠(경주 포석정이 있는 곳에 포석사라는 사당이 있었음)에서 길례吉禮를 행할 수는 있었다. 이는 결과적으로 선덕공주가 문희를 정궁은 아니더라도 버릴 수는 없는 공식적 존재로 만든 일이라 하겠다. 이 사건으로 말미암아 신라인들은 누구라도 김춘추와 문희의 관계를 알게 되었고, 세보에서도 김유신과 김춘추는 인척 관

85　여기서《화랑세기》가 가지는 사서로서의 정합성과 사실성 그리고 구체성을 확인하게 된다. 누가 무어라 해도《화랑세기》는 신라인의 신라 이야기라는 것을 알게 만든다.《화랑세기》는 신라인의 관점에서 저술된 책이며 신라판(신라 버전)의 책이 아닐 수 없다.

계로 한 단계 발전하였다. 김춘추와 문희의 관계가 공식화된 시기는 625년의 어느 날이었을 것으로 여겨진다. 이로써 김춘추의 아버지 용수와 김유신의 아버지 서현의 관계도 긴밀해진 것을 생각할 수 있다.

한편《화랑세기》에는 문희의 언니 보희에 관한 이야기도 나온다.

> 보희는 꿈을 바꾼 것을 후회하여 다른 사람에게 시집을 가지 않았다. [춘추]공은 이에 첩으로 삼았는데 아들 지원知元과 개지문皆知文을 낳았다. 이 이야기는《문명황후사기文明皇后私記》에 나온다(《화랑세기》18세 풍월주 춘추공).

보희가 꿈을 문희에게 넘긴 것을 후회한 것을 볼 수 있다. 이에 김춘추는 보희를 첩으로 삼았다. 그러나 신라는 처첩을 구별하는 사회였다. 정궁이 된 문희의 아들들과 첩이 된 보희의 아들들은 "개인의 골품"에서 건널 수 없는 간격이 있었다.

┃선덕공주가 왕위 계승자가 되자 왕의 황서皇壻가 되었던 용춘, 용수┃ 선덕공주와 용수·용춘은 어떤 관계였는지 좀 더 정리하고 넘어가기로 한다. 원래 603년에 진평왕이 천명공주를 왕위 계승권자로 삼고 용수와 혼인을 시켰다. 진평왕은 천명공주가 아니라 사위가 된 용수를 왕위 계승자로 정했었다.[86] 그런데 612년에 선덕공주를 왕위 계승자로 정하며 용춘을 황서로 삼았다.《화랑세기》15세 풍월주 유신공 조에 나오는 기록을 볼 수 있다.

---

86 《화랑세기》13세 풍월주 용춘공.

얼마 지나지 않아 선덕공주善德公主가 왕위 계승자가 되었고, 용춘공은 [진평]왕의 사위[皇壻]가 되었다.(《화랑세기》 15세 풍월주 유신공).

위 기록은 612년 김유신이 풍월주가 되었을 때, 용춘이 김유신을 사신으로 삼고 용수가 그의 아들 김춘추를 김유신에게 맡긴 지 얼마 지나지 않아 벌어진 이야기다. 이 기록에서, 진평왕의 명으로 용춘이 황서 곧 진평왕의 사위가 된 것을 알 수 있다. 용춘이 선덕공주의 남편이 된 것이다. 그런데 용춘은 사양했으나 어쩔 수 없이 받아들였는데 자식이 없음을 이유로 물러나기를 청하자, 왕이 용수에게 선덕공주를 모시게 했으나 또한 자식이 없었다고 한다.[87]

612년 선덕공주는 왕위 계승자가 되었을 때부터 중요한 지위를 차지했던 것이 분명하다. 이 같은 선덕공주를 용춘과 용수가 차례로 모시며 왕의 사위가 되었던 것이다.

그리고 선덕공주와 용춘 그리고 용수는 또 다른 면에서 특별한 관계에 있었다. 선덕공주와 용춘·용수는 오촌 사이였다. 그런데 그보다 중요한 관계는 선덕공주와 용춘, 선덕공주와 용수가 부부가 된 것이다. 바로 그러한 관계가 선덕공주와 김춘추의 관계를 밀접하게 만들었다. 선덕공주와 용수·용춘 형제는 가까운 혈족 관계만이 아니라 혼인 관계를 맺어 그 관계가 두터웠던 것을 알 수 있다.

그런 이유로 김유신이 문희를 태워 죽이겠다고 한 일이 벌어졌을 때, 선덕공주가 문희를 살리라고 김춘추에게 명한 것이라 하겠다. 그때 선덕공주는 김춘추와 남산으로 갔다가 문희를 구해주고 문희와 김춘추가 결혼하도록 해준 것이다.

87 《화랑세기》 13세 풍월주 용춘공.

603년 용수와 천명공주가 혼인하였고, 그해에 왕궁에서 김춘추가 태어났다. 신라 왕궁에서 오랜만에 사내아이가 태어났다. 선덕공주는 그때부터 조카인 김춘추를 특별하게 대했던 것을 생각할 수 있다.

용수와 용춘 그리고 김춘추와 선덕공주의 긴밀한 관계는 김유신의 꿈을 실현하는 데 힘이 되었다고 하겠다. 그런가 하면 선덕공주와 김유신이 육촌 사이였다는 사실도 주목할 수 있다.

2.8.
김춘추를 18세 풍월주로 세우고
문희를 화군으로 삼은 상선 김유신

김유신이 김춘추와 뗄 수 없는 관계를 맺은 것은 612년이었다. 앞에서도 여러 차례 나왔듯이, 김유신은 그때까지 화랑도 활동을 한 일이 없던 10살의 김춘추를 15세 풍월주가 된 자신의 부제로 삼았다. 626년에는 스물네 살의 김춘추를 18세 풍월주로 세웠다. 문희가 그때 화주가 되었다. 훗날 김춘추가 왕위에 오른 후 화군花君이라 불렸다. 그런데 화주가 되는 일은 신라 여인들에게는 커다란 영광이었다.

┃김유신, 김춘추를 풍월주로 세우고 칠성우의 세력을 키워 나가다┃ 17세 풍월주 염장의 부제는 원래 김흠순이었다. 따라서 염장의 뒤를 이어 부

제인 김흠순이 풍월주에 올라야 했다. 그러나 김유신은 이제야말로 김춘추가 풍월주에 오를 때가 되었다고 본 것이 틀림없다. 이에 626년에 김유신은 동생인 김흠순에게 명을 내려 김춘추에게 풍월주의 지위를 양보토록 했다. 김흠순은 629년 김춘추가 풍월주의 지위를 물러난 뒤 비로소 그 자리에 앉을 수 있었다.[88] 김유신은 상선으로서 김춘추를 풍월주로 삼는 데 결정적인 힘을 발휘하였다. 김춘추는 풍월주가 되며 그의 부인 문희를 화주로 삼았다.

김유신이 어떤 힘으로 김흠순에게 풍월주의 지위를 양보하도록 한 것일까? 16세 풍월주 보종과 17세 풍월주 염장은 김유신보다 각기 열여섯 살, 열 살 위였다. 김유신은 호림보다도 일일곱 살이나 어렸다. 그러나 당시 김유신은 선임 풍월주로 상선의 지위에 있으며 보종과 염장을 거느렸고, 칠성우의 중심에 있었다. 김유신이 어느 정도 지위에 있었는지 짐작할 수 있다.

┃김춘추가 풍월주가 되고 문희가 화군이 된 시기┃ 《화랑세기》18세 풍월주 춘추공 조에 다음과 같은 기록이 나온다.

> 이에 이르러 [춘추공이] 풍월주에 오르니 보령이 스물네 살이었다. 유신공의 누이인 문희를 화군으로 삼아 장자인 법민을 낳았는데 곧 우리 문무제이다(《화랑세기》 18세 풍월주 춘추공).

김춘추가 18세 풍월주가 된 시기는 626년, 스물네 살 때였다. 문희

88   《화랑세기》 19세 풍월주 흠순공.

가 풍월주의 처로서 화군이 되어 법민을 낳았다고 한다. 김춘추와 문희가 관계를 맺었던 시기는 그 이전 625년 무렵일 수 있겠다.

그리고 김춘추가 원래 정궁이었던 보라궁주와 혼인한 시기는 알 수 없다. 그리고 확실하지는 않지만 보라궁주는 625년경 세상을 떠난 것으로 추측해본다.

2.9.
김유신과 유·불·선 삼교와의 관계

《삼국사기》〈신라본기〉 진흥왕 37년[576년] 조에 화랑도에 대한 기록이 나온다.

최치원의 난랑비鸞郎碑 서문에 "나라에 심오하고 미묘한 도가 있는데 풍류風流라 한다. 가르침[敎]의 근원은 《선사仙史》에 자세한데, 실로 삼교三敎를 포함하고 여러 사람을 접하여 교화한다. 이를테면 들어가면 집에서 효도하고 나가면 나라에 충성함은 노나라 사구司寇[공자]의 가르침이고, 무위를 일삼고 말 없는 가르침을 행함은 주나라 주사柱史[노자]가 주장한 요지이며, 모든 악한 일을 하지 말고 착한 일들만 받들어 행함은 인도[竺乾] 태자[석가모니]의 교화다."라 했다(《삼국사기》 4, 〈신라본기〉 4, 진흥왕 37년).

신라 말 최치원崔致遠[857~?년]이 풍류風流에 대해 말하며 삼교三教와의 관계를 밝히고 있다. 그의 말과 같이 신라의 풍류[화랑·화랑도]는 삼교와 관계있었던 것이 사실이라고 본다.

《화랑세기》서문에 화랑은 선도仙徒라고 한 것을 보아 선仙과 관련된 것이 틀림없다. 화랑·화랑도의 근원이 선에서 시작했다. 거기에 더하여 시간이 지나며 화랑도에 불佛이 들어왔다. 그런데 위《삼국사기》의 기록을 보면 화랑도에는 선과 불 말고도 유儒가 들어 있다.

15세 풍월주를 지낸 김유신은 삼교와 어떤 관계에 있었을까? 김유신만이 아니라 김춘추를 포함한 화랑도의 종교적 특성은 어떤 것일까? 앞에서 칠성우에 대해 다루며 14세 풍월주를 지낸 호림이 선불을 융화시켰음을 보았다. 16세 풍월주 보종은 우주의 진기에 달관하였다. 앞에서 본 것처럼 김유신은 화랑도들에게 선을 배우려면 보종을 따르고, 나라를 지켜 공을 세우려면[護國立功] 자신을 따르라고 하였다.《화랑세기》의 기록 덕분에 신라의 화랑도들이 선과 불, 그리고 호국護國과 관계되었다는 사실을 주목할 수 있다.

먼저 선은《화랑세기》에 나오는 선도와 관련된 것이다. 이 선도는 우주의 진기를 깊이 살펴 물고기와 새, 꽃과 나무[漁鳥花木]가 끊임없이 생겨나는 원리를 밝히거나, 신선의 도를 찾거나, 의술을 행하는 등의 활동과 관련된 면이 있다. 신라 화랑도의 근본은 이 같은 선도仙道와 관련된 선도仙徒였다.

주목되는 사실은 612년 김유신이 인박산에 들어가서 도가에서 말하는 천관신에게 보검에 영험을 내려주기를 빌었다는 사실이다. 김유신도 도가와 관련이 있었다고 생각하기 어렵지 않다.

그러나《화랑세기》속의 화랑도를 도교와 직결시키는 것은 망설여

진다. 그런 데에는 몇 가지 이유가 있다. 화랑도 조직을 도교 교단 그 자체로 볼 수 없다고 여겨지기 때문이다. 먼저 화랑도에는 연령 제한이 있었다. 화랑과 낭도 사이에 있던 낭두의 경우 나이 제한을 찾아보기는 어렵긴 하지만, 화랑이나 낭도는 모두 나이 제한이 있었다. 이렇듯 기본적으로 화랑도는 일종의 클럽인 청소년 집단으로, 신라인 모두와 관련된 조직일 수 없었다. 또한, 호림의 예에서 볼 수 있듯 화랑도는 선과 불이 융화되며 진화해갔으므로 단순하게 선과 관련한 조직만으로 보기도 어렵다.

다음은 불·불교가 있다. 화랑도들이 처음부터 불과 관련된 것은 아니었다. 그러나 법흥왕이 527년 불교를 공인한 뒤 신라 사회에 불교가 퍼져나갔다. 화랑도라고 예외일 수는 없었다. 화랑도들이 불교를 받아들이며 점차 화랑도 안에서 선·불이 어우러졌음을 생각하기 어렵지 않다.

그리고 호국이 있다. 미리 말하자면, 호국은 종교는 아니나 유가·유교와 관련을 찾아볼 단서가 된다. 뒤에 자세히 보겠지만, 629년 낭비성 전투에서 김유신은 평생 충효忠孝를 마음속에 기약했다며 적진에 뛰어들어 공을 세웠다. 또한, 660년 신라 태자 법민과 김유신이 거느린 5만 정병이 황산벌에서 백제 장군 계백이 거느린 5천 결사대와 싸워 불리한 상황에 놓였을 때, 김유신의 동생 김흠순은 아들 반굴盤屈에게 다음과 같이 말했다.

신하 노릇을 하는 데 충성만 한 것이 없고, 자식 노릇을 하는 데 효도만 한 것이 없다. 이러한 위급한 사태를 보고 목숨을 바치면 충성과 효도를 다 온전히 할 수 있는 것이다(《삼국사기》 5, 〈신라본기〉 5, 문무왕 7년).

이 말은 들은 반굴은 "삼가 명을 받들겠습니다." 하고 적진으로 들어가 힘껏 싸우다 죽었다. 그 뒤를 이어 장군 품일의 아들 관창이 적진에 들어가 전사했다. 김유신이 말한 충효나 반굴의 죽음은 충성과 효도를 내세운 호국 행위였다. 여기서 말하는 충과 효가 유가·유교만의 가르침은 아니지만, 유교적인 성격이 강하다고 본다.

여기서 신라인들이 생각하던 선·불·유의 성격에 대해 잠시 보자. 나는 이 삼교를 현재 우리들이 생각하는 종교 그 자체로 보지 않는다. 또한, 신라인들은 선·불·유 가운데 어느 하나만 택하는 것이 아니라, 서로 융화된 선·불·유를 수용했다고 생각한다. 사람에 따라, 가문에 따라, 그리고 상황에 따라 그들이 생각하고 내세우는 선·불·유의 비중이 달랐을 것이다. 신라인들에게 선·불·유는 한 개인의 마음속에서, 생활 속에서 공존했다. 이 같은 현상이 지금까지 이어지기도 한다고 여겨진다. 지금도 불교 사찰에 가면 산신각을 볼 수 있다. 이는 선과 불이 조화를 이루었던 신라의 유산이자 한국 종교의 특성 가운데 하나일 것이다. 현대 한국 사회의 다른 종교에 대한 관점이 신라인들의 그것에서 출발했다고 보아도 그다지 무리한 생각은 아닐 듯하다.

| 칠성우, 종교적 융화를 이룬 결사체였다 |　　여기서 김유신이 중심이 되어 만든 결사인 칠성우의 구성원들의 종교적 특성을 주목하게 된다. 김유신 자신이 외친 호국은 유가적인 것이고, 보종은 선에 정통하였으며, 호림은 선과 불을 융화하여 불을 발전시키려 한 인물이었다. 서로 다른 사상·종교를 지닌 인물들이 하나의 결사를 만들었다는 사실은 신라적인 특성을 보여주는 것이라 하겠다.

이 같은 종교적 특성은 신라의 삼한통합에 커다란 힘을 더해준 것이

분명하다. 그러면서도 신라인들에게는 선·불·유 위에 신국[신라]이 있
었다. 김유신 또한 그런 신라 종교의 융화적 특성을 몸에 익힌 사람이었
다고 본다.

군사 엘리트로 데뷔해 꿈을 이루고자
첫발을 내디딘 김유신
(629~647년)

김유신이 두 가지 꿈을 이룬 것은 그가 신라 최고의 군사 엘리트가 되었기 때문이다. 627년부터 647년까지 그의 나이 서른다섯 살에서 쉰세 살까지 그가 군사 엘리트로 데뷔하여 신라 최고의 군사 엘리트가 될 때까지 그의 활약에 관해 보겠다.

그가 군사 엘리트로 데뷔하며 "신국지웅"의 모습을 보여준 출발점이 있었다. 바로 629년이다. 그해 8월 신라군은 고구려 낭비성에서 전투를 벌였다. 그때 김유신은 영웅적인 모습을 신라인들에게 각인시켜주었다. 이 낭비성 전투에서 할아버지 무력, 아버지 서현에 이어 군사 엘리트로 데뷔한 김유신은 그 뒤 여러 차례 참전하여 외적外敵과 전투를 벌이고 승리를 거두며 상장군 등으로 승진했다. 그런데 그가 신라 최고위 군사 엘리트가 된 것은 647년 그가 주도하여 비담의 난을 진압하면서부터였다. 비담의 난을 진압하지 못했다면 김유신의 꿈은 물거품이 되었을 것이다.

이 기간에 김유신은 김춘추와의 관계를 더욱 강화해 나갔다. 642년 백제군이 침략하여 김춘추의 딸 고타소를 죽이는 일이 생겼다. 그때 백제를 멸망시키려 김춘추가 고구려에 청병하러 가자, 김유신은 그에게 무슨 일이 생기면 구출하기로 약속하고, 결사대를 거느리고 국경에 가서 머물기도 했다. 김유신의 결사대는 김춘추의 귀환에 힘이 되었다.

3.1.
629년 낭비성 전투와 김유신
(629~632년)

김유신은 자신이 가야 할 길을 선문仙門에서 활동하며 분명히 찾아냈다. 그는 삼한통합과 김춘추를 왕으로 세운다는 꿈을 실현하는 밑 작업을 펼쳤다. 그에게는 이 같은 꿈을 펼치기 위한 날개가 있었다. 그의 할아버지와 아버지가 닦아놓은 군사 엘리트로서의 길이 그것이었다.

여기서는 진평왕 대의 김유신에 대해 보고자 한다. 629년 낭비성娘臂城(고구려 남쪽 국경의 성) 전투 외에는 김유신에 대한 기록이 없어 이를 중심으로 보기로 한다.

1) 무력 – 서현 – 김유신으로 이어지는 군사 엘리트 가문

김유신은 기본적으로 군사 엘리트 집안 출신이다. 그의 할아버지 무력, 아버지 서현에서 그로 이어지는 가문의 존재를 말하는 것이다.

┃군사 엘리트가 된 무력┃ 《삼국사기》〈열전〉에 김유신이 "조고지업"을 이었음을 기록한 사실은 이미 앞에서 이야기했다. 같은 책에는 그의 할아버지와 아버지에 대한 기록도 간단히 나온다. 먼저 할아버지

무력을 보겠다.

유신의 할아버지 무력은 신주도新州道의 행군총관行軍摠管이 되어 일찍이 군사를 거느리고 백제 왕과 그 장수 네 사람을 사로잡고 1만여 급의 머리를 베었다. 아버지 서현은 벼슬이 소판, 대량주 도독 안무대량주제군사에 이르렀다(《삼국사기》 41, 〈열전〉 1, "김유신 (상)").

위 기록에 나오는 이야기는《삼국사기》〈신라본기〉에도 나온다. 그에 따르면, 진흥왕 15년[554년] 7월 백제 성왕이 가량(가야)과 함께 와서 관산성을 치므로 군주 각간 우덕과 이찬 탐지 등이 맞아 싸웠으나 전세가 불리해졌다. 이때 신주(현재 경기도 일대를 관할한 주) 군주이던 무력이 주병을 거느리고 그곳에 와 교전했고, 비장이었던 고간 도도가 백제 성왕聖王을 죽이며 승기를 타 크게 이겼다는 내용이다. 백제 왕뿐만 아니라 좌평 4명과 사졸 2만 9600명을 목 베었으며 한 필의 말도 돌아가지 못했다고 하였다.

| 김유신의 아버지 서현 |　　그의 아버지 서현의 활동을 살펴 그가 이은 "조고지업祖考之業"이 무엇인지 볼 수 있다.

앞에서 보았듯이 만노군으로 도망갔던 서현과 만명 그리고 그 가족이 서울인 왕경으로 돌아온 것은 만호태후의 부름이 있었기 때문이다. 그때가 609년이다. 이때부터 서현의 또 다른 정치적·군사적 활동이 시작되었다.

서현은 591년 보리가 12세 풍월주가 될 때 부제로 임명되었다. 그러나 593~594년 무렵 그가 만명과 사통하는 일이 벌어진 뒤로 629년 대장군大將軍이 되어 낭비성을 쳐들어갈 때까지 그에 대한 기록이 나오지 않는다. 그렇더라도 서현이 609년 왕경 귀환 이후 관직을 갖지 않았다고는 생각되지 않는다.

앞에서 본 서현의 활동 가운데 대량주 도독은 양주梁州(현재 경상도 일대를 관할하던 주) 총관良州總管으로 나오기도 한다.[1] 《삼국사기》〈잡지〉 "외관" 조에 661년에 주州의 장관인 군주軍主를 총관總管으로 고쳤다고 나온다. 원래 신라의 각 주에 파견되었던 지방 장관은 군주였다. 그 이름에서 보듯 군주는 행정적인 임무와 주둔 군대 사령관 임무를 겸했다. 서현이 총관을 지낸 것으로 나오지만 그의 나이로 볼 때 그가 지방관을 지낸 때는 군주로 임명되었다.

서현은 만노군에 머물던 시기[593~609년]에 군郡의 당주幢主를 지냄으로써 그보다 한 단계 높은 주의 최고 지방관인 군주의 임무를 수행할 예행연습을 한 셈이다.

서현은 629년에 전쟁에 참전하였다.[2] 진평왕 51년[629년] 8월 왕은 용춘과 서현, 그리고 서현의 아들인 김유신을 보내 고구려 낭비성을 쳐들어가도록 하였다. 서현은 대장군이 되어, 진지왕과 지도왕후의 둘째 아들 용춘과 함께 고구려 낭비성을 공격했다. 김춘추의 작은아버지인 용춘이 서현과 전쟁에 함께 나갔고, 이때 김유신은 부장군으로 참전했다는 사실은 용춘과 김유신의 관계를 주목하게 만든다. 앞에서 본 것과 같이 김유신이 15세 풍월주가 되었을 때 용춘이 김유신을 그의 사신私臣으로 삼았다는 사실도 주목할 필요가 있다.

한편 용수-김춘추 집안과 서현-김유신 집안의 관계도 주목된다. 용

---

1   《삼국사기》43,〈열전〉3, "김유신 (하)."
2   《삼국사기》4,〈신라본기〉4, 진평왕 51년.

수와 그 동생 용춘은 서현의 외사촌이고, 김유신과 김춘추는 육촌[再從]
사이였기 때문이다.

　서현은 관등이 3등급 소판에 이르렀고, 대량주 도독 안무대량주제
군사의 관직을 가졌다.[3] 소판 관등을 가질 수 있던 신분은 진골이었고,
도독[군주] 또한 신라 지방 행정 구획인 주의 장관으로 진골이 차지했다.
신라의 군 관직 가운데 장군·대장군 자리도 진골들의 차지였다. 여기에
서 서현 또한 진골 신분을 갖고 당당하게 활동한 것이 확인된다. 그 또
한 아버지 무력과 마찬가지로 군사 엘리트로 성장했다.

▌낭비성 전투에서 군사 엘리트로 데뷔한 김유신▌　　전쟁에 이기려면
지휘관들이 앞장서 군대의 사기를 높여야 한다. 629년에 벌어진 이 전
투는 616년 풍월주에서 물러난 뒤 상선이 된 김유신이 다시 공식적으로
역사의 무대에 모습을 드러낸 순간을 담고 있다.

　우선 낭비성 전투를 보자.《삼국사기》〈신라본기〉에 기록이 나온다.

　　51년[629년] 가을 8월에 [진평]왕이 대장군 용춘·서현과 부장군 유신
　을 보내어 고구려 낭비성을 침범하니, 고구려 사람들이 성에서 나와 벌려
　서서 진을 치는데 군대의 형세가 매우 성하므로 신라 군사들이 그들을 바라
　보고 두려워하여 싸울 마음이 없었다. 유신이 말했다. "내 듣건대 옷깃[領]
　을 정돈해야 갖옷[裘]이 바로 되고, 벼리[綱]를 쳐들어야 그물이 퍼진다고
　했는데 내가 바로 그 벼리와 옷깃이구나!" 이에 말을 타고 칼을 뽑아 들고
　적진으로 바로 나아가서 세 번 들어갔다가 세 번 돌아왔는데, 들어갈 때마
　다 장수의 목을 베어 오거나 깃발을 빼앗아 왔다. 여러 군사가 이긴 기세

3　《삼국사기》41, 〈열전〉1, "김유신 (상)".

를 타서 북을 치고 고함을 지르면서 나아가 쳐서 5천여 급을 목 베어 죽이니, 그 성이 그제야 항복했다(《삼국사기》4, 〈신라본기〉4, 진평왕 51년).

낭비성을 함락하는 전쟁에 관한 기록은《삼국사기》〈열전〉에도 나온다.

건복 46년 기축[진평왕 51년(629년)] 가을 8월에 [진평]왕이 이찬 임영리[임말리], 파진찬 용춘·백룡白龍, 소판 대인大因·서현 등을 보내어 군사를 거느리고 가서 고구려 낭비성을 치게 했다. 고구려에서 군사를 내어 맞아 공격했는데, 신라 쪽에서 이기지 못하고 죽은 이가 많으니 여러 사람의 마음이 꺾여 다시 싸울 마음이 없어졌다. 유신이 이때 중당中幢 당주幢主로 출전했는데 아버지 앞에 나아가 투구를 벗고 말했다.

"우리 군대가 패배하고 있습니다. 제가 평생에 충효로써 마음속에 기약했사오니 싸움에 임하여 용감하지 않을 수 없습니다. 대개 듣건대 옷깃을 정돈해야 갖옷이 바르게 되고, 벼리를 당겨야 그물이 펴진다고 했사오니 제가 옷깃과 벼리가 되겠습니다."

말을 마치고 바로 말에 올라 칼을 빼어 들고 구덩이를 뛰어넘어 적진으로 드나들면서 장군을 목 베어 그 머리를 들고 왔다. 우리 군사가 이를 보고 이긴 기세를 타 기운을 내어 쳐서 5천여 명을 베어 죽이고, 1천 명을 사로잡으니 성안에서는 크게 두려워하여 감히 대항하지 못하고 모두 나와서 항복했다(《삼국사기》41, 〈열전〉1, "김유신 (상)").

같은《삼국사기》의 기록이지만 〈신라본기〉에는 5천여 급을 목 베어 죽였다고 나오고 있고, 〈열전〉에는 5천여 명을 베어 죽이고 1천여 명을 사로잡았다고 하였다. 그러나 결정적인 공을 세운 사람이 바로 김유신이라는 점에는 다름이 없다.

김유신은 629년 낭비성 전투에 참전할 때 중당中幢의 당주幢主였다. 그때 그의 나이는 서른다섯 살이었고, 사지[제12등급]에서 일길찬[제7등급]까지의 관등을 가졌다고 볼 수 있다. 616년 풍월주에서 물러난 때부터 629년 낭비성 전투가 벌어질 때까지 김유신에 관한 기록 자체가 남아 있지 않지만, 그가 조정의 관직 그 가운데 무관직을 맡았을 가능성이 있다.

김유신은 낭비성 전투에서 신라군을 승리로 이끌며 신라의 군사 엘리트로 데뷔하는 동시에 그러한 자질을 증명해 나갔다.

| 김유신이 '영강전략'으로 얻은 것 |　　낭비성 전투의 어려움을 타개한 사람은 김유신이다. 그는 이 전투에서 중당 당주로 출전하여 '영강전략領綱戰略'을 펼쳐 승리를 거두었다. 그가 목숨을 걸고 홀로 적진에 뛰어들며 스스로 옷깃과 벼리(領綱)가 되겠다고 한 데서 '영강전략'이라는 용어를 만들어보았다.

영강전략의 결과를 생각해보면, 첫째, 부하들의 사기가 진작되었다. 전사자가 늘어나자 신라군은 싸울 마음을 잃었는데, 김유신이 홀로 적진에 뛰어들어 고구려 장군의 목을 베어 들고 오자 신라군의 사기가 올라 마침내 승리를 거두었다. 둘째, 신라군의 낭비성 점령이라는 목적을 달성할 수 있었다. 셋째, 신라 장군들이 신라군을 통제할 힘을 얻었다. 이로써 신라군이 하나가 되었다고 여겨진다. 넷째, 이 전투를 기점으로 김유신은 신라군, 나아가 신라 왕실에서도 주목할 군사 엘리트로서의 자리를 확보하게 되었다. 김유신은 목숨을 걸고 낭비성 전투의 모든 책임을 스스로 지기로 각오했기에 신라를 승리로 이끌었고, 자신의 앞길을 열었던 것이다. 영강전략은 낭비성 전투 이후로도 이어졌다.

3.2.
선덕여왕 대의 김유신
(632~647년)

진평왕 대[579~632년]에 김유신은 조정의 높은 관직을 받지는 못했다. 선덕여왕 대의 김유신은 서른여덟 살에서 쉰세 살 사이였다. 나이가 적지 않음에도 아직 그에게 기회가 오지는 않았다. 그러나 칠성우는 이때 진골 왕 시대가 열릴 것을 감지하였던 것은 사실이라 하겠다.

그런데 기록상으로 김유신이 조정에서 크게 활동한 것은 642년 백제 의자왕이 보낸 장군 윤충允忠이 신라의 대야성을 함락하며 성주 품석品釋과 그의 아내 고타소를 죽인 뒤부터였다.

뒤에 보겠지만, 선덕여왕 16년[647년] 1월 상대등 비담이 반란을 일으켰을 때, 김유신을 포함한 칠성우가 중심이 되어 오랜 기간 마련했던 군사적 세력이 그 난을 진압하는 힘이 되었다.

┃ 신라에서 여왕이 즉위한 이유 ┃ 한국사에는 신라에만 여왕이 있었다. 제26대 진평왕은 왕위를 계승할 후계자를 정하는 일이 쉽지 않았다. 성골 왕 대의 왕위 계승은 왕과 그의 형제의 가족들로 이루어진 성골 종족宗族

안에서 재위하고 있던 왕의 다음 세대 성원 가운데 남자에게 이루어졌기 때문이다. 그런데 진평왕과 그의 두 남동생이 모두 아들을 두지 못했다. 이에 성골 남자로서 왕위 계승자를 구할 수 없는 상황이었다.

이에 진평왕은 603년 천명공주와 용수를 혼인시키고, 천명공주를 왕위 계승권자로 삼았으며, 진지왕의 폐위와 동시에 성골에서 진골로 족강했던 용수를 실제 왕위 계승자로 정했다. 이때까지만 해도 진평왕은 딸을 왕위에 올릴 생각을 하지 않았다. 그렇기에 왕위 계승자로 점찍은 사람이 용수였다. 용수는 진지왕이 재위[576~579년]하고 있던 시기 성골 신분으로 태어났다. 그런데 579년에 진지왕이 폐위되며 그의 두 아들인 용수와 용춘도 출궁하였고, 성골에서 진골로 신분이 떨어지는 족강을 했다. 그런데 진평왕이 후계자를 정할 때, 용수는 진평왕의 사촌으로 가장 가까운 혈족이기도 했다. 이에 용수와 천명공주를 혼인시켜 용수를 후계자로 정했던 것이다.

그런데 진평왕의 마음이 변했다. 비록 딸이지만 성골을 왕으로 삼으려 조처한 것이다. 612년 천명공주를 출궁시키고, 선덕공주를 다음 대의 왕위 계승자로 정한 것이 그것이다.[4] 천명공주는 효심으로 순종하고 출궁했다. 천명공주의 출궁은 왕위 계승권의 포기와 동시에 성골에서 진골로의 족강을 의미했다. 603년에 진평왕은 딸을 왕으로 세울 생각을 하지 못했으나 612년에는 성골인 선덕공주를 왕위 계승자로 삼았던 것이다.

《삼국유사》〈왕력〉 제27대 선덕여왕 조에는 "성골남진聖骨男盡 하여 여왕이 즉위했다."라고 나온다. 진평왕이 죽으며 성골 남자가 모두 사라졌다. 이에 진평왕의 결정에 따라 선덕공주가 왕위에 오른 사정은

---

4   《화랑세기》13세 풍월주 용춘공.

154
제Ⅲ장 군사 엘리트로 데뷔해 꿈을 이루고자 첫발을 내디딘 김유신(629~647년)

《화랑세기》 덕분에 알게 된 사실이다.

│ 선덕여왕과 김유신의 계보 관계 │ 선덕여왕과 김유신 사이에도 혈연 관계가 있었음은 앞에서 보았다. 김유신의 외할머니 만호가 바로 선덕여왕의 할머니 만호다. 선덕여왕과 김유신은 모두 만호태후의 손녀와 손자였다. 따라서 김유신과 선덕여왕은 촌수로 따지면 사촌 사이였다. 그리고 김유신은 진평왕의 조카이기도 했다. 이 같은 관계는 김유신이 진평왕이나 선덕여왕 대에 활동하는 데 도움이 되었을 것이다.

│ 선덕공주 왕위 계승의 걸림돌 │ 선덕공주가 왕이 되는 데에는 어려움도 있었다. 《화랑세기》에 나오는 아래 기록을 보자.

> 그때 승만황후僧滿皇后가 □□아들을 낳자, 선덕의 지위를 대신하고자 했는데 그 아들이 일찍 죽었다. 승만은 [용춘]공의 형제를 미워했다. [용춘]공은 이에 지방으로 나갔다. 고구려에 출정하여 큰 공을 세우게 되자 승진하여 각간角干에 봉해졌다(《화랑세기》 13세 풍월주 용춘공).

진평왕의 후비後妃 승만황후가 아들을 낳았고, 그 아들을 선덕공주 대신 왕위 계승자로 삼고자 했기 때문이다.

선덕공주는 진평왕의 선비先妃 마야황후의 딸이다. 따라서 선덕공주의 남편이 되었던 용춘과 용수를 승만황후가 미워한 것은 당연한 일이라 하겠다. 이에 용춘은 지방으로 나가 고구려와 전쟁에서 큰 공을 세우고 각간이 되기에 이르렀다.

| 선덕여왕의 즉위와 왕정을 장악한 세력 | 선덕여왕 재위 동안[632~647
년]에 왕정을 장악하고 권력을 행사한 사람(또는 세력)은 누구였을까?
《삼국사기》의 기록에서 그 사정을 보자. 선덕여왕 원년[632년] 2월 대신
을제乙祭에게 국정을 총괄케 하였다. 그가 상대등이었는지는 알 수 없
다. 선덕여왕 5년[636년] 정월에는 이찬 수품을 상대등으로 삼았다. 선
덕여왕 14년[645년] 11월에는 이찬 비담을 상대등에 임명했다.

이러한 사실을 보면 선덕여왕 대에 용수와 용춘은 누구도 상대등이
되지 못했음을 확인할 수 있다. 물론 선덕여왕 대에 용춘은 왕의 지아비
가 되어 있었기에 상대등이 되지 않았다고 하더라도 왕과 긴밀한 관계
였다고 생각할 수 있다. 그렇더라도 김유신도 선덕여왕 대에는 그가 갖
고 있던 호국과 보국의 꿈을 이루기에는 아직 때가 오지 않았던 것이다.

선덕여왕 대에 김유신은 무엇을 했을까? 그는 칠성우와 관계를 강화
하며 각자 신라 안에서 그들의 활동 영역을 확보하여 나갔으리라고 생
각할 수 있다.

| 선덕여왕, 삼서지제로 세 명의 남편을 거느리다 | 용춘과 용수가 선덕공주
를 받든 사실은 앞에서 보았다. 그런데 선덕공주가 왕위에 오르자 또 다
른 일이 벌어졌다. 아래 기록에서 그러한 사정을 알 수 있다. 선덕이 왕
이 되자 지아비를 맞이한 사실이 아래 기록에 나온다.

> 선덕공주가 즉위하자 [용춘]공을 부夫(지아비, 남편)로 삼았는데, 공은
> 자식이 없다는 이유로 스스로 물러날 것을 청했다. 군신들이 이에 "삼서지
> 제三婿之制"를 의논하여, 흠반공欽飯公과 을제공乙祭公을 다음으로 하도록[副]
> 하였다(《화랑세기》 13세 풍월주 용춘공).

위 기록에 나온 "삼서지제三婿之制"의 서婿는 서壻와 같은 의미의 글자로 사위 또는 지아비(夫) 곧 남편을 의미한다. 632년 선덕이 왕위에 오르자 용춘을 부夫 곧 남편으로 삼았는데 용춘이 자식이 없다고 하여 물러나기를 청하자, 군신들이 삼서지제를 내세워 흠반과 을제를 더하여 선덕여왕을 모시도록 했다. 용춘과 흠반 그리고 을제로 삼서지제를 시행한 것이다. 632년 2월에는 그 가운데 대신 을제로 하여금 국정을 총괄토록 한 것을 볼 수 있다.[5]

현재 우리는 한 여자가 여러 남편을 거느린다는 사실을 인정하기 어렵다는 것을 안다. 그러나 인류학에서는 일처다부一妻多夫 가족家族을 찾아볼 수 있다. 이 같은 형태의 가족은 한 명의 처가 몇 명의 남편과 또 그들의 자녀들과 함께 살아가는 것이다. 그 모든 가족이 하나의 지붕 아래 살거나 남편들이 독립된 남자 가옥에 살기도 한다. 이때 자녀들은 어머니와 함께 산다.[6] 이 같은 사실로 보면 선덕여왕이 세 명의 남편을 두었다고 하여 현재 우리의 유교 성리학적 윤리관으로 선덕여왕을 나무랄 일은 아니다. 오히려 남자 왕들이 여러 명의 후궁을 둔 것같이 선덕여왕이 여러 명의 남편을 거느린 것을 인정할 필요가 있다. 그렇게 하여 선덕여왕이 자식을 낳을 기회를 늘릴 수 있었던 것으로 보아야 한다.

《화랑세기》를 보면, 진흥왕의 어머니인 지소태후나 미실 등 여자들이 여러 명의 남자를 거느렸던 것을 볼 수 있다. 다만 주목되는 사실은 《화랑세기》에 나오는 남자들이 여러 명의 여자를 거느렸다지만 그 가운데 한 명을 정궁正宮·정처正妻로 삼아 처첩을 구별한 것과 같이, 여자들

---

5   《삼국사기》 5, 〈신라본기〉 5, 선덕왕 원년.
6   Frank Robert Vivelo, *Cultural Anthropology Handbook*, McGraw-Hill Book Company, 1978, pp. 180~181.

도 여러 명의 남자를 거느렸다지만 일반적으로 정식 남편은 한 사람을 두었다는 점이다.

612년 선덕공주가 용수에 이어 왕위 계승자로 되었을 때 진평왕의 명에 따라 선덕공주가 왕위 계승자로 정해졌지만, 아직 왕위에 오른 것이 아니었기에 그때 용춘은 황서皇壻[왕의 사위]가 되었다.

그런데 앞에서 삼서지제에 관하여 본 것과 같이, 632년 선덕여왕이 즉위하자 용춘은 선덕여왕의 부夫 곧 남편이 되었다고 한다. 단정하기는 어려우나 선덕공주 때 용춘이 자식이 없다고 하여 물러났다고 하지만, 실제는 선덕과 관계를 이어간 것이 아닌가 한다.

선덕여왕과 용춘[용수 포함]의 혼인은 오촌 사이의 혼인으로 신라 성골 왕 시대의 왕실 근친혼王室近親婚[royal incest]의 범주에 속한다. 진평왕 대에 성골 남자 수가 줄어들어 선덕여왕 대에 이르러 성골 남자가 모두 사라진 상황에서 성골 여왕들은 왕실의 근친과 혼인한 것이다.

앞에서 살펴보았듯이 진평왕과 용수·용춘은 서로 사촌 사이였음을 알 수 있다. 진지왕이 폐위되며 족강되어 진골이 되었지만, 그 전 진지왕이 재위하는 동안 용수와 용춘은 진지왕의 아들로서 당당한 성골이었다. 진평왕이나 선덕여왕, 그리고 뒤에 즉위하는 진덕여왕은 모두 성골 왕이었다. 이들 성골 왕에게 용수와 용춘, 그리고 김춘추는 가장 가까운 혈족이었다. 그 때문에 진평왕이나 선덕여왕은 용수와 용춘을 근친혼의 대상으로 삼은 것이다.

성골 왕과 용수·용춘의 이 같은 혈족 관계 내지는 근친혼 관계는 뒷날 김춘추를 왕으로 삼는 무엇보다 중요한 근거가 되었다. 당시 이와 같은 사실을 인식한 사람이 바로 김유신이었다. 김유신은 누이동생 문희를 김춘추와 혼인시킴으로써 문희를 용수의 며느리로 만들었다. 문희

제Ⅲ장 군사 엘리트로 데뷔해 꿈을 이루고자 첫발을 내디딘 김유신(629~647년)

와 김춘추의 혼인은 단순히 두 사람의 혼인으로 그치는 것이 아니라, 용수 – 김춘추로 이어지는 종족 가문과 서현 – 김유신으로 이어지는 종족 가문의 인척 관계가 맺어졌음을 의미한다. 두 종족은 서로 사회적·정치적 이익이 있는 혼인 관계를 맺었던 것이다.

| 염장, 김유신과 김춘추 등에게 정치 자금을 대다 |　칠성우들이 그들의 꿈을 이루려면 정치 자금이 필요했다. 앞에서 칠성우에 대한 이야기를 하며 17세 풍월주를 지냈던 염장에 관해 간단히 보았다. 그는 621~626년 동안 풍월주의 지위에 있었다. 그가 뒤에 칠성우들에게 정치 자금을 공급하는 역할을 했다.

염장에 대하여 주목할 사실들이 《화랑세기》에 나온다. 아래와 같은 기록을 볼 수 있다.

> [염장]공의 외척과 처족들이 일을 사사로이 청탁하여 3파 낭두의 딸들을 모아 첩으로 삼았기 때문에 서자庶子가 매우 많았다. 보종공의 집안일을 보아주고 그 재물을 취하여 사용했다. [염장공은] 유신공의 부제였던 춘추공을 부제로 삼아 그 지위를 넘겨주었다. 선덕공주에게 몰래 붙어 칠숙漆宿의 난을 다스리고, 공으로 발탁되었다. 선덕이 즉위하자, 들어가 조부調府의 영令이 되어 유신과 춘추 양공兩公에게 재물을 공급하여 주었고 또한 사적으로 치부를 했다. 그때 사람들이 공의 집을 가리켜 수망택水望宅[7]이라 했다. 금이 들어가는 것을 바라보면 홍수와 같은 것을 말한 것이다. 세상에서는 공을 미생공과 비교한 바 있는데 미생은 극도로 사치를 했으나 공은 검약을 몸소 실천하였으니 그 부유함이 미생공보다 컸다《화랑세기》17세 풍월

7　《삼국유사》2, 〈기이〉 2 (상), "진한" 조에 나오는 신라의 부유한 큰 집을 말하는 서른다섯 금입택 가운데 하나다.

주 염장공).

　여기서 칠성우의 한 사람이었던 염장이 뛰어난 정치 감각을 지녔음을 알 수 있다. 그는 15세 풍월주 김유신의 부제였던 김춘추를 자신의 부제로 삼아 18세 풍월주의 지위를 김춘추에게 넘겨줌으로써 김유신과의 관계만이 아니라 김춘추와의 관계도 돈독하게 만들었다. 그런가 하면 진평왕 53년[631년] 5월 이찬 칠숙과 아찬 석품이 반란을 일으켰을 때는 선덕공주 편에서 난을 진압하여 그 공으로 발탁되었다.[8]

　염장의 치부致富와 그 사용에 대한 사실들은 주목할 만하다. 염장은 원래 보종의 집안일을 보아주고 그 재물을 취하여 사용하였는데, 진평왕이 632년 정월 세상을 떠나고 선덕공주가 왕으로 즉위하자 조부령調府令이 되어 김유신과 김춘추에게 재물을 공급하고, 사적으로도 부를 쌓았다. 칠성우의 우두머리 김유신과 언젠가 칠성우들이 왕으로 세우고자 한 김춘추에게 일종의 정치 자금을 미리 제공한 것이다.

　염장은 또 다른 사람에게도 재물을 공급했다. 《화랑세기》에 나오는 기록이 있다.

　　[흠순]공은 재물에는 밝지 않아 늘 염장공에게 구했다. 염장공은 웃으며 "네가 나를 곳간으로 삼는데 나의 아이를 기르지 않는다면 나는 손해이다."라고 했다. 공은 이에 여러 아들에게 염장공의 딸을 아내로 맞게 하여, 그 딸들이 염장공의 재산을 나누어 시집오게 했다. 보단菩丹은 "염[장공]

8　이른바 '칠숙의 난'과 관련하여 《삼국사기》에 나오는 기록이 있다. "진평왕 53년[631년] 5월 이찬 칠숙과 아찬 석품이 반란을 꾀한 사건이 일어났다. 진평왕이 이를 알아차리고 칠숙을 잡아 동시東市에서 참수하고 구족九族을 멸했다. ……아찬 석품도 도망했다가 잡혀 참형을 당했다."[《삼국사기》 4, 〈신라본기〉 4, 진평왕 53년]

형은 색을 좋아하고 재물을 탐하니 그 딸을 맞으면 가풍을 상하게 될까 염려됩니다."라고 했다. 공이 "색을 좋아하는 것은 성품이다. 나 또한 그대가 없었다면 곧 염형과 같았을 것이다. 내가 재물을 탐했다면 곧 집이 부유해져서 그대가 고생하지 않게 했을 것이니, 호색탐재好色貪財 또한 할 만하지 않은가?"라고 하였다. 보단은 막을 수 없었다. 그[염장공]의 딸은 과연 행실이 없었다. 공 또한 심하게 책망하지 않았다(《화랑세기》19세 풍월주 흠순공).

김흠순은 19세 풍월주[629~632년]였다. 그는 원래 17세 풍월주 염장의 부제였는데, 앞에서도 나온 바와 같이 형 김유신의 명령으로 김춘추에게 18세 풍월주 지위를 양보했었다. 김춘추는 자신에게 풍월주 지위를 양보했던 김흠순에게 그 지위를 물려주었다.

김흠순은 재물에 눈이 밝지 않아 늘 염장에게 구했다. 염장은 자기 딸들을 그의 며느리로 삼게 하여 자신의 재산을 나누어 가지고 가도록 했다. 이렇듯 염장이 김춘추·김유신·김흠순에게 재물을 나누어주었다는 사실이 흥미롭다. 어쩌면 염장은 칠성우를 비롯한 당시 신라의 중심 지배 세력들에게 자금을 공급한 것이 아닌가 한다.

염장의 치부와 그 사용은 지금의 관점으로 보면 용납할 수 없는 일이지만 당시에는 용인되는 일이었다고 본다. 김춘추와 김유신 등은 선덕여왕이 즉위한 뒤인 632년 서른일곱 살의 염장에게 재정적 지원을 받았다. 이는 염장의 사私가 공公으로 전환되는 장면이라 할 수도 있겠다.

642년, 삼국의 운명을 결정한 고타소의 죽음

김유신에 관한 이야기를 더 진행하기에 앞서, 642년에 주목할 필요가 있다. 이해에 벌어진 사건 하나가 삼국의 운명을 결정했기 때문이다. 바로 백제군에게 고타소가 죽은 사건이다. 《화랑세기》에 따르면, 김춘추에게는 정궁 부인 보라궁주가 있었다. 고타소는 김춘추와 보라 사이에서 태어난 딸이다.[9] 삼국 시대에는 서력西曆을 쓰지 않았으므로 642년이라는 해는 없다. 그해는 신라 선덕여왕 11년, 백제 의자왕 2년, 고구려 보장왕 원년, 당 태종 정관 16년이었으며 간지로는 임인년壬寅年이다. 이 책에서는 편의상 642년이라는 연대를 그대로 쓰겠다.

┃고타소의 죽음과 김춘추 그리고 김유신┃　　고타소의 죽음과 관련한《삼국사기》〈백제본기〉의 기록을 보면 다음과 같은 사실이 나온다.

의자왕 2년 7월 왕이 몸소 군사를 거느리고 신라를 침범하여 미후성彌猴城(신라 서쪽의 성) 등 40여 성을 함락하였고, 8월에는 장군 윤충允忠에게 군사 1만 명을 거느리게 하여 신라 대야성을 쳤다. 성주 품석이 처자와 함께 나와 항복했으나, 윤충은 이들을 모두 죽여 그 머리를 베어 백제의 서울로 보냈다. 또 남녀 1만여 명을 사로잡아 백제의 서쪽 주·현에 나누어 살게 하고 군사를 남겨 성을 지키게 했다. 의자왕은 윤충의 공을 표창하여 말 20필과 곡식 1천 섬을 주었다고 한다.[10]

9　《화랑세기》18세 풍월주 춘추공.
10　《삼국사기》28,〈백제본기〉6, 의자왕 2년.

《삼국사기》〈신라본기〉의 기록에는 김춘추의 딸이 죽었다는 내용이 있다. 642년 8월 백제 장군 윤충이 군사를 거느리고 대야성大耶城(현재 합천 지역의 성)을 함락시켜 도독 이찬 품석과 사지 죽죽·용석 등이 전사했다. 이때 백제군에게 죽은 도독 품석의 아내가 김춘추의 딸이었다는 것이다. 김춘추는 이 소식을 전해 듣자 기둥에 기대어 서서 종일토록 눈도 깜짝이지 않았고, 사람이나 물건이 앞을 지나쳐도 그것을 알지 못하였다고 한다. 그리고 얼마 뒤에 "아! 대장부가 어찌 백제를 삼키지 못하랴!"라고 말하였다고 한다.[11] 김춘추의 이 말 한마디가 삼국의 운명을 결정했다.

대야성이 쉬이 함락된 것은 백제에 협조한 자가 있었기 때문이라는 기록도 있다. 뒷날 당나라와 연합하여 백제를 멸망시킨 태종무열왕(김춘추)은 잔치를 벌였는데, 그날 대야성 전투의 패전과 품석 부처를 핍박해 죽인 죄를 물어 검일黔日의 팔다리를 찢어 시체를 강물에 던졌다.[12] 검일은 성주 품석의 막객幕客이었는데, 품석이 그의 아내를 빼앗아가자 원한을 품고 백제와 내응하였다. 그가 백제군을 창고로 이끌어 불태워 없애자 성안에 식량이 부족해졌고, 그 탓에 두려워하여 굳게 지키지 못하였다는 것이다.[13] 품석에게 아내를 빼앗겼던 검일은 품석에 대한 복수를 한 것이다. 그 결과 품석 부부가 죽었다. 그들의 죽음은 삼국의 운명을 결정한 사건이 되었다.

고타소의 죽음은 겉으로 보면 조그만 하나의 사건에 지나지 않을 수 있다. 그러나 결과를 놓고 보면, 이는 삼국 관계에 더할 수 없이 큰 사건

---

11 《삼국사기》5,〈신라본기〉5, 선덕왕 11년.
12 《삼국사기》5,〈신라본기〉5, 태종무열왕 7년.
13 《삼국사기》47,〈열전〉7, "죽죽".

이 되었다. 그 중심에는 백제를 멸망시켜 딸의 죽음에 복수를 하겠다는 김춘추의 욕망이 있었다. 이는 김춘추의 사적인 욕망이었으나, 결과적으로 그의 대사大私는 공公이 되었고, 마침내 신라의 백제 정복, 나아가 고구려 정복으로 이어졌다. 고타소의 죽음은 결국 신라의 삼한통합의 문을 열게 하는 "사건 가운데 사건"이 되었다.

김유신은 고타소의 죽음이 지닌 의미를 잘 알았다. 김춘추의 마음을 김유신을 비롯한 칠성우 그들 자신의 마음으로 삼았고, 그러한 마음은 김유신의 꿈을 이루는 데 중요한 계기를 마련해주었다.

| 김춘추의 고구려행과 김유신의 결사대 |　　　김춘추는 승부사였다. 또 다른 적국인 고구려에 청병하러 간 것이 그 증거다. 642년 8월의 대야성 전투에서 딸을 잃은 김춘추는 선덕여왕에게 요청하여 고구려에 가서 군사를 청해 백제를 치고자 하였다. 선덕여왕이 이를 허락하여 그해 겨울 김춘추를 고구려에 보냈다.

춘추가 떠나려 할 때 유신에게 말했다. "나는 공과 한 몸이 되어 나라의 팔다리가 되었으니, 지금 내가 고구려에 들어갔다가 살해당한다면 공이 무심할 수 있겠습니까?" 유신이 말했다. "공이 만약 가서 돌아오지 않는다면 내 말발굽이 반드시 고구려와 백제 두 왕의 궁정을 짓밟아버릴 것입니다. 진실로 이처럼 아니한다면 장차 무슨 면목으로 나라 사람들을 볼 수 있겠습니까?" 춘추는 감동하여 기뻐하며 [유신]공과 서로 손가락을 깨물어 피를 내어 입가에 바르며 맹세했다. "내가 날짜를 계산해보니 60일이면 돌아올 수 있겠습니다. 만약 이 기일을 지나도 돌아오지 않는다면 다시 볼 기약이 없을 것입니다." 드디어 서로 작별했다. 춘추가 떠난 뒤 유신은 압량주(경북 경산에 치소를 둔 주)의 군주軍主가 되었다(《삼국사기》41, 〈열전〉1, "김유신 (상)").

《삼국사기》〈열전〉 "김유신 (상)"에는 이처럼 김유신과 피의 맹세를 나누고 고구려로 간 김춘추의 활약상이 기록되어 있다. 김춘추는 고구려로 가는 길에 대매현에서 현인縣人 두사지를 만나 청포青布 3백 보를 받아 가져갔다. 김춘추를 맞이한 고구려의 보장왕은 처음에는 태대대로 연개소문淵蓋蘇文을 보내 숙소를 정해주고 잔치를 베풀어 대접했다. 그러나 이내 태도를 바꾸어, 본디 고구려 땅인 마목현(계립령으로 추정)과 죽령 땅을 돌려주지 않으면 돌아갈 수 없다고 하였다. 김춘추가 신하는 나라의 땅을 마음대로 할 수 없으므로 명을 따를 수 없다고 답하자, 고구려 왕은 그를 가두고 죽이려 하였다.

위기에 처한 김춘추는 고구려 왕의 총신 선도해先道解에게 청포를 몰래 선물로 보냈다. 그러자 선도해가 술과 안주를 준비해 찾아왔고, 어울려 마시던 가운데 그가 문득 지금의 "별주부전"으로 널리 알려진 이야기를 꺼냈다. 병에 걸린 용왕의 딸을 치료하려 토끼의 간을 구하던 거북이가 한 토끼를 꾀어내어 업고 바다로 돌아가는 길에 사정을 말하자, 토끼가 자신은 간이 없어도 살 수 있으니 돌아가서 요전에 빼내어 둔 간을 가지고 오자고 하였다는 것이다. 거북이 그 말을 듣고 도로 육지로 갔지만, 토끼는 달아나고 말았다는 이야기이다. 김춘추가 그 말을 듣고 깨우쳐 고구려 왕에게 글을 보내어 맹세하기를, 마목현과 죽령은 고구려 땅이니 신라에 돌아가면 왕에게 청하여 돌려주겠다고 하였다.[14]

한편 김춘추가 고구려에서 어려움을 겪고 있을 때 김유신은 다음과 같이 조처하였다.

춘추가 고구려에 들어가 60일이 지나도 돌아오지 않으니 유신은 국내

14 《삼국사기》 41, 〈열전〉 1, "김유신 (상)".

의 용사勇士 3천 명을 뽑아 그들에게 말했다. "내가 듣건대 위태로움을 보면 목숨을 바치고 어려운 일이 닥치면 자기 몸을 잊는 것이 열사烈士의 뜻이라고 한다. 무릇 한 사람이 죽을힘을 다하면 백 사람을 당할 수 있고 백 사람이 죽을힘을 다하면 천 사람을 당할 수 있다고 하니, 천 사람이 죽을힘을 다하면 만 사람을 당할 수 있을 것이고, [삼천 사람이면] 곧 가히 천하를 횡행할 수 있을 것이다. 지금 나라의 어진 재상이 다른 나라에 잡혀 있으니 어찌 두려워하여 어려움을 피하려 할 것인가?" 여러 사람이 말했다. "비록 만 번 죽고 한 번 사는 곳으로 나아간다 해도 어찌 감히 장군의 명을 따르지 않겠습니까?" 마침내 왕에게 청하여 떠날 기일을 정했다(《삼국사기》 41, 〈열전〉 1, "김유신 (상)").

고구려의 첩자인 덕창이 사람을 시켜 위와 같은 사실을 고구려 왕에게 알리자, 고구려 왕은 전에 김춘추의 맹세를 들었고, 또 첩자의 보고를 들었으므로 김춘추를 감히 더 머무르게 하지 못하고 후하게 대접하여 돌려보냈다.

김춘추는 고구려의 국경을 넘자 전송 나온 사람에게 "나는 백제에 품은 원한을 풀려고 와서 군사를 청한 것인데, 대왕은 이를 허락하지 않고 도리어 땅을 요구했다. 이 일은 내가 마음대로 할 수 없는 것이다. 지난번에 대왕에게 글을 보낸 것은 죽음을 면하려 한 것뿐이다."[15]라고 말했다.

《삼국사기》 〈신라본기〉에 나오는 이야기는 위와 다소 다르다. 고구려에 간 김춘추의 청병은 쉬운 일이 아니었다. 고구려 왕은 죽령이 본래 고구려 땅이니 이를 돌려준다면 군사를 보내줄 것이라 했다. 김춘추가 "저는 저희 임금의 명령을 받아 군사를 청하는데, 대왕께서는 환란을

---

15   《삼국사기》 41, 〈열전〉 1, "김유신 (상)".

구해주시어 이웃과 사이좋게 지내는 데는 뜻이 없고 다만 사신을 위협하기만 하여 땅을 돌려달라고 요구하시니, 제게는 죽음이 있을 뿐 다른 것은 알지 못합니다."라고 하자, 고장高藏〔보장왕〕은 그의 말이 불손함에 노하여 그를 별관에 가두었다.

김춘추가 몰래 사람을 (신라에) 보내어 왕에게 이 사실을 아뢰자, 왕은 김유신에게 결사대〔死士〕 1만 명을 거느리고 그곳으로 나아가라고 명하였다. 김유신이 행군하여 한강을 지나 고구려의 남쪽 국경으로 들어가니 고구려 왕이 이 소식을 듣고 김춘추를 놓아 돌려보냈다. 왕은 김유신을 압량주 군주로 임명하였다.[16]

642년 겨울 김춘추가 고구려에 가서 청병한 일은 성과를 내지 못하고 끝난 것처럼 보인다. 그러나 김춘추는 이로써 신라인들에게 목숨을 바쳐 나라를 지키려 한다는 믿음을 주었다. 또한, 김춘추와 김유신이 피를 바르며 맹세한 일과 김유신이 결사대를 거느리고 잡혀 있던 김춘추를 구하려 한 일은 두 사람 사이의 관계를 더욱 강화했다.

김춘추의 고구려행은 실패로 끝났다고 할 수 있다. 그러나 김춘추가 고구려에 다녀온 일은 칠성우들에게는 그를 왕으로 세울 결심을 굳게 만든 사건이었다.

┃압량주 군주로 임명된 김유신┃ 김유신이 압량주 군주로 임명된 것은 김춘추가 고구려에 청병하러 떠난 뒤[17] 또는 고구려에서 돌아온 뒤이다.[18] 기록에 차이가 있어 그 시기가 언제인지 분명히 밝히기는 어렵다.

---

16 《삼국사기》 5, 〈신라본기〉 5 선덕왕 11년.
17 《삼국사기》 41, 〈열전〉 1, "김유신 (상)".
18 《삼국사기》 5, 〈신라본기〉 5, 선덕왕 11년.

그러나 김유신이 642년 압량주 군주가 된 것은 사실이다.

군주軍主는 지증왕 6년[505년] 실직주(강원도 삼척시)를 처음 설치하며 편제한 지방 행정 구역인 주州의 지방 장관직이다. 군주는 문무왕 원년 [661년]에 총관으로, 원성왕 원년[785년]에 도독으로 그 이름이 바뀌었다. 군주는 신라 17관등 가운데 9등급인 급찬(급벌찬)에서 2등급인 이찬까지 임명될 수 있었다. 김유신의 경우 644년에 3등급 소판에 올랐다. 그렇기에 642년 군주로 임명되었을 때는 소판 아래 관등인 4등급 파진찬이나 그 아래 5등급인 대아찬 등의 관등을 가졌다고 보인다.

| 643년, 신라의 당에 대한 청병 외교 |　　642년 7월 백제 의자왕의 침입으로 낙동강 서쪽 40여 성을 빼앗긴 일과 8월 대야성 전투에서 고타소의 죽음은 신라가 당나라에 청병토록 만들었다.

신라는 643년 9월 사신을 당나라에 보내어 청병했다. 신라 사신은 당 황제[태종]에게 "고구려와 백제가 저희 나라를 침략하여 여러 차례 수십 개의 성을 습격당했는데, 두 나라가 군사를 연합하여 기어코 그것을 빼앗을 것을 기약하고 이번 9월에 군사를 크게 일으키려 합니다. 그렇게 되면 저희 나라의 사직은 틀림없이 보전되지 못할 것이므로, 삼가 사신을 보내어 대국에 말씀을 드려 일부 군사(偏師)를 빌려 구원받기를 원합니다."라고 했다. 당 황제는 사신에게 "내 실로 그대 나라가 두 나라의 침략을 받음을 애처롭게 여긴다. 그 때문에 자주 사신을 보내어 그대들 세 나라를 화합하게 했던 것이다. 그러나 고구려와 백제는 돌아서면 그들의 뜻을 번복하여 그대 나라의 땅을 삼켜 나누려 하고 있으니, 그대 나라는 어떤 기이한 꾀를 써서 전복을 면하려고 하는가?"라고 했다. 사신은 "저희 왕께서는 사세가 궁하고 계책이 전혀 없으므로 오직

급함을 대국에 알려서 사직을 보전하기를 바라는 바입니다."라고 했다.

당 황제가 "내가 변방의 군사를 조금 보내어 거란과 말갈을 거느리고 바로 요동으로 들어가면 그대 나라는 절로 풀려 그대들은 1년 동안 포위를 늦출 수 있게 될 것이다. 그러나 그 뒤에 계속해서 나오는 군사가 없음을 알게 되면, 도리어 침략과 모욕을 마음대로 하여 네 나라[四國]가 모두 소란할 것이며, 너의 나라도 평안하지 않을 것이다. 이것이 첫째 계책이 되겠다. 내가 또한 너희에게 수천의 붉은 옷과 깃발을 줄 것이니, 두 나라 군사가 이르면 세워서 이를 벌여 두면 그들이 보고 우리 [당나라] 군대로 생각하고 반드시 모두 달아날 것이다. 이것이 둘째의 계책이다. 백제국百濟國은 바다가 험한 것을 믿고 병기를 수선하지 않고 남녀가 뒤섞여 서로 놀이만 하니 내가 수십, 수백의 배에 군사를 싣고 가만히 바다를 건너 곧 그 땅을 습격하려고 하는데, 그대 나라는 부인婦人을 왕으로 삼아 이웃 나라에게 업신여김을 당하고 있다. 이는 군주를 잃고 도적을 받아들이는 것이므로 어느 해나 편안할 리가 없겠기에, 내가 한 사람의 종친을 보내어 네 나라의 왕으로 삼되, 자신이 혼자서 갈 수 없을 것이니 마땅히 군사를 보내어 보호할 것이며, 네 나라가 편안해지기를 기다려 너희들에게 맡겨서 스스로 지키게 할 것이다. 이것이 세 번째 계책이다. 너는 어느 것을 따르겠느냐? 이를 생각해보아라."라고 했다. 신라 사신은 다만 "예."라고 할 뿐 대답이 없었으므로, 당 태종은 그가 용렬해서 군사를 청하고 급함을 알릴 만한 재간이 없음을 탄식했다고 한다.[19]

《삼국사기》〈고구려본기〉에는 보장왕 2년[643년] 9월에 신라가 사신을 당나라에 보내 "백제가 우리의 40여 성을 쳐서 빼앗고, 다시 고구

19   《삼국사기》 5, 〈신라본기〉 5, 선덕왕 12년.

려와 군사를 연합하여 입조하는 길을 끊을 것을 꾀한다."라며, 군사를 보내 구원해주기를 청했다고 나온다.[20]

신라 사신이 당 태종과 나눈 대화를 보면, 신라 사신은 당나라를 대국大國이라고 하지만 고구려·백제·신라는 모두 분명히 독립국이었음을 알 수 있다. 당시 당나라를 포함하여 고구려·백제·신라의 4국 관계가 전개되고 있었던 것이다.

김유신은, 바로 이 같은 4국 관계가 이루어지고 있는 동안, 신라의 장군으로서 신라를 위하여, 고구려와 백제를 정복하여 외국의 적들이 침입해 오는 걱정을 없애려 했던 꿈을 이루고자 노력하고 있었다.

│위질국가 신라, 대당 외교전쟁을 치열하게 전개하다│ 당시 신라만이 아니라 백제도 당나라에 대한 외교적 노력을 기울였다. 백제는 의자왕 3년[643년] 정월 사신을 당나라에 보내 조공했고,[21] 의자왕 4년[644년] 정월에도 조공했다. 당 태종이 사농승司農丞 상리현장相里玄奬을 백제에 보내 신라와 백제를 타이르므로 의자왕은 글을 올려 이유를 말하고 사죄했다.[22] 당나라가 백제에 신라와 화해하기를 요청하였고, 이에 대해 백제가 당나라에 사죄한 것도 알 수 있다.

고구려 또한 당나라에 조공하기는 마찬가지였다. 643년 정월 보장왕은 그의 아버지를 왕으로 봉하고 사신을 당나라에 보내 조공했다. 보장왕 3년[644년]에도 조공했다. 그때 당 태종은 사농승 상리현장에게 명하여 보장왕에게 국서를 내렸다. "신라는 위질국가委質國家〔임금에게 몸을

---

20 《삼국사기》21, 〈고구려본기〉 9, 보장왕 2년.
21 《삼국사기》28, 〈백제본기〉 6, 의자왕 3년.
22 《삼국사기》28, 〈백제본기〉 6, 의자왕 4년.

바치는 국가, 곧 당나라에 충성을 바치는 국가)로서 조공을 거르지 아니하는데, 너희와 백제는 각기 마땅히 군사를 거둘 일이다. 만약 다시 신라를 공격한다면 명년에는 군사를 일으켜 너희 나라를 칠 것이다."라고 했다. 현장이 고구려의 국경에 들어올 때 연개소문은 이미 군사를 거느리고 신라를 쳐서 두 성을 빼앗고 있었으나, 보장왕이 사람을 시켜 돌아오게 하였다. 현장이 신라를 침략하지 말라고 타이르자 연개소문은 현장에게 "우리는 신라와 원한으로 틈이 벌어진 지 오래되었습니다. 지난날 수隋나라 사람들이 쳐들어왔을 때, 신라는 그 틈을 타서 우리 땅 5백 리를 빼앗고 그 성읍을 점거하여 이를 모두 차지했습니다. 그러니 스스로 침략한 땅을 우리에게 돌려주지 않는다면 신라를 치는 것은 아마 막지 못할 것입니다."라고 했다. 현장은 "이미 지나간 일을 추구하여 논하겠는가? 지금 요동의 여러 성은 본디 모두 중국의 군현이었지만 중국은 오히려 또한 말하지 않는데, 고구려만 어찌 반드시 옛 땅을 찾을 수 있겠는가?"라고 했다. 막리지(연개소문)가 끝까지 따르지 않자 현장이 돌아가 이를 당 태종에게 보고하니 "연개소문은 그 군주를 죽이고 대신들을 해치며 그 백성들에게 잔학하게 하고, 이제 또한 내 조명詔命을 어기니 토벌하지 않을 수 없다."라고 했다.

당나라에서는 고구려에게 백제와 더불어 신라를 공격하지 말라고 충고했다. 연개소문의 고구려는 당나라의 충고를 듣지 않았다. 이로써 당나라와 고구려 사이 전쟁이 벌어졌다. 643~644년 동안 이어진 당나라에 대한 삼국의 외교전 결과, 당 태종은 644년 7월부터 고구려 침공을 준비하였고 645년 마침내 고구려를 공격하는 대규모 전쟁을 벌였다. 신라가 당나라에 대한 위질국가로서 대당 외교전에서 승리를 거둔 면을 볼 수 있다.

| 한국사 속 642년의 의미 |　　　앞에서 보았듯이, 642년 8월 백제 장군 윤충이 신라 대야성을 쳐서 성주 품석과 그의 부인 고타소를 모두 죽였었다. 김춘추는 이 일로 백제를 정복하고야 말겠다는 결심을 다졌고, 결과적으로 훗날 백제는 김춘추로 말미암아 멸망한다. 이해 9월 신라는 당나라에 청병하며 대당 외교를 굳건히 하였다. 고구려의 연개소문은 같은 해 10월 영류왕을 죽이고 보장을 왕으로 세웠다. 김춘추가 고구려로 가 군대를 청했을 때의 왕이 바로 보장왕이다. 고구려는 김춘추의 요청을 들어주지 않고, 신라를 공격하지 말라는 당 태종의 충고도 따르지 않으면서 당나라와 전쟁을 치르게 된다.

　　고타소의 죽음으로 형성된 백제 의자왕, 고구려 보장왕과 연개소문, 신라 김춘추와 김유신의 관계는 결과적으로 신라의 삼한통합으로 이어졌다. 한국사 속에서 고타소의 죽음처럼 역사적 영향을 강하게 남긴 사건을 찾기 어렵다.

3.4.
상장군이 된 김유신

김유신은 '영강전략'으로 629년 낭비성 전투를 승리로 이끈 뒤 군사 엘리트로서의 길을 걷기 시작했다. 그 뒤 김유신은 쉰 살에 상장군上將軍이 되었다. 끊임없이 전쟁에서 공을 세운 결과였다.

|상장군 김유신, 여러 차례 백제를 쳐 승리를 거두다|　선덕여왕 13년[644년]에 김유신은 관등이 제3등 소판에 올랐다.《삼국사기》〈열전〉에는 그해 가을 9월 선덕여왕이 김유신을 상장군(또는 대장군大將軍)[23]으로 삼아 군사를 거느리고 백제의 가혜성(경북 고령)·성열성(경남 의령)·동화성(경북 구미) 등 일곱 성을 치게 하여 크게 승리를 거두었다. 그로 말미암아 가혜의 나룻길을 개통시켰다고 하였다.[24] 같은 전쟁에 대해《삼국사기》〈신라본기〉에는 9월에 왕이 김유신을 대장군으로 삼아 군사를 거느리고 백제를 치게 하여 크게 이겼으며 일곱 성을 빼앗았다고 하고, 〈백제본기〉에는 신라 장군 김유신이 군사를 거느리고 침범하여 일곱 성을 빼앗았다[25]고 나온다.

이듬해인 선덕여왕 14년[645년] 정월에는 백제를 치고 돌아온 김유신이 왕을 미처 뵙기도 전에 백제의 대군이 신라의 매리포성을 침공하자 왕이 또 김유신을 상주장군上州將軍으로 임명하여 백제군을 막게 했다. 김유신은 명령을 받고 처자도 만나보지 못한 채 곧바로 출정하여 백

23　《삼국사기》 5, 〈신라본기〉 5, 선덕왕 13년에는 상장군이 아니라 대장군으로 나온다.
24　《삼국사기》 41, 〈열전〉 1, "김유신 (상)".
25　《삼국사기》 28, 〈백제본기〉 6, 의자왕 4년.

제 군사를 패주하게 하고 2천 급을 목 베어 죽였다.

그해 3월에도 김유신이 돌아와 왕에게 복명하고 아직 집에 돌아가기 전인데 또 백제의 군사들이 국경에 나와서 군사를 일으켜 쳐들어오려 하니, 왕이 "제발 공은 수고로움을 꺼리지 말고 빨리 가서 적군이 이르기 전에 방비해주기를 바란다."라고 말하며 그를 다시 보냈다.[26] 김유신은 이번에도 집에 들어가지 못하고 밤낮으로 군사를 훈련하여 병장기를 갖추어 서쪽으로 향하여 떠났다. 그가 국경에 이르니 백제군이 신라군의 방비를 보고 감히 가까이 오지 못하고 물러갔다. 선덕여왕은 이 소식을 듣고 매우 기뻐하여 그 작위를 올려주고 상을 내렸다.[27]

《삼국사기》〈신라본기〉에 따르면, 선덕여왕 14년 5월 당 태종이 친히 고구려를 치므로 왕이 군사 3만을 내어 도왔는데 백제가 허술한 틈을 타서 나라의 서쪽에 있는 일곱 성을 엄습하여 빼앗았다고 한다. 《삼국사기》〈백제본기〉에는 의자왕 5년[645년] 5월에 당나라 태종이 친히 고구려를 정벌하려고 신라의 군사를 징발한다는 말을 듣고 의자왕이 그 틈을 타 신라의 일곱 성을 습격하여 빼앗으니 신라에서는 김유신을 보내어 침범해왔다고 한다.[28]

선덕여왕 13년[644년] 무렵부터 김유신이 백제와의 전쟁에서 주역이 된 것을 볼 수 있다. 644년에서 655년 사이에 그는 신라 최고의 군사 엘리트로 자리 잡았다고 여겨진다.

644년 3등급 소판이 되었던 김유신은 645년에 백제를 물리친 공으로 다시 관등이 올라갔다. 기록에는 그 관등이 어떤 것인지 나오지 않지

---

26 《삼국사기》5, 〈신라본기〉5에는 이 대목이 "이 나라의 존속과 멸망이 그대 한 몸에 매였으니 수고로움을 꺼리지 말고 가서 일을 도모하기를 바라오."라고 나온다.

27 《삼국사기》41, 〈열전〉1, "김유신 (상)".

28 《삼국사기》28, 〈백제본기〉6, 의자왕 5년.

만, 소판 위의 2등급인 이찬이었을 가능성이 크다. 이때 김유신의 나이는 쉰한 살이었다.

| 김유신·김흠순 형제의 서로 다른 면 |

앞에서 보았듯이, 김유신이 막 백제를 치고 돌아왔는데 백제의 대군이 다시 변경에 쳐들어오니, 왕이 명하여 막게 하자, 집에 들르지도 않고 가서 정벌하여 그들을 쳐부순 일이 있었다.[29] 그가 백제를 향해 갈 때 집사람들이 모두 문밖으로 나와서 기다렸으나, 그는 문 앞을 지나면서 돌아보지 않고 갔다. 김유신은 50보쯤 가다가 말을 멈추고 시중하는 사람을 집에 보내 장수漿水(원래 뜻은 오래 끓인 좁쌀 미음이나 여기서는 경주 재매정택에 있는 우물물로 생각된다)를 가지고 오게 하여 이를 마시며 말했다. "우리 집의 물은 아직 옛 맛 그대로구나." 이에 여러 군사가 모두 말했다. "대장군께서 오히려 이같이 하시는데 우리가 어찌 가족을 이별했다고 한탄하겠는가?"[30]

《화랑세기》19세 풍월주 흠순공 조를 보면, 김유신의 동생 김흠순과 그의 부인 보단普丹 사이의 관계에 관한 기록이 나온다.

보단은 보리 할아버지의 풍모가 있어 재능과 아름다움이 남이 따를 수 없이 뛰어났고 미덕을 많이 갖추고 있었다. [흠순]공은 기쁨을 스스로 이기지 못하였다. 스스로 처리할 수 없는 일이 있으면 모두 보단의 의견을 듣고 결정했다. 일곱 아들을 낳았는데 모두 아름답고 용감하며 아버지를 닮아서 집에 돌아오면 단란하고 화목한 분위기가 있었다. 공은 늘 사람들에게 일러 말하기를 "내가 능히 나라와 집(國家)을 위하여 공을 세울 수 있었던 것은 내 처가 뒤에서 도운 때문이다."라고 했다. 유신공은 큰일이 있으

29　《삼국사기》5. 〈신라본기〉, 선덕왕 14년.
30　《삼국사기》5. 〈신라본기〉, 선덕왕 14년.

면 집에 들어가지 않고 문 앞을 그냥 지나갔는데, [흠순]공은 큰일이 있으면 반드시 먼저 집에 이르러 낭주娘主와 이야기를 하고 나서 갔다. [흠순]공은 늘 시석을 무릅쓰고 지방에 많이 있었는데 낭주는 원망하지 않고 집에 있으며 기도드렸다. 집에 돌아오면 한집안 식구들이 떠들며 좋아했다(《화랑세기》 19세 풍월주 흠순공).

위 기록을 보면, 형제였음에도 김유신과 김흠순의 성품이 서로 다른 것을 볼 수 있다.

3.5.
김유신, 비담의 난을 진압하고 김춘추를 왕으로 세우는 작업에 착수하다

김유신이 여러 공적을 세웠지만, 꿈을 이루는 여정이 언제나 순탄한 것만은 아니었다. 여러 고비 가운데 잘 알려진 사건이 '비담의 난'이다. 그 난이 성공했다면 김유신의 두 가지 꿈은 물거품이 되었을 것이다. 그러나 김유신이 주도하여 난을 진압함으로써 칠성우들이 신라 왕정의 주도권을 확실하게 장악할 수 있었다.

┃상대등 비담의 난을 진압한 김유신┃　　먼저 비담이 누구인가 보자. 《삼국사기》 〈신라본기〉에는 선덕여왕 14년[645년] 겨울 11월 이찬 비담을

상대등으로 임명했다고 나온다.[31]《삼국사기》〈신라본기〉에는 선덕여왕 15년 조의 기록이 없고, 선덕여왕 16년[647년] 봄 정월에 비담·염종 등이 "여자 임금이 나라를 잘 다스리지 못한다(女主不能善理)"고 일컫고 반란을 모의하여 군사를 일으켰으나 이기지 못했다고 나온다. 그해 정월 8일에 왕이 세상을 떠났으며 시호는 선덕善德으로 하고 낭산에 장사 지냈다고 하였다.

《삼국사기》〈열전〉에도 이에 관한 기록이 있다.

[선덕여왕] 16년 정미[647년]는 선덕왕 말년이요, 진덕여왕 원년이다. 대신 비담과 염종이 "여자 임금이 나라를 잘 다스리지 못한다(女主不能善理)" 며 군사를 일으켜 왕을 폐하려 하니 왕이 대궐 안에서 이를 방어했다. 비담 등은 명활성에 군대를 주둔하고 왕의 군대는 월성에 진을 쳐서 서로 공격하고 방어하기를 열흘 동안 했는데, 승부가 결정 나지 않았다. 밤 삼경에 큰 별이 월성에 떨어지니, 비담 등이 사졸에게 말했다. "내가 듣건대 별이 떨어지는 곳에 반드시 피를 흘리는 일이 있다고 했으니, 이는 아마 여자 왕이 패전할 조짐이다." 사졸들이 고함치니 소리가 땅을 진동했다. 대왕이 이 소리를 듣고 몹시 두려워하여 어찌할 바를 모르니 김유신이 왕을 뵙고 말했다.

"길하고 흉함은 일정하지 않습니다. 그것은 다만 사람이 불러오는 것입니다. 그러므로 은나라 주왕紂王은 적작赤雀(출몰하면 상서로운 일이 생긴다는 붉은 참새)이 나타났는데도 망했고, 노魯나라는 기린을 잡았음에도 기울었으며, 은나라 고종高宗은 제삿날에 꿩이 우는 이상한 일이 있었는데도 흥왕하였고, 정공鄭公은 용들이 싸웠는데도 창성했습니다. 그러므로 덕이 요망함을 이김을 알 수 있습니다. 별이 떨어진 재변은 두려울 것이 없습니다. 청컨대 왕께서는 근심하지 마소서." 이에 허수아비를 만들어 불을 안겨 연에 달아 날리니 하늘에 올라가는 듯했다. 다음 날 김유신은 사람을 시켜 길

---

31   《삼국사기》 5.〈신라본기〉, 선덕왕 14년.

가에서 말을 전하게 했다. "어젯밤에 떨어진 별이 도로 하늘로 올라갔다."

이리하여 적군이 의심하게 하고, 또 백마를 잡아서 별이 떨어진 곳에 제사를 지냈는데 그 축문은 다음과 같다. "하늘의 도리〔天道〕는 양陽은 굳세고 음은 부드럽고, 인간의 도리〔人道〕는 임금은 높고 신하는 낮은 법입니다. 만일 이 도리가 바뀌게 되면 대란大亂이 일어날 것입니다. 지금 비담 등이 신하로서 임금을 해치기를 꾀하고 아랫사람으로서 윗사람을 범했으니, 이는 이른바 난신적자亂臣賊子〔나라를 어지럽게 하는 신하와 반역의 무리〕로 사람과 신이 모두 미워하며 하늘과 땅 사이에 용납되지 못할 일입니다. 〔그러나〕 이제 하늘이 이 일에 무심한 듯하며 도리어 별의 괴변을 왕성王城에 나타내시니, 이는 신이 의혹하여 이해할 수 없는 일입니다. 마땅히 하늘의 위엄으로서 사람이 하고 싶어 하는 바에 따라 선을 옳게 여기고 악을 미워하여 신명의 수치를 만들지 마옵소서." 이에 여러 장수와 군사를 독려하여 힘을 내어 공격하니 비담 등이 패하여 달아나므로, 이를 추격하여 그들을 목 베고 그 구족을 죽였다(《삼국사기》 41, 〈열전〉 1, "김유신 (상)").

《삼국사기》〈신라본기〉에는 진덕여왕 원년[647년] 정월 17일에 비담을 죽이니 연좌되어 죽은 사람이 30명이었다고 나온다.[32] 위에 제시한 《삼국사기》〈열전〉에는 패하여 달아나던 비담 등을 추격해 목을 베고 구족을 멸했다고 나온다.[33] 이로써 비담 등이 일으켰던 반란은 완전히 진압되었다.

비담의 난을 진압한 주인공은 김유신이었다. 난을 진압한 칠성우는 그들의 꿈을 이루고자 본격적인 작업을 시작하게 되었다.

32 《삼국사기》 5, 〈신라본기〉 5, 진덕왕 원년.
33 《삼국사기》 41, 〈열전〉 1, "김유신 (상)".

| 비담의 난 진압에 공을 세운 풍월주 천광공 |　비담의 난에 관한 내용은 《화랑세기》 24세 풍월주 천광공 조에도 나온다.

> 그때[천광공이 풍월주로 있던 시기] 국사國事가 점차 어려워졌다. [천광]공과 여러 낭두들이 낭도를 거느리고 친히 활 쏘고 말달리는 것을 익혔는데, 모인 자들을 선발하여 병부에 보충했다. 천광공이 5년 동안 풍월주의 지위에 있는 사이에 낭정郎政은 무사武事로 많이 돌아갔다. 선덕제善德帝의 병이 몹시 위독해지자, 비담과 염종이 모반했다. 유신공이 신주新主〔진덕여왕〕를 도와 전쟁을 독려했다. 그때 서울[京師]의 군대가 적어 [천광]공이 낭도를 모두 동원하여 먼저 그 진으로 돌격했다. 비담이 패하여 달아나고 난이 평정되었다. [천광]공은 그 공으로 발탁되어 호성장군이 되었다(《화랑세기》 24세 풍월주 천광공).

《화랑세기》에는 천광공이 풍월주의 지위를 부제인 춘장에게 전하여주고, 오로지 왕사王事에 힘써 출장입상出將入相, 곧 변방에 나가서는 장군이 되고 조정에 들어와서는 재상으로서 많은 공적을 쌓았기에 중흥 28장將 가운데 한 사람이라고 나온다.[34]

| 비담의 난은 승만을 왕위 계승자로 정했기 때문 |　《삼국사기》〈신라본기〉에는 비담 등이 "여주불능선리女主不能善理"를 이유로 반란을 일으켰다고 적었다. 한 가지 궁금한 것이 있다. 위에 제시한 《화랑세기》 기록을 보면, 647년 정월 선덕여왕이 병으로 몹시 위독해지자, 비담과 염종이 모반하였다고 썼는데, 설령 선덕여왕이 병으로 회복 불능 상태였더

34　《화랑세기》 24세 풍월주 천광공.

라도 당시 상대등의 지위에 있던 비담이 자기를 상대등으로 임명했던 여왕이 나라를 다스리지 못한다고 하여 반란을 일으켰을까? 무엇인가 의심스러운 생각이 든다. 선덕여왕이 위독한 것은 비담이 반란을 일으키는 시점을 결정한 이유는 되나, 그것이 반란을 일으킨 근본적인 이유가 될 수는 없었지 않은가 여겨지기 때문이다.

주목할 사실은 선덕여왕의 뒤를 이어 진덕여왕이 즉위하였다는 것이다. 물론 비담이 반란을 일으켰을 때는 선덕여왕이 재위했고, 승만〔진덕여왕〕은 어떤 위치에 있었는지 알 수 없다. 여기서 생각할 문제는 선덕여왕의 다음에 누가 왕위를 계승할 것인가 하는 문제였다. 선덕여왕의 뒤를 이어 승만이 왕위 계승자로 선정되었다면, 비담 등이 또 다른 여왕이 즉위하는 것을 막고자 "여주불능선리"를 내세우며 반란을 일으켰을 수 있기 때문이다.

그러면 어떤 세력이 승만의 왕위 계승을 결정했을까? 여왕의 즉위를 반대한 상대등 비담은 아닐 것이다. 바로 이 대목에서 김춘추를 왕으로 세우려던 칠성우를 주목하게 된다. 선덕여왕이 회복 불능 상태에 처하자 김유신을 중심으로 한 칠성우는 승만을 왕위 계승자로 추대한 것은 아닐까? 이 같은 추측을 하는 데에는 이유가 있다. 우선 김유신을 중심으로 하는 칠성우가 선덕여왕의 뒤를 이어 김춘추를 왕으로 세우기에는 어려움이 있었다는 것이다. 상대등 비담과 그 추종 세력이 걸림돌로 있었기 때문이다. 비담을 물리치고 김춘추를 왕으로 세우기에는 적지 않은 문제가 있었다. 이에 마지막 남은 성골 승만〔진덕여왕〕을 왕위 계승자로 정하는 방법을 택한 세력이 칠성우였다고 보아야 한다. 칠성우는 승만을 왕으로 세우고 김춘추를 그다음 대의 왕으로 세우는 작업을 펼치려 한 것이라 하겠다.

바로 그런 이유로 비담을 중심으로 하는 세력이 "여주불능선리"를 내세워 반란을 일으킨 것이라 하겠다. 비담 등이 말한 여주는 승만을 가리키는 것이라고 본다. 비담 세력은 승만을 왕으로 세운 칠성우 세력과 목숨을 건 전투를 벌인 것이다. 칠성우 세력과 비담 세력의 전투는 칠성우 세력의 승리로 끝이 났다.

비담 일파는 선덕여왕을 문제시하였다기보다 승만의 왕위 계승을 반대하는 것이었다. 그리고 그 배경에 칠성우의 왕정 장악을 막겠다는 정치적 목적이 있었다. 결국, 비담 세력은 승만을 왕으로 내세워 왕정을 장악하려던 칠성우 세력을 몰아내고, 비담을 왕으로 세우고자 반란을 일으킨 것이라 하겠다.

비담의 난은 일종의 내전內戰이었다. 비담의 난은 진압되기는 하였으나, 내전의 결과로 신라 최고 지배층 사이에 원한과 갈등이 생겼다. 그러한 원한과 갈등을 사라지도록 할 시간이 필요했다. 진덕여왕의 재위 기간이 내전으로 생긴 문제를 치유하는 기간이 되었다고 보는 것이다.

┃비담 등의 반란 속에서 진덕여왕을 즉위케 한 김유신┃ 《삼국사기》〈신라본기〉에는 비담이 선덕여왕 16년[647년] 정월에 반란을 일으켰고, 그해 정월 8일 선덕여왕이 세상을 떠났고,[35] 같은 달 17일 비담을 죽였다고 하였다.[36] 이로써 보면 비담의 난은 647년 1월 1일에서 8일 사이에 일어나 1월 17일까지 이어진 것을 알 수 있다. 이 미묘한 시기에 왕위 교체가 이루어진 사실을 주목하지 않을 수 없다.

여기서 《화랑세기》 24세 풍월주 천광공 조의 기록을 보자. 김유신이

---

35 《삼국사기》 5, 〈신라본기〉 5, 선덕왕 16년.
36 《삼국사기》 5, 〈신라본기〉 5, 진덕왕 원년.

받들어 전쟁을 독려했다는 '신주新主'는 누구인가? 두 가지 가능성이 있다.《화랑세기》7세 풍월주 설화랑 조에 "미실이 비록 신주에게 총애받았다고는 하나 지도부인에게는 미치지 못했다."[37]라는 기록이 주목된다. 여기 나오는 신주는 분명 진지왕을 가리킨다. 그런데《화랑세기》13세 풍월주 용춘공 조에는 어떤 사람이 대남보에게 권하여 "그대의 딸이 아름다운데 어찌 신주에게 바치고 골품을 얻지 않는가?"[38]라고 했다고 나온다. 이때 신주는 13세 풍월주 용춘이다.《화랑세기》22세 풍월주 양도공 조에 나오는 신주는 풍월주를 뜻한다.

한편《화랑세기》24세 풍월주 천광공 조에 나오는 신주는 때에 따라 왕과 풍월주를 모두 가리킬 수 있다. 비담이 반란을 일으켰을 때 김유신이 받들어 전쟁을 독려한 신주는 진덕여왕이고,[39] 가야파의 우두머리였던 찰인察忍이 그 자손들을 타일러 "신주는 진실로 세상에 드문 영웅이다."[40]라고 말할 때는 천광공을 의미한다. 그러나 비담의 난이 일어났던 647년은 천광이 풍월주를 지낸 지 햇수로 5년째였기에 신주라는 표현은 천광을 가리키는 것이 아니다. 그러므로 김유신이 받들었던 신주는 새로이 즉위한 진덕여왕이었다고 하겠다. 진덕여왕의 즉위를 주도한 세력은 김유신을 중심으로 한 칠성우였다.

선덕여왕의 뒤를 이어 진덕여왕이 즉위한 시기는 1월 8일에서 비담이 잡혀 죽은 1월 17일 사이였을 것이다.

37 《화랑세기》7세 풍월주 설화랑.
38 《화랑세기》13세 풍월주 용춘공.
39 《화랑세기》24세 풍월주 천광공
40 《화랑세기》24세 풍월주 천광공.

| 비담의 난을 진압한 김유신, 신라 군대를 장악하다 | 647년 1월 17일에 비담 등이 죽자 난은 끝났다. 만일 이 난이 성공했다면 김유신을 포함한 칠성우는 물론이고, 김춘추도 신라의 정치 무대에서 사라졌을 것이다. 비담의 난은 칠성우, 나아가 김춘추에게 큰 위기였다. 그러나 그들은 자신들과 김춘추에게 닥친 위기를 잘 극복했다. 마침내 비담은 칠성우 세력에게 제거된 것이다.

이때 김유신은 신라군을 완전히 장악하였다. 더는 그를 중심으로 하는 칠성우들의 앞길을 막을 수 있는 군사적 실력자는 없었다. 김유신의 신라군 장악은 그 뒤 김춘추의 왕위 계승, 그리고 신라의 삼한통합과 직결된 문제였다. 김유신은 신라군을 최대한 활용하여 김춘추를 왕위에 올리고 삼한통합을 이룰 수 있었다.

3.5. 김유신, 비담의 난을 진압하고 김춘추를 왕으로 세우는 작업에 착수하다

진덕여왕을 세우고 김춘추를 왕으로 올릴
혁명적 준비를 한 김유신
(647~654년)

비담의 난을 진압한 뒤 시작된 진덕여왕 대에 왕정을 장악한 주인공은 칠성우였다. 실제로 진덕여왕의 즉위는 김유신을 중심으로 한 칠성우의 작품이었기 때문이다. 바야흐로 그들의 시대가 열린 것이다. 이번 장에서는 진덕여왕의 재위 시기 곧 그의 나이 쉰두 살에서 예순 살까지의 김유신에 관하여 보기로 한다.

612년 이후 김유신은 쉬지 않고 김춘추를 왕으로 세우고자 노력을 기울여왔다. 진덕여왕의 즉위는 김춘추 옹립이라는 김유신을 중심으로 한 칠성우의 오랜 꿈을 이루는 데 필요한 과정이었다. 실제로 진덕여왕 대에 칠성우는 김춘추를 왕으로 세우고자 혁명적 준비를 했다.

김춘추를 왕위에 올리려는 준비는 크게 두 가지 방향으로 이루어졌다. 하나는 중국화였다. 김춘추가 진덕여왕 대의 중국화를 주도했다. 그때의 중국화는 오늘날의 표현을 빌리면, 세계화·국제화를 의미했다. 다른 하나는 행정적·정치적인 면에서 국가 통치 체제를 개혁하는 일이었다. 타고난 성스러움을 내세워 권위를 획득했던 성골 왕들과 달리 진골 왕들은 행정적·정치적 능력을 바탕으로 나라를 다스려야 했다. 진덕여왕 대에 이루어진 수많은 개혁은 성골 왕이 사라진 뒤 진골 왕이 행정과 정치적인 면에서 신라 왕국을 지배하는 데 필요한 준비 작업이었다.

4.1.
왕정 장악 후 혁명적 개혁을 한
김유신 중심의 칠성우

　진덕여왕 대의 개혁은 신라를 새로운 왕국으로 만드는 과정이자 준비 기간이었다. 성골 왕 시대가 끝나고 진골 왕 시대가 열린다는 것은 신라 왕국의 모든 체제가 바뀌는 것을 의미했다. 이 무렵 신라의 모습이 획기적으로 바뀌었다. 신료들이 중국식 의복을 입기 시작한 것은 그 한 예다. 중국 문명을 수입하는 데 적극적이었던 것이다. 당시 김춘추는 당 태종과 담판을 하여 당나라 군대를 동원해 백제와 고구려를 평정하겠다는 약속을 받아내기도 했다. 진덕여왕 대에 혁명적으로 전개된 대외 관계와 통치 체제 개혁은 훗날 태종무열왕과 문무왕 대에 신라의 삼한 통합을 가능케 하였다.

　타임머신을 타고 신라로 가서 진덕여왕을 사이에 두고 선덕여왕과 태종무열왕의 두 시대를 비교할 수 있다면, 그 시대 사이에 지금까지 상상도 하지 못했던 변화가 생긴 사실을 알게 될 것이다. 이 같은 진덕여왕 대의 개혁이 없었다면 김춘추가 왕위에 오르는 일도, 신라가 삼한을 통합하는 일도 불가능했다.

　지금까지 한국 역사학계는 진덕여왕 대의 신라를 제대로 파악하지 못했다. 그때 김춘추를 왕으로 세우려던 김유신 중심의 칠성우들이 신라 왕정을 장악하고 있었다는 사실을 제대로 주목하지 않았기 때문이다.

┃칠성회를 화백회의로 본 현대 한국 사학계의 문제┃ 《화랑세기》가 20세기에 나타나기 전 현대 한국 사학계는 신라 역사를 창작해냈다. 앞에 제시한《삼국유사》"진덕왕" 조의 기록 가운데 일부를 다시 보자.

> [진덕]왕의 시대에 알천공·임종공·술종공·호림공(자장의 아버지이다.)· 염장공·유신공이 있었는데, 남산 오지암에 모여서 나랏일을 의논하였다 (《삼국유사》 2, 〈기이〉 2 (상), "진덕왕").

현대 관점의 신라 역사에서는 위 기록이 신라 화백회의和白會議 와 대등大等에 관하여 논하며 귀족 회의의 한 장면을 보여주는 증거라는 주장이 널리 알려져 있다.

그러나《화랑세기》 14세 풍월주 호림공 조를 보면 위 이야기가 전혀 다른 의미를 지니는 것을 알 수 있다.

> 이에 [호림공이 풍월주의 지위를] 유신공에게 물려 주고 스스로 무림 거사라 불렀다. [호림공은] 조정의 일에 간여하지 않았다. 그러나 나라에 큰일이 있으면 반드시 (그를) 받들어 물었다. [호림공은] 알천공·임종공· 술종공·염장공·유신공·보종공 등등과 더불어 칠성우를 이루어 남산에서 만나 자적했다. 통일지업統一之業이 공들로부터 많이 시작되었다. 성대하고 지극하도다(《화랑세기》 14세 풍월주 호림공).

위에 제시한《삼국유사》와《화랑세기》의 기록은 같은 사건에 대한 것이라 하겠다. 그런데《삼국유사》의 기록에는 칠성우라는 이름과 보종공이 빠져 있다. 그러나《화랑세기》로 볼 때,《삼국유사》에 나오는 인물들은 칠성우들이 분명하다. 위 기록을 보면 통일지업이 칠성우들로부터 많이 시작되었다고 한다.

이에 칠성우들의 모임인 칠성회를 현대판 한국사에서 화백회의로 만들어낸 것을 알 수 있다. 그러나 칠성회는 신라의 화백회의와는 다른 것이다.

4.2.
살아 있는 신인 성골 승만을
왕으로 세운 칠성우

선덕여왕의 뒤를 이어 왕위에 오른 인물은 김춘추가 아니라 승만, 곧 신라의 두 번째 여왕인 진덕여왕[647~654년 재위]이다.

비상 상황이 아니라면, 왕위는 당연히 태자가 계승했다. 다른 나라 또는 다른 시대도 마찬가지였지만, 이때 신라의 왕위 계승에는 두 가지 원리가 작용했다. 하나는 왕위 계승 경쟁을 방지하려는 원리다. 재위한 왕의 아들이 여러 명일 때 왕자들 사이에 왕위 계승을 놓고 다툼이 벌어질 수 있기 때문이다. 이를 방지하려 태자를 미리 정했다. 다른 하나는 왕위의 대가 끊이지 않고 이어지도록 하는 원리다. 특히 신라 중고 시대에는 성골 신분인 사람을 왕으로 삼는 원리가 작동했다.

신라인들은 재위하던 왕이 세상을 떠나면 왕위 계승권자가 곧바로 즉위하였다. 《삼국사기》〈신라본기〉에 나오는 문무왕의 유조遺詔를 보면 그러한 사정을 알 수 있다. 그에 따르면 "종묘宗廟의 주재자는 잠시라도 비울 수 없으니 태자는 널 앞에서 왕위를 이어 오르도록 하라."[1]라고 나온다. 이 같은 유조는 신라 역대의 왕들이 전왕의 죽음과 거의 동시에 즉위한 역사적 전통을 보여준다. 진덕여왕도 그런 전통을 따랐다.

| 승만을 진덕여왕으로 세운 세력은? | 먼저 진덕여왕이 신라 성골 집단에서 어떤 위치에 있던 인물인지 살펴보자. 제26대 진평왕 백정에게는 두 동생이 있었다. 백반과 국반이 그들이다. 진평왕은 왕위에 오른 579년 8월 백반을 진정갈문왕으로, 국반을 진안갈문왕으로 봉했다. 진덕여왕 승만은 진안갈문왕과 월명부인 사이에서 태어났으므로 진평왕의 조카이자 선덕여왕의 사촌이 된다.

진평왕은 612년에 선덕공주를 왕위 계승자로 정한 바 있다. 승만의 경우는 어땠을까? 앞에서 칠성우가 승만을 왕위 계승자로 정했다고 보았다. 647년 1월 선덕여왕이 병으로 회복 불능 상태에 이르기 훨씬 전부터 승만이 왕위 계승자로 되어 있었다면 비담 세력이 쉽게 반란을 일으킬 수는 없었을 것이다.

| 신라의 왕위계승 원리와 여왕의 탄생 | 원래 신라인들은 여자를 왕으로 세운다는 사실을 고려하지 않았다. 그렇기에 603년 진평왕은 장녀 천명공주를 용수와 혼인시켜 그에게 성골 천명공주가 지녔던 왕위 계

1   《삼국사기》7, 〈신라본기〉7, 문무왕 21년.

승권자의 자격을 주어 용수를 다음 대의 왕위 계승자로 정했다. 612년에는 다시 차녀 선덕공주를 왕위 계승자로 정하는 새로운 결정을 내렸고, 결국 선덕공주가 왕위에 올랐다.

만일 공주 선덕과 공주 승만이 혼인하여 각기 남편의 집으로 가면서 출궁하였다면 그들의 신분은 성골에서 진골로 족강되고 왕위 계승권을 상실하였을 것이다. 성골 남자가 사라진 상황에서 덕만과 승만은 왕궁에 남아 있어서 성골 신분을 유지했기에 여자임에도 왕위에 오를 수 있었다.

여기서 성골이란 어떤 것인지 보고 가기로 한다.

┃ 성골·성골 왕이란? ┃ 《삼국사기》에는 신라 성골의 시작은 시조 혁거세왕부터라고 나온다. 그런데,《삼국유사》에는 23대 법흥왕부터라고 되어 있다. 법흥왕 7년[520년] 율령을 반포하며 최고 신분으로써 성골을 만든 것이다. 원래 진골에서 왕을 배출하였으나 법흥왕은 왕과 그 형제, 그리고 그들의 가족을 성골이라 하여 진골 위의 새로운 신분으로 만들어냈다. 새로운 왕이 즉위하면 그 왕을 중심으로 하는 새로운 성골 집단이 만들어졌다. 진흥왕, 진지왕, 진평왕 대에는 각 왕을 중심으로 왕의 형제와 그 가족들이 성골 신분이었다.

당시 성골 신분인 사람들이 가졌던 신성함에 관해서는《화랑세기》에 잘 나와 있다.

태종공[이사부]이 일찍이 일이 있어 사사로이 [진흥]제를 찾아뵐 때, [세종]공이 시측했다. 태종공은 [진흥]제에게 먼저 절하고(先拜) 공에게 다음 절(次拜)을 했다. 공은 황망히 나아가 부축하며 감히 절을 받지 않았다.

4.2. 살아 있는 신인 성골 승만을 왕으로 세운 칠성우

제가 말하기를 "이 노인은 비록 중신重臣이기는 하나 나의 신하이다. □□[지위로] 너에게 절하지 않을 수 없다."라 했다. 공이 울며 말하기를 "아버지□□□□입니다. 어찌 신으로 삼을 수 있겠습니까. 덕에 대한 보답을 하고자 □□□□."라고 했다. 태종공이 놀라 말하기를 "[지소]태후는 신성하여 지아비 없이도 전군을 신화神化할 수 있습니다. 전군[세종공]은 신자神子입니다. 어찌 감히 신하가 아비가 되겠습니까?"라고 했다(《화랑세기》6세 풍월주 세종).

위 기록에는 결락한 부분이 있어 내용을 이해하기 어려운 면이 있다. 그러나 이 기록으로 그 안에 나오는 인물들의 계보를 그릴 수도 있다.

성골이 신성한 존재였음은 명백한 사실이다. 앞에서 인용한《화랑세기》기록에서, 성골인 지소태후의 신성함으로 그가 관계한 남자의 신분에 상관없이 그의 아들 세종은 신화神化되어 신성한 존재로 받들어졌다. 신화는 성골들이 신성함을 유지하는 방식이었다. 원래 전군은 왕의 후궁이 낳은 아들을 가리키지만, 신성함을 가졌던 지소태후의 아들[神子]로 일컬어진 세종 또한 전군으로 불렸다.

그러나 분명히 해둘 점은 세종이 지소태후의 아들로서 신화되기는 하였으나 성골은 아니었다는 사실이다. 성골이 되려면 왕의 부계 혈통으로 성골을 이어야 한다는 조건이 있었기 때문이다. 따라서 지소태후와 입종갈문왕 사이에서 태어난 진흥왕은 성골이 되었지만, 세종은 성골이 아닌 태종공의 아들이므로 성골일 수 없었다. 진흥왕은 성골 신분이었지만, 세종은 성골 신분일 수 없었고 다만 그의 어머니로 말미암아 신성함을 인정받기는 했다.

신성함을 가진 성골들은 근친혼을 하여 그들의 자식에게 신성함을 이어주었다. 이는 하와이 왕실에서 남매 사이 근친혼으로 마나mana[초자

연적인 힘·기운)를 그들의 자녀들에게 전해준 것과는 다른 면이 있다. 여기서 말하는 '마나'는 신성함을 뜻한다. 마나를 온전하게 자녀들에게 전하려면 마나를 가진 왕의 자녀 사이에 근친혼이 필요했다. 이는 지소태후처럼 한쪽만 신성해도 그 자식인 세종이 신성함을 가졌다고 한 신라의 예와는 다른 것이다. 분명한 사실은 세종이 신성함을 가졌다고는 하나 그의 아버지가 성골이 아니었기에 그가 성골이 될 수는 없었다는 것이다.

여기서 한 가지 짚고 넘어가야 할 사실은, 진지왕이 왕위에 있을 때 그의 아들인 용수와 용춘은 성골이었다는 것이다. 진지왕의 폐위와 더불어 성골 신분을 잃었던 용수와 용춘을 신라인들은 신성함을 가진 존재로 보았을 가능성이 있다. 김유신을 비롯한 칠성우도 용수의 아들 김춘추를 다른 사람과 달리 신성하게 보았을 수 있었을 것이다.

┃살아서도 죽어서도 신으로 모셔졌던 성골 왕들┃ 《화랑세기》를 보면 성골은 신성한 존재였으며 성골 왕을 신神으로 받들었음을 알 수 있다. 신라의 왕은 '살아 있는 신(生神)'으로 왕궁에 살았고, 세상을 떠난 왕들은 신궁神宮에 모셔졌다. 성골 왕들도 마찬가지였다. 혼자 모셔진 것도 아니었다. 그가 생시에 같이했던 사람들도 세상을 떠나면 신궁에 모셔졌다.

원래 신궁은 소지마립간 9년[487년] 2월에 시조가 처음 탄생한 곳인 나을奈乙에 설치했다고 나온다.[2] 여기서 말하는 시조는 누구일까? 신라의 건국 시조이자 박씨 왕의 시조 혁거세는 시조묘에 모셔졌다. 따라서 신궁과 관련된 시조는 김씨 왕들이었다. 《화랑세기》에 나오는 법흥왕

---

2   《삼국사기》3. 〈신라본기〉3. 소지마립간 9년.

과 옥진의 상을 모신 신궁은 법흥신궁이다. 그런데《화랑세기》에는 내물신궁도 나온다.[3] 내물왕부터 이어지는 역대 김씨 왕들이 각기 신궁을 가졌다고 추측된다. 단정하기는 어려우나 김씨 최초의 왕인 제13대 미추왕도 신궁에 모셨을 가능성을 생각해 본다.

그 가운데 성골 왕들은 그 자체가 신성하고 성스러운 존재로, 신성함을 근거로 왕위에 올랐고 신성함을 통하여 통치했다.

▌칠성우가 김춘추가 아닌 승만을 왕으로 세운 이유▐　　칠성우는 오래전부터 김춘추를 왕으로 세우기 위해 결성되었던 결사였음은 앞에서 여러 번 이야기했다. 그런데 칠성우가 왜 김춘추가 아니라 승만을 즉위시켰을까?

진덕여왕의 추대 곧 즉위는 칠성우의 필요에 따른 일이었다. 진골인 김춘추를 왕으로 세우기 위한 준비 기간도 필요했다. 비담의 난을 진압한 칠성우에게 맞설 세력은 모두 사라졌으므로 승만에게 별다른 추종 세력은 없었다고 본다. 하지만 태어나면서부터 진골이었던 김춘추와 달리 승만은 성골, 곧 '살아 있는 신'이었다. 이미 선덕여왕이라는 성골 여왕의 존재를 경험한 신라인들에게 성골이 남아 있는 상황에서 김춘추가 왕위에 오른다면 그를 신라인들이 받아들이지 않는 상황을 초래했을 것이다. 비록 여자지만 마지막 남은 성골인 승만을 왕위에 올리는 일은 신라인의 마음을 달래는 길이었다. 그렇게 함으로써 적어도 신라인들이 칠성우를 적으로 삼지는 않게 되었다.

그때 칠성우로서 할 수 있는 일이 무엇이었을까? 마지막 남은 성골인 승만을 칠성우 그들의 손으로 왕위에 올리고, 진덕여왕이 세상을 떠

3　《화랑세기》5세 풍월주 사다함.

나기를 기다릴 수밖에 없었다. 대신 그들은 진덕여왕 대에 왕정을 장악하고 진골인 김춘추를 동궁으로 삼아 왕으로 세우기 위한 전면적 준비를 하는 길을 택했다. 그 중심에 김유신이 있었다.

4.3.
칠성우, 왕정을 장악하고
김춘추를 동궁으로 세우다

진덕여왕이 즉위할 무렵, 김춘추는 왕위를 계승할 인물로 당대 제일의 능력과 혈연적인 위치에 있었다. 칠성우도 당대 제일의 인재 집단이라고 할 수 있다. 진덕여왕 대에 김춘추는 왕위 계승을 위한 준비를 했고, 칠성우들은 김춘추를 왕으로 세우기 위한 여러 가지 정치적 개혁을 펼쳐나갔다. 그 구체적 상황을 살펴보자.

▎알천, 상대등으로 임명되다▎　진덕여왕은 왕위에 오른 지 얼마 지나지 않은 647년 2월에 이찬 알천을 상대등으로 삼았다. 647년 1월 초에 비담이 반란을 일으켜 1월 17일 처형당한 뒤로 상대등 자리가 며칠 동안 비어 있었다. 진덕여왕이 왕위에 오른 뒤 칠성우 가운데 가장 나이가 많았던 알천공이 상대등이 된 것은 이제 칠성우가 신라 왕정을 완벽히 장악했다는 사실을 말해준다.

《삼국사기》나 《화랑세기》에 나오는 기록4처럼 칠성우들이 남산 오지암에 모여 국사를 의논하던 진덕여왕 대에는 칠성우가 왕정을 장악한 것이 분명하다. 김유신이 상대등은 아니었지만 칠성우의 중심인물로서 칠성우를 이끌었다.

| 칠성우, 김춘추를 동궁으로 세우다 | 《삼국유사》 "태종 춘추공" 조에는 김춘추가 "동궁東宮〔왕위 계승권자〕으로 있을 때 고구려를 치려고 군사를 청하러 당나라에 들어갔다."라고 나온다. 김춘추가 당나라에 가서 당 태종을 만나 청병한 것은 648년이었다. 진덕여왕이 즉위한 뒤 김춘추는 동궁이 되어 다음 대의 왕위를 계승할 위치에 있었다. 당시 실제로 동궁이라는 용어가 사용되었는지는 단정할 수 없다. 그러나 그때 신라 사람들은 진덕여왕의 뒤를 이어 김춘추가 왕위에 오른다는 사실을 모두 알고 있었다. 마침내 칠성우가 김춘추를 동궁으로 세운 것이다. 말할 것도 없이 그 중심에 김유신이 있었다.

4 《삼국유사》 2, 〈기이〉 2 (상), "진덕왕", 《화랑세기》 14세 풍월주 호림공.

4.4.
진덕여왕 대의 김유신,
최고의 군사 엘리트

《화랑세기》에 19세 풍월주 흠순공은 여러 대전大戰을 치렀으나 패한 일이 없었다고 한다. 김흠순과 마찬가지로 김유신 또한 패했다는 기록이 없다. 그는 신라 최고의 군사 엘리트로 자리 잡았던 것이다.

▎김유신, 백제와의 전쟁을 승리로 이끌다▎ 　 김유신은 말로만이 아니라 실제로 신라 최고의 군사 엘리트였다. 몹시 힘든 전투에서도 승리를 거두었다. 진덕여왕 원년[647년] 백제와의 전투를 그 한 예로 볼 수 있다.

647년 10월 백제 군사들이 와서 무산茂山(전북 무주군), 감물甘勿(경북 김천시 어해면), 동잠桐岑(경북 구미시) 등 세 성을 포위하므로 왕은 김유신을 보내어 보병과 기병 1만 명을 거느리고 가서 막게 했다. 전투가 몹시 힘들어 기운이 다 빠지게 되자 김유신은 비령자丕寧子에게 "오늘의 사태는 매우 위급하다. 그대가 아니면 누가 능히 군사들의 마음을 격려할 수 있겠느냐?"고 했다. 비령자가 절하며 "감히 명령을 따르지 않을 수 있겠습니까?" 했다. 드디어 적진으로 들어가니, 그의 아들 거진과 종 합절이 뒤를 따라 들어가서 칼과 창을 부딪치며 힘껏 싸우다 죽었다. 군사들이 이를 바라보고 감동되어 힘써 다투어 나아가서 적병을 크게 패배시키고 머리 3천여 개를 베었다.

같은 전투에 관한 백제 측 기록도 있다.《삼국사기》〈백제본기〉에는 의자왕 7년[647년] 10월에 장군 의직이 기병 3천 명을 거느리고 나아가 신라의 무산성 밑에 둔치고 군사를 나누어 감물과 동잠 두 성을 쳤는데, 신라의 장군 김유신이 몸소 사졸을 격려하여 죽기를 각오하고 싸워서 이를 크게 부수므로 의직은 한 필의 말만 타고 돌아왔다고 기록하였다.

▌김유신의 영강전략을 따른 비령자▐   《삼국사기》〈열전〉 "비령자" 전
에는 647년 김유신과 백제 의직 사이에 벌어진 전투에 대한 기록이 좀 더 자세하다. 그 가운데 김유신이 어떤 인물인지 알 수 있는 대목이 있다.

비령자는 그 고향(鄕邑)과 족성族姓을 알 수 없다. 진덕여왕 원년 정미 [647년] 백제에서 많은 군사가 쳐들어와서 무산·감물·동잠 등의 성을 공격하자 유신이 보병과 기병 1만 명을 거느리고 이를 막았다. 백제 군사가 매우 날래므로, 신라군은 고된 싸움을 했으나 능히 이기지 못하여 군사들의 기운은 움츠러지고 힘은 빠졌다.

유신은 비령자가 힘을 다하여 싸워 적진으로 깊이 들어가려는 뜻이 있음을 알고 그를 불러 말했다. "겨울이 되어야만 소나무와 잣나무가 뒤늦게 시드는 것을 알게 되오. 오늘의 정세가 위급한데 그대가 아니면 누가 능히 기운을 내어 특출한 일을 하여 뭇 사람의 마음을 격려할 수 있겠소." 이에 그와 함께 술을 마시며 은근한 뜻을 보이자, 비령자가 두 번 절하며 말했다. "지금 여러 사람이 모인 자리에서 유독 제게 중대한 일을 부탁하시니, 저를 잘 알아주신 것이라 하겠습니다. 마땅히 죽음으로써 보답하겠습니다."

그는 나가서 종 합절에게 말했다. "나는 오늘 위로는 나라를 위하고, 아래로는 나를 잘 알아준 분을 위해 죽을 것이다. 내 아들 거진은 비록 나이는 어리나 장한 뜻이 있으므로 반드시 나와 함께 죽으려 할 것이다. 만약 부자父子가 한꺼번에 죽는다면 집사람들은 장차 누구에게 의지하겠느냐. 너는 거진과 함께 내 해골을 잘 거두어 돌아가서 어머니의 마음을 위로하게 하라." 말을 마치자 곧 말을 채찍질하여 창을 비껴들고 적진으로 뛰어 들어가서 몇 사람을 쳐 죽이고 전사했다.

　　거진이 이를 바라보고 적진으로 가려고 하니 합절이 청해서 말했다. "대인께서 합절에게 도련님을 모시고 집으로 돌아가서 어머님을 위로하여 편안하게 해 드리라고 말씀하셨는데, 지금 도련님께서 아버지의 명령을 저버리고 어머니의 사랑을 버리신다면 이를 효도라고 할 수 있겠습니까?" 말고삐를 잡고 놓지 않으니 거진이 말했다. "아버님의 죽음을 보고서도 구차하게 살아남는 것이 어찌 이른바 효자라 하겠느냐?" 곧 칼을 빼어 합절의 팔을 쳐서 꺾고는 적진 속으로 달려들어 가 전사했다. 합절이 "내 주인들이 돌아갔으니, 내가 죽지 않고 무엇을 바라겠느냐?"라고 하며 또한 적과 싸우다 죽었다. 군사들은 세 사람의 연이은 죽음을 보고 감격하여 서로 다투어 진격하니, 가는 곳마다 적의 기세를 꺾고 적진을 함락하여 적군을 크게 패배시키고 머리 3천여 개를 베었다.

　　유신은 세 사람의 시체를 거두어 자기 옷을 덮어주고 매우 슬피 울었다. [진덕]대왕은 이 소식을 듣고 눈물을 흘렸으며, 예절을 갖추어 반지산에 시체를 합해서 장사하도록 하고, 처자와 구족에게도 상을 후하게 내렸다 (《삼국사기》 47, 〈열전〉 7, "비령자").

647년 백제군과 벌인 전투에서 비령자와 그 아들 거진 그리고 종 합절의 죽음은 신라군을 승리로 이끌었다. 629년 신라군이 고구려 낭비성에 쳐들어갔을 때 김유신이 적진에 뛰어들어 끝내 신라군의 승리를 이끌었던 것과 같은 영강전략을 벌인 것이다. 김유신의 병법과 리더십을 볼 수 있다.

▎압독주(압량주) 도독 김유신, 백제 침략군을 물리치다▎　《삼국사기》〈신라본기〉 진덕여왕 2년[648년] 3월 조에는 백제 장군 의직이 서쪽 변방을 침입하여 요거성腰車城(경남 합천 부근) 등 10여 성을 함락시키자, 왕이 압

독주 도독 김유신에게 명하여 물리치게 했다. 김유신이 이에 군사를 훈련하고 독려하여 전쟁터로 나아갔다. 의직이 이에 맞서자 김유신이 군사를 세 갈래로 나누어 몰아치니 백제 군사는 패하여 달아났다. 김유신이 달아나는 적을 쫓아서 거의 다 죽이니 왕이 기뻐하여 군사들에게 차등을 두어 상을 내렸다.

이 전쟁은 《삼국사기》〈백제본기〉에도 나온다. 648년 3월 의직이 신라의 서쪽 변경 요거 등 10여 성을 습격해 빼앗고 4월에 옥문곡으로 진군하였는데, 신라의 장군 김유신이 이를 맞아 두 번이나 싸워 백제를 패배시켰다고 한다.

김유신은 이 밖에도 무수한 전투에서 승리를 거두었다.

4.5.
김춘추의 원교근공책,
당 태종을 움직이다

어느 나라가 외국 군대를 끌어들여 자기 나라를 지키는 것을 원하겠는가? 그러나 나라의 운명과 백성의 안위가 풍전등화風前燈火 같은 상황에서 동맹국을 끌어들여 나라를 지키는 일이 잘못된 것만은 아니다. 그것이 외교다. 바로 그런 일이 신라에서 벌어졌다. 648년 당나라에 간 김춘추는 당나라와 고구려의 관계를 잘 알고 있었기에, 구걸이 아니라 당당하게 문화를 통해 청병하여 당 태종으로부터 당나라 군대 20만 명을 보내 백제와 고구려를 정벌하겠다는 약속을 받아냈다. 김춘추의 원교근공책이 성공의 길로 들어선 것이라 하겠다. 그때 김춘추는 이웃한 적국인 고구려와 백제를 멸망시키기 위해 원교근공책을 펼친 것이다. 한편, 신라에 있던 김유신은 김춘추를 위해 무엇을 했을까?

▌김춘추, 당 태종에게 백제·고구려 정복을 약속받다 ▌   609년 김유신이 오래 바라던 삼한통합의 꿈은 642년 이후 김춘추 자신의 꿈이 되었다. 앞서 642년 백제 장군 윤충이 대야성을 침략하여 성주 품석과 그 아내 고타소를 죽이자, 이에 보복하고자 김춘추는 적국 고구려에 가서 백제를 정복하기 위한 병사를 청한 것도 그 때문이다. 그러나 그 청병은 실패로 돌아갔다. 몇 년이 지나 진덕여왕 2년[648년] 마침내 김춘추는 당나라에 가서 당 태종을 만나 군대를 요청한다.

당 태종은 광록경 유형柳亨(《화랑세기》에서는 유향柳享)을 보내 김춘추를 교외에서 맞이하게 하였고, 그의 용모가 영특하고 빼어난 것을 보고 후히 대접했다. 김춘추는 국학에 나아가 공자에 대한 제의祭儀와 경전 강론을 보기를 청하였다. 당 태종은 이를 허락하고, 손수 지은 〈온탕비溫湯碑〉와 〈진사비晉祠碑〉, 그리고 새로 편찬한 《진서晉書》를 주었다. 이는 김춘추와 당 태종 사이에 문화 외교로 관계가 맺어졌음을 나타낸다.

그 뒤 당 태종은 따로 김춘추를 불러 만나보고 금과 비단을 후하게 내려주며 할 말이 있는지를 물었다. 이에 김춘추는 꿇어앉아 아뢰기를, "저희 나라는 바다 한 모퉁이에 외따로 떨어져 있으면서도 대국을 섬긴 지 여러 해가 되었습니다. 그러하오나 백제가 완강하고 교활하여 여러 번 침략을 마음대로 했으며, 더구나 지난해에는 군대를 크게 일으켜 깊이 쳐들어와서 수십 개의 성을 함락시켜 천자께 조회하는 길을 막았습니다. 만약 폐하께서 대국의 군사를 빌려주시어 흉악한 적을 없애주지 않으시면 저희 나라 백성들은 모두 사로잡히게 될 것이므로 산을 넘고 바다를 건너서 조공하는 일은 다시 바랄 수 없을 것입니다."라고 했다.[5]

《삼국사절요》에 따르면, 이때 당 태종이 당나라 군대를 보내기로 하기 전에 김춘추의 말이 매우 옳다고 여기며 김춘추에게 묻기를 "그대의 나라에 김유신이란 자가 있다는 말을 들었는데 그 사람됨이 어떠한가?"라고 했다고 나온다. 이에 김춘추가 답하기를 "김유신이 약간의 재주와 지략이 있다 하더라도 만약 폐하의 위엄을 의뢰하지 않는다면 어떻게 이웃 나라의 침략을 막을 수 있겠습니까?"라고 했다고 한다. 이에 당 태종이 말하기를 "신라는 진실로 군자의 나라이다."라고 하고 장군 소정방에게 명하여 군사 20만 명을 거느리고 백제를 정벌하게 했다고 나온다.[6]

사실 당 태종이 김춘추에게 김유신에 관해 물었던 이야기는 《삼국사기》 41, 〈열전〉 1에도 나온다. 다만 〈신라본기〉의 기록에 이어 〈열전〉의 김유신 관련 이야기가 서로 떨어져 나와 그 연결 관계를 잘 알 수 없었다. 그런데 《삼국사절요》를 보면 당 태종이 김춘추의 말을 듣고 이어서 김유신에 관해 질문한 것을 알 수 있다.

여기서 당 태종이 소정방에게 20만의 병사를 거느리고 백제를 정벌하라고 한 것은 두 가지 이유가 있다는 사실을 확인하게 된다. 그 하나는 김춘추의 문화 외교를 통한 청병이다. 김춘추와 당 태종이 서로를 알게 되고 마침내 지원군 약속까지 오가게 만든 계기가 바로 문화 외교였

5   《삼국사기》 5, 〈신라본기〉 5, 진덕왕 2년.
6   《삼국사절요》 9, 진덕왕 2년.

기 때문이다.

다른 하나는 김유신의 존재였다. 그때 김유신은 당 태종에게까지 알려져 있었다. 당 태종이 김유신의 인품에 관해 물었을 때 김춘추가 하였던 답에 만족한 결과 당 태종은 김춘추의 청병 요청을 들어준 것을 볼 수 있다. 이 또한 김유신의 존재 자체와 김유신에 대한 김춘추의 대답이 당 태종의 마음을 움직인 것을 보여준다.

김춘추와 김유신 두 사람이 당 태종의 마음을 움직여 당나라 병사를 동원하여 백제를 정복하도록 약속하게 만든 것이 사실이다.

| 김춘추, 중국화의 뜻을 밝혀 당 태종의 마음을 움직이다 | 김춘추는 무엇으로 어떻게 당 태종의 마음을 움직였을까 좀 더 보자. 당나라 궁에 들어간 김춘추를 본 당 태종은 김춘추의 영특하고 빼어난 모습을 보고 후하게 대우했다.[7] 그런가 하면 당 태종을 만날 때 김춘추는 이미 진덕여왕의 뒤를 이어 왕위를 계승할 동궁의 지위에 있었다. 이 같은 그의 지위는 당 태종에게 청병하기에 유리한 위치를 말해준다.

김춘추는 현재 우리가 쓰는 단어인 "문화 외교"로 청병에 성공했다고 본다.[8] 당 태종을 만난 그는 먼저 청병을 이야기한 것이 아니라, 국학에 나아가 공자에 대한 제사와 경전 강론을 보겠다고 했다. 공자와 유교 경전에 관해 관심을 보인 것이다.

거기에 더하여 중국 문화를 받아들일 뜻을 밝혔다. 김춘추는 당 태종에게 신라인의 의복을 당나라 사람들의 장복章服 곧 중국식 복장으로 바꾸겠다는 의사를 표시하였다. 이는 당 태종의 관점에서 보면 신라인

---

7   이종욱,《춘추》, 효형출판, 2009, 259쪽.
8   이종욱, 위의 책, 265~266쪽.

의 겉모습이 당나라 사람과 같아지는 것을 의미했다. 신라의 예복을 고쳐 중국의 제도를 따르겠다고 청하자, 당 태종은 김춘추와 따라온 사람들에게 의복을 선물했다. 또 조칙을 내려 김춘추를 특진特進으로 삼고, 김춘추의 아들 문왕은 좌무위장군으로 삼았으며, 김춘추가 돌아갈 때 삼품 이상 관리들에게 명하여 송별연을 열어 신라 사절을 극진히 대접했다.

김춘추는 여기서 그치지 않고 한 걸음 더 나아가 당 태종에게 아뢰었다. "제게는 일곱 아들이 있사오니, 바라건대 폐하의 옆에서 모시도록 하여 주시옵소서!" 그는 함께 당에 갔던 셋째 아들 문왕에게 명하여 머물게 했다. 이 또한 당 태종의 마음을 움직이는 조치였다. 김춘추가 그의 아들을 당나라에서 숙위토록 한 것은 당나라에 인질로 둔 것이기도 하지만, 당나라의 사정을 파악하려는 조치이기도 했다. 그는 할 수 있는 모든 일을 하여 신라의 국익을 지키고자 조처해갔다.

김춘추가 언제 신라로 돌아왔는지는 정확히 알 수 없다. 여하튼 당나라에서 김춘추가 돌아온 뒤인 진덕여왕 3년[649년] 정월부터 신라인들이 중국 의관을 사용하게 되었다. 문무왕 4년[664년] 부인의 의복을 개혁하여 이후부터는 신라인의 의관이 중국과 같았다는 것으로 미루어 649년에는 남자들의 의복만 중국 제도를 따랐음을 알 수 있다.

│김춘추의 외교적 능력│ 신라의 사신이 당 태종을 만난다는 것은 절대 쉽지 않은 일이었다. 앞에서 본 것과 같이 643년 9월에 당나라에 청병하러 간 신라 사신은 당 태종이 제시한 세 가지 방안 가운데 어떤 것을 따르겠느냐 하는 질문에 말도 못 할 정도로 마음이 얼어붙었다. 물론 그때 신라 사신이 당 태종이 제시한 세 가지 방법 가운데 한 가지를 결정

할 권한이 없었던 것이 사실이다.

그와 달리 648년 당나라에 갔던 김춘추는 당당하게 당 태종을 만났다. 김유신이 왕위에 올리기로 마음먹었던 김춘추의 자질과 능력에 대해서는 이미 《춘추》(효형출판, 2009)에서 충분히 이야기하였으므로 여기에서는 다시 다루지 않겠다. 다만 김춘추가 당나라와의 국제 관계에서 능력을 발휘한 사실은 언급하고 넘어가기로 한다.

거기에 더하여 김춘추는 당시 국제 정세를 잘 파악하고 있었다. 645년 당 태종이 직접 고구려를 침공했다가 패하고 물러난 사실을 통하여 당 태종이 고구려를 정복하기 위해 신라와 동맹을 맺을 필요가 있다는 사실을 잘 알고 있었다.

신라의 대당 외교는 성공적인 국제 외교의 예라 할 수 있다. 국가의 운명을 결정한 신라의 삼한통합은 김춘추를 중심으로 전개한 외교 활동이 성공한 결과였다. 신라는 당·고구려·백제·말갈·왜 등 여러 나라 가운데 당나라를 택해 동맹을 맺었다. 김춘추는 645년 당 태종이 직접 고구려를 침공했다가 패하고 물러난 사실 때문에 당나라가 신라와 군사적 동맹이 필요한 사실을 충분히 계산에 넣고 있었다. 김춘추는 당나라와 동맹을 맺어 서로 힘을 합해 서로의 적국인 고구려와 백제를 멸망시킬 수 있었다는 것이다.

│ 천병을 얻어 백제를 토벌코자 한다고 말한 예원공 │ 김춘추가 당나라에 갈 때 사절단으로 선화 3명과 승려 3명을 따르도록 했는데, 그 가운데 20세 풍월주를 지낸 예원이 선화로서 따라갔다. 예원이 당나라에 들어가자 원광의 조카로 문장을 잘한다고 하여 당나라 사람들이 많은 질문을 했다. 그 가운데 아래와 같은 기록을 볼 수 있다.

당나라 재상이 묻기를 "너희 나라와 백제는 서로 혼인했는데, 지금 어찌하여 서로 다투는가?"라고 하자, 공이 말하기를 "백제가 고구려에 쫓겨 남쪽으로 내려왔는데, 우리나라가 군대와 땅을 빌려주어 보호했다. 그러므로 처음에는 우리에게 신하로서 의지했는데, 점차 안정되자 도리어 우리 땅을 침범했다. 또한 가야는 본래 우리의 부용국이었고 지금은 이미 우리나라에 들어왔는데, 백제가 그 서쪽 땅을 빼앗고 돌려주지 않는다. 대개 탐욕스럽고 도가 없다. 그러므로 천병天兵을 얻어 토벌코자 한다."라고 했다. ……당나라의 재상이 그렇게 여겼다(《화랑세기》20세 풍월주 예원공).

위 기록을 보면, 예원 또한 천병天兵, 곧 천자의 군사(당나라 병력)를 얻어 백제를 토벌코자 한다고 말하였음을 알 수 있다. 당시 신라 사절단의 성원들만이 아니라 김유신을 포함한 신라인 모두 한마음으로 당나라 군대를 얻어 백제를 멸망시키고자 하였음을 짐작하기 어렵지 않다. 그만큼 백제와 고구려의 침략으로 말미암아 신라의 운명이 위태로웠기 때문이다.

│김추추의 원교근공책, 그의 청병 요청에 당 태종이 약속한 내용│　　　김춘추는 원교근공遠交近攻의 정책을 펼쳤다. 이웃한 나라인 고구려와 백제를 정복하기 위해 당나라에 청병을 한 이 원교근공책은 김유신이 품은 호국의 꿈을 이루는 길이 되었다.

김춘추가 당 태종을 만나 청병했을 때 당 태종이 한 말이《삼국사기》에 나온다. 671년 당나라 총관 설인귀薛仁貴가 임윤법사를 거쳐 보내온 글에 대한 문무왕의 답서에 그 내용이 들어 있다.

선왕께서 정관 22년[648년]에 중국에 들어가 태종 문황제께서 조칙을 받는데 그 조칙에 "짐이 이제 고구려를 침은 다른 까닭이 있는 것이 아니다. 너희 신라가 고구려·백제 두 나라에 핍박되어 매양 침략과 업신여김을 입어 편안할 때가 없음을 가엾게 여긴 때문이다. 그러므로 산천과 토지는 내가 탐하는 바가 아니며, 옥과 비단[玉帛]과 백성[子女]도 내게 있다. 하여 내가 두 나라를 평정하게 되면 평양 이남과 백제의 토지는 모두 너희 신라에 주어 길이 편안하게 하겠다."라고 하셨고, 계책을 가르쳐주시고 군사의 기일을 정해주셨습니다(《삼국사기》 7, 〈신라본기〉 7, 문무왕 11년 7월 26일 당나라 총관 설인귀의 글에 대한 답서 가운데).

위 기록을 보면 당나라는 군대를 내어 고구려와 백제를 정복한 뒤에 신라에게 평양 이남과 옛 백제 땅을 주어 길이 편안하게 살게 하겠다고 약속한 것을 볼 수 있다.

그런데 당 태종의 이 같은 약속에는 주목할 사실이 있다. 당 태종은 백제와 고구려를 정복한 뒤 두 나라의 땅을 모두 신라에게 준다는 것이 아니었다. 평양 이남의 고구려 땅과 백제 땅을 주겠다는 것이었다. 당시 당나라는 고구려 땅 전체를 신라에 줄 생각이 없었다.

실제 당나라 군대가 신라의 군대와 힘을 합해 백제를 정벌한 것은 660년으로, 당 태종은 이미 세상을 떠나고 당 고종高宗이 재위하던 때였다. 648년에 이루어진 김춘추의 청병외교는 13년 뒤인 660년에 일차적으로 힘을 발휘하여 백제를 정복했다. 668년에는 고구려까지 멸망시켰다. 이로써 신라의 외우가 없어지게 되었다.

┃김유신, 중국 은·주의 역사를 알고 있었다┃ 　　신라인들은 중국의 학문을 배워 익혔다. 또 중국의 학문에 관심이 컸던 것도 사실이다. 김춘추

가 당 태종을 만나 그 나라 국학에 가서 석전釋奠(공자를 제사 지내는 큰 제사)과 유교 경전을 강론하는 것을 참관하고 싶다고 말한 것으로 보아 그러한 사정을 짐작할 수 있다. 그때 신라인들은 중국의 유교 경전과 역사에 대해 잘 알고 있었다고 보인다. 김유신 또한 만노군에서 살던 시기에 또는 왕경으로 온 뒤 화랑도 활동을 하면서인지 알 수 없으나, 중국의 역사를 배워 알고 있었던 것은 분명하다. 그와 같은 역사적 지식을 가지고 진덕여왕을 설득하여 그가 원하는 일을 실행할 수 있었다.

4.6.
김춘추가 당에 가 있을 때
김유신이 한 일들

김춘추가 당나라에 간 사이에도 김유신은 신라와 김춘추를 위하여 다른 여러 가지 일을 했다. 그 가운데 김유신이 김춘추를 위해 한 일은 두 가지가 있다. 하나는 백성의 마음을 하나로 모은 일이다. 다른 하나는 백제와 전쟁을 벌여 사로잡은 여덟 명의 장군과 642년 백제군에게 잡혀 죽은 품석과 그의 아내 고타소의 뼈를 교환한 일이다.

┃압량주 군주로서 백성의 마음을 하나로 모은 김유신┃　　먼저 김유신은 백성의 마음을 하나로 모아 백제와 전쟁할 수 있도록 하였다. 이와 관련

하여 아래의 기록을 보겠다.

　　이때 유신은 압량주押粱州(경북 경산시)의 군주로 있었는데, 군사軍事에는 아무런 뜻이 없는 것처럼 술을 마시고 풍악을 울리며 여러 달을 넘기니, 압량주 사람들이 김유신을 용렬한 장수로 여겨 그를 비방해서 말했다. "여러 사람이 편안히 살기 오래되었으므로 힘에 여유가 생겨 한번 싸울 만한데도 장군이 게으르니, 이를 보고 어떻게 할 것인가?"

　　김유신이 이 말을 듣고 백성들을 쓸 수 있겠다고 생각하고 [진덕]대왕에게 아뢰었다. "지금 민심을 보면 가히 전쟁을 벌일 만하므로, 청컨대 백제를 정벌하여 대량주大粱州 전쟁에 대한 보복을 할까 합니다." 왕이 말했다. "적은 군사로서 많은 군사와 맞서 겨루다가 위태롭게 되면 장차 어찌하겠는가?" 유신이 답했다. "전쟁에 이기고 지는 것은 군사가 많고 적은 데 있는 것이 아닙니다. 인심이 어떤가에 달려 있을 뿐입니다. 그런 까닭에 은殷나라 주왕紂王은 억조億兆의 사람을 가졌지만, 마음과 덕이 떠났기에 주周나라에서 열 사람의 어진 신하(亂臣, 여기서는 나라를 잘 다스리는 신하)들이 마음과 덕을 같이한 것만 못했습니다. 지금 우리 군사들은 한뜻이 되어 죽고 삶을 같이할 수 있사오니 저 백제는 두려워할 것이 없습니다." 《삼국사기》 41, 〈열전〉 1, "김유신 (상)").

　　이때 김유신이 승리를 거둔 전쟁은 앞에서 본 진덕여왕 2년(648) 3월 백제 장군 의직이 침공해온 바로 그 전쟁이다. 이 전쟁에서 신라군은 여덟 명의 백제 장군을 포로로 하는 등의 승리를 거두는 장면이 아래에 나온다.

　　[진덕]왕이 이에 허락했다. 김유신은 드디어 압량주의 군사를 뽑아 훈

런하여 적에게 나아갔다. 대량성大梁城(경남 합천군에 위치한 성) 밖에 이르니 백제가 이미 [그곳을] 막았다. 김유신이 이기지 못하는 체하며 거짓으로 달아나 옥문곡에 이르자 백제에서 이를 업신여겨 많은 군대를 거느리고 나왔다. 복병이 일어나 그 앞뒤를 쳐 백제군을 크게 물리쳤다. 이때 백제 장군 여덟 명을 사로잡고 군사 1천 명을 죽였다(《삼국사기》 41, 〈열전〉 1, "김유신 (상)").

백제 장군 여덟 명을 사로잡은 김유신은 백제군 사령관에게 신라가 사로잡은 백제 장군들과 품석 부부의 뼈를 교환하자고 제안했다.

사자를 보내어 백제 장군에게 말했다. "우리 군주 품석과 그 아내 김씨 [고타소]의 뼈가 너희 나라 옥중에 묻혀 있다. 지금 너희의 비장神將 여덟 명이 내게 잡혀 엎드려 목숨을 살려달라고 애걸하고 있는데, 나는 여우와 표범도 죽을 때는 머리를 제 굴 쪽으로 둔다는 뜻을 알고 있으므로 차마 이들을 죽이지 못하고 있다. 이제 너는 두 사람의 뼈를 보내어 산 사람 여덟 명과 바꾸는 것이 좋지 않겠는가?"

백제 좌평 중상(또는 충상이라고도 한다)이 의자왕에게 보고했다. "신라인의 해골을 이곳에 두어도 소용이 없으니 이는 보내야 하겠습니다. 만약 신라 사람이 약속을 어기고 우리나라의 여덟 사람을 돌려보내지 않는다면 그른 것은 저쪽에 있고 옳은 것은 우리에게 있으니 무엇이 걱정이겠습니까?" 이에 품석 부처의 뼈를 파내어 관에 넣어 보냈다. 김유신은 "나뭇잎 하나가 떨어진다 해서 무성한 숲에는 아무런 손해가 없고, 먼지 하나가 모인다고 해서 큰 산에는 아무런 보탬이 없다."라고 말하고는 백제인 여덟 명을 살려 돌려보내게 했다(《삼국사기》 41, 〈열전〉 1, "김유신 (상)").

이렇게 김유신은 신라가 포로로 한 백제 장군 여덟 명과 품석 부처의 뼈를 바꾸었다.

│ 김유신이 품석 부부의 유골을 돌려받은 의미 │　　　포로가 되어 목숨이 붙어 있던 백제 장군들과 세상을 떠난 품석·고타소의 뼈를 바꾼 것은 김춘추를 위한 김유신의 결단이었다. 이는 김춘추를 향한 자신의 충성심이 어떤 것인지 말해준다. 김유신은 포로들을 돌려보내도 아무런 손해도 아니라고 덧붙였다. 이 말에는 장군 여덟 명보다 품석 부부의 뼈가 말할 수 없이 중요하다는 의미가 담겨 있다.

│ 김유신, 이찬으로서 대총관이 되다 │　　　648년 백제 장군 여덟 명을 사로잡는 등 승기를 탄 신라는 마침내 백제의 국경을 넘어 들어가 악성嶽城 (미상) 등 열두 성을 쳐서 빼앗았으며, 머리 2만 급을 베고 9천 명을 사로잡았다. 왕은 공을 논하면서 김유신의 관등을 제2등 이찬으로 높이고, 상주행군대총관上州行軍大摠管으로 삼았다. 김유신은 또 백제의 국경을 쳐들어가서 진례 등 아홉 성을 무찌르고 머리 9천여 급을 베고 6백 명을 사로잡았다.[9]

│ 김유신, 당나라에서 귀환한 김춘추와 만나다 │　　　당나라에 가서 파병을 약속받고 돌아온 김춘추는 오자마자 김유신을 만났다. 지금 남아 있는 기록으로 보면, 648년 말의 일 같다. 그는 김유신을 보고 "죽고 사는 것은 하늘의 뜻에 달린 까닭으로, 내가 살아 돌아와서 다시 공과 서로 만나게 되었으니 정말 다행스러운 일이오."라고 했다. 김유신은 "하신下臣은 왕국의 위엄과 신령함에 힘입어 거듭 백제와 대전을 벌여 20개의 성

9　　《삼국사기》 41, 〈열전〉 1, "김유신 (상)".

을 빼앗고, 군사 3만 명을 목 베고 사로잡았으며, 품석공과 그 부인의 뼈를 찾아 고향으로 돌아오게 하였습니다. 이것은 모두 하늘이 주신 다행스러움이지, 제가 무슨 힘이 되었겠습니까?"[10]라고 했다.

| 김유신, 백제 간첩을 역이용하여 대승을 거두다 |

진덕여왕 3년[649년][11] 가을 8월 백제 장군 은상殷相이 쳐들어와서 신라의 석토성石吐城(충북 진천군의 문안산성) 등 일곱 성을 공격하자, 진덕여왕은 대장군 김유신과 장군 죽지·진춘陳春·천존天存 등에게 명하여 막게 했다. 김유신은 삼군三軍을 나누어 다섯 길로 나아가 공격했는데, 서로 승부는 있었으나 열흘이 지나도 그 결말이 나지 않았다. 굳어진 시체가 들판에 가득 차고 흐르는 피에 방패가 떠내려갈 지경이었다. 이에 김유신은 도살성道薩城(충북 괴산군 도안면) 아래에 진을 치고 말을 쉬게 하고는 군사를 밥 먹여 다시 쳐들어갈 계획을 하고 있었다. 그때 물새[水鳥]가 동쪽에서 날아와 김유신의 군막을 지나가니 장수와 군사들이 이를 보고 좋지 못한 징조라고 생각했다.

그러자 김유신이 말했다. "이는 괴이하게 여길 일이 아니다." 또 여러 군사에게 말하였다. "오늘 반드시 백제인이 간첩으로 올 것이니 너희들은 모른 체하고 감히 누구인가 묻지 말라." 또 군중軍中에 두루 군령을 내렸다. "성벽을 굳게 지키고 움직이지 말라. 내일 후원군이 이르는 것을 기다린 뒤에 백제와 결전을 할 것이다."라고 했다.

백제 첩자가 이 말을 듣고 돌아가 은상에게 보고하니 은상 등은 신

---

10 《삼국사기》 41, 〈열전〉 1, "김유신 (상)".
11 《삼국사기》 42, 〈열전〉 2에는 진덕여왕 2년으로 나오나,《삼국사기》의 〈신라본기〉나 〈백제본기〉를 보면 진덕여왕 3년이 옳다.

라의 군사가 증원된다고 하여 의심하고 두려워하게 되었다. 이에 김유신 등이 한꺼번에 힘을 내어 적을 쳐 크게 이겼다. 백제 장군 달솔 정중正仲과 사졸 1백 명을 사로잡고 좌평 은상, 달솔 자견自堅 등 열 명과 군사 8980명을 목 베었다. 말 1만 필과 갑옷 1800벌을 얻었고, 그 밖에 얻은 병기가 헤아릴 수 없이 많았다. 돌아오는 길에 백제 좌평 정복正福이 군사 1천 명과 함께 와서 항복했으나 모두 놓아주어 마음대로 가게 했다.12

김유신이 서울인 왕경에 돌아오니 진덕여왕이 성문에서 맞아 위로하고 후하게 대접했다.

4.7.
김춘추와 칠성우,
신라를 중국화의 길로 들어서게 하다

신라는 진덕여왕 대에 새롭게 중국화〔세계화〕를 시작했다. 신라의 중국화는 하나의 혁명이었다. 그와 같은 혁명적 상황을 만든 세력이 칠성우다. 칠성우는 크게 두 가지 이유로 신라의 중국화를 전개했다.

칠성우는 신라를 멸망시키려 쉬지 않고 쳐들어오던 고구려, 백제 그리고 말갈을 멸망시키기 위해 당나라가 필요했다. 그리하여 당나라와 긴밀한 우호 관계를 유지하고 중국인들을 안심시켜 신라에 대한 신뢰

---

12 《삼국사기》5, 〈신라본기〉5, 진덕왕 3년.

를 얻고자 중국화를 전개했다.

　김춘추가 왕위를 잇게 하는데도 신라의 중국화가 필요했다. 그의 왕위 계승은 진골의 왕위 계승을 의미했다. 성골 왕 시대에 성골의 신성함은 왕위 계승에 필요한 정당성 그 자체였다. 그러나 김춘추는 달랐다. 많은 진골 가운데 유독 그가 왕위를 계승하려면 다른 무엇인가가 필요했다.

　진골인 김춘추가 왕위를 계승하려면 새로운 정당성이 필요했다. 이를 위해 칠성우는 정치·행정·군사 등 다양한 면에 걸친 개혁 조처를 하게 되었다. 그런 면에서 결정적인 수단으로 택한 방법이 바로 중국화였다. 당시 신라의 중국화는 김춘추를 중심으로 펼쳐 나갔다. 그 과정에 성골 왕들이 보여주지 못한 혁명적 변화를 통하여 김춘추가 새로운 왕국의 지배자가 되기 위한 정당성을 확보한다는 의미가 있는 것이었다.

　신라인들은 적극적으로 중국 문명을 도입하는 새로운 시대를 열었다. 그들은 필요하다면 중국화도 마다하지 않았지만, 그렇다고 모든 것을 중국화하지도 않았고 또 그럴 수도 없었다. 이때 신라의 중국화는 한국 문화를 세계화(중국화)하는 커다란 진전을 보이며 비약적 변혁을 불러왔다. 김춘추가 당나라에서 무엇을 보았고, 어떤 생각을 했으며, 그들이 시행한 중국화의 모습을 보기로 한다.

┃당나라에 간 김춘추, 중국 문명의 일원이 될 꿈을 꾸다┃　　여기서 내가 이미 《춘추》에서 밝힌 내용을 정리해보겠다. 김춘추가 당나라에 간 648년은 당 태종의 재위 22년인 정관 22년이었다. 그때 중국은 수나라 말기의 혼란을 수습하고, 당나라가 부강하고 태평할 기반을 마련한 시기로 이 시기의 정치를 '정관貞觀의 치治'라고 한다. 김춘추는 당의 수도

장안성으로 가는 과정에 당나라의 광대한 영토와 많은 인구 그리고 그에 대한 통치의 모습을 보았을 것이다. 장안성에서는 웅장한 성과 궁실 그리고 당시 세계 제일의 국제화된 도시의 모습, 당나라 현장에서 접한 중국 문명을 보고 충격도 받았으리라 생각된다.

김춘추가 만났던 당 태종은 그의 재위 시에 중국 역사상 흔치 않은 성세를 누렸다. 이 무렵 당의 판도는 전에 없이 넓었고, 사회질서도 안정되었고 백성들의 생활도 좋은 상태였다. 그러한 성세는 당 태종의 개인적인 재식才識과 도량으로 이룩된 것이라고 한다. 당 태종은 인재를 알아보고 지체 없이 채용했고 직간直諫을 허용했다. 또한, 학문을 좋아한 것도 그의 미덕이었다.

김춘추는 이러한 당 태종을 만나고서 신라의 중국화를 추진하여 중국 문명을 받아들일 생각을 한 것이다. 김춘추가 당나라에서 돌아온 뒤 칠성우와 함께 주도한 표면적 중국화 정책에는 신료들의 중국식 의관 착용과 당나라 연호를 사용하는 것이 있었다. 그런데 그 밖에도 당시 중국에서 정통적 위치에 있던 유학儒學13의 수용에 힘을 기울였다고 생각된다. 유학을 적극적으로 받아들임으로써 신라인들에게 충효 등 유학의 가르침을 일상화하는 작업도 벌여나갔을 것이다.

김춘추와 칠성우가 추진한 중국화 정책은 중국 문화를 변용하여 받아들인 것이 사실이다. 중국 의관의 착용을 통해 신라 골품제에 따른 신분 구분을 새롭게 하는 정책을 시행했다. 신분에 따라 입을 수 있는 의관과 금하는 의관을 정한 것이다. 이러한 중국 의관제의 변용을 통한 수용은 신라 지배 세력의 생활양식을 바꾸었다. 사실 그 뒤 고분 자료들을 통해 보면 신라에는 더 많은 생활양식의 변화가 일어난 것도 사실이다.

13 이종욱,《춘추》, 2009, 266~267쪽.

그런가 하면 정치조직도 중국의 제도를 변용하여 만든 것도 볼 수 있다.

그러면서도 중국화를 한 번에 이룰 수도 없었고, 중국화할 수 있는 것과 없는 것이 있었다. 그렇더라도 김춘추가 왕위에 오른 뒤에도 중국화는 계속되었고, 그 뒤 문무왕·신문왕을 거치며 또 다른 중국화가 이루어졌다. 진덕여왕 대에 김춘추와 칠성우가 중심이 되어 전개한 중국화로 신라는 국력을 조직화하여 강화할 수 있었고, 진골인 김춘추의 왕위 계승의 정당성도 마련할 수 있었다.

김춘추가 주도한 중국 문명의 수입은 칠성우의 힘을 바탕으로 전개되어 나갔다. 그리고 이 뒤 한국에서 중국 문명을 더 적극적으로 받아들이게 된 것이 사실이다.

| 김춘추가 중국화의 길을 열고 칠성우가 그를 뒷받침하다 | 고구려와 백제의 침공을 받던 당시 신라가 국가적인 위기를 돌파할 방법은 무엇이었을까? 진덕여왕의 뒤를 이어 왕위에 오를 위치에 있던 김춘추는 그 답을 알고 있었다. 당나라를 동원하는 일이었다.

오늘날 외세를 끌어들이는 일은 반민족적 행위라고 교육받은 한국인들로서는 김춘추의 결단을 부끄럽게 여길 줄 안다. 그러나 고구려와 백제의 침략을 받아 국가가 사라질 상황이라는 현실을 직시한 김춘추의 중국화 의지는 신라를 구한 결정이었다. 또한, 외국의 적을 평정하여 신라에 평화를 가져와야 한다는 김유신의 호국의 외침을 실현하는 길이었다.

김춘추가 당 태종에게 먼저 요청한 것은 당나라 군대를 빌려 백제를 없애버리는 일이었다. 그렇지 않으면 신라 백성들이 모두 백제에 사로잡힐 것이므로 그는 신라가 당나라에 조공하는 일은 할 수 없게 된다는 명분을 내세웠다. 그는 645년 고구려 침공에서 실패한 당나라의 사정을 잘 알고 있었기에 그때 아무런 소득 없이 물러났던 당 태종으로서는 당나라와 자신의 최대 적이 된 고구려를 정복하기 위해 신라와 동맹을 맺을 필요가 있었고, 그러려면 우선 신라의 요구대로 백제를 멸망시키는 일이 급했다는 사실을 알았던 것이다.

앞에서 이야기한 것처럼 그때 당 태종은 김유신의 사람됨을 김춘추에게 물었고, 김춘추의 답이 마음에 든 당 태종은 장군 소정방에게 20만 명의 군대를 거느리고 가서 백제를 정복하도록 했던 것이다.[14]

▌중조 의관을 입도록 하다▐ 　　신라에는 법흥왕 때 반포된 율령에 따른 색복제色服制가 있었다. 신라 복제에 대한 변경을 요청한 사람은 643년에 중국에서 유학하고 돌아온 자장慈藏이었음은 앞에서 밝혔다. 진덕여왕 대에 신라의 왕정을 장악했던 김춘추와 칠성우가 주도하여 조정의 신료를 중심으로 남자들이 우선 중국의 복제를 채택하는 정책을 시행했다. 중국의 복제를 채택함으로써 조정 신료들의 겉모습이 달라졌다. 이 같은 변화는 성골 왕 시대를 끝내고 진골 왕 시대를 여는 상징적인 조치이자 복합적인 목적을 가진 변혁이었다.

당시 신라인들이 고유의 복제를 버리고 중국의 복제로 바꾸는 일을 기꺼이 받아들였을까? 그렇지는 않았을 것이다. 문무왕 4년 정월에 이르러서야 비로소 여자들의 의상을 중국의 의상으로 바꾸었다는 것은 신라인의 의상을 중국화하는 일이 어떤 이유에서건 쉽지 않았다는 증거가 아닌가 한다.

신라는 법흥왕 7년[520년] 율령을 반포하며 백관 공복의 주자朱紫 등

14　《삼국사기》41, 〈열전〉 1, "김유신 (상)".

급을 정하였다.[15] 이에 대해《삼국사기》〈잡지〉"색복色服"조는 "제23대 법흥왕 때에 이르러 비로소 6부인 복색의 존비 제도를 정했으나 오히려 오랑캐의 풍속(夷俗)이었다고 나온다. 진덕여왕 2년[648년] 김춘추가 당나라에 들어갔다가 돌아와 6부인의 색복을 바꾼 것이다. 그 시기가 바로 649년 정월이다.

이는 단순한 복제의 변경만을 뜻하는 것이 아니었다. 그 이면에는 김춘추가 당 태종에게 요청했던 지원군, 곧 백제 정복을 위한 청병을 실현하려는 의지가 있었다. 김춘추와 칠성우는 삼국 가운데 유일하게 자발적으로 겉모습을 바꿈으로써 당나라 사람들이 볼 때 신라가 당나라에 가까워졌다는 믿음을 주려고 조처하였다. 이는 당나라의 군대를 끌어들여 백제와 고구려를 멸망시키고자 일종의 투자를 한 셈이었다.

신라 복제의 중국화에는 골품제 사회의 신라인을 새로운 방식으로 통제하려는 정치적 목적도 숨겨져 있었다고 여겨진다. 신분에 따라 입을 수 있던 의복의 종류와 색, 재료 등등에 새롭게 차등을 두며 골품 질서의 변동을 불러온 것이다. 이와 같은 신분에 따른 복제의 차이는 국가 통치력을 효율적으로 만들고 통치력을 강화하는 조치였다.

또 한 가지, 성골 남자가 사라진 상황에서 뒷날 진골인 김춘추가 왕위에 오를 때를 대비해 중국식 복장을 신라 남자들, 특히 신료들에게 입도록 하여 같은 진골들 가운데 왕의 복장을 특별한 것으로 만들었다는 점도 생각할 수 있다. 결국, 649년 정월 처음으로 당나라 의관을 입도록 한 조치에는 성골 왕 시대가 끝난 뒤, 진골 왕을 과거와 달리 구별하는 신라의 새로운 골품 체제를 유지하려는 장치를 만드는 의도가 있었다.

---

15 《삼국사기》 4, 〈신라본기〉 4, 법흥왕 7년.

| 진골 재위자에게 아홀을 들게 하다 | 진덕여왕 4년[650년] 4월에는 진골로서 위位에 있는 자에게 아홀牙笏을 들게 하는 조처를 했다. 홀은 신하가 임금을 만날 때 손에 쥐었던 물건으로, 아홀은 상아로 만든 홀을 말한다. 이는 649년 정월 시행한 복제 개혁의 연장선에서 보아야 한다.

650년 4월 당시 왕정을 장악한 세력은 칠성우와 그들의 추종자들이었다. 그렇기에 김춘추를 왕으로 세우려는 그들 세력을 특별히 돋보이게 하고자 진골로서 재위자在位者인 이들에게 아홀을 들게 한 것이다. 또한, 얼마 지나지 않아 김춘추가 왕위에 오르면 아홀을 든 진골과 왕위에 오른 김춘추를 구분하는 의미도 부여하는 것이 바로 이 조치였다.

여기서 말하는 재위자는 어떤 존재였을까? 위는 관직이나 관등을 가리킨다. 관직은 업무를 맡도록 주어진 자리이고, 관등은 관직을 갖고 국가를 위해 일하는 데 대한 보수를 주기 위한 등급이다. 관직과 관등은 함께 주어진다. 따라서 진골 재위자가 아홀을 들게 되었다는 것은 칠성우를 중심으로 왕정을 장악한 자들이 아홀을 들게 된 것으로 볼 수 있다.

| 당나라와 관계를 강화하다 | 김춘추가 당 태종을 만난 것은 신라와 당나라의 국제 관계에 매우 중요한 일이었다. 당 태종이 군대를 보내 백제를 멸하기로 약속했기 때문이다.

진덕여왕 4년[650년] 6월 사신을 당나라에 보내 649년 8월 신라가 백제를 쳐부순 사실을 알렸다.[16] 그때 진덕여왕이 손수 짠 비단에 오언시 〈태평송〉을 지어 수를 놓았는데, 김춘추의 아들 법민(문무왕)을 통해 당 황제에게 보냈다. 당 고종은 이를 칭찬하고 법민을 대부경大府卿으로 임명하여 돌려보냈다. 이는 법민과 당 고종 사이에 관계가 맺어졌다는

---

16   《삼국사기》 5, 〈신라본기〉 5, 진덕왕 4년.

사실을 의미한다.

당시 김춘추와 법민은 신라가 당나라와 국경을 접한 나라가 아니었음에도 최대한 예를 다하여 좋은 관계를 유지하고자 하였다. 이러한 인연은 신라와 당나라가 백제와 고구려를 멸하는 일로 이어졌다. 결과적으로 신라와 당나라는 연합군을 편성하였고, 660년에 당나라는 13만 명의 대군을 보내며 백제를 멸망시키는 중심 세력이 되었다.

┃신라가 당나라 연호를 사용한 데 대한 《삼국사기》의 사론┃ 원래 신라는 법흥왕 23년[536년] 연호를 정하여 건원建元이라 하였다.[17] 그 뒤 진덕여왕 2년 태화太和에 이르기까지 독자적인 연호를 사용했다.

그런데 진덕여왕 4년[650년] 이를 당나라의 연호 '영휘永徽'로 바꾸었다. 정확하게 몇 월부터 영휘 연호를 사용하였는지는 알 수 없다. 그러나 그 시기가 법민이 당나라로부터 돌아온 뒤라면 또 다른 의미가 있다. 당 고종을 만났던 법민이 그의 연호를 사용할 것을 주장하였을 가능성이 있기 때문이다.

《삼국사기》에는 당나라의 연호를 시행한 데 대한 사론史論이 실려 있다. 그 내용을 보자.

신라로 말하면 한결같은 마음으로 중국을 섬겨 사신의 배와 공물 바구니가 서로 길에서 마주할 정도로 잇달았는데, 법흥왕이 스스로 연호를 일컬었으니 이는 왜 그랬는지 알지 못할 일이다. 그 뒤에도 잘못을 계속하고 그릇됨을 이어 많은 세월이 흘렀다. 당 태종의 나무람을 듣고도 오히려 지난날의 잘못을 좇다가 이때에 이르러서야 당나라 연호를 받들어 시행하였

---

17 《삼국사기》 4, 〈신라본기〉 4, 법흥왕 23년.

다. 이는 비록 어쩔 수 없이 한 일이라 하더라도 잘못을 저지르고 능히 고친 것이라 하겠다(《삼국사기》5, 〈신라본기〉5, 진덕왕 4년).

위의 사론을 보면 고려 관점의 역사에서는 당나라에 신속한 나라로서 신라는 중국 연호를 써야 하고 독자적인 연호를 사용해서는 안 된다고 여겼다는 것을 알 수 있다. 당시 신라인들이 마지못해[不得已] 중국의 연호를 썼다는 사실도 볼 수 있다. 실제로 중국인들은 신라인들이 독자적인 연호를 사용하는 것을 문제 삼았다.

│신라의 건원칭제와 대당 외교 전략│ 《삼국사기》를 보면, 진덕여왕 2년[648년] 겨울 한질허가 당나라에 사신으로 갔을 때, 당 태종이 어사에게 명하여 "신라는 신하로서 대조大朝[당나라]를 섬기면서 어찌 독자적인 연호를 사용하는가?"라고 물었다. 이에 한질허가 "일찍이 천자의 조정에서 저희에게 정삭正朔을 반포하지 않았으므로 선조 법흥왕 이래로 사사로이 연호를 기록한 일은 있지만, 만약 대조에서 명령을 내린다면 소국小國이 어찌 감히 독자적인 연호를 사용하겠습니까?"라고 답하니 당 태종이 그렇게 여겼다고 한다.[18]

《화랑세기》20세 풍월주 예원공 조를 보면, 예원이 648년 김춘추를 따라 당나라에 갔을 때 당의 재상이 신라에서 연호를 사용하고, 왕이 칭제稱帝한 것이 언제부터인지 묻는 장면이 나온다. 이에 대해 예원은 "멀리 상고부터였다. 먼저 온 사신이 법흥왕부터 시작되었다고 대답한 것은 단지 문자 사용을 말한 것이다."라고 답했다.

당시 당나라 조정에서는 당 태종부터 재상까지 신라가 독자적인 연

18 《삼국사기》5, 〈신라본기〉5, 진덕왕 2년.

호를 사용하는 것을 문제 삼은 것이다. 당나라 재상은 신라의 칭제까지도 문제 삼았다. 소국인 신라는 대조인 당나라에 신하로 속한 나라이므로 당연히 독자적인 연호가 아니라 당나라 연호를 써야 하고, 신라 왕은 황제라 일컬어서는 안 된다는 것이다.

당나라에서 신라의 건원칭제를 문제 삼은 것을 보면, 신라에서 독자적인 연호를 사용하고 칭제하였던 것은 분명하다. 그러다가 진덕여왕 대 김춘추와 칠성우의 주도로 중국화의 길을 걷기 시작하며 상황이 바뀌었다.

우리는 건원칭제를 독립국이 당연히 해야 할 일로 여긴다. 그렇게 배워왔다. 그러니 사용하던 연호를 버리고 중국화의 길을 걷기 시작한 데 대해 의문이 드는 것도 당연한 일이다. 그런데 진덕여왕 대 신라가 당나라의 연호를 사용한 것이 그렇게 잘못된 일일까? 신라인들이 달리 어떤 행동을 취해야 했을까? 칠성우가 정말 '중국화'를 원했을까? 그들의 숨은 의도는 무엇이었을까? 이는 진실로 다시 생각해보아야 할 문제다.

당시 신라는 백제와 고구려라는 두 적국으로부터 지속적으로 침략 받았다. 그때 신라의 운명은 바람 앞의 등불 같은 상황이었다. 신라는 고구려나 백제의 침략을 받아 나라가 망하고 백성들이 피정복자로 전락하는 일을 원치 않았다. 그러나 이와 달리 신라가 고구려나 백제를 정복한다면, 신라는 정복국으로서 정복자의 권리를 행사할 수 있고 나라를 영원히 지켜갈 수 있었다.

그렇다면 신라가 고구려와 백제를 정복할 수 있는 길은 무엇이었을까? 김춘추와 칠성우들은 당나라의 군대를 동원하여 백제와 고구려를 멸망시키는 것이 최선이라고 판단했다. 그 판단은 결과적으로 옳았다. 중국화 정책은 이를 위한 것이었다.

김춘추는 중국화 정책을 주도하여 몸소 실천으로 옮겼고, 칠성우는 중국화를 앞장서서 도왔다. 이처럼 신라의 중국화 정책은 나라 안팎의 문제를 해결하는 데 당나라를 끌어들이려는 정치적 행위였다. 당나라 연호의 사용은 삼한을 통합하는 데 필요한 수단이었던 것이다. 그렇지 않고서는 백제와 고구려를 멸망시킨다는 목표를 이루어낼 수 없었다.

| 김인문을 당나라에 숙위케 하다 |　　진덕여왕 5년[651년]에 파진찬 김인문金仁問을 당나라에 보내 조공하고, 그곳에 머물러 숙위宿衛케 하였다.[19] 김인문은 김춘추의 동생이다. 뒷날 김인문은 김유신과 그의 동생 김흠순과 함께 신라의 삼보三寶로 받들어졌다. 그는 이때부터 당나라에 오랫동안 머물며, 당나라와의 관계를 도맡다시피 하였다.

| 당나라에서 유학이 들어오다 |　　중국 유학이 우리나라에 들어온 것은 일찍부터였을 것이다. 그런데 기록에는 나오지는 않지만, 신라는 진덕여왕 대에 본격적으로 당나라로부터 유학儒學을 받아들였다고 생각된다. 앞서 보았듯이 김춘추는 648년 사절단을 이끌고 당나라에 갔을 때 당 태종에게 국학에 가서 공자에 제사 지내는 것과 유교 경전 강론을 보겠다고 했다. 이는 신라인들이 중국 유학에 관심 있었음을 뜻한다. 그 뒤 적극적으로 중국의 유학을 받아들인 것으로 보인다.

　　김춘추의 당나라 국학 참관은 신라 국학 설치의 중요한 출발점이었다. 그 뒤 신라는 신문왕 2년[682년] 국학을 설치한 뒤로《주역周易》·《상서尚書》·《모시毛詩》·《예기禮記》·《춘추좌씨전春秋左氏傳》·《문선文選》으로 나누어 학업으로 삼았고, 학생들은 책을 읽어 벼슬길로 들어서게 되었

19　《삼국사기》5.〈신라본기〉5. 진덕왕 5년.

다. 이때 오경삼사五經三史〔오경은《시경》·《서경》·《주역》·예기》·《춘추》, 삼사는《사기》·《한서》·《후한서》를 말한다)와 제자백가서諸子百家書를 아울러 통하는 사람은 등급을 가리지 않고 뽑아 썼다고 한다.[20] 국학과 유교 경전이 조정에서 신료를 선발하는 주요 장치가 된 것이다. 이는 진골 왕의 시대라는 새로운 시대에 걸맞은 행정 능력을 갖춘 신료를 등용하고자 선발 방법이 바뀌었음을 보여준다.

이때 받아들인 유학은 대신라를 거쳐 고려와 조선 그리고 현재까지 한국 사회에 영향을 미치는 것을 볼 수 있다. 그리고 이는 한국이 중국 문명을 받아들였다는 것을 의미한다.

4.8.
김춘추를 왕으로 세우기 위한 정치 체제 개편

진덕여왕은 재위 5년[651년] 정월 초하루 조원전朝元殿에 나아가 백관百官에게 새해 축하 인사(賀正)를 받았다. 새해를 축하하는 예禮는 이때부터 시작되었다고 한다.[21] 도입 시기로 보아 이 또한 중국의 예를 따른 것일 수 있다. 하정례賀正禮는 왜 시작되었을까? 또 여기서 말하는 백관은

---

20 《삼국사기》 38, 〈직관〉 (상), "국학".
21 《삼국사기》 5, 〈신라본기〉 5, 진덕왕 5년.

어떤 사람들이었을까?

당시 신라의 왕정은 상대등 알천과 김유신을 포함한 칠성우 차지였다. 그때 진골로서 당나라의 의상을 입고 아홀을 들었던 사람은 얼마 안 되었다. 상대등[531년 설치] 1인, 병부령兵部令[516·544년 설치] 2인, 예부령 禮部令[586년 설치] 2인, 승부령乘府令[584년 설치] 2인 등을 포함한 적은 수 의 영〔행정관부의 장관〕이 있었을 것이다. 그 아래 차관 격인 [병부]대감大 監[623년 설치]과 경卿〔사정부경司正府卿(544년 설치) 2인, 예부경禮部卿(648년 또는 651년 설치) 2인〕 등을 포함해도 생각처럼 그 수가 많지는 않다.

결국 조원전에 모였던 신료들은 칠성우와 그들에 동조하는 신료들 로 이루어진 집단이었다고 여겨진다. 이를 통해 651년에 있었던 일련 의 정부 조직과 제도 개편이 진덕여왕이 아니라 김춘추를 위한 것이었 다는 사실이 확인된다.

| 집사부 설치 |　　　　　같은 해인 651년 2월, 신라 조정에 새로운 관부가 설치되었다. 다름 아닌 집사부執事部다. 병부나 예부와 달리 집사부는 그 이름에서 무슨 업무를 관장했는지 알기 어렵다. 다만《삼국사기》〈신라 본기〉의 기록을 보면, "2월에 품주稟主를 고쳐서 집사부라고 하고, 파진 찬 죽지를 집사부의 중시로 임명하여 기밀機密 사무를 맡겼다."[22]라고 나온다. 이는 집사부 설치를 이해하는 데 실마리가 된다.

지금까지 연구자들은 주목하지 않았지만, 김춘추가 왕위에 오르는 데 가장 중요한 기능을 한 관부는 집사부라고 본다.《삼국사기》〈직관〉 조에 따르면 원래 이름은 품주 또는 조주祖主(租主)인데 진덕여왕 5년[651 년]에 고쳐서 집사부라 했고, 흥덕왕 4년[829년]에 다시 고쳐서 집사성執

22　《삼국사기》5,〈신라본기〉5, 진덕왕 5년.

事省이라 하였으며, 진덕여왕 5년에 중시中侍를 1명 두었는데 경덕왕 6
년[747년]에 시중侍中으로 고쳤다고 나온다.[23] 창부倉部의 업무를 겸하였
던 품주를 진덕여왕 5년[651년]에 집사부와 창부 두 관부로 나누어 설치
한 것이다.[24]

여기서 주목할 사실은 초대 집사부의 장으로 임명된 죽지라는 인물
이다. 그는 칠성우의 한 사람인 술종공의 아들이다.[25] 651년에 이르러
서는 칠성우만이 아니라 그 아들들까지 왕정에 참여한 것이다.

특히 집사부는 명칭으로 보아 그 구체적인 업무를 파악할 수 없다는
점에 주목할 필요가 있다. 실제로 집사부는 창부의 업무를 떼어내고 왕
정의 기밀 사무를 담당하는 관부가 되었다. 왕정 전체를 관장하는 관부
로 설치된 것이라는 견해가 있다. 분명한 사실은 왕정의 중요하고 비밀
스러운 임무나 요긴한 업무 전체를 관장한 집사부는 김춘추를 위해 설
치된 관부였다는 것이다.

┃ 그 밖의 관부 설치 ┃　　　김춘추를 왕으로 세우는 데 필요한 정치조직 개
편은 더 있었다. 651년에는 집사부 말고도 창부, 상사서賞賜署, 좌리방부
左理方府 등이 설치되었다. 창부와 좌리방부는 진골 신분인 사람이 장으
로 임명되는 관부였고, 상사서는 창부의 예하 관부로서 육두품이면 그
장으로 임명될 수 있던 관부였다. 이 가운데 창부와 상사서를 살펴보면
칠성우들이 기획한 정부 조직 개편의 정체를 짐작할 수 있다.

조세(貢賦)를 거두는 관부는 진평왕 6년[584년]에 설치된 조부였다.

23　《삼국사기》 38 〈직관〉 (상), "집사부".
24　《삼국사기》 38 〈직관〉 (상), "창부".
25　《삼국유사》 2, 〈기이〉 2 (하), "효소왕대 죽지랑".

조부에서 거둔 조세는 품주를 거쳐 지출되었다. 그런데 651년에 품주를 집사부와 창부로 나누었다. 조직을 개편하여 조세를 지출하는 관부로 새로이 창부를 설치한 것이다.

왕정을 장악한 칠성우는 창부에서 그들이 필요한 경비를 조달할 수 있었다. 창부의 예하 관서로 상사서를 두어 논공행상을 마음대로 하는 것도 가능했다. 이러한 국가 재정 지출 기구를 편성하고 장악함으로써 칠성우들은 손쉽게 김춘추를 왕으로 세우는 데 필요한 재원을 마련할 수 있었다.

관부에는 등급이 있었다. 집사부·병부와 같이 부部로 일컫는 관부와 조부調府처럼 부府를 쓰는 관부는 진골이 장이 되었다. 그러나 항상 부部가 부府보다 격이 높았던 것은 아니다.

그 밑에 창부에 속했던 상사서, 예부에 속했던 대도서大道署, 음성서音聲署, 전사서典祀署, 사범서司範署와 같이 서署로 이름한 관부들이 있었다. 이들 관부의 장으로는 관부의 등급에 따라 육두품에서 사두품까지의 신분인 사람이 임명되었다. 이처럼 조정의 행정관서들이 골품제와 연관되어 설치·운용되었다. 그리고 이들 새로이 설치된 관부들은 새로이 펼쳐진 진골 왕 시대를 이끄는 조직으로 작동했다.

| 군사 조직을 장악한 시위부 설치 | 시위부侍衛府는 《삼국사기》〈무관〉조에 첫 번째로 나오는 군사 조직이다. 그에 따르면 시위부에는 삼도三徒가 있으며, 진덕여왕 5년[651년]에 설치되었는데 장군 6명, 대감 6명, 대두隊頭 15명, 항項 36명, 졸 117명이 있었다. 신문왕 원년[681년]에는 감監을 폐지하고 장군을 두었다고 하였다. 이로써 보면 651년에 설치된 시위부에는 장군이 아니라 감監이 있었다. 따라서 시위부의 감은 칠성

우를 추종하는 자들이 임명되었을 것이다.

시위부는 문자 그대로 왕을 지켜 보호하는 군대를 뜻한다. 겉으로 드러나는 시위부의 임무가 진덕여왕을 호위하는 것이었음은 명백하다. 그러나 집사부를 설치한 651년, 느닷없이 무관 조직으로 시위부를 설치한 이유는 무엇일까? 그 숨은 목적은 진덕여왕의 뒤를 이어 왕위에 오를 김춘추를 지키는 데 있지 않았을까 한다.

시위부는 칠성우가 장악했고, 당시 군단 조직 가운데 최고 위치에 있었다. 행정조직으로 집사부를 설치한 알천 등 칠성우가 김춘추를 지키는 군단 조직으로 설치한 것이 시위부였다고 생각된다.

| 새로운 관직 설치 |　진덕여왕 5년[651년]의 조직 개편 때 관부만 설치된 것은 아니다. 새로운 단계의 관직官職도 생겼다.

《삼국사기》〈직관〉 조를 보면, 법흥왕 3년[516년] 병부령이 설치되고, 그 이듬해인 법흥왕 4년[517년]에 병부가 설치되면서 관부의 관직은 영令－경卿－사지舍知－사史의 4단계로 이루어졌다. 요즘으로 따지면 장관－차관－과장－계장 정도의 단계라고 할 수 있다. 그런데 진덕여왕 5년에 대사大舍라는 단계를 추가하여 영－경－대사－사지－사의 5단계 조직이 마련되었다. 이는 현재로 보면 장관－차관－국장－과장－계장의 단계를 편성한 것이다. 상사서 대사 2인, 국학 대사 2인, 음성서 대사 2인, 공장부 주서 2인, 전사서 대사 2인 등이 그 예라 하겠다.

대사직이 설치됨으로써 신라 조정의 신료 수는 적지 않게 늘어났다. 이 신료들이 진골 왕 시대를 여는 행정적 업무를 담당했던 것 같다.

| 관부의 장에 복수의 인물을 임명한 신라 | 병부령은 516년에 1명을 두 었는데, 544년에 1명을 추가하였으며 659년에 1명을 더 배치하여 모두 3명의 영을 두었다. 조부령은 2인[651년 설치]이었다. 하나의 관부에 여 러 명을 장으로 임명한 것은 화백회의적 전통에 따른 합의로써 업무를 처리하려는 이유에서는 아니었다. 상호 견제를 위한 조치일 수도 있으 나, 가장 큰 원인은 업무가 확장되며 늘어난 것이었을 것이다. 진덕여왕 대에 벌어진 개혁적인 통치 체제 편제로 말미암아 추가 인력이 많이 필 요했던 것이다.

| 진골 왕 김춘추의 행정적 통치를 위한 준비 | 성골이 사라지는 상황에서, 진골 김춘추가 왕이 되려면 어떤 명분 곧 정당성을 확보할 필요가 있었 다. 신라인들의 머릿속에 오랫동안 박혀 있던 관념, 곧 "신성한 성골이 왕이 된다."라는 인식을 부수기는 쉽지 않은 일이었다. 그러나 진골을 성골로 만들 수는 없는 일이었다. 진골로서 왕위에 오를 김춘추는 성스 러움을 내세울 수 없었다. 그 대신 행정적·정치적 능력을 발휘하여 왕위 를 지켜야 했다.

이에 칠성우들은 먼저 성골 진덕여왕을 즉위시켜 시간을 벌고, 중국 화 전략을 펼치며 왕정 전반을 혁명적으로 개혁했다. 신료들에게 중국 식 관복을 입게 했고, 당나라 연호를 썼으며, 중국식 정치 제도를 도입 했다. 이는 대내적으로는 신라인들에게 획기적인 변혁의 모습을 보여 김춘추를 그런 변혁의 중심에 둠으로써 김춘추의 왕위 계승의 정당성 을 확보하고, 대외적으로는 당나라의 관심을 끌어 호의를 얻으려는 것 이었다. 이처럼 칠성우들은 사익私益이 아닌 국가를 지키는 일을 최우선 으로 삼으면서도 진골 김춘추가 왕위에 오르는 데 손색이 없도록 충실히, 그리고 조직적으로 왕정 전반에 걸쳐 준비하고 있었다.

이 같은 진덕여왕 대의 혁명적 개혁 작업에 김유신은 어떤 역할을 했을까? 분명한 사실은 김유신을 중심으로 하는 칠성우가 이 같은 중국화의 길을 이끌었고, 그 중심에 김유신이 버티고 있었기에 중국화 작업은 바라는 바의 목적을 달성할 수 있었다는 것이다.

4.9.
개혁 전후 세 나라〔三國〕의 상황과
김유신의 역할

진덕여왕 대[647~654년]에 김춘추와 김유신을 비롯한 칠성우가 중심이 되어 이룬 개혁을 한마디로 말하기는 어렵다. 그 개혁은 당시 상상도 하기 어려울 정도로 구조적이었으며 혁명적이었다. 외교·행정·군사·지방 통치·경제 등 사회 전반에 걸친 이때의 체제 개혁은 진골 김춘추의 왕위 계승에 정당성을 부여하는 힘을 발휘했다.

┃삼국 가운데 유일하게 총체적 개혁을 추진한 신라┃ 이 무렵 삼국 가운데 이 같은 괄목할 정치 개혁을 단행한 나라는 신라뿐이었다.

고구려는 642년 연개소문이 쿠데타를 일으켜 영류왕을 죽이고 보장왕을 세웠다. 이로써 연개소문은 고구려의 정치를 전제專制했다. 백제의 의자왕은 641년에 왕위에 오른 뒤 초기에는 정치를 잘하였고, 부모에게 효도하며 형제에게 우애가 있어 해동의 증자라 불렸다.[26] 그러나 차츰 음탕함과 주색에 빠진 나머지 정사가 문란해지고 나라가 위태해졌다. 좌평 성충이 극력 간하였으나 듣지 않고 옥에 가두었다.[27] 이로써 신라와 달리, 고구려와 백제는 망하는 길로 들어서게 되었다.

┃삼한통합에 이바지한 신라의 중앙집권적 통치 체제┃　　신라의 지방 통치 제도는 고구려나 백제에 견주어 상대적으로 일찍부터 중앙집권적으로 짜여 있었다. 591년에 세워진 〈남산신성비문〉을 보면, 신라 조정에서 지름 10여 킬로미터 정도의 영역인 지방 행정촌까지 왕경인을 지방관으로 파견했음을 알 수 있다. 행정촌에 파견된 도사道使〔또는 나두邏頭〕들은 그 지역의 조세 수취와 인력 동원을 맡았다. 이는 신라의 지방통치 제도가 현재의 면面 정도까지 지방관을 파견하는 방식이었음을 보여준다. 이러한 체제는 고구려나 백제보다 한 단계 더 중앙집권화된 것으로서, 결과적으로 신라의 국력을 조직화하고 삼한통합에 이바지하였다.

　　이 같은 중앙집권적인 통치 체제 편성은 신라 골품제에 바탕을 둔 것이다. 신라가 삼한통합 뒤에도 새로이 확보한 영토와 인민에 대한 지배를 효율적으로 할 수 있었던 것은 이때 편제된 통치 체제를 적용했기 때문이다.

┃신라의 개혁의 추진력을 제공한 김유신┃　　김유신이 품었던 삼한통합의 꿈과 김춘추를 왕으로 세우겠다는 두 가지 꿈은, 그를 다른 진골 세

26　《삼국사기》 28, 〈백제본기〉 6, 의자왕 즉위 조.
27　《삼국유사》 1, 〈기이〉 2 (상), "태종 춘추공".

력들과 구분하는 기준이 된다. 실제로 그를 중심으로 한 칠성우는 다른 진골 세력들과 달리 개혁에 앞장섰다.

진덕여왕 대에 김유신은 신하로서 오를 수 있는 최고의 관직인 상대등직을 차지하지 않았다. 그러나 647년 비담의 난을 진압한 김유신은 최고의 군사 엘리트로서 지위를 유지하였다. 그는 648년 상주행군대총관이 되었고, 17등 관등 가운데 2등급인 이찬에 올랐다. 649년에는 대장군직을 차지했다. 김춘추가 아직 왕위에 오르지 않은 상황에서, 김유신은 신라의 군사적 통제권을 장악하고 칠성우의 중심으로서 김춘추와 더불어 진덕여왕 대 신라 왕정 체제의 혁명적인 개혁을 성공으로 이끄는 추진력을 제공했다.

김춘추를 왕으로 세우고
백제를 평정한 김유신
(654~661년)

김춘추의 왕위 계승은 다양하게 전개될 수 있었던 한국사의 방향을 결정한 중대한 일이었다. 김춘추는 백제를 정복하여 삼한통합의 절반을 이루었고, 고구려를 정복할 출발점을 마련했다. 그런 김춘추를 왕으로 즉위케 한 인물이 바로 김유신이었다. 김유신이 아니었다면 김춘추가 왕위에 오를 수 있었는지 확신할 수 없다. 그런 김유신이 아니었다면 신라의 삼한통합이 가능했는지도 알 수 없는 일이다.

10대의 김유신이 기획했던 두 가지 꿈은 한 번에 이루어질 그런 꿈이 아니었다. 일단 김춘추를 왕으로 세운 김유신을 중심으로 한 칠성우는 백제 정복과 고구려 정복의 길로 나섰다. 그 과정에서 김춘추가 주도하여 당나라 군대를 끌어들였고, 그가 즉위하여 왕이 되자 김유신은 신라군의 총사령관이 되어 백제를 정복했다.

여기서는 김유신의 나이 예순 살에서 예순일곱 살까지 김춘추의 왕위 계승과 신라의 백제 정복 등에 관하여 보기로 한다.

김유신, 마침내 김춘추를 왕으로 세우다

┃진덕여왕의 죽음, 김유신의 보국의 꿈을 이루다┃　　진덕여왕은 654년 재위 8년 만에 세상을 떠났다. 《삼국사기》에 나오는 진덕여왕의 죽음에 관한 기록을 보자.

> 8년[654년] 봄 3월 왕이 세상을 떠났다. 시호를 진덕眞德이라 하고, 사량부에 장사 지냈다. 당나라 고종이 소식을 듣고 영광문에서 애도를 표하고, 태상승 장문수를 시켜 부절을 주어 보내서 조상하여 제사 드리게 했으며, 개부의동삼사開府儀同三司를 증직하고 비단 3백 필을 내렸다(《삼국사기》 5, 〈신라본기〉 5, 진덕왕 8년).

진덕여왕의 죽음은 신라에서 성골 신분의 소멸을 뜻했다. 또한, 이는 진골 김춘추의 왕위 계승에 걸림돌이 될 만한 인물이 모두 사라졌음을 뜻한다. 이로써 김유신은 김춘추를 왕으로 세운다는 그의 숙망 한 가지를 이룰 수 있었다. 그는 이 같은 순간이 올 것을 김춘추가 열 살이던 진평왕 34년[612년]부터 알고 있었지 않았던가. 김유신이 품어온 보국의 꿈은 햇수로 43년 만에 이루어져 김춘추가 왕위에 올랐던 것이다.

┃ 김춘추의 왕위 계승 ┃　　김춘추는 왕위에 오를 모든 준비가 되어 있었다. 칠성우를 중심으로 하는 유능한 신료 집단과 김유신을 중심으로 하는 군사 엘리트 집단이 있었다. 정적政敵들 또한 사라진 상황이었다. 그는 왕위를 계승할 능력과 자질을 갖추고 있었고, 중국화를 이끌며 왕위 계승의 정당성도 확보하였다. 남은 것은 왕위에 오르는 일뿐이었다.

　　마침내 김춘추가 새로운 모습을 가진 신라의 태종무열왕이 되었다. 왕위에 오른 그는 그해 4월 아버지를 추봉하여 문흥대왕으로 삼고 어머니를 추봉하여 문정태후로 삼았으며, 죄수들을 크게 사면(大赦)하였다.[1] 그러므로 그가 왕위에 오른 시기는 654년 3월 또는 4월 부모의 추봉 전이었다.

┃ 누가 김춘추를 왕으로 세웠나? ┃　　《삼국사기》에는 김춘추의 즉위에 관한 두 가지 기록이 있는데 서로 다른 내용을 전한다. 먼저《삼국사기》〈신라본기〉의 기록을 보자.

　　　진덕[왕]이 세상을 떠나자 군신들이 알천 이찬에게 섭정攝政을 청했다. 알천이 굳게 사양하며 말했다. "나는 늙었고, 일컬을 덕행德行도 없습니다. 지금 덕망이 높고 두텁기는 춘추공만 한 분이 없습니다. 실로 세상을 구제할 영걸(濟世英傑)입니다." 마침내 춘추를 받들어 왕으로 삼으려 하니 춘추가 세 번 사양하다가 어쩔 수 없이 왕위에 올랐다(《삼국사기》5,〈신라본기〉5, 태종무열왕 즉위 조).

　　그 책 〈열전〉의 기록은 다음과 같다.

1　《삼국사기》5,〈신라본기〉5, 태종무열왕 원년.

영휘 5년[654년]에 진덕여왕이 세상을 떠났는데 뒤를 이을 아들이 없었다. 유신이 재상 이찬 알천과 서로 의논하여 이찬 춘추를 맞아 왕위에 올리니 이분이 태종대왕이다(《삼국사기》 42, 〈열전〉 2, "김유신 (중)").

두 기록 가운데 어느 기록이 역사적 사실을 말하고 있을까? 근현대 한국 사학은 첫 번째 이야기를 정답으로 만들었다. 《화랑세기》가 세상에 다시 나오기 전의 이야기다. 《화랑세기》에 나오는 김춘추의 왕위 계승에 대한 신라인들의 이야기는 다른 사실을 말해준다.

612년 김유신은 김춘추를 왕위에 올리기로 마음먹었을 때부터 그의 꿈은 곧 칠성우들의 장기 계획이 되었다. 칠성우는 처음부터 삼한통합을 이루고 김춘추를 왕으로 세우려는 결사로 만들어졌고, 그 중심에 김유신이 있었다. 김유신이 아니었다면, 또 김유신이 칠성우를 결성하지 않았다면 과연 김춘추가 왕위에 오를 수 있었을까? 알천은 칠성우였다. 그런 면에서 알천은 왕위 계승권이 없었다. 따라서 두 번째 기록, 곧 김유신이 알천과 의논하여 김춘추를 왕으로 모셨다는 이야기가 역사적 사실임이 분명하다. 알천이 김춘추에게 왕위를 양보한 것이 아니었다.

첫 번째 기록에 알천에게 섭정을 청했다고 나오는 이유는 김춘추가 왕위에 오르고자 애쓴 인물이 아닌 것처럼 만들고자 지어낸 이야기였다. 그 과정에서 잠시 상대등 알천이 섭정했을 수 있었을지는 모르지만, 정황으로 보아 알천이 왕위에 오를 수는 없는 일이었다.[2]

당시 상대등 알천을 제치고 김춘추가 왕위에 오른 근본적 이유가 있다. 앞에서 본 것처럼, 김춘추는 진평왕 대에 왕위 계승자로 정해졌던

2   《삼국사기》 5, 〈신라본기〉 5에 알천이 섭정하기를 사양하고 김춘추를 왕으로 추대한 일은 고려판 《삼국사기》의 저술 목적에 맞추어 편찬한 것으로 보인다.

용수의 아들이다. 용수가 왕위를 이었다면 김춘추는 성골 신분으로서 왕위 계승을 했을 것이다. 이렇다면 김춘추의 계보는 알천의 계보보다 왕위 계승에 유리한 위치에 있었음을 알 수 있다.

| 579년까지 성골이었던 용수의 아들, 진골 김춘추 |　　　여기서 잠시 김춘추의 아버지가 누구인지 다시 정리하고 넘어가기로 한다.《삼국사기》 "태종무열왕 즉위" 조에 "태종무열왕이 왕위에 올랐다. 이름은 춘추이며 진지왕의 아들인 용춘(일설에는 용수라 한다)의 아들이다."라고 나온다. 이 기록은 두 가지로 해석할 수 있다. 하나는 김춘추의 아버지를 용춘과 용수 가운데 한 사람으로 보는 것이다. 다른 하나는 용춘을 용수라고도 불렀다는 것으로, 이때 용춘과 용수는 두 사람이 아닌 한 사람이 된다. 어느 것이 타당할까?[3]

　　여기서《화랑세기》18세 풍월주 춘추공 조의 세계世系에 나오는 기록을 볼 수 있다. 그에 따르면 18세 풍월주 춘추공의 "아버지는 용수공으로 금륜왕의 아들이다." 또한, 태종무열왕의 아버지가 용수라고 나오며, 용춘의 형이 용수 전군이라고 하였다.《화랑세기》13세 풍월주 용춘공 조에는 "[용춘]공은 이에 천명공주를 아내로 삼고 태종을 아들로 삼았다. 이에 앞서 왕명으로 호명궁에 살았다. 딸 다섯을 낳았고 달리 적자嫡子는 없었다. 그러므로 태종을 아들로 삼았다."라고 나온다.[4] 이를 보면 김춘추는 원래 용수의 아들이었으나 용수가 죽으며 부인 천명공주를 용춘에게 형사취수兄死取嫂 곧 형이 죽자 형수를 아내로 삼게 하

3　이종욱,《신라골품제연구》, 일조각, 1999, 173~174쪽에서 나는 김춘추를 용춘의 아들이라고 한 바 있다. 여기에서 다시 한번 바로잡는다.

4　《화랑세기》13세 풍월주 용춘공.

고 김춘추도 아들로 삼도록 한 것을 알 수 있다. 용춘은 647년 8월에 세상을 떠났는데, 태종무열왕은 왕위에 올라 실제로 자신의 작은아버지〔三寸〕 용춘을 갈문왕으로 추존했다.5

나는 고려 관점의 역사책《삼국사기》가 아니라《화랑세기》속 신라 관점의 이야기가 김춘추의 아버지에 관한 기록과 역사를 사실대로 전하고 있다고 본다. 김춘추의 아버지는 용수였다. 용수가 죽은 뒤 삼촌이었던 용춘이 김춘추를 아들로 삼았던 것이다.

앞에서 말한 것처럼, 579년 7월 17일 진지왕이 폐위되는 순간6 진지왕의 직계 종족宗族들은 성골 신분을 잃고 진골로 족강되었다. 그때 진지왕의 장남이자 훗날 김춘추의 아버지가 되는 용수도 성골에서 진골로 되었다. 신라인들은 용수·용춘 형제가 태어나면서 성골이었다가 진골로 족강族降된 사정을 잘 알고 있었다. 그와 달리 김춘추는 태어날 때부터 진골 신분이었다.

김춘추의 아버지 용수를 문흥대왕으로, 용춘을 갈문왕으로 추봉하다

김춘추는 654년 3월 진덕여왕이 세상을 떠나자 곧 왕위에 올랐다. 그해 4월에 태종무열왕은 아버지를 문흥대왕으로 어머니를 문정태후로 추봉追封했다.7 여기서 말하는 문흥대왕은 용수였고, 문정태후는 천명이었다.

그런데《화랑세기》13세 풍월주 용춘공 조를 보면《전군열기》에 용

5　《화랑세기》13세 풍월주 용춘공.
6　《삼국사기》4, 〈신라본기〉 4 진지왕 3년 조에는 진지왕이 이때 죽었다고 나온다. 그러나《화랑세기》에는 폐위된 진지왕이 3년 동안 유궁幽宮에 유폐되었다가 죽었다고 되어 있다(《화랑세기》13세 풍월주 용춘공).
7　《삼국사기》5, 〈신라본기〉 5 태종무열왕 원년.

춘이 용수 갈문왕의 동생이었다는 기록으로 보아 용수는 살아 있을 때 이미 갈문왕에 봉해졌던 것을 생각할 수 있다.

한편《화랑세기》에는 용춘공의 만년에 태종무열왕이 효성을 극진히 하여 안락하게 모셨다고 한다. 태화 원년[647년] 용춘이 세상을 떠났는데 그의 나이가 일흔 살이었고, 태종무열왕이 즉위하자 갈문왕으로 추존追尊했다고 나온다.[8] 용춘도 갈문왕으로 추존할 때 이름이 있었을 것이다. 다만 현재 우리는 그 이름을 알 자료가 없다.

분명한 사실은 형인 용수는 문흥대왕으로 추봉되었고, 용수가 죽으며 천명과 김춘추를 맡겼던 동생 용춘은 갈문왕으로 추존되었다는 것이다.

| 진골 왕과 그들의 시대 |　　　진덕여왕이 세상을 떠나며 성골 왕의 시대도 막을 내렸던 것인데,《삼국사기》진덕여왕 8년[654년] 조의 끝부분에는 나라 사람國人들이 시조 혁거세에서 진덕여왕에 이르는 스물여덟 왕을 성골이라 하고, 무열왕에서 마지막 왕까지를 진골이라 했다고 되어 있다.[9]《삼국유사》〈왕력편〉의 제28대 진덕여왕 조 끝부분에는 이상 중고中古는 성골 왕이고, 이하 하고下古는 진골 왕이라 나온다.[10]

《삼국사기》와《삼국유사》가 말하는 성골 왕의 시작에는 차이가 있지만, 모두 마지막 성골 왕은 진덕여왕이고 첫 진골 왕은 제29대 태종무열왕이라고 하였다. 김유신을 중심으로 한 칠성우는 수십 년의 노력 끝에 김춘추와 그의 직계 후손이 왕위를 계승하는 중대中代〔제29대 태종무

8　　《화랑세기》13세 풍월주 용춘공.
9　　《삼국사기》5,〈신라본기〉5, 진덕왕 8년.
10　　《삼국유사》1,〈왕력편〉, "제28대 진덕여왕".

열왕~36대 혜공왕)를 열었다.

진골 왕 시대라고 모든 진골에게 왕위 계승권이 주어진 것은 아니었다. 신라 중대 진골 왕들은 그들의 직계 종족宗族에서 왕위 계승자를 정했다. 진골 왕족들도 근친혼을 했으나 그 예도 줄어들었고, 성골들과 달리 이는 신성함을 전하려는 것도 아니었다.

진골 왕 시대에는 국왕이 신성함으로 나라를 다스리던 시대가 끝나고, 행정적 통치가 이루어졌다. 진덕여왕 대에 설치된 집사부 등의 여러 관부는 진골 왕의 행정적 통치 기구로 기능했던 것이다.

| 김춘추가 왕이 된 이후 내부 분쟁이 없어지다 |　　한 가지 불가사의한 일은, 김춘추가 왕위에 올라 신라가 삼한을 통합하고 당군을 축출할 때까지, 나아가 문무왕이 재위할 때까지 왕위 계승을 둘러싼 분쟁이 없었다는 것이다. 김유신 중심의 칠성우가 조정 신료로 있으며 왕정을 장악한 결과 누구도 반란을 일으킬 수 없었다. 이로써 내부 분쟁이 없어졌을 뿐 아니라 신라의 국력이 강해졌다.

5.2.
태종무열왕의 사위가 된 김유신

이 책에서 다루는 시기 신라인들에게 세보世譜는 무엇보다 중요한 사회적·정치적·경제적·문화적 자산이었다. 세보(계보)에서 왕과 가까울수록 모든 면에 걸쳐 해당 인물이 가지는 지위가 강화될 수밖에 없었다. 김유신 또한 마찬가지였다.

김유신은 626년 법민(문무왕)이 태어나기 전에 이미 그의 누이동생 문희를 김춘추의 부인으로 삼도록 하여 김춘추와 인척 관계를 맺었음은 앞에서 보았다. 김춘추가 왕위에 오른 뒤 김유신은 김춘추와 또 다른 인척 관계를 맺었다. 이로써 두 사람의 계보는 몇 겹으로 얽히고설키며 연결·강화되었다.

┃태종무열왕과 문희의 아들들과 김유신의 관계┃ 김춘추와 문희 사이에 여러 아들이 태어났다. 《삼국사기》〈신라본기〉에는 태종무열왕 2년 [655년] 3월에 원자 법민을 태자로 세우고, 나머지 아들 문왕文王을 이찬으로, 노차老且(또는 노단老旦)를 해찬으로, 인태仁泰를 각찬으로, 지경智鏡과 개원愷元을 각각 이찬으로 삼았다고 나온다.[11] 다음은 이들에 대한 《삼국유사》"태종 춘추공"조의 기록이다.

> 왕이 유신과 더불어 신비로운 계략(神謀)으로 힘을 모아(戮力) 삼한을 하나로 통일하여 나라에 큰 공을 세웠다. 이에 묘호를 태종太宗이라 했다. 태자 법민과 각간 인문仁問·문왕·노차·지경·개원 들은 모두 문희가 낳았다. ……서자는 급간 개지문皆知文과 영공 차득車得, 아간 마득馬得이며 딸까지 합하여 다섯 명이다(《삼국유사》 2,〈기이〉 2 (상), "태종 춘추공").

거듭 말하지만, 태종무열왕과 김유신이 삼한통합의 큰 공을 세운 데

---

11 《삼국사기》 5,〈신라본기〉 5, 태종무열왕 2년.

에는 두 사람 사이에 얽히고설킨 인척 관계가 작동했다. 김유신은 문희 와 태종무열왕 사이에 태어난 아들들과 외삼촌과 조카라는 특수 관계 가 있었다. 뒷날 왕으로 즉위하는 법민은 김유신의 조카였다. 그런데 김 유신은 법민과는 외삼촌과 조카라는 관계에 더하여 매부와 처남 관계 까지 맺게 된다.

▌태종무열왕과 문희의 사위가 된 김유신▐　　김춘추와 문희 사이에는 아 들만이 아니라 딸도 있었다. 그 가운데 한 딸이 지조智照[12]다. 태종무열 왕이 지조를 김유신에게 시집보내며 그들의 인척 관계가 중첩되었다. 《삼국사기》에 다음과 같은 기록이 있다.

> 왕녀 지조智照가 대각찬 유신에게 하가下嫁했다(《삼국사기》5, 〈신라본기〉 5, 태종무열왕 2년).

하가는 공주나 옹주가 귀족이나 신하의 집으로 시집가는 것을 의미 한다. 그러므로 이 기록은 태종무열왕 2년[655년] 10월 지조공주가 김유 신에게 하가하여 그의 부인이 되었음을 뜻한다.

지조의 어머니 문희가 김유신의 누이동생이므로 김유신은 생질녀인 지조의 외삼촌이 된다. 게다가 이때 김유신은 예순한 살이었다. 하가 당 시 지조의 정확한 나이는 알 수 없으나, 김춘추와 문희가 만난 시기를 염두에 두고 계산해보면 지조는 서른 살을 넘을 수 없고 많아야 20대 정

12　《삼국사기》43, 〈열전〉 3에 지조는 태종 대왕의 셋째 딸인 지소부인智炤夫人이라고 나 온다. 여기에서는 《삼국사기》에 가장 먼저 나오는 지조라는 이름을 썼다. 《화랑세기》에 는 지조에 관한 기록이 없는데, 《화랑세기》는 풍월주의 전기이므로 그 뒤에 이루어진 김 유신의 혼인에 관한 기록을 남기지 않았기 때문이다.

도였을 것이다. 예순한 살에 서른 살 이상 어린 조카와 혼인한 것이다.

태종무열왕은 문희뿐만 아니라 문희에게 꿈을 판 보희까지 첩으로 맞아들여 김유신과 매부 - 처남 관계를 맺고 있었다. 여기에 김유신과 지조의 혼인으로 장인 - 사위 관계가 추가되었다. 이렇게 여러 겹으로 인척 관계를 맺음으로써 태종무열왕과 김유신의 관계는 한층 강화되었다.

거듭 말하거니와, 이와 같은 당시 신라인들의 근친혼을 조선의 성리학적 윤리라는 잣대로 바라보지 않도록 주의해야 한다. 신라 골품 사회에서 근친혼은 신분적 지위를 유지하는 장치였기 때문이다.

┃ 김유신이 왕의 외척 행세를 했나? ┃　　　　김유신은 태종무열왕과 얽히고 설킨 인척 관계를 맺으며 왕의 외척이 되었다. 김유신과 왕의 계보 관계가 그의 위세를 높이고 지위를 굳히는 결과를 불러온 것은 사실일 것이다. 그렇다면 김유신이 외척으로서 세도를 부렸을까? 그러한 일은 없었다고 여겨진다. 김유신과 문희의 조카인 흠돌이 뒷날 문희를 의지하여 만행을 저지른 일[13]까지 기록되어 있는 《화랑세기》에서 김유신이 왕들과의 인척 관계를 근거로 권력을 마구 휘두른 경우는 찾아볼 수 없다. 사실 김유신은 한평생 대인무사大人無私의 자세로 한평생을 살며 리더십을 확보한 인물이다. 따라서 외척으로서 권력을 사적으로 휘두르는 일은 없었다고 여겨진다.

13　《화랑세기》 26세 풍월주 진공.

김유신, 상대등이 되다

인척 관계를 비롯해 김유신과 김춘추가 쌓아온 오랜 관계를 보면 김춘추가 왕위에 오르며 김유신을 신하 가운데 최고 지위인 상대등에 임명하였을 법하다. 그러나 태종무열왕이 즉위한 신라에서는 그런 일이 벌어지지 않았다.

| 금강을 상대등으로 임명하다 |　　태종무열왕 2년[655년] 정월 왕은 이찬 금강金剛을 상대등으로 삼고 파진찬 문충文忠을 중시로 삼았다.[14]

김춘추가 왕이 되었을 때 상대등 자리에 있던 사람은 앞에서 나왔듯이 647년 진덕여왕 즉위 직후 임명되었던 알천이었다. 그가 상대등이 되었던 것은 칠성우가 왕정을 장악하고 김춘추를 왕위에 올리기 위한 일이었다.

그러나 칠성우들의 오랜 꿈이 이루어진 뒤로 상황이 바뀌었다. 칠성우 외의 세력들을 끌어들일 필요가 생긴 것이다.

칠성우만으로 왕정을 이끌어나가는 데는 한계가 있었다. 또한, 태종무열왕의 왕위를 견고하게 하고 신라 왕정을 안정시켜 백제와 고구려 정복이라는 또 다른 꿈을 실현하려면 더욱더 칠성우에 맞설 수 있는 세력을 그들 곁으로 포섭해야 했다. 이에 칠성우가 아닌 다른 인물들을 끌어안는 정책을 펼쳤으리라고 짐작하기는 어렵지 않다. 그렇게 등용된 대표적인 인물이 바로 금강이다.

14　《삼국사기》 5, 〈신라본기〉 5, 태종무열왕 2년.

《화랑세기》8세 풍월주 문노 조는 "[문노와 윤궁이] 3자·3녀를 낳았다. 대강大剛·충강充剛·금강이라 했다. ……[대강은] 후에 재상에 이르렀다. 충강 역시 높은 지위에 이르렀다. 금강은 가장 귀하게 되어 백성과 신하로서는 가장 높은 지위에 올랐다. 윤강剛允·현강玄剛·신강信剛은 모두 귀문에 시집가서 영화롭고 귀하게 되었다."라고 기록하였다. 여기에서 문노와 윤궁의 아들 금강이 백성과 신하로서 가장 높은 지위에 올랐다는 것이 다름 아닌 상대등이 된 것을 말한다.

| 호국의 상징이 된 문노의 아들 금강을 등용하다 |　　《화랑세기》를 보면 문노는 8세 풍월주를 지낸 인물이다.

문노가 어떤 사람인지 좀 더 보기로 한다. 문노는 538년에 태어나 606년에 세상을 떠났다. 668년 고구려를 정복하며 삼한을 통합하고 나서 김유신은 세상을 떠난 지 63년이 되는 문노에 대한 여러 가지 대우를 해주었다. 그만큼 칠성우는 물론이고 그렇지 않은 화랑들 그리고 신라인들이 문노를 높이 존경했다. 따라서 칠성우와 그렇지 않은 신라 지배 세력을 하나로 뭉치도록 하는 구심점으로 문노를 찾게 되었다. 이에 문노의 아들 금강을 상대등으로 임명했던 사정을 헤아려볼 수 있다. 김유신을 비롯한 신라인들이 문노를 어떻게 생각했는지는 뒤에서 좀 더 보겠다.

결국, 문노의 아들 금강을 상대등으로 임명한 것은 신라 지배 세력들을 통합하여 하나로 묶는 조치였다고 하겠다. 금강을 상대등으로 삼는 데는 김춘추를 포함한 칠성우 모두의 동의가 있었다고 본다.

| 예순여섯 살에 상대등이 된 김유신 |　　　태종무열왕 대의 김유신은 어떤 관직에 있었을까?《삼국사기》에는 태종무열왕 7년[660년] 정월 상대등 금강이 죽었으므로 이찬 김유신을 그 자리에 임명하여 상대등으로 삼 았다고 나온다.[15] 김유신이 금강의 뒤를 이어 예순여섯 살에 상대등 자 리에 오른 것이다.

김유신은 태종무열왕의 처남이자 사위로서 바로 최고직인 상대등의 지위를 차지한 것이 아니었다. 그는 기다리고 또 기다렸고, 양보하고 또 양보한 끝에 상대등 지위를 차지하였다. 오로지 자신의 힘 자체로 상대 등에 올랐다.

5.4.
김유신,
백제를 멸망시키는 데 앞장서다

김유신이 오랫동안 품었던 삼한통합의 꿈을 이룰 기회가 다가왔다. 김유신은 처음부터 백제·고구려와 대화나 외교적인 방법으로 평화를 얻으려고 생각한 일이 없었다. 그것은 백제나 고구려도 마찬가지였다. 신라인들은 그들이 원하는 평화를 얻고자 전쟁의 고통을 감수하였다. 당나라 군대를 끌어들여서라도 백제와 고구려를 정복하는 것이 그 방

15　《삼국사기》 5, 〈신라본기〉 5, 태종무열왕 7년.

법이었다. 그리고 결과적으로 백제와 고구려를 정복한 뒤 신라까지 지배하려던 당나라의 군대를 청천강과 원산만[함흥평야] 이북으로 몰아냈다.[16]

신라인들은 그들이 감당할 만큼의 통일을 했다. 신라인들은 고구려의 모든 영토를 장악할 힘도 없었고, 그렇게 광활한 토지 안의 여러 종족種族으로 구성된 많은 인민을 지배할 준비도 되어 있지 않았다.

668년 9월 고구려를 멸망시켰을 때, 신라인들은 그들의 군대가 정벌을 시작한 지 9년이 지나서 인력이 다하였으나, 드디어 두 나라를 평정하여 여러 대의 숙망을 오늘에야 이루었다고 말했다.[17] 신라의 삼한통합은 신라인 모두의 힘을 합한 결과였다.

1) 고구려·백제·말갈의 침략과 김유신의 대비

《삼국사기》를 보면 태종무열왕 2년[655년] 정월 고구려·백제·말갈靺鞨[18]이 군대를 연합하여 신라 북쪽 국경을 침범해 들어와 33개 성을 빼앗았다고 나온다. 왕은 사신을 보내 당나라에 구원을 청했고, 그해 3월에 당나라가 영주 도독 정명진과 우위중랑장 소정방을 보내 군사를 일으켜 고구려를 쳤다.[19] 신라와 당나라 사이의 군사적 동맹이 작동한 것이다.

---

16 이종욱,《신라의 역사》2, 김영사, 2002, 56쪽: 이종욱,《신라가 한국인의 오리진이다》, 고즈윈, 2012, 65~77쪽.
17 《삼국사기》7, 〈신라본기〉7, 문무왕 11년 설인귀의 편지에 대한 대왕의 답서.
18 말갈은 고구려의 지배를 받던 세력으로, 고구려가 망한 뒤 699년 독립된 국가를 세웠다. 713년부터 이름을 발해渤海로 바꾸었다.
19 《삼국사기》5, 〈신라본기〉5, 태종무열왕 2년.

┃백제 병탄을 급히 추진하다┃ 655년 9월 김유신은 백제에 쳐들어가 도비천성을 공격해 이겼다. 이때 그는 태종무열왕에게 "백제는 무도하여 그 죄가 걸桀이나 주紂보다도 심하니 이때는 진실로 하늘의 뜻에 순응하고 백성을 불쌍히 여겨 죄인을 토벌해야 할 시기입니다."라고 말하며 백제 정복 시기가 다가왔음을 알렸다.[20] 백제는 임금과 벼슬아치들이 국사를 제대로 돌보지 않아 백성이 원망하고 신이 노하여 재앙과 괴변이 여러 차례 나타났기 때문이라는 것이다.

백제를 정복하기 위한 김유신의 준비에는 정세와 민심을 파악하는 일도 포함되어 있었다. 아래 기록을 보자.

이보다 먼저 급찬 조미곤租未坤[21]이 부산夫山(정확한 위치는 알 수 없음) 현령으로 있다가 백제에 잡혀가서 좌평 임자任子의 집 종이 되었는데, 하는 일에 부지런하고 조심하며 게으르지 않았으므로 임자는 그를 불쌍히 여기고 의심하지 않아 마음대로 드나들게 했다. 이에 조미곤이 도망해 돌아와서 백제의 실정을 김유신에게 알리니, 유신은 그가 충성스럽고 정직하여 쓸 만한 점이 있음을 알고 말했다. "내가 들으니 임자가 백제의 일을 마음대로 한다고 하는데, 그와 더불어 모의하려고 했으나 아직 기회가 없었다. 그대는 나를 위하여 다시 임자에게로 돌아가서 이 말을 전하라." 조미곤이 대답했다. "공이 저를 불초하다고 여기시지 않고 그런 일을 시키시니 비록 죽더라도 후회하지 않겠습니다."

드디어 그가 다시 백제에 들어가서 임자에게 알렸다. "저(奴)는 스스로 생각하기를 이미 [백제의] 국민이 되었으니 [백제]국의 풍속을 알아야겠

---

20   《삼국사기》 42, 〈열전〉 2, "김유신 (중)".
21   조미곤은 1512년에 나온 중간본重刊本에 조미압租未押 또는 조미곤租未坤으로 나온다. 따라서 이를 조미곤租未坤으로 읽는 것은 문제다. 그러나, 이를 조미갑이나 조미압으로 읽어온 것도 문제다. 앞으로 제대로 된 판본이 나오기를 기대한다.

기에 나가서 여러 곳을 구경하느라고 수십 일 동안 돌아오지 못했습니다. 그러나 개와 말처럼 주인을 그리워하는 마음을 억누를 수 없어서 지금 돌아왔습니다." 임자는 이 말을 믿고 책망하지 않았다.

조미곤이 기회를 엿보아 임자에게 알렸다. "지난번에는 제가 죄를 얻을까 두려워하여 감히 바른대로 말하지 않았지만, 사실은 신라에 갔다가 돌아온 것입니다. 유신이 제게 이런 말을 좌평께 전하라고 했습니다. '나라가 흥하고 망하는 것은 미리 알 수 없으니, 만약 그대 나라가 망한다면 그대가 우리나라에 와서 의탁하고, 우리나라가 망한다면 내가 그대 나라에 가서 의탁할 것이다.'" 임자는 이 말을 듣고 조용히 말을 하지 않았다. 조미곤은 몹시 두려워하여 물러가서 몇 달을 죄주기를 기다렸는데 임자가 조미곤을 불러 물었다. "네가 전에 유신의 말을 얘기했는데, 그 내용이란 어떤 것인가?" 조미곤이 놀라 두려워하면서 먼저 말한 대로 대답하니 임자가 말했다. "네가 전하는 말은 내가 이미 다 알고 있으니 돌아가서 그렇게 알려라." 조미곤이 마침내 신라에 돌아와서 그 말을 알리고 백제의 국내 사정도 모두 상세히 보고했다. 이에 유신은 백제를 병탄幷呑할 계책을 더욱 급하게 추진하게 되었다(《삼국사기》 42, 〈열전〉 2, "김유신 (중)").

김유신은 신라 부산의 현령을 지냈던 조미곤租未坤을 통하여 백제의 상황을 상세하게 파악하였고, 그 정보를 바탕으로 백제를 급히 아우를 계획을 세웠다. 그가 백제 좌평 임자任子와 밀약을 맺은 것은 신라가 백제를 병탄하기 6년 전이었다. 김유신이 삼한통합 계획을 실천으로 옮기고자 오래전부터 다양하게 준비해왔음을 알 수 있다.

2) 백제 정벌을 시작으로 삼한통합에 나서다

백제를 정복하러 나선 신라와 당의 연합군에 관련된 기록이《삼국유사》에 있다.

    태종무열왕은 백제국에 괴변이 많다는 말을 듣고 현경 5년[660년]에 김 인문을 사신으로 당나라에 보내 군사를 청했다. 당 고종은 좌무위대장군左 武衛大將軍 형국공 소정방을 신구도 행군총관으로 삼아 좌위장군 유백영劉伯 英(자字는 인원이다), 좌무위장군 풍사귀, 좌효위장군 방효공 등을 거느리고 13만 명의 군대로써 와서 백제를 치게 했다(신라 기록에는 군졸이 12만 2711명 이요, 병선이 1900척이라 했으나《당사》는 이것을 자세히 말하지 않았다). 또 신라 왕 춘추를 우이도 행군총관嵎夷道行軍總管으로 삼아 신라 군사를 거느리고 그 들과 합세하게 했다(《삼국유사》 1, 〈기이〉 2 (상), "태종 춘추공").

660년 백제를 정벌하고자 당나라에서는 13만 명(신라 기록에는 12만 2701명)의 군대를 동원했고, 신라는 정병 5만 명을 동원한 것이다. 《삼국사기》〈신라본기〉도 태종무열왕 7년[660년] 상대등으로 임명 된 김유신이 신라와 당나라 군대가 힘을 합해 백제에 출정한 사실을 기 록하고 있다. 그해 3월 당 고종은 좌무위대장군 소정방을 신구도 행군 대총관으로 삼고 김인문을 부대총관으로 삼아, 좌효위장군 유백영 등 수륙군 13만 명을 거느리고 백제를 치게 하고, 칙령을 내려 태종무열왕 을 우이도 행군총관으로 삼아 장병들을 성원토록 했다.

660년 5월 26일 태종무열왕은 김유신·진주·천존 등과 함께 군사를 거느리고 왕경을 나와 6월 18일에 남천정南川停(경기도 이천시)에 이르렀 다. 소정방은 중국 산동성의 내주萊州에서 출발했는데 배의 뒤쪽과 앞머 리(軸艫)가 천 리에 이어져 물길을 따라 동쪽으로 내려왔다. 6월 21일에 왕은 태자 법민에게 병선 1백 척을 거느리고 덕물도(경기도 옹진군 덕적도)

에 가서 소정방을 맞이하게 했다. 그때 소정방은 법민에게 "내가 7월 10일에 백제 남쪽에 이르러 대왕의 군사와 만나 의자왕의 도성을 무찔러 파괴하려 한다."라고 했다. 법민은 "대왕께서 대군이 오기를 서서 기다리고 있습니다. 만일 대장군이 오신 것을 들으시면 반드시 급하게 오실 것입니다."라고 했다. 소정방은 기뻐하며 법민을 돌려보내어 신라의 병마를 징발하게 했다. 법민이 돌아와서 소정방의 군대 형세가 매우 강성함을 보고하자 왕은 기뻐하여 마지않았다.[22]

《삼국사기》〈신라본기〉에는 김유신이 덕물도에 가서 소정방을 만났다는 내용은 없다. 그러나 같은 사건에 대한 《삼국사기》〈열전〉 "김유신 (중)"의 기록은 다르다. 〈열전〉에는 태종무열왕이 남천에 진을 쳤을 때, 청병하러 당에 갔던 파진찬 김인문이 문천을 보내 소정방·유백영과 함께 군사 13만 명을 거느리고 덕물도에 이르렀음을 보고하였다. 이에 왕이 태자와 김유신, 진주眞珠·천존天存 등에게 명하여 큰 배 1백 척에 군사를 싣고 가 소정방과 서로 만나게 하였다는 것이다. 이때 소정방과 태자는 각각 바닷길과 육지로 백제에 쳐들어가 사비성泗沘城에서 만날 것을 약조했다.

《삼국유사》〈기이〉 "태종 춘추공" 조도 소정방이 신라 서쪽 덕물도에 이르니 왕이 장군 김유신에 명하여 정예 병사 5만을 거느리고 나아가게 하였다고 썼다.

│백제 정벌에 나선 대장군 김유신│ 태종무열왕은 또 법민 태자에게 명하여 대장군 김유신과 장군 품일品日, 흠순欽純(또는 흠춘欽春) 등으로 더불어 정병 5만 명을 거느리고 가서 그들을 응원하게 하고 금돌성金堗城

22　《삼국사기》 5, 〈신라본기〉 5, 태종무열왕 7년.

(경북 상주시 지역으로 비정하나 단정할 수 없음)에 머물렀다.[23] 출정한 신라군을 거느린 사람은 태자인 법민이었으나, 실제 신라 5만 병력을 지휘한 이는 김유신이었다. 5만 병력을 통솔하는 것은 아무나 할 수 있는 일이 아니다. 타고난 능력을 끊임없이 갈고닦은 김유신이 아니고는 어려운 일이었을 것이다.

| 황산벌 전투와 반굴·관창의 영강전략 | 우리는 신라의 태자 법민이 김유신 등을 거느리고 황산벌黃山之原(충남 논산군 연산면 지역)에서 벌인 전투에 대해 잘 알고 있다. 계백 장군의 5천 결사대와 그에 맞선 김유신과 화랑 관창은 널리 알려져 있다.

황산벌 전투에서 김유신 장군을 떠올리는 것은 당연한 일이다. 이 책에서도 장군으로서 김유신의 모습을 다루기를 기대한 독자들이 있을 줄 안다. 그러나《삼국사기》나《삼국유사》뿐만 아니라《화랑세기》의 기록을 보아도 낭비성 전투를 제외하고 황산벌 전투를 비롯한 다른 대부분의 전쟁에서 장군 김유신의 실제 전투 모습을 구체적으로 말하는 부분을 찾기 어렵다. 당연한 일이지만, 군대 사령관으로 참전한 장군 김유신의 실제 전투 장면을 그려낼 수는 없었음을 밝혀둔다.

남아 있는 기록 속의 황산벌 전투를 보자. 먼저《삼국유사》에 이러한 기록이 있다.

당나라와 신라의 군사가 이미 백강과 탄현을 지났다는 말을 듣고 [의자]왕은 장군 계백을 보내어 결사대(死士) 5천 명을 거느리고 황산黃山에 가서 신라 군사와 싸우게 했다. 네 번 접전하여 네 번 다 이겼으나, 군사가 적

23   앞의 책.

고 힘이 다하여 마침내 패전하고 계백은 전사했다(《삼국유사》 2, 〈기이〉 2 (상), "태종 춘추공").

의자왕이 계백 장군에게 5천 결사대를 주어 신라군을 막도록 하였으나 끝내 계백이 전사하였음을 알 수 있다. 같은 전쟁에 대한 또 다른 기록이 《삼국사기》에 나온다.

[660년] 7월 9일 김유신 등이 황산의 벌[판]에 진군하였는데, 백제 장군 계백階伯이 군사를 거느리고 와서 먼저 험준한 곳에 의지하여 세 개의 병영兵營을 설치하고 기다리고 있었다. 김유신 등은 군대를 세 개의 길로 나누어 네 번 싸웠으나 전세가 불리하여 사졸들이 힘이 다했다. 장군 흠순이 아들 반굴에게 말했다. "신하로서는 충성하는 것 만한 것이 없고, 자식으로서는 효도하는 것 만한 것이 없다. 위급함을 보고 목숨을 바치는 것은 충과 효를 모두 온전하게 하는 것이다." 반굴이 "삼가 명령을 따르겠습니다."라고 말하며, 적진으로 뛰어들어 힘껏 싸우다가 죽었다.
좌장군 품일은 아들 관창官昌(관장官狀이라고도 한다)을 불러 말 앞에 세우고 여러 장수를 가리키며 "내 아이는 이제 나이 겨우 열여섯 살이지만 의지와 기개가 자못 용감하니 오늘의 싸움에 능히 삼군三軍의 표적이 될 것이다!"라고 명하니 관창이 "예!" 하고 홀로 갑옷을 입힌 말을 타고 창 한 자루를 가지고 곧 적진으로 나아갔다가 사로잡혀 계백에게 끌려갔다. 계백이 그의 갑옷을 벗기게 했는데, 그가 어리고 용감한 것을 아껴 차마 죽이지 못하고 탄식하며 말했다. "신라는 대적할 수 없겠구나. 소년도 오히려 이와 같은데 하물며 장사들이야!" 이에 관창을 살려 돌려보냈다. 관창은 돌아오자 아버지에게 "제가 적진에 들어가서 장수의 머리도 베지 못하고 깃발을 빼앗지도 못한 것은 죽음을 두려워해서가 아닙니다."라고 말을 마치고 손으로 우물물을 떠 마신 뒤 다시 적진으로 달려가서 재빠르게 싸우니, 계백이 사로잡아 그 머리를 베어 말안장에 달아 돌려보냈다. 품일은 그 머리를

잡고 흐르는 피에 옷깃을 적시며 말했다. "내 아들의 얼굴은 살아 있는 것 같구나. 능히 왕사王事에 목숨을 바칠 수 있었으니 다행이다!" 신라의 삼군이 이를 보고 분개하여 목숨을 바칠 각오로 북을 치고 함성을 지르며 진격했다. 이에 백제군이 크게 패하여, 계백은 전사하고 좌평 충상과 상영 등 20여 명이 사로잡혔다. 이날 [소]정방과 부총관 김인문은 기벌포伎伐浦(충남 서천군 장항읍 장암동에 있던 포구)에 이르러 백제 군사를 마주하여 싸워 크게 부수었다(《삼국사기》 5, 〈신라본기〉 5, 태종무열왕 7년).

위 기록을 보면 660년 7월 9일 황산벌 전투에서 신라의 5만 군대가 백제 계백이 거느린 5천 결사대에 막혀 진군하지 못했다는 사실이 나와 있다.

우리는 "영강전략"으로 이 같은 상황을 타개한 인물을 관창이라고 알고 있다. 그러나 김흠순이 그의 아들이자 김유신의 조카인 반굴을 불러 먼저 목숨을 바치도록 했던 것이다. 반굴이 전사하는 것을 지켜본 뒤 장군 품일이 그의 아들 관창을 보내 삼군의 모범이 되게 했고, 관창의 죽음을 목격한 신라군이 모두 목숨 바칠 각오를 하고 진격한 끝에 백제군을 물리치고 나아가 당나라 군대와 만날 수 있었다.

| 당나라 군대와 결전하려 한 김유신의 분노 | 그러나 황산벌에서 시간을 지체한 신라군은 약속한 7월 10일에 당나라군과 만날 수 없었다. 뒤늦게 신라군이 당나라 진영에 이르니, 소정방은 약속한 기일보다 늦었다고 하여 신라 독군 김문영金文穎의 목을 베려 했다. 그러자 김유신은 분노하여 무리에게 말하기를, "대장군[소정방]이 황산의 싸움을 보지 못하고 기일에 늦은 것만으로 죄를 물으려고 하나, 나는 죄 없이 모욕을 당할 수는 없다. 반드시 먼저 당나라 군대와 결전을 한 뒤에 백제를 부

수겠다."라고 했다. 이에 통솔권의 상징인 도끼(斧鉞)을 잡고 영문에 섰는데, 성난 머리털이 꼿꼿이 일어나 세워진 것 같고 허리의 보검은 절로 칼집에서 튀어나왔다고 한다. 우장 동보량이 소정방의 발등을 밟으면서 일깨워주자 소정방은 김문영의 죄를 용서해주었다.[24]

여기서 김유신을 새롭게 보게 된다. 그는 당나라군을 만나는 순간에 기선을 제압하였다. 이로써 당군은 신라군을 만만히 볼 수 없게 되었을 것이다.

┃ 전쟁을 멈추려 한 소정방을 달랜 김유신 ┃　　《삼국유사》에는 소정방이 한 마리 새가 그의 진영 위를 날자 두려워하여 전쟁을 그만두려 했다는 기록도 보인다. 이는 신라군이 기일을 어긴 것을 문제 삼은 것이 해결된 뒤의 일로 생각된다.

> 당군과 신라군이 합세하여 전진하여 진구津口에 닥쳐서 강가에 군대를 주둔시켰다. 문득 새가 [소]정방의 진영 위를 날아다녔다. 사람을 시켜 점을 치자 "반드시 원수가 상할 것입니다."라고 하였다. 소정방이 두려워하여 군사를 이끌고 싸움을 그만두려 하자, 김유신이 정방에게 말했다. "어찌 날아다니는 새의 괴이함으로 하늘이 돕는 때(天時)를 어기겠소. 하늘에 응하고 민심에 순응하여 지극히 어질지 못한 자를 치는데 어떻게 상서롭지 못한 일이 있겠소?" 이에 신검神劍을 뽑아 그 새를 겨누니 새가 찢어져서 자리 앞에 떨어졌다. 이에 소정방이 백강 왼쪽 언덕에 나와 산을 등지고 진을 쳐 함께 싸우니 백제군은 크게 패했다《삼국유사》2, 〈기이〉2 (상), "태종 춘추공").

24　《삼국사기》5, 〈신라본기〉5, 태종무열왕 7년.

소정방이 점괘를 들고 전쟁을 그만두려 하자 김유신이 검으로 새를 죽였고, 당군은 백제군과 전투를 벌여 승리를 거두었다. 이 전투에 관해 《삼국유사》에는 아래와 같은 기록이 더 나온다.

소정방이 보병과 기병을 거느리고 바로 [백제의] 도성으로 쳐들어가서 30리쯤 되는 곳에 머물렀다. 성에서는 있는 군사를 다 내어 막았으나, 또 패전하여 죽은 사람이 만여 명이나 되었다. 당군이 이긴 기세를 타고 성으로 들이닥치니 의자왕은 …… 태자 융隆과 함께 북쪽 변읍으로 달아났다.

정방이 도성을 포위하자, [의자]왕의 둘째 아들 태가 스스로 왕이 되어 무리를 거느리고 굳게 지켰다. 태자의 아들 문사가 그에게 말하기를 "왕이 태자와 함께 성을 나갔는데 숙부께서 자기 마음대로 왕이 되니, 만약 당군이 [포위를] 풀고 물러가면 그때는 우리들이 어찌 무사할 수 있겠습니까?" 하며 측근을 거느리고 성을 넘어 나갔다. 백성들이 모두 그를 따르니 태는 막을 수 없었다. 정방이 군사를 시켜 성가퀴[城堞]를 넘어 당나라 깃발을 세우자, 태는 매우 급하여 이에 성문을 열고 항복하기를 청했다(《삼국유사》 2, 〈기이〉 2 (상), "태종 춘추공").

위 기록을 보면, 의자왕이 태자 융과 북쪽 변읍[웅진성]으로 도망한 뒤 그의 둘째 아들 태가 왕위에 올랐다고 나온다. 당나라 군대가 사비성을 포위하자 태는 항복하였다.

| 신라 태자 법민, 항복하는 백제 왕자 부여융을 꾸짖다 |　　《삼국사기》에는 항복에 관한 또 다른 기록이 나온다. 나당 연합군이 사비성으로 진격하자 의자왕은 달아나고 그 아들 융과 신료가 항복해 왔다는 내용이다.

백제 왕자는 좌평 각가覺伽를 시켜 당나라 장군에게 편지를 보내어 군사를 물려줄 것을 애걸했다. 또 상좌평을 시켜 음식을 후하게 차려 보냈고, 의자왕의 서자 궁躬과 좌평 여섯 사람이 앞으로 나아가 죄주기를 빌었지만 이 또한 물리쳤다. 결국, 의자왕은 7월 13일 측근들을 거느리고 밤에 도망쳐 달아나 웅진성熊津城을 지켰으며, 그 아들 융과 대좌평 천복千福 등이 나와서 항복했다.

법민은 융을 말 앞에 꿇어 앉히고 얼굴에 침을 뱉으면서 꾸짖었다.

> 전일 네 아비가 내 누이를 부당하게 죽여 옥 안에 묻었다. 이로써 나를 20년 동안 마음 아프게 하였으며 머리를 앓게 했다. 오늘, 네 목숨은 내 손 아귀에 있다(《삼국사기》 5, 〈신라본기〉 5, 태종무열왕 7년).

이때 법민이 누이라고 한 사람은 대야성 전투에서 죽은 성주 품석의 아내 고타소를 말하고 있음을 독자들은 기억하고 있을 것이다. 고타소는 김춘추와 보라 사이에서 출생한 딸이고 법민은 김춘추와 문희의 자식이므로 그들은 이복 남매였다.

7월 18일 의자왕이 태자와 웅진 방령의 군사를 거느리고 와서 항복했다. 태종무열왕은 의자왕이 항복했다는 말을 듣고 7월 29일 금돌성에서 소부리성으로 와 제감 천복을 보내 당나라에 전승을 알리고자 포백에 글씨를 써서 장대 끝에 달아 사람들에게 보이는 노포露布를 하였다.[25]

┃백제 멸망 순간 김유신은?┃　660년 7월 13일 백제 왕자 융이 법민의 말 앞에서 꿇어앉아 항복할 때 김유신은 어디에 있었을까? 7월 18일 의

25　《삼국사기》 5, 〈신라본기〉 5, 태종무열왕 7년.

자왕이 항복할 때는 어디에 있었을까? 8월 2일 신라 왕과 당나라 소정 방이 승리의 잔치를 벌일 때는 또 어디에 있었을까?

김유신은 분명 백제 멸망의 순간을 모두 지켜보았을 것이다. 다만 태종무열왕이나 태자 법민보다 격이 낮았기에 기록에 남지 않았을 뿐 이다.

┃김유신, 대각간이 되다┃　《삼국사기》〈잡지〉 "직관 (상)"에 대각간大 角干이라는 관등이 나온다. 대각간은 대서발한大舒發翰이라고도 하는데, 태종무열왕 7년[660년]에 백제를 멸망시킨 공을 논하여 대장군 김유신 에게 대각간을 주었다고 나온다. 대각간은 전부터 있던 17등 관등 위에 더한 것으로, 상설 관등은 아니었다. 17관등 가운데 1등급인 각간(이벌 찬) 위에 대각간을 새로이 설치한 것이다. 이는 아찬, 사찬, 대나마, 나 마에 중위重位가 있었던 것과 마찬가지로 각간(이벌찬)에 중위를 만들 었음을 뜻한다.

신라인의 경우 육두품은 아찬, 오두품은 대나마 이상의 관등에 오를 수 없었다. 지방인의 경우 진촌주는 사찬까지, 차촌주는 나마까지로 정 해져 있었다. 이에 중위제重位制를 만들어 신분별로 특별한 대우를 해주 어야 할 때 중위를 내렸다. 예컨대 이미 최고 관등 아찬에 오른 육두품 이 공을 세우면 중아찬을 주고, 또 공을 더 세우면 삼중아찬의 관등을 주는 방식이었다. 육두품에게는 사중아찬까지 주어졌다.[26]

대각간은 각간까지 오른 진골에게 관등을 더하여주는 일종의 중위 제였다고 하겠다. 김유신은 백제를 정복한 제일의 공으로 각간 위의 대

26　이종욱, 〈남산신성비를 통하여 본 신라의 지방통치체제〉, 《역사학보》 64집, 역사학 회, 1974, 63쪽 참조.

각간 관등을 받았다.

｜당 고종이 김유신을 칭찬하다｜　660년 백제를 정복하는 전쟁에서 누구보다 큰 공을 세운 사람은 김유신이었다. 이에 당 고종이 그 소식을 듣고 사신을 보내 김유신을 칭찬했다고 한다.[27]

｜백제 땅을 주겠다는 제안을 거절한 김유신｜　삼한통합 뒤 당나라는 그에게 제안해왔다. 소정방은 김유신·김인문·김양도 세 사람에게 다음과 같이 말했다.

> "나는 황제의 명령을 받아 편의종사便宜從事를 한다. 지금 빼앗은 백제의 땅을 공들에게 나누어 주어 식읍食邑으로 삼도록 하여 그 공의 보수로 할까 하는데 어떻게 생각하는가?" 유신이 대답했다. "대장군이 천자의 군사를 거느리고 와서 우리 군왕의 소망을 보좌하여 소국[신라]의 원수를 갚아주었으니 우리 임금과 온 나라의 신민臣民들이 기뻐서 말할 겨를이 없습니다. 그런데 우리만 홀로 은혜를 받아 이익을 취한다면 의리에 어긋나지 않겠습니까?" 마침내 받지 않았다(《삼국사기》 42, 〈열전〉 2, "김유신 (중)").

김유신은 삼한통합의 의미를 누구보다 잘 알고 있던 사람이었다. 소정방이 당군과 신라군이 정복한 옛 백제 땅을 김유신 등 3인에게 나누어준다는 제안을 한 것은 그 땅을 당나라의 관할 아래 두어 신라가 차지하지 못하게 하려는 조치였을 것이다. 김유신이 당나라의 제안을 거절함으로써 뒷날 마침내 정복지 백제 땅을 신라가 모두 차지할 수 있었던

27　《삼국사기》 42, 〈열전〉 2, "김유신 (중)".

것이다.

김유신은 개인의 이익보다 신라 왕국의 운명과 이익을 철저하게 생각한 사람이었다.

근현대 한국의 사학자들은 김춘추를 중심으로 한 신라인들이 외세인 당나라 군대를 끌어들여 동족의 나라인 고구려와 백제를 멸망시키는 반민족적인 행위를 하였다고 말해왔다. 그러나 김유신이 당나라 소정방의 유혹을 물리친 사실을 주목하지 않았다. 김유신과 신라인들은 20세기 초 일제가 한국을 강점해 들어오던 시기의 을사오적 등과는 전혀 다른 모습을 보여준다.

│ 신라를 치려는 당나라의 음모를 막아낸 김유신 │ 실제로 백제를 평정한 당나라는 신라까지 정복하려 했다. 그들은 사비성 언덕에 진을 치고 신라를 침략할 음모를 꾸몄다. 태종무열왕이 이를 알고 군신을 불러 대책을 묻자, 다미공多美公이 "우리 백성을 백제 사람으로 거짓 꾸며서 그 복장을 입혀 도적질하는 것처럼 한다면 당나라 사람이 반드시 이를 칠 것이니 이때를 타서 그들과 싸우면 뜻대로 될 것입니다."라고 했다. 김유신이 이 계책을 받아들였다. 왕은 신라를 도와준 당나라 군사들과 싸우는 것을 염려하였으나, 김유신은 강한 의지를 보였다. "개는 그 주인을 두려워하지만, 주인이 제 다리를 밟으면 주인을 물게 되니 어찌 국난을 당하고서도 자신을 구원하지 않을 수 있겠습니까? 부디 대왕께서는 이를 허락해 주십시오."라고 했다.

결국, 당나라 사람들은 신라가 방비하는 것을 정탐하고 신라를 치지 못한 채 백제 왕과 신하, 백성들을 사로잡아 돌아가고 낭장郎將 유인원劉仁願 등을 남겨 백제 땅을 지키게 하였다.[28]

| 당군의 귀환, 당 고종이 야욕을 드러내다 | 《삼국사기》에는 당나라 군사의 귀환에 대한 기록이 나온다. 660년 9월 3일에 당나라 낭장 유인원이 1만의 군사와 함께 남아 사비성을 지켰고, 왕자 인태와 사찬 일원, 급찬 길나가 군사 7천으로 도왔다. 소정방은 백제 왕과 왕족, 신하 등 93명과 백성 1만 2천 명을 데리고 사비에서 배를 타고 당나라로 돌아갔다.[29]

《삼국사기》와 《삼국유사》의 기록은 소정방이 거느리고 간 인원이 약간 다르다. 이는 고려 시대에 기록된 역사서의 한계를 보여준다.[30] 《삼국유사》는 소정방이 의자왕과 태자 융, 왕자 연과 대신·장사 88명, 백성 1만 2807명을 당나라 서울로 보냈다고 하였다.

소정방이 돌아가서 백제 포로를 바치니 당 고종은 그를 위로하며 다음과 같이 말했다.

> "어찌 나간 김에 신라까지 정벌하지 않았는가?" 소정방이 아뢰었다. "신라는 그 임금이 어질고 백성을 사랑하며, 그 신하들은 충성으로써 나라를 받들고 아랫사람은 그 윗사람을 친부형親父兄과 같이 섬기고 있기에 비록 [나라는] 작지만 도모할 수 없었습니다."(《삼국사기》42, 〈열전〉 2, "김유신 (중)")

위에 나오는 소정방의 말 속에는 충성으로써 나라를 받든 신하에 김유신이 들어 있는 것은 당연한 일이다.

---

28   《삼국사기》5, 〈신라본기〉 5, 태종무열왕 7년.
29   《삼국사기》 5, 〈신라본기〉 5, 태종무열왕 7년.
30   《삼국유사》 2, 〈기이〉 2 (상), "태종 춘추공".

▌백제 정복으로 신라의 땅이 서쪽 바다까지 이르다▐　　　《구당서舊唐書》

〈동이열전〉 "신라" 조를 보면, 현경顯慶 5년[660년] 좌무위대장군 소정방을 웅진도 대총관熊津道大摠管에 임명하여 수륙군 10만을 거느리게 하고, 김춘추를 우이도 행군총관에 임명하여 함께 백제를 토평討平하게 했다. 백제 왕 부여의자를 사로잡아 황제 앞闕下에 바치니 신라가 점차 고구려·백제의 땅을 차지하게 되어 그 땅이 서쪽으로 바다에까지 이르렀다고 나온다. 실제로 당군의 힘을 빌려 백제와 고구려를 정복한 뒤 신라의 영토는 넓어졌던 것이 아닌가.

5.5.
신라와 당나라, 고구려 정벌에 나서다

660년 당나라가 백제 정복전에 참가한 이유는 과거 고구려와 전쟁하여 이기지 못했기 때문이다. 백제를 평정한 뒤 신라와 당나라는 고구려를 평정하고자 전쟁을 벌였다. 당나라가 주도하여 660년부터 668년까지 고구려를 지속적으로 공격해갔다.

▌당나라, 백제 평정 뒤 고구려를 침공하다▐　　　《삼국사기》〈고구려본기〉

보장왕 19년[660년]의 기록을 보면, 그해 11월 당나라는 글필하력契苾何力을 패강도 행군대총관으로, 소정방을 요동도 행군대총관으로, 유백영을 평양도 행군대총관으로, 정명진을 누방대총관으로 삼아 군사를 거느리고 길을 나누어 고구려를 공격했다.

보장왕 20년[661년] 정월 당에서는 하남·하북·회남의 67주의 군사를 모집하여 4만 4천여 명을 모아 평양·누방의 군영으로 나아가고, 또 소사업을 부여도 행군총관으로 삼고 위구르(回紇) 등 여러 부部의 군사를 거느리고 평양으로 가게 했다. 4월에 임아상을 패강도 행군총관으로, 글필하력을 요동도 행군총관으로, 소정방을 평양도 행군총관으로 삼아 소사업 및 여러 호병胡兵과 함께 무릇 35군이 수륙으로 길을 나누어 함께 전진케 했다.

661년 당군의 고구려 침공은 지속되었다. 이는 문무왕이 즉위한 뒤인 그해 12월에서 이듬해 2월까지 김유신이 군량을 수송하고 평양까지 가서 소정방에게 전달하는 일로 이어졌다.

| 김유신의 지성이 하늘을 감동시키다 |　　이맘때 고구려군이 신라에 쳐들어왔다가 물러간 일이 있었다. 태종무열왕 8년[661년] 5월 9일[또는 11일] 고구려는 장군 뇌음신에 말갈 장군 생해가 거느린 군사를 합해 술천성述川城(경기도 여주군에 있는 성)을 공격해왔다. 이기지 못하자 다시 북한산성을 공격해왔는데, 그때 성안에는 겨우 남녀 2800명이 있었다. 성주 동타천은 어린이와 약한 이들을 격려하여 무려 20여 일이나 맞서 싸웠지만, 양식이 떨어지고 지쳐 갔다. 그때 지성으로 하늘에 아뢰자 별안간 큰 별이 나타나 적의 진영에 떨어졌다. 또 천둥이 치고 비가 내리며 벼락이 떨어지니 적들이 의심하고 두려워하여 포위를 풀고 가버렸다.[31]

이때 고구려군을 쫓아낸 이상한 현상에 대하여 《삼국사기》〈열전〉

31　《삼국사기》 5, 〈신라본기〉 5, 태종무열왕 8년.

"김유신 (중)"은 이를 김유신의 공으로 기록했다. 적들이 성을 포위했다는 말을 들은 김유신은 "사람의 힘은 이미 끝났으니 신령의 도움을 받을 수밖에 없다."라고 하고 절에 나아가 제단을 설치하고 기도를 드리자 천변天變이 있었으므로 모든 사람이 "유신의 지극한 정성[至誠]이 하늘을 감동시킨 때문이다."라고 했다는 것이다. 당시 신라 사람들이 김유신을 하늘까지 감동시킬 수 있는 존재로 여겼음을 알 수 있다.

문무왕 대의 고구려 평정과
당군 축출 전쟁 때의 김유신
(661~673년)

고구려 자체는 대단한 나라였다. 고구려가 수나라와 당나라의 대군을 물리친 일 등은 한국사에 두고두고 남을 역사적 사건이다. 근현대 한국 사학은 고구려가 수·당의 침략을 막아내 민족의 방파제가 되었다고 해왔다. 특히 20세기 초 제국일본이 한국을 강점·폐멸시킨 상황에서 수·당의 침입을 막아낸 고구려를 자랑스럽게 여기고, 당나라를 끌어들인 신라를 부끄럽게 여기는 역사를 만들어냈다. 지금도 그와 같은 역사 지식과 역사의식이 우리들의 가슴속에 그대로 남아 있다.

고구려·백제·신라는 한국사에서 동등한 지분을 차지하는 나라였다. 그러나 신라의 삼한통합이 현재 한국 역사에 남긴 역사적 유산이 어떤 것인지 심각하게 생각해보아야 한다.

이 장에서는 예순일곱 살에서 일흔아홉 살까지의 김유신에 관해 이야기하겠다. 먼저 태종무열왕의 죽음과 문무왕의 즉위부터 보자. 이어 김유신을 총사령관으로 했던 신라군의 고구려 정복에 대해 알아보고, 고구려가 멸망한 668년부터 김유신이 세상을 떠난 673년까지를 이야기하겠다. 그리고 그 뒤 676년까지 이어진 전쟁에서 세상을 떠난 김유신이 어떤 영향을 미쳤는지도 보기로 한다.

6.1.
태종무열대왕이 돌아가고
문무왕이 즉위하다

┃ 태종무열왕의 붕어 ┃ 태종무열왕 8년[661년] 6월 대관사大官寺의 우물
물이 피가 되고, 금마군金馬郡(전북 익산군)의 땅이 피를 흘렸는데 그 넓이
가 다섯 보나 되는 일이 있었다.[1] 이러한 일들은 왕의 죽음을 예고한 조
짐이었다고 믿었다. 그해 6월 태종무열왕 김춘추가 세상을 떠났다. 그
의 나이 쉰아홉 살이었다. 시호를 무열武烈이라 하고, 영경사의 북쪽에
장사 지냈으며, 왕호를 올리어 태종이라 했다.

《화랑세기》 18세 풍월주 춘추공 조는 태종무열왕의 한평생 공적에
대하여 다음과 같이 기리고 있다.

> 세상을 구제한 왕이고 영걸한 군주다. 천하를 하나로 통합하니 덕이 사
> 방을 덮었다. 나아가면 태양과 같고 바라보면 구름과 같다(《화랑세기》 18세
> 풍월주 춘추공).

김유신은 일찍이 신臣이 되어 김춘추를 군君으로 모시고 언제나 곁에

---

1   《삼국사기》 5, 〈신라본기〉 5, 태종무열왕 8년 6월.

서 힘이 되어주었다. 612년부터 그를 왕위에 올리기로 하는 계획을 실행하기 시작하였고, 43년 만에 이를 이루어냈다. 김춘추의 죽음은 김유신에게 무엇보다 큰 슬픔을 안겨 주었을 것이다.

태종무열왕의 능은 신라의 많은 왕릉 가운데 그 위치를 알 수 있는 몇 안 되는 왕릉이다. 《삼국사기》〈신라본기〉 태종무열왕 8년 조 끝부분에 영경사 북쪽에 장사 지냈다고 나온다. 《삼국유사》 "태종 춘추공" 조에는 애공사 동쪽에 장사 지내고 비를 세웠다고 나온다. 지금 그곳에는 비신碑身은 없으나 《태종무열대왕릉비》의 거북이 모양 받침돌〔龜趺〕과 머릿돌〔螭首〕은 남아 있다.

| 문무왕의 즉위와 김유신 | 《삼국사기》에 따르면, 법민은 용모가 영특하게 생겼으며, 총명해서 슬기로운 계략이 많았다고 한다. 진덕여왕 4년[650년] 6월 당나라에 사신으로 갔을 때 당 고종은 그를 대부경大府卿으로 임명했다. 그는 백제를 멸망시키는 전쟁에 참전하여 김유신 등을 거느리고 의자왕의 아들 부여융에게서 항복을 받기도 했다. 태종무열왕 원년[654년] 파진찬으로 병부령이 되었다가 곧 태자로 책봉되었다.[2]

김유신은 법민의 외삼촌으로 법민이 태어날 때부터 함께했다. 660년 백제를 멸망시키는 전쟁에서는 대장군 김유신이 태자인 법민을 모시고 참전했다. 그때부터 법민은 태자로서, 또 661년 6월 왕위에 오른 뒤로는 왕으로서 김유신을 신하로 거느렸다.

문무왕도 김유신을 특별하게 생각했다. 668년 6월 21일 문무왕은 고구려 원정군을 편성했을 때 김유신을 대당대총관으로 삼아 최고 사령관으로 임명했다. 6월 29일 신라군이 출정했으나 김유신은 풍風을 앓

---

2   《삼국사기》 6, 〈신라본기〉 6, 문무왕 즉위 조.

아 서울에 머물러 있게 했다. 그때 김흠순과 김인문도 대당총관이 되었다.[3] 김흠순과 김인문이 김유신과 함께 가지 않으면 후회가 있을까 염려하자, 문무왕은 국가의 보배인 세 신하(三臣)가 적국으로 갔다가 뜻밖의 일이 생겨 돌아오지 못하는 일이 없도록 김유신을 남겨 나라를 지키게 하려는 것이라 답했다.[4]

이러한 기록으로 보아 문무왕이 김유신을 어떻게 생각했는지 알 수 있다. 김유신과 문무왕이 특별한 관계였다는 사실을 확인할 수 있다.

| 문무왕 대 김유신의 지위 |　　문무왕 대 김유신의 정치적·사회적 지위는 대단히 높았다. 우선 김유신은 상상 이상으로 왕과 밀착된 관계였다. 《삼국사기》〈신라본기〉 "문무왕 즉위" 조의 기록은 앞에서 제시한 것처럼 문무왕의 부모인 김춘추와 문희의 만남과 문무왕의 출생이 중심 내용이다. 이는 문희의 오빠인 김유신의 지위를 간접적으로 말해주는 자료이기도 하다. 문무왕은 김유신의 외조카(甥姪)였지만, 김유신이 자신의 누이 지조와 혼인하였으므로 그의 매제가 되기도 하였다.

인문·문왕·노단·지경·개원 등 김춘추와 문희 사이에 출생한 문무왕의 동생들 가운데 그 누구도 김유신의 지위를 넘어서지 못했다. 고구려를 멸망시킨 뒤 논공행상을 할 때 문무왕이 김유신에게 태대각간 관등을 주었지만 동생 김인문은 대각간으로 삼은 것으로도 그러한 사정을 알 수 있다.

3　　《삼국사기》 6,〈신라본기〉 6, 문무왕 8년.
4　　《삼국사기》 43,〈열전〉 3, "김유신 (하)".

6.2.
고구려 정벌에 나선 당군을 지원한 김유신

백제를 정복한 신라와 당나라는 고구려를 정복하는 공동 작전을 벌였다. 당나라가 고구려를 침공할 때 신라는 군자軍資를 지원하였다.

▌김유신, 고구려가 신라를 업신여기지 못하는 이유가 되다▐　　　고구려는 신라를 업신여기지 못했다. 김유신이 있었기 때문이다. 이와 관련하여서는 앞서 고구려인들이 김유신의 탄생을 신비화한 이야기, 곧 억울하게 죽은 추남이 김유신으로 태어났다는 이야기를 살펴보았다.

《삼국사기》에도 이러한 사실을 알 수 있는 이야기가 나온다.

> 김유신이 일찍이 한가윗날 밤에 자제들을 거느리고 대문 밖에 서 있는데 홀연히 서쪽으로부터 오는 사람이 있었다. 김유신은 그 사람이 고구려 첩자임을 알고 불러서 앞에 세우고 말했다. "너희 나라에 무슨 일이 있느냐?" 그 사람은 엎드려서 감히 대답하지 못했다. 김유신이 "두려워하지 말고 다만 사실대로 고하라."라고 하였으나 또 말하지 않았다. 이에 김유신이 그에게 알려주기를, "우리 국왕은 위로 하늘의 뜻을 어기지 않고 아래로 백성의 마음을 잃지 않았으므로 백성들이 기뻐하여 모두 그 생업을 즐기고 있다. 지금 네가 이를 보았으니 가서 너희 나라 사람들에게 알려라."라고 이르고 마침내 위로하여 보냈다. 고구려 사람들은 이 소식을 듣고 "신라는 비록 소국이지만 유신이 재상宰相으로 있으니 가볍게 볼 수 없다."라고들 하였다(《삼국사기》 42, 〈열전〉 2, "김유신 (중)").

위의 사건이 벌어진 해가 언제인지는 기록되어 있지 않다. 그러나 신라의 재상에는 상대등이 포함되어 있었고,5 김유신은 태종무열왕 7년 [660년] 정월에 상대등이 되었으므로 그 무렵의 일일 수 있다. 그해가 언제였건 고구려인들은 김유신이 재상으로 있는 한 신라를 가볍게 볼 수 없었다. 김유신의 존재를 거듭 주목하게 된다.

┃661년 당군이 고구려 평양성을 포위하다┃　660년 7월, 백제를 평정한 신라와 당나라는 힘을 합해 고구려를 평정하고자 전쟁을 벌였다. 앞에서 이야기한 것처럼, 태종무열왕이 재위하던 660년 11월6과 661년 정월 당군이 고구려를 공격했다. 661년 4월에는 당 고종 또한 대군을 거느리고 참전하려 하였으나 신하들과 측천무후가 간하여 그만두었다.

　문무왕이 왕위에 오른 뒤에도 당나라의 고구려 침공은 계속되었다. 661년 8월에는 소정방이 패강浿江(대동강이라 하나 청천강일 수도 있다)에서 고구려군을 무너뜨리고 마읍산馬邑山(평양 근처의 산)을 빼앗았으며 마침내 평양성을 포위했다. 9월에 연개소문은 아들 남생男生과 군사 수만 명을 보내 압록강을 지켰다. 그러나 글필하력契苾何力이 압록강에 이르자 물이 두껍게 얼어 있어 얼음을 타고 강을 건너 북을 치고 함성을 지르며 전진하니, 고구려 군사가 무너져 도망했다. 글필하력이 수십 리를 추격하여 3만 명을 죽이자, 남은 군사들이 모두 항복하고 남생은 겨우 홀로 살아남았다. 마침 군대를 돌리라는 조서가 내려져 당나라 군대가 돌아갔다.7

　662년 정월에 백주자사 옥저도총관 방효태龐孝泰가 연개소문과 사수

5　　이종욱, 《신라의 역사》 2, 김영사, 2002, 202쪽.
6　　《삼국사기》 22, 〈고구려본기〉 10, 보장왕 19년.
7　　《삼국사기》 22, 〈고구려본기〉 10, 보장왕 20년.

蛇水(미상) 상류에서 싸웠는데 전군이 모두 죽고 더불어 그 아들 13명도 모두 전사했다. 소정방은 평양을 포위했으나 마침 큰 눈이 내리기에 포위를 풀고 퇴각했다. 전후前後의 행군 모두 큰 성과를 내지 못했다.

| 당나라의 고구려 침공에 신라가 군사를 동원하여 응하다 |　　당나라 군대가 고구려를 공격할 때 신라군도 출정했다.

문무왕 원년[661년] 6월 당에 가서 숙위하던 김인문과 유돈儒敦 등이 돌아와 문무왕에게 보고하기를, 당나라 황제가 이미 소정방을 보내 수류 35도의 군사를 거느리고 고구려를 치게 했으며 신라 왕도 군사를 일으켜 도우라 했다면서 비록 상중이나 황제의 명을 거역하기는 어려울 것이라 했다.[8] 그때 출정했다는 당군은 앞에서 본 661년 4월 고구려에 쳐들어온 임아상·소정방 등을 뜻한다.

이에 문무왕이 김유신·김인문·문훈 등을 거느리고 많은 군사를 내어 고구려를 향하여 출발하며 남천주로 행차했다. 이때 당나라 진수鎭守 유인원같이 옛 백제 땅에 머무르던 당나라 군대도 당 고종의 명을 받아 남천주로 와서 진을 치고 고구려 정벌에 합세했다.[9]

왕은 7월 17일에 여러 장수를 장군과 총관, 대감 등으로 삼았다. 이때 김유신이 대장군으로 임명되었다. 8월에 문무왕이 여러 장수를 거느리고 시이곡정(경기도 이천시 일대)에 이르렀다.[10]

한편 《삼국사기》 〈신라본기〉에는 그때 사자가 와서 아뢰기를 백제의 잔적殘賊들이 옹산성甕山城(대전시 계족산성)에 머물며 길을 막고 있으

8　　《삼국사기》 6, 〈신라본기〉 6, 문무왕 원년.
9　　《삼국사기》 42, 〈열전〉 2, "김유신 (중)".
10　《삼국사기》 6, 〈신라본기〉 6, 문무왕 원년.

니 나가지 말라고 했다.[11] 같은 이야기가 〈열전〉 "김유신 (중)"에는 신라군과 당나라 군대가 남천정에 주둔했을 때 담당 관리가 백제 잔적이 옹산성에 주둔해 몰려 있어 바로 전진할 수가 없다고 했다고 나온다.

9월 19일 문무왕은 웅현정熊峴停(대전시 대덕구)으로 가서 여러 총관과 대감들을 모아 놓고 친히 나아가 서약하게 했다. 25일에 군대를 보내 옹산성을 포위하였다. 이때 김유신이 군사를 거느리고 전진하여 성을 포위하고 사람을 시켜 성 아래로 가까이 보내 적 장수에게 항복을 권하였으나, 그들이 따르지 않았다.[12]

9월 27일에 대책大柵을 불사르고 수천 명을 목 베어 죽여 드디어 그들에게 항복을 받았다. 성이 함락되자 적의 장수는 잡아 죽이고 그 백성들은 놓아주었다. 공을 논하여 검과 창 등을 내리고 관등을 올려주었으며, 웅현성을 축조했다. 10월 29일 문무왕은 황제의 사자가 왔다는 말을 듣고 왕경으로 돌아갔다.

┃ 평양성을 포위한 소정방, 신라에 군량을 요청하다 ┃　　　　앞에서 보았듯이, 661년 8월 고구려를 침공한 소정방은 평양성을 포위했다. 그러나 연개소문이 남생을 시켜 압록강을 지켰기에 당나라 군대가 평양성으로 진격할 수 없었다. 그때 소정방은 당나라 병사를 먹일 군량을 신라에 요청했다. 《삼국사기》의 두 기록으로 보아 당나라가 두 가지 경로로 소정방에게 군량을 보내도록 신라에 요청했음을 짐작할 수 있다.

하나는 〈신라본기〉에 나오는 기록이다. 10월 29일 문무왕이 왕경으로 돌아갔을 때 김유신은 병사를 쉬게 하고 다음 명령을 기다렸는데, 당

11　《삼국사기》 6, 〈신라본기〉 6, 문무왕 원년.
12　《삼국사기》 42, 〈열전〉 2, "김유신 (중)".

나라 함자도 총관 유덕민이 와서 당나라 황제의 명령을 전하여 평양에 군량을 수송토록 했다고 하였다.[13]

다른 하나는 〈열전〉 "김유신 (중)"에 나오는 기록이다. 문무왕이 먼저 태감太監 문천文泉을 보내어 소정방에게 글을 보냈는데 이때 와서 복명했다고 하며, 문천이 다음과 같은 소정방의 말을 전했다는 것이다. 그때 소정방은 "나는 명을 받아 만 리 길 바다를 건너와서 적을 토벌하려는데, 배를 해안에 댄 지 이미 한 달이 넘었지만, 대왕의 군사는 오지 않고 군량도 공급되지 않으니 그 위태로움이 심합니다. 왕께서 계책을 세워 주시기 바랍니다."[14]라고 했다.

┃문무왕, 평양 지역으로 군량을 수송할 대책을 의논하다┃　　　661년의 고구려는 아직 연개소문이 국정을 전제하던 시기였다. 이때 소정방의 군대가 평양 근처까지 쳐들어가 주둔했다는 사실이 주목된다. 문제는 고구려 평양 지역까지 막대한 양의 군량을 싣고 수송하여 당나라 군대에 공급하는 일이 쉽지 않다는 것이었다. 그러나 김유신은 문무왕의 근심을 덜어주었다.

　　……문무왕이 이를[평양에 도달할 수 없을 것을] 근심하여 탄식했는데 김유신이 앞으로 나와 대답했다. "신은 지나치게 많은 은혜를 입었습니다. 외람되이 무거운 중한 책임을 맡았사오니 국가의 일로 비록 죽더라도 피하지 않겠습니다. 오늘이 이 노신이 절의를 다해야 할 때입니다. 마땅히 적국으로 향하여 가서 소[정방] 장군의 뜻에 부응토록 하겠습니다."라고 했다. 문무왕이 다가앉으며 김유신의 손을 잡고 눈물을 흘리며 말했다. "공과 같은

13　《삼국사기》 5, 〈신라본기〉 5, 태종무열대왕 원년.
14　《삼국사기》 42, 〈열전〉 2, "김유신 (중)".

어진 보필을 얻었으니 근심이 없습니다. 만약 이번 전쟁에 평소 두 나라의 우호에 어긋남이 없게 되면 공의 공덕을 어찌 길이 잊을 수 있겠습니까?"

김유신이 이미 명을 받고 현고잠懸鼓岑의 수사岫寺에 이르러 재계하고 영실靈室로 나아가 문을 잠그고 혼자 향을 피우고 몇 밤 몇 낮을 지난 뒤 나왔다. 그리고는 스스로 기뻐하며 말하기를 "나의 이번 길에는 죽지 않을 것이다." 장차 길을 떠나려 하니 문무왕이 손수 쓴 편지를 주며 유신에게 "국경을 나간 뒤에 상벌賞罰을 마음대로 단행해도 좋다."라고 알렸다(《삼국사기》 42, 〈열전〉 2, "김유신 (중)").

위 기록에 나오는 대로, 문무왕은 출발하려는 김유신에게 국경을 벗어난 지역에서 '상벌을 마음대로 해도 좋다'고 한 이른바 편의종사便宜從事를 허락한 것이다.

| 김유신, 평양까지 군량을 수송하다 | 《삼국사기》에 661년 12월 10일 출발하여 군사를 이끌고 평양에 가서 군량을 전달한 김유신의 행적이 상세하게 기록되어 있다. 김유신의 활약상을 보기 위해 다소 길지만 아래 기록을 제시한다.

661년 12월 10일 김유신은 부장군 인문·진복·양도 등 아홉 명의 장군과 함께 군사를 거느리고 군량을 싣고 고구려의 경계로 향하여 나아갔다. 임술[662년] 정월 23일 칠중하七重河[임진강]에 이르렀는데 모두 두려워하여 감히 먼저 배에 오르지 못했다. 김유신이 "그대들이 만약 죽음을 두려워한다면 어찌 이곳까지 왔겠는가?"라고 하고 스스로 먼저 배에 올라 강을 건너자, 여러 장수와 병졸이 다투어 뒤따라 강을 건넜다.

국경을 넘어서자 고구려인들이 큰길에서 기다리고 있을 것을 염려하여 마침내 험하고 좁은 길로 행군하여 나갔다. 산양蒜壤(미상)에 이르러 유신이 여러 장수와 병사들에게 말했다. "고구려와 백제 두 나라가 우리 영토[疆場]를 침범하고 우리 인민을 해치거나, 장정을 포로로 하여 죽이거나, 어린아이를 포로로 하여 종으로 삼은 지 오래이니 통탄스럽지 않으냐? 내가 지금 죽음을 두려워하지 않고 험난한 곳으로 가는 것은 대국[당나라]의 힘을 빌려 두 나라를 멸망시켜 나라의 원수를 갚고자 하는 것이다. 나는 마음으로 맹세하고 하늘에 아뢰었으므로 신령의 도움을 바라고 있으나 너희의 마음이 어떤지 몰라 말한다. 만약 적을 겁내지 않는 사람은 반드시 성공해서 돌아갈 것이고, 적을 두려워한다면 어찌 포로로 잡히는 것을 면하겠느냐. 마땅히 한마음으로 협력하면 한 사람이 백 사람을 당하지 못할 것이 없다. 이것이 내가 너희들에게 바라는 바다."라고 했다. 여러 장수와 병졸들이 모두 말했다. "장군의 명을 받들어 감히 살기를 바라는 마음을 가지지 않겠습니다."

이에 북을 치며 행진하여 평양으로 향했다. 길에서 적병을 만나 싸워 이겨 빼앗은 갑옷과 무기가 매우 많았다. 장새獐塞의 험한 곳에 이르렀을 때는 마침 날씨가 매섭게 추워 사람과 말이 지치고 피곤하여 왕왕 쓰러지고 엎어졌다. 김유신이 앞에서 소매를 걷어 어깨를 드러내고 채찍을 잡고 말을 몰아 달려가니 뭇사람이 이를 보고 힘을 다하여 달려갔으므로 땀이 나서 감히 춥다고 말하는 자가 없었다. 마침내 험한 곳을 지나니 평양까지 그리 멀지 않았다.

김유신이 말하기를 "당군이 식량이 모자라 몹시 군색하게 되었을 것이니, 마땅히 먼저 그들에게 알려야 할 것이다."라고 했다. 이에 보기감 열기裂起를 불러 말했다. "내가 어렸을 때부터 그대와 놀며 그대의 지조와 절개를 알고 있다. 지금 소정방 장군에게 내 뜻을 전하고자 하는데 마땅한 사람을 찾기가 어렵구나. 네가 가겠느냐?" 열기가 말했다. "제가 비록 불초하지만 외람되이 중군직을 맡았는데 하물며 장군의 명령을 욕되게 할 수 있겠습니까? 죽는 날을 오히려 태어난 해로 여기겠습니다." 마침내 장사 구근仇近 등 15인과 함께 평양으로 나가 소정방 장군을 만나 말했다. "유신 등이 군대를 거느리고 군량을 운반하여 가까운 곳에 이르렀습니다." 소정방이 기뻐하여 글을 보내어 감사했다.

김유신 등이 양오楊隩(평남 강동)에 이르러 한 노인을 만났다. 그에게 소식을 묻자 적국의 소식을 자세히 털어놓기에 포백布帛을 주니 사양하여 받지 않고 가 버렸다. 김유신이 양오에 군영을 설치하고 한어漢語(당나라 말)를 할 줄 아는 인문과 양도良圖와 아들 군승軍勝 등을 보내 당나라 군영에 왕의 명령으로 군량을 공급함을 알렸다. 소정방은 군량이 떨어지고 군대가 피로하여 힘써 싸울 수 없었는데, 군량을 얻자 곧바로 당나라로 돌아갔다. 양도도 군사 8백 명을 거느리고 바다를 건너 본국으로 돌아왔다.

그때 고구려인들이 군대를 매복시켰다가 신라군이 돌아오는 길에 공격하려 했다. 김유신이 북과 북채를 소 여러 마리의 허리와 꼬리에 매달아 휘둘러 부딪칠 때마다 소리가 나게 했다. 또 마른 풀을 쌓아놓고 태워 연기가 끊이지 않게 했다. 밤중에 몰래 행진하여 표하瓢河(임진강의 한 지류)에 이르러 급히 강을 건너 언덕에서 군사를 쉬게 하는데, 고구려인들이 이를 알고 추격해왔다. 김유신이 만노萬弩를 한꺼번에 쏘게 하니 고구려 군사가 물러나므로 여러 부대의 장수와 군사를 독려해서 길을 나누어 나갔다. 적을 맞아 쳐서 패배시키고 장군 한 명을 사로잡고 머리 1만여 급을 베었다. 왕이 이 소식을 듣고 사신을 보내 위로하였고, 돌아오자 상으로 봉읍封邑과 작위를 차등 있게 주었다(《삼국사기》, 〈열전〉, "김유신 (중)").

662년 김유신이 예순여덟 살의 나이에 칠중하를 건너 평양 근처까지 갔음을 알 수 있다. 한편《삼국사기》〈신라본기〉문무왕 2년[662년] 정월 조에는 김유신이 공급한 군량에 관하여 좀 더 구체적인 기록이 나온다.

왕이 유신·인문·양도 등 아홉 장군에게 명하여 수레 2천여 량에 쌀 4천 섬과 벼 2만 2천여 섬을 싣고 평양으로 가게 했다. 1월 18일에 풍수촌에서

자게 되었는데, 얼음이 미끄럽고 길이 험해 수레가 갈 수 없으므로 쌀과 벼를 모두 마소에 실었다. 1월 23일에 칠중하를 건너 산양에 이르렀다. 귀당 제감 성천과 군사 술천 등이 이현에서 적병을 만나 그들을 쳐서 죽였다.

2월 1일에 김유신 등이 장새에 이르렀는데 평양에서 떨어지기 3만 6천 보였다. 먼저 보기감 열기 등 15인을 당나라 군영으로 보냈는데, 이날은 눈보라가 치고 추위가 대단해서 사람과 말이 많이 얼어 죽었다. 2월 6일에는 양오에 이르러 유신은 아찬 양도와 대감 인선 등을 보내 군량을 가져다주고, 소정방에게 은 5700푼과 가늘게 짠 고운 베 30필, 두발頭髮 30냥쭝, 우황 19냥쭝을 주었다. 소정방은 군량을 받고는 곧 전쟁을 그만두고 돌아가 버렸다. 유신 등도 당나라 군사가 돌아갔다는 말을 듣고 또한 돌아오는데 과천瓤川을 건너니 고구려 군사들이 추격하므로, 군사를 돌이켜 마주 싸워서 1만여 급을 목 베고 소형 아달혜阿達兮 등을 사로잡았다. 획득한 병기가 1만을 헤아렸다.

공을 논하여 본피궁의 재물과 토지 그리고 노비를 둘로 나누어 유신과 인문에게 주었다(《삼국사기》 6, 〈신라본기〉 6, 문무왕 2년).

위《삼국사기》의 〈신라본기〉와 〈열전〉에 나오는 기록은 다른 것이 아니라 서로 보완하는 자료로 읽어야 한다. 김유신이 소정방에게 군량을 공급한 사실은 많은 생각을 하게 만든다.

그 하나가《삼국사기》〈신라본기〉에 제시한 바로 위 기록처럼 김유신이 거느렸던 신라 군대가 662년 2월 1일 평양에 이르렀다는 것이다. 그때 고구려군은 어디서 무엇을 했는지 궁금하다. 어쨌든 김유신은 평양에서 3만 6천 보 떨어진 곳까지 가서 소정방에게 군량을 성공적으로 공급하고 돌아온 것이 사실이다.

이는《삼국유사》에도 실려 있다. 그러나《삼국사기》와 달리 이때가 "총장 원년 무진戊辰", 곧 668년이라고 했다.

또《고기》에 이런 기록이 있다. 총장總章 원년 무진[688년]에 신라에서 청한 당나라 구원병이 평양 교외에 주둔하면서 서신을 보내어 군수물자를 급히 보내달라고 했다. 왕은 여러 신하를 모아놓고 물었다. "적국인 고구려에 들어가서 당군의 진영까지 이르기는 그 형세가 매우 위험하오. 그러나 우리가 청한 당군이 양식이 다 떨어졌는데 그 군량을 보내주지 않는 것도 또한 옳지 못하니 어찌하면 좋겠소?" 김유신이 아뢰었다. "신들이 능히 그 군수물자를 수송하겠사오니 대왕께서는 염려하지 마옵소서." 이에 유신·인문 들이 군사 수만 명을 거느리고 고구려 국경 안에 들어가서 군량 2만 곡斛을 수송해주고 돌아오니 왕은 크게 기뻐했다(《삼국유사》 1, 〈기이〉 2 (상), "태종 춘추공").

662년과 668년 가운데 어떤 연대가 사실일까? 만일 668년이라면 문제가 생긴다. 그해는 당나라와 신라군이 고구려를 정복했고, 당시 김유신은 신라군의 총사령관이 되기는 하였으나 풍병으로 출정할 수 없었다. 게다가《삼국유사》의 기록 또한 협주[15]에 668년의 당나라 장수는 소정방이 아니라 이적李勣이라고 밝혀놓았다. 따라서《삼국유사》의 기록 속 연대 또한 662년으로 보아야 옳다.

| 김유신의 편의종사와 열기 | 662년 2월 김유신은 소정방에게 군량을 전달하러 평양 근처까지 도착했다. 2월 1일 김유신은 이 소식을 전하기 위해 열기에게 명하여 소정방에게 가도록 했다.

김유신은 편지를 당나라의 진영으로 보내려고 했으나, 적당한 사람을

---

15   "총장 원년 무진은 이적의 일인데 소정방이라고 한 것은 잘못이다. 만일 소정방의 일이라면 연호가 용삭 2년 임술[662년]에 해당하므로 평양에 와서 포위했던 때이다."

얻기가 어려웠다. 이때 열기는 보기감으로서 행군을 보좌했는데, 앞으로 나와서 말했다. "제가 비록 노둔하오나 사신의 수효에 끼이기를 원합니다." 마침내 군사軍師 구근 등 다섯 사람과 함께 활과 칼을 가지고 말을 달려 갔으나, 고구려 사람이 이들을 바라보고도 길을 막지는 못했다. 무릇 이틀 만에 소정방에게 기별을 전하니, 당나라 사람들은 이 말을 듣고 기뻐서 위로하며 편지로 회답했다.

열기가 또 이틀 만에 돌아오니 유신이 그 용맹을 칭찬하여 급찬級湌[9등급] 벼슬을 주기로 했다. 군사가 돌아오자 유신은 왕에게 아뢰었다. "열기와 구근은 천하에 드문 용사입니다. 제가 편의상 급찬 벼슬을 주기로 허락했사오나, 공로에 알맞지 못하오니 사찬沙湌[8등급] 벼슬을 주시기를 바랍니다." 왕이 "사찬 벼슬이 좀 과하지 않겠소?"라고 하니 유신은 두 번 절하며 말했다. "관작과 봉록은 공기公器로서 공功에 대해 보답하는 것입니다. 어찌 과하다고 하겠습니까?" 왕이 이를 허락했다(《삼국사기》 47, 〈열전〉 7, "열기").

앞서 김유신이 평양으로 떠날 때 문무왕이 상벌을 마음대로 하게끔 허락한 것을 보았다. 편의종사권을 허락받은 김유신은 그 자신의 편의에 따라 열기에게 급찬을 주기로 하였으나, 사찬으로 한 등급 올려달라고 요청했던 것이다. 김유신은 상벌을 마음대로 단행하였으나, 그럼에도 상을 더해주고자 할 때는 왕에게 허락을 구했다는 사실도 볼 수 있다.

┃김유신을 도운 원효법사┃   소정방의 군대에게 군자(군량)를 전하러 갔다 돌아온 뒤 김유신은 원효법사元曉法師, 617~686의 도움을 받은 일이 있다. 위에 제시한 《삼국유사》의 기록에 이어 나오는 대목이다. 김유신과 김인문이 고구려 국경 안에 들어가 소정방에게 군량 2만 곡을 수송하고 돌아오니 왕이 크게 기뻐했다는 기록 뒤에 이어지는 기록이다. 사

료에 문제가 있다고 여겨지기도 해 단정하기는 어려우나, 김유신과 원효의 관계를 추측해보기로 한다.

> 또 [김유신이] 군사를 일으켜 당군과 합세하고자 먼저 연기·병천 두 사람을 보내어 합세할 날짜를 묻자, 당나라 장군 소정방이 종이에 난새[鸞]와 송아지[犢] 두 동물을 그려서 보냈다. 사람들이 그 뜻을 알지 못하여 사람을 시켜 원효법사에게 물으니 원효가 그림의 뜻을 풀어주었다. "군사를 속히 돌이키라는 말이다. 난새를 그리고 송아지를 그린 것 둘의 반절半切을 이른 것이다." 이에 유신이 군사를 돌이켜 패강을 건너려 할 때 영을 내렸다. "뒤처져 건너는 자는 목을 베겠다." 군사가 서로 앞을 다투어 반쯤 건넜을 때 고구려 군사가 느닷없이 쳐들어와 미처 건너지 못한 자를 죽였다. 이튿날 유신이 거꾸로 고구려군을 추격하여 수만 명을 잡아 죽였다(《삼국유사》 1, 〈기이〉 2 (상), "태종 춘추공").

위의 기록대로라면 662년 김유신이 군량 2만 곡을 소정방에게 전달하고 돌아와 왕이 기뻐한 다음에 김유신이 다시 사람을 보내 신라군과 당나라군이 합세할 날짜를 물은 것으로 된다. 그러나 소정방은 김유신이 전한 군량을 받은 뒤 곧바로 본국으로 돌아갔다. 여기서 김유신이 두 나라 군대가 합세할 날짜를 물은 시기는 그가 신라 왕경으로 돌아가 왕을 만난 다음일 수 없다.

군량을 전달한 김유신은 평양까지 간 김에 두 나라 군대가 힘을 합해 고구려를 공격하는 기일을 물은 것이었다고 본다. 그런데 본국으로 돌아가기로 마음먹은 소정방은 그림을 그려 그 답을 했는데, 신라인들은 그 의미를 알지 못했다.

바로 그때 원효법사가 그 답을 찾았다고 한다. 반절법은 한자음 표기

법의 하나로, 한자를 성모〔우리말의 초성〕과 운모〔우리말의 중성·종성〕로 나누어 성모에 해당하는 한자와 운에 해당하는 한자를 조합하는 방법이다. 원효법사는 "서독화란書牘畫鸞"을 반절하면, 우선 서독은 '서'의 성모 ㅅ과 '독'의 운모 ㄱ을 합치게 되므로 'ㅅ+ㄱ', 곧 "속速"과 같은 음이다. 화란은 '화'의 성모 ㅎ과 '란'〔/luan/으로 발음〕의 운모 ㅏㄴ으로 반절되어 "ㅎ+ㅏㄴ", 곧 "환還"과 같은 음이 되므로 결국 "속환速還"이 되는 것을 찾아냈던 것이다. 원효는 소정방이 보낸 그림의 의미를 알아냈다.

당나라로 돌아가기로 한 소정방이 신라군도 속히 돌아가라고 답한 것이다. 이로써 신라군은 속히 군사를 돌이켜 패강을 건너 신라로 돌아왔고, 그 결과 고구려군의 기습을 어느 정도 피할 수 있었다고 하겠다.

위의 기록을 인정하면, 사람을 시켜 원효법사에게 그 뜻을 물었다고 하지만 662년 원효법사는 마흔여섯 살의 나이로 김유신이 거느린 신라군을 따라 평양 지역으로 함께 갔다는 생각이 든다. 그때 원효법사가 왕경에 머물렀다면 소정방의 그림을 제때에 풀이할 수 없었을 것이기 때문이다. 원효법사의 또 다른 면, 곧 신라의 삼한통합 과정에서 신라군, 특히 김유신과 동행했다는 사실을 생각해보게 된다.

6.3.
김유신, 백제 부흥운동을 막다

  신라와 당나라가 백제를 평정했지만, 옛 백제인들은 부흥 운동을 벌여나갔다. 신라는 이를 막는 전투를 벌이지 않을 수 없었다. 김유신도 참전했다.

┃백제 부흥을 막는 전쟁에 참전하다┃　　660년 7월 백제가 멸망한 뒤 백제를 부흥하려는 군사적 활동이 있었다. 백제 무왕武王의 조카 복신福信과 중 도침道琛이 대표 세력이다. 그들이 주류성周留城(전북, 충남의 여러 지역으로 비정하는 견해가 있음)에 웅거하면서 왜국에 질質로 가 있던 부여풍夫餘豊을 데려와 왕으로 삼자 옛 백제 서북부 지역 세력들이 호응했다. 이들이 유인원劉仁願의 도성을 포위하자 당 고종이 유인궤劉仁軌를 검교 대방주자사로 임명하여 왕문도의 군사를 거느리고 편도로 신라군을 동원하여 유인원을 구원하게 했다. 유인궤가 신라군과 합세하여 복신 등의 군대를 치니 1만여 명이나 전사하거나 죽었다. 복신 등은 도성 포위를 풀고 물러나 임존성任存城(충남 예산군 봉수산성)을 지켰고, 신라는 군량이 떨어져 돌아갔다. 그때가 용삭 원년[661년] 3월이었다.[16]

  그다음 해 7월에 유인원·유인궤 등은 복신의 남은 군사를 웅진 동쪽에서 크게 쳐부수고 여러 성책을 함락시켰다. 유인궤는 진현성에 쳐들어가 승리를 거두고 신라의 군량 수송로를 열었다. 유인원이 군사를 더 요청하니 당 고종은 치주 등의 군사 7천 명을 내어 좌위위장군 손인사孫

---

16   《삼국사기》28, 〈백제본기〉 6, 의자왕 20년 조의 백제 멸망 뒤의 사실을 기록한 부분.

仁師를 보내 바다를 건너 유인원의 군대에 보태게 했다.

그 사이 옛 백제인들 사이에 불화가 생겼다. 복신이 권력을 마음대로 휘두르자 부여풍과 서로 시기하게 되었다. 부여풍이 복신을 덮쳐 죽이고 사신을 고구려와 왜국에 보내 당병을 막아내고자 군사를 청했다. 손인사가 이를 쳐부수고 유인원의 군사에 합세하니 백제 군사의 사기가 크게 떨어졌다. 그때 여러 장수가 가림성이 수륙水陸의 요충이므로 먼저 쳐야 한다고 주장하였으나 유인궤가 말했다. "병법에 방비가 있는 곳은 피하고 방비가 없는 곳을 먼저 친다고 했다. 가림성은 견고하니 이를 친다면 군사들이 상할 것이고, 지키자면 시일을 허비할 것이다. 주류성은 백제의 소굴로서 군사들이 몰려 있으니 만약 쳐서 이긴다면 모든 성이 스스로 함락될 것이다."17

여기서 《삼국사기》 〈열전〉을 보기로 하자.

용삭 3년[663년]에 백제의 여러 성이 몰래 백제의 부흥을 꾀하였다. 그 우두머리가 두솔성豆率城에 웅거하여 왜국에 군사를 청하여 원조를 받았다. 이에 문무대왕은 유신·인문·천존·죽지 등 장군을 거느리고 7월 17일에 정토征討에 나섰다.

웅진주에 이르러 진수 유인원과 군사를 합해 8월 13일에 두솔성에 이르니 백제인들이 왜인倭人과 함께 나와 진을 쳤다. 신라군이 힘써 전투를 하여 크게 승리하니 백제인과 왜인이 모두 항복했다.

문무대왕은 왜인들에게 일러 말했다. "우리나라와 너희 나라는 바다를 사이에 두고 영토를 나누어 있어, 일찍이 서로 다투지 않고 다만 좋은 관계를 맺어 강화하여 서로 사신을 보내온 터인데 무슨 까닭으로 오늘 백제와 같이 나쁜 짓을 하여 우리나라를 쳐들어오는가? 지금 너희 군졸들은 나의

---

17 《삼국사기》 28, 〈백제본기〉 6, 의자왕 20년 조의 백제 멸망 뒤의 사실을 기록한 부분.

손아귀에 있지만 차마 죽이지는 않겠다. 너희들은 돌아가서 너희 국왕에게 알려라." 그들을 마음대로 가도록 했다.

군대를 나누어 여러 성을 쳐 항복을 받았다. 그러나 오직 임존성任存城만은 지세가 험하고 성이 견고하며 식량이 많아서, 30일 동안을 공격해도 함락시키지 못하니 사졸들이 피곤해져 싸우기를 싫어하게 되었다. 대왕이 말했다. "지금 비록 하나의 성이 함락되지 않았으나 그 밖의 여러 성은 모두 항복했으니 공이 없다고는 할 수 없다." 이에 군사를 거느리고 돌아왔다.

그해 겨울 11월 20일에 서울에 돌아왔다. 유신에게는 전田 5백 결을 하사하고 그 밖의 장졸將卒들에게 상을 차등 있게 주었다《삼국사기》42, 〈열전〉2, "김유신 (중)").

김유신 등이 663년 7월 17일 출정하여 11월 20일 서울로 돌아온 전쟁에 대해 다룬 다른 기록을 찾을 수 있다.《삼국사기》〈신라본기〉문무왕 3년[663년] 조에 나오는 아래 기록을 보자.

복신 등은 유인원의 포위를 풀고 물러나서 임존성을 지켰다. 얼마 뒤 복신은 도침을 죽이고 그 무리를 합치고는 배반하여 도망한 자들을 불러서 돌아오게 하니 그 기세가 몹시 올랐다. 유인궤와 유인원은 합세하여 무장을 풀고 군사들을 쉬게 한 뒤, 군사를 증원하여주기를 청했다. 이에 황제는 명하여 우위위장군 손인사에게 40만 명을 거느리고 덕물도로 가서 웅진부성으로 나가게 했다.

[문무]왕이 김유신 등 28명(또는 30명)의 장군을 거느리고 당나라 군대와 합세하여 두릉윤성豆陵尹城(충남 청양군 정산면 지역)과 주류성 등 여러 성을 쳐서 모두 항복 받았다. 부여풍은 몸을 빼어 달아나고 왕자 충승과 충지 등은 무리를 거느리고 항복했다. 그러나 지수신遲受信만은 임존성에 웅거하여 항복하지 않았으므로 겨울 10월 21일부터 이를 쳤으나 이기지 못하고 11월 4일에 군대를 돌이켰다. 설리정에 이르러 차이 있게 논공행상을 했다

《삼국사기》6, 〈신라본기〉6, 문무왕 3년).

위 기록에서는 당 황제가 손인사에게 40만 명의 병력을 거느리게 하였다고 했으나,《삼국사기》〈백제본기〉에는 7천 명으로 나온다. 7천 명이 타당할 것으로 여겨진다.

〈백제본기〉에는 또 다른 기록도 나온다.

그때 당나라 장군인 손인사와 유인원 그리고 신라왕 김법민[문무왕]은 육군을 거느리고 진격하고, 유인궤와 별장 두상杜爽과 부여융은 수군과 군량 실은 배를 거느리고 웅진강으로부터 백강으로 가서 육군과 합세하여 함께 주류성으로 갔다. 가는 도중에 왜인을 백강 어귀에서 만나 네 번 싸워 다이기고 그 배 4백 척을 불사르니 연기와 불꽃이 하늘을 찌르고 바닷물이 붉게 물들었다. 백제왕 부여풍은 몸을 빼 달아났는데 그가 있는 곳은 알 수 없고(어떤 이는 그가 고구려로 달아났을 것이라 한다) 그의 보검만 빼앗았다. 왕자 부여충승과 충지 등은 그 무리를 거느리고 왜인들과 함께 모두 항복하였으나 지수신만은 홀로 임존성에 웅거하여 항복하지 않았다(《삼국사기》28, 〈백제본기〉6, 의자왕 20년 조의 백제 멸망 뒤의 사실을 기록한 부분).

이때의 전쟁에 대한 또 다른 기록이 있다.《삼국사기》〈신라본기〉에 나오는 기록이다. 671년 7월 26일 당나라 총관 설인귀가 임윤법사를 시켜 문무왕에게 보내온 편지에 대한 답이 그것이다.

……용삭 3년[663년] 총관 손인사가 군사를 거느리고 부성府城[사비성]을 구하러 오자 신라의 병마兵馬도 출전하여 함께 정벌에 나서 주류성 밑에 이르렀습니다. 이때 왜국의 선병船兵[수군]이 와서 백제를 도왔는데, 왜선 1

천 척이 백강에 머물러 있고, 백제의 강한 기병들은 강가에서 배를 지켰습니다. 신라의 용감한 기병들이 중국 군대의 선봉이 되어 먼저 강가의 적진을 부수니 주류성은 겁을 먹고 드디어 곧 항복했습니다. 남방이 평정되자 군사를 돌려 북쪽을 치려 했는데 임존성 하나는 헛된 고집을 부려 항복하지 않았으므로 두 군대가 힘을 합해 그 한 성을 함께 쳤습니다. 그러나 굳게 지켜 항거하여 함락시키지 못하자, 신라가 군사를 돌이켜 돌아가려 하니 두杜 대부大夫[杜爽]가 "칙명에 따르면 평정한 뒤에는 함께 맹세하라 했으니, 임존 한 성만이 비록 항복하지 않았지만, 곧 백제와 함께 맹세하는 것이 옳다."라고 말했습니다. 신라에서는 칙명에 따르면 이미 평정한 뒤에 함께 서로 맹세하라 했는데 임존성이 아직 항복하지 않았으니 이미 평정되었다고 할 수 없으며, 또 백제는 간사함이 한이 없고 반복이 무상하니, 지금 비록 서로 맹세한다고 하더라도 뒷날에 후회하여도 미칠 수 없는 걱정이 있을까 두려워하여 맹세를 정지하도록 아뢰어 청했습니다(《삼국사기》 7, 〈신라본기〉 7, 문무왕 11년).

663년 백제 부흥군과 벌인 전투에 김유신이 참전하였다. 그해 11월 20일 서울로 돌아온 문무왕은 논공행상을 하여 김유신에게 전 5백 결을 하사하였다.

664년 3월에는 백제의 여중餘衆이 다시 사비성에 모여 반란을 일으켰다. 웅주 도독이 거느리고 있는 병사로 이를 공격했으나 여러 날 안개가 끼어 사람과 물건을 분별하지 못했기 때문에 싸울 수가 없었다. 백산伯山을 시켜 그 사실을 알리니 김유신이 은밀한 계책(陰謀)을 주어 이기게 되었다.[18]

18 《삼국사기》 43, 〈열전〉 3, "김유신 (하)".

옛 백제 땅에 머문 당군에게 주둔비, 일종의 방위비를 지원한 신라

660년 9월 3일 당나라 군대 본진이 소정방의 지휘 아래 의자왕 등을 포로로 하여 당나라로 돌아갈 때, 낭장 유인원은 군사 1만과 함께 남아서 사비성을 지켰다. 신라는 왕자 인태 등에게 군사 7700명을 거느리고 돕도록 하고, 그로부터 4년 동안 백제 땅에 머무르는 당나라 군대에 식량·소금·씨앗과 철에 맞는 의복을 공급하였다. 그때 신라인들은 풀뿌리조차 부족한 실정이었는데 당나라 병사들에게는 양식에 여유가 있었다고 한다.

당나라 군대에 대한 이 같은 지원은 신라로서는 백제 부흥군을 물리치고 고구려를 정복하려면 어쩔 수 없는 조치였음이 분명하다. 신라인들이 굶주리는 상황에서 당군에 대한 지원이 이루어진 것은 신라 자체를 위한 정책적인 결정이었다. 그러한 결정에 김유신이 어떻게 관여했는지 알 수 없다. 그러나 김유신도 동의하여 당군에 대한 지원이 이루어졌을 것이다. 실제로 그가 662년 2월 평양에서 3만 6천 보 떨어진 곳까지 가서 소정방에게 군량을 공급한 것은 그 예가 된다. 신라인들이 자국을 지키고자 고구려에 머물고 있던 당나라 군대에게 평양까지 가서 식량을 제공한 사실을 주목하게 된다. 그때 당나라 군대는 일종의 방위비를 요구했던 것이다.

6.4.
김유신의 은퇴를 문무왕이 불허하다

문무왕 4년[664년] 정월에 김유신이 나이가 들어 퇴직을 원하는 은퇴〔請老〕를 했다. 문무왕은 이를 허락하지 않고 궤장几杖을 내려주었다. 궤장은 궤장연几杖宴 때 임금이 일흔 살 이상의 대신에게 하사하던 궤几〔팔꿈치를 고이는 안석〕와 지팡이를 뜻한다. 궤는 중신重臣이 벼슬을 그만둘 때 임금이 주던 물건이기도 했다. 김유신이 자신이 나이가 많아 물러날 것을 청할 때 그의 나이는 일흔 살이었으나 문무왕은 퇴임을 허락하지 않았던 것이다.

┃당나라, 김유신을 책봉하다┃ 문무왕 5년[665년]에 당 고종이 사신 양동벽梁冬碧·임지고任智高 등을 보내서 예물을 가져왔다. 아울러 김유신을 봉상정경 평양군개국공奉常正卿平壤郡開國公으로 책봉하고 식읍 2천 호를 주었다. 문무왕 6년[666년]에는 당 고종이 김유신의 장자 대아찬 삼광三光을 불러 좌무위익부중랑장左武衛翊府中郎將으로 삼고 당에 머물러 숙위하게 했다.[19]

---

19 《삼국사기》 43. 〈열전〉 3. "김유신 (하)".

신라 당 연합군이
고구려를 멸망시키다

┃668년 고구려를 정복할 때 김유신┃　김유신은 고구려를 멸망시킨 668년 전쟁과 관련이 있었다.《삼국사기》의 〈신라본기〉와 〈열전〉에 그 내용이 나온다. 두 기록이 다소 다른 대목이 있어 모두 보기로 한다.

　먼저《삼국사기》〈신라본기〉의 기록을 보자. 668년 6월 12일 우상右相 유인궤가 황제의 칙명을 받들어 숙위하던 사찬 김삼광과 함께 당항진党項津에 도착하였다. 유인궤는 군대를 동원할 날짜를 약속하고 천강泉岡으로 향했다.[20] 6월 21일 문무왕은 고구려를 평정할 군단을 편성했는데, 대각간 김유신은 대당대총관으로 임명되었다. 6월 27일 문무왕이 왕경에서 출발하여 당병에게 나아갔다. 6월 29일에는 여러 도의 총관들이 출발했다.

　그런데 문무왕은 김유신이 당시 풍을 앓고 있으므로 서울에 머물도록 했다. 문무왕이 한성漢城에 이르러 여러 총관에게 명하여 당나라 군대와 만나도록 하였고, 문영 등이 사천蛇川 벌판에서 고구려군과 전투를 벌여 크게 무찔렀다. 9월 21일 당군과 합하여 평양을 포위하니 고구려왕이 먼저 연남산淵男産[泉男産] 등을 보내 이세적에게 항복을 청했다. 이세적李世勣은 왕인 보장寶藏과 왕자 복남·덕남, 대신 등 20여만 명의 포로를 이끌고 당나라로 돌아갔다.

　10월 22일에 공을 논하며 김인문에게는 대각간의 관등을 내렸다. 그

20　《삼국사기》 6,〈신라본기〉 6, 문무왕 8년.

밖의 이찬으로 장군인 사람은 각간으로 삼았고, 소판 이하에게는 모두 한 등급씩 더해주었다. 서울에 머물렀던 김유신에게는 태대각간太大角干의 관등을 내렸다.[21]

《삼국사기》〈신라본기〉의 기록으로 보아, 신라가 고구려를 평정할 군단을 편성하였을 때 김유신은 서울에 머물렀던 사실, 9월 21일 고구려가 항복한 뒤 김유신을 포함한 논공행상이 이루어진 일, 문무왕의 서울 귀환과 선조묘 조알 등에 관한 내용을 알 수 있다.

그러나 같은 책 〈열전〉에는 668년 고구려를 멸망시킨 전쟁에 김유신이 출정하지 않은 이유가 다소 다르게 쓰여 있다.

총장 원년 무진[668년] 당 고종이 영국공 이적을 보내어 군대를 일으켜 고구려를 정벌하게 했다. 마침 신라의 군대를 징발토록 했다. 문무대왕이 군사를 내어 이에 응하고자 흠순과 인문을 장군으로 삼았다. 흠순이 왕에게 아뢰었다. "만약 유신과 함께 가지 않으면 후회를 하게 되지 않을까 걱정입니다." 왕이 말했다. "[흠순]공 등 세 신하는 나라의 보배인데, 만약 모두 적국으로 가서 혹시 뜻밖의 일이 생겨 돌아오지 못하게 된다면 나라는 어찌 되겠는가? 까닭에 유신을 나라에 머물러 지키게 하면 마치 장성長城과 같이 든든하여 마침내 근심이 없을 것이오." 흠순은 유신의 아우이고, 인문은 유신의 외조카로 유신을 높이 존경한 까닭에 감히 두말하지 못했다. 이때 유신에게 고하였다. "저희가 재주가 없으며 지금 대왕을 따라 어떤 일이 일어날지 모르는 곳으로 가게 되었습니다. 어찌해야 좋을지 모르겠습니다. 가르쳐주십시오." 유신이 대답했다. "무릇 장수 된 자는 나라의 방패가 되고 임금을 호위하는 신하가 되어 승패를 전쟁터에서 결판 내야 하는 것이니, 반드시 위로는 천도天道를 알고 아래로는 지리地理를 알며 중간으로는

21　《삼국사기》 6,〈신라본기〉 6. 문무왕 8년.

인심을 얻어야 성공할 수 있다. 지금 우리나라는 충성과 신의가 존재하는데 백제는 오만하여 망했고 고구려는 교만함으로써 위태롭게 되었다. 지금만약 우리의 곧음으로써 저들의 잘못을 친다면 뜻을 이룰 수 있다. 하물며대국大國[당나라]의 명철한 천자의 위엄에 의지하고 있음에랴. 가서 힘써 맡은 일을 실패하지 않도록 하라." 두 공[흠순과 인문]은 절하며 말했다. "가르침을 받들어 일이 잘되도록 힘써 실패함이 없도록 하겠습니다."(《삼국사기》43, 〈열전〉 3, "김유신 (하)")

문무왕이 김유신을 출전하지 못하게 한 것은 풍병 때문이 아니라 나라의 보배인 세 신하를 모두 적국으로 보낼 수 없으므로 김유신 한 사람이라도 머물러 나라를 지키게 하기 위한 것이었다는 내용이다. 어떻든 김유신은 왕명으로 서울인 왕경에 머물러 있어야 했다.

┃김유신에 대한 논공행상┃　　　왕은 고구려 평양성을 함락시키고 돌아오는 길에 군신들에게 김유신에 대한 논공행상을 어떻게 할지 물었다. 《삼국사기》 〈열전〉 "김유신 (하)"를 보면, 문무왕은 김유신에 대한 공을 논하며 구태여 그가 할아버지 무력과 아버지 서현의 업[祖考之業]을 이어받은 가문 출신이라는 사실을 밝히고 그에게 태대서발한太大舒發翰[太大角干]의 관등을 주었다. 이미 660년 백제를 멸망시킨 뒤 김유신을 각간 위의 대각간으로 삼았는데, 다시 대각간 위의 태대각간 관등을 내렸다. 없던 관등까지 만들어준 것이다. 거기에 더하여 식읍과 수레·지팡이를 주었다. 또한, 궁전에 오를 때 예의에 맞도록 허리를 굽히고 빨리 걸어가는 추창趨蹌을 하지 않도록 허락했다. 그런가 하면 김유신이 직접 거느린 관원들[寮佐] 모두의 관등도 한 등급씩 올려주었다. 이 또한 김유신에 대한 특별 대우를 해준 것이다.

| 고구려 정복 뒤 김유신에 대한 당나라의 표창 |　　　김유신에 대한 논공행상은 신라에서만 이루어지지 않았다. 총장 원년[668년]에 당 황제가 이세적李世勣의 공을 표창하고 위로하며 군사를 내어 전투를 돕고, 아울러 황금과 비단을 내렸다. 이때 김유신에게도 또한 조서를 내려 그 공을 표창하고 장려했으며, 당에 들어와 조회하라고 유시 했으나 김유신은 당에 들어가지는 않았다. 그 조서는 그의 집에 전해졌는데 5대 손자 때 이르러 잃어버렸다고 한다.[22]

| 김유신이 거느렸던 요좌의 존재 |　　　김유신에 대한 논공행상에서 그 수는 알 수 없으나, 그가 직접 거느린 관원인 요좌들까지 모두 관등을 한 등급씩 올려 받았다는 사실이 흥미롭다.

　《화랑세기》를 보면 사신私臣이라는 존재가 나온다.《화랑세기》15세 풍월주 유신공 조에 612년 김유신이 15세 풍월주가 되었을 때 용춘공이 김유신을 사신으로 발탁했는데, 김유신은 나라의 은혜에 보답하기를 맹세하고 시석을 피하지 않고 따랐다는 사실은 앞에서 보았다. 신라의 지배 세력들이 사신 또는 요좌를 거느렸던 것이 주목된다. 김유신은 그의 요좌들을 보살폈으며, 요좌들은 김유신을 지켰고 그의 활동을 항상 도왔던 것이다.

| 삼국통일이 아니라 삼한통합이라고 하는 이유는? |　　　김유신이 더없이 큰 공을 세운 신라의 백제와 고구려 평정을 우리는 아무 의심 없이 삼국통일이라 불러왔다. 그런데 삼국통일이라는 용어가 당연하게 받아들여지게 된 것은 그리 오래전은 아니었다. 그리고 "삼국통일"이라는 용어

22　《삼국사기》43,〈열전〉3, "김유신 (하)".

는 한국인의 역사의식을 왜곡시키는 면이 있다.

고려 시대에 편찬된《삼국사기》에는 "일통삼한一統三韓"으로 나오고, 《삼국유사》에는 "일통삼국一統三國"으로 나온다.《국사개설》(서울대학교 국사연구실. 1946)에는 "신라의 반도 통일"로 나온다. 그러던 것이《국사 신론》(1961)에 "삼국통일"로 나온 뒤, 교과서에도 "삼국통일"로 나오는 것을 볼 수 있다.

그런데《화랑세기》에는 "통합삼한統合三韓"이라고 나온다. 나는《화 랑세기》의 기록에서 삼한을 통합했다는 말을 따라 삼한통합이라는 명 칭을 썼다. 실제로 신라가 백제와 고구려를 멸망시켜 평정한 것은 분명 하지만, 삼국을 모두 통합하여 신라의 영토로 만든 것은 아니었다. 고구 려 땅의 일부를 신라가 장악했던 것은 잘 아는 사실이다. 따라서 삼국통 일이라는 용어를 쓰기에는 문제가 있다고 본다. 그렇다고 삼한통합의 삼한이라는 용어가 타당한 것이라 하기도 어렵다. 신라가 정복했던 백 제와 고구려의 영역은 과거 이른바 삼한의 영역보다 컸던 것이 사실이 다. 그렇더라도 내가《삼국사기》와《화랑세기》에 나오는 삼한을 살려 "삼한통합"이라는 용어를 써온 데에는 이유가 있다.《화랑세기》에 나 오는 "통합삼한"의 삼한은 신라인들이 써온 명칭이기 때문이다.

"삼국통일"이라는 용어를 쓰면 신라가 고구려와 백제 영토를 모두 장악했어야 한다고 생각하게 만드는 것 같다. 그 결과 "삼국통일"이라 는 용어를 쓰는 우리는 신라가 백제와 고구려를 멸망시킨 일이 불완전 한 통일이라고 생각하게 된 것이다.

신라인들이 사용한 용어인 "통합삼한"에 근거하여 "삼한통합"이라 는 용어를 사용하면, 신라가 백제와 고구려 특히 고구려의 옛 땅을 모두 정복하지 않았다는 것을 문제 삼을 수 없게 된다. 이것이 신라의 역사에 더욱 가까이 가는 길이 아닌가 생각한다.

　신라의 삼한통합은 648년 김춘추에게 당 태종이 했던 약속 곧 고구려와 백제를 평정한 뒤 평양 이남 고구려의 땅과 옛 백제의 땅을 신라에게 주겠다는 약속에 따른 것이라 하겠다.

6.6.
삼한통합 뒤 문무왕이 펼친 정책과
김유신에 대한 논공행상

　백제를 평정한 660년부터 고구려를 평정한 668년까지는 9년이 된다. 신라는 이 기간에 백제와 고구려를 정복하고 외우를 없앨 수 있었다. 이것을 "제1차 9년 전쟁"이라 할 수 있다. 김유신의 꿈 가운데 하나인 삼한통합은 "제1차 9년 전쟁"으로 이루어낸 것이다.

▌신라의 삼한통합으로 끝난 "제1차 9년 전쟁"▌　　668년 9월 신라와 당나라 군대가 고구려를 정복하였을 때 신라 병사들이 한 말이 있다.

　　정복을 시작한 지 이미 9년이 지나서 인력이 다하였으나 끝내 두 나라를 평정하여 여러 대의 숙망宿望을 오늘에야 이루었으니, 반드시 우리나라는 충성을 다한 은혜를 받고, 우리 군사들은 힘을 바친 상을 받을 것이다(《삼국

297

사기》7, 〈신라본기〉7, 문무왕 11년 조 설인귀에 대한 대왕의 답서).

"제1차 9년 전쟁"의 끝에 신라 병사들이 위와 같은 말을 했다. 문무왕을 중심으로 하는 신라 조정에서는 그와 같이 전쟁을 치른 뒤 왕정 전반에 관해 조처했다.

┃삼한통합 뒤 문무왕이 펼친 정책┃ 문무왕은 삼한을 통합한 뒤 신라 왕국의 백성들에 대한 민심 안정책을 펼쳐 나갔다. 이와 관련하여 문무왕 9년[669년] 2월 21일, 왕은 군신을 모아놓고 교教를 내렸다.

"지난날 신라는 두 나라[백제와 고구려]의 공격을 받아 북쪽을 정벌하고 서쪽을 침공하느라 잠시도 편할 때가 없었다. 햇볕에 마른 전사들의 뼈는 벌판에 쌓였고, 몸과 머리는 서로 떨어져 먼 곳에 뒹굴게 되었다. 선왕께서는 백성들이 잔혹하게 해를 입은 것을 불쌍히 여겨 천승千乘[제후]의 귀한 몸을 잊고 바다를 건너 당에 입조하여 황제께 청병하셨다. 이는 본래 두 나라를 평정하여 전투를 영원히 없애고 여러 대에 걸친 깊은 원한을 갚으며 백성들의 쇠잔한 목숨을 보전코자 함이었다. 그래서 백제는 비록 평정했으나 고구려는 아직 멸망시키지 못하였기에 과인이 평정을 이루시려던 유업을 이어받아 마침내 선왕의 뜻을 이루어냈다.

지금, 두 적이 이미 평정되어 사방이 안정되고 태평해졌다. 전쟁터에 나가 공을 세운 사람들에게는 이미 모두 상을 주었고, 전사하여 혼령이 된 이에게는 명복을 빌 재물을 추증해주었다.

다만 옥에 갇혀 있는 사람들은 죄인을 보고 울어주는 은혜를 입지 못했고, 칼을 쓰고 쇠사슬에 묶여 고생하는 사람들은 아직 갱신更新의 은덕을 입지 못했다. 이런 일들을 생각하니 먹고 자는 것이 편치 않다. 나라 안의 죄수를 용서한다. 총장總章 2년[669년] 2월 21일 새벽 이전 오역죄五逆罪[임금·

아버지·어머니·할아버지·할머니 가운데 한 사람을 죽인 죄)를 범하여 사형에 처할 이하의 죄를 지어 지금 감옥에 갇혀 있는 사람은 죄의 작고 큼을 따지지 말고 모두 석방한다. 그 전에 사죄해 준 이후에 또 죄를 범해서 벼슬을 빼앗긴 자도 모두 그 전대로 복직할 것이다. 도적질을 한 사람은 다만 그 몸을 놓아주지만, 돌려줄 재물이 없는 자에게는 징수의 기한을 두지 말라.

백성들이 가난해서 남의 곡식과 쌀을 꾸어 먹은 사람으로서 농사가 잘되지 못한 곳에 사는 자는 이자와 본곡本穀을 마땅히 갚지 말 것이며, 만약 농사가 잘된 곳에 사는 자는 금년에 추수할 때 다만 본곡만 갚고 이자는 마땅히 갚지 말라. 이달 30일을 기한으로 하여 담당 관청에서 받들어 시행하라."(《삼국사기》 6, 〈신라본기〉 6, 문무왕 9년)

669년 2월 21일 문무왕은 백제와 고구려를 평정한 뒤 죄수에 대한 대사면령大赦免令을 내리고, 가난한 백성에게 경제적 도움을 주는 조처를 했다. 김유신이 총사령관으로 참전한 백제와 고구려 평정 결과 이루어진 조치였다. 그 시행 범위가 신라 땅이었는지 아니면 백제와 고구려 지역이 포함되는지는 생각해볼 문제다. 그런데 분명히 그때는 옛 백제와 고구려 땅에 당나라 군대가 주둔하고 당나라의 정삭을 펼치는 상황이었으므로 이 조치는 기본적으로 옛 신라 땅에 펼쳐졌을 것으로 생각된다. 옛 고구려와 백제 땅에 대한 피정복민 정책은 대체로 당나라 군대를 축출할 때까지 기다려야 했다.

｜김유신에 대한 또 다른 논공행상｜   669년에는 목마장〔馬阹〕 174곳을 나누어 주었다. 소내所內〔왕실 세력이 거주하던 삼궁을 관장하던 내성일 것〕에 22곳, 관청에 10곳을 속하게 했고, 태대각간 김유신에게 6곳, 대각간 김인문에게 5곳, 각간 7명에게 각기 3곳, 이찬 5명에게 각기 2곳, 소판 4명

에게 각기 2곳, 파진찬 6명과 대아찬 12명에게 각기 1곳씩 내려주었고 나머지 74곳은 편의에 따라 나누어주었다.[23]

김유신은 660년 대백제전과 달리 668년 고구려를 평정하는 전쟁에는 직접 참전하지 않았으나 그때 신라인들에게 김유신의 존재는 전쟁이 끝난 뒤 최고의 상을 받을 만한 자격이 인정되었던 것임이 틀림없다. 김유신에게 주었던 목마장의 수만 보아도 당시 그가 어떤 대우를 받았는지 알 수 있다.

| 668년 일본에서 김유신에게 배 한 척을 주다 | 《니혼쇼키日本書紀》덴지천황天智天皇 7년 9월 12일 조에 보면, 신라에서 사탁[사탁부 거주] 급찬級湌 [제9등] 김동엄金東嚴 등을 보내 조調를 보냈다고 나온다. 그리고 9월 26일 일본의 중신내신中臣內臣이 사문沙門 두 사람을 보내 신라의 상신上臣 대각간 김유신에게 배 한 척을 주었다고 한다.

당시 일본은 백제의 부흥운동을 지원하다가 실패한 상황이었다. 신라와 일본은 전쟁 가운데 있었다. 그런데 일본에서 김유신에게 배 한 척을 주었다는 것은 어떤 의미일까 궁금하다.

| 김유신, 삼한통합 뒤 문노를 각간으로 추증하다 | 《화랑세기》를 보면 다음과 같은 기록이 나온다.

> 포석사鮑石祠에 [문노의] 화상을 모셨다. 유신이 삼한을 통합하고 나서 공을 사기士氣의 종주宗主로 삼았다. 각간으로 추증하고 신궁神宮의 선단仙壇에서 대제大祭를 행했다. 성대하고 지극하도다! 공은 건복 23년[606년]에

---

23   《삼국사기》 6, 〈신라본기〉 6, 문무왕 9년.

세상을 떠났으며, 나이가 69세였다(《화랑세기》 8세 풍월주 문노).

《화랑세기》 8세 풍월주 문노 조를 보면, 김유신은 삼한을 통합한 뒤 문노를 사기의 종주로 삼아 각간으로 추증하였다. 문노의 화상畵像은 포석사에 있으며, 신궁의 선단에서 대제를 행하였다고 나온다.

문노가 각간으로 추증된 시기는 고구려를 평정한 뒤인 668년 또는 그보다 더 뒤가 된다. 그가 606년 세상을 떠난 뒤 62년, 또는 그보다 더 지난 때다. 김유신은 어떤 이유로 문노를 각간으로 추증했을까? 그것은 호국선 계통의 화랑도가 가졌던 사기士氣와 호국의 정신이 결국 신라 삼한통합의 원천이 되었기 때문이 아니었겠는가 생각해본다.

화랑도는 신라 군대의 양과 질을 결정하는 중요한 이유가 되었다. 신라 군대를 키운 곳은 화랑도였다. 화랑도는 여러 파로 나뉘기도 했으나, 8세 풍월주 문노가 이끌었던 호국선 계통의 화랑도가 중심 세력으로 성장해갔다. 김유신 또한 호국을 중심으로 하는 화랑도를 만들어 유지했다. 그가 15세 풍월주가 되었을 때 날마다 낭도들과 더불어 병장기를 익히고 활 쏘고 말 타는 것을 익혔다고 한 것으로 볼 때, 신라 군대의 양과 질이 화랑도에 의해 결정되었다고 해도 지나친 말이 아니다. 이같이 훈련된 신라의 군대가 백제와 고구려를 평정하는 공을 세웠다.

신라인의 삼한통합에 문노가 이끈 호국선의 정신이 크게 작용한 것이 분명하다. 김유신은 그와 같은 삼한통합을 가능케 했던 "사기의 종주"로 문노를 모셨다. 신궁에 있는 화랑들을 모신 선단仙壇에서 대제大祭를 행했다. 세상을 떠난 지 60년이 넘은 그에게 각간의 관등을 추증하였다. 이러한 사실을 보면 김유신을 비롯한 당시 신라인들이 문노를 얼마나 존경했는지 알 수 있다.

문노는 호국선의 중심인물로 전쟁에 참전하여 삼한통합을 이끈 신라인들만이 아니라 일반 신라인 모두의 사기를 진작시킨 영웅이었다. 현재 한국인에게 문노는 상상도 못한 인물이었다. 그러나 신라인들은 그를 영웅으로 인정했다. 그 중심에 김유신이 있었다.

6.7.
팽창을 멈춘 적이 없던
당나라의 야욕을 물리친 신라

중국은 나라가 생긴 이래 팽창을 멈춘 적이 없었고, 이웃 나라를 정복하여 중국으로 편입해왔다. 신라를 도와 백제와 고구려를 정복한 당나라도 백제·고구려는 말할 것도 없고 신라까지 당나라로 편입하려 했던 것이다.

│정복한 백제 땅을 지배하려던 당나라│　앞에서 보았듯이, 648년 김춘추와 만난 당 태종은 백제와 고구려를 평정하면 평양 이남과 백제의 옛 토지는 모두 신라에 주어 길이 편안하게 하겠다고 했었다. 그러나 당 고종은 물론이고 당 태종도 처음부터 자신의 약속을 지킬 생각이 없었다.

660년 9월 3일 백제를 멸망시킨 당나라는 낭장 유인원이 1만의 당병을 거느리고 사비성에 주둔했다. 백제에는 본래 5부, 2백 성, 76만 호가 있었는데, 이때 이르러 당나라는 웅진·마한·동명東明·금련金漣·덕안德安 등 다섯 도독부를 나누어 설치하고 주·현을 통할하게 하였다. 거장渠長을 뽑아 도독·자사·현령으로 삼아 그곳을 다스리게 하고, 낭장 유인원에게 명하여 도성을 지키게 하였으며, 좌위낭장 왕문도王文度를 웅진 도독으로 삼아 백제의 남은 백성을 진압하고 옛 백제 지역을 다스리게 했다.24

▌문무왕을 당의 지방 장관으로 임명한 당▐ 663년 4월 당은 신라를 계림대도독부雞林大都督府로 삼고, (문무)왕을 계림주대도독으로 임명했다.25 신라까지 당나라의 지방 행정구역으로 편제하고, 신라 왕을 그 지역의 지방 장관으로 임명한 것이다. 이는 평양 이남과 백제의 토지를 신라에 주겠다고 한 약속을 어기는 행위였다. 당시 신라인들은 그러한 사실을 알았다. 그러나 고구려를 정복할 때까지 당나라에 맞서지 않고 기다렸던 것이다.

▌백제를 부흥시켜 신라와 맞서게 하려 한 당▐ 663년 7월에서 11월까지 신라와 당나라 군대는 백제의 부흥을 꾀하는 옛 백제인들을 물리쳤다.26 이후 유인궤가 옛 백제 지역의 행정을 정비하고 백성을 지배했다. 아울러 당唐의 사직社稷을 세우고, 정삭正朔〔천자가 제후에게 나누어주던 달력. 천자의 정령〕과 묘휘廟諱를 반포하니 백성들이 모두 기뻐하고 각기 그곳에서 편히 살게 되었다고 한다. 당 황제는 부여융을 웅진 도독으로 삼고

---

24 《삼국사기》 28, 〈백제본기〉 6, 의자왕 20년.
25 《삼국사기》 6, 〈신라본기〉 6, 문무왕 3년.
26 《삼국사기》 42, 〈열전〉 2, 김유신 (중).

백제로 귀국하여 신라와의 옛 감정을 풀고 백제 유민을 불러 모으게 했다.[27] 당나라는 조서로 백제의 독립운동을 막은 뒤 서로 모여 맹세하도록 했다.

664년 2월에는 당나라의 강요에 따라 신라의 김인문, 당나라의 유인궤, 백제의 부여융 등이 웅진에 단을 쌓고 동맹을 맺었다. 665년 8월에는 문무왕, 당의 칙사 유인원, 웅진 도독 부여융이 웅진 취리산에서 맹세하는 일이 벌어졌다. 그때 유인원이 지은 맹세문에는 "부여융을 세워 웅진 도독으로 삼아 그 선조의 제사를 받들게 하고, 그 옛 땅을 보전하게 하노니 신라에 의지하여 길이 우방이 되어 각기 묵은 감정을 풀고 호의를 맺어 화친할 것이며 각각 당의 조명을 받들어 영원히 번복藩服이 되도록 하라."라는 대목이 있다. 이는 백제 왕자 부여융을 웅진 도독으로 삼음으로써 신라가 옛 백제 땅과 인민을 넘보지 못하게 하고, 당나라가 옛 백제 땅과 그 인민을 지배하려는 조치였다. 신라가 맹세를 멈추도록 하자 당나라는 664년 다시 엄한 조서를 내려 꾸짖었다.

│당나라의 옛 백제와 신라에 대한 지배 의도│ 여기까지의 기록으로 당시 국제 관계에 대한 몇 가지 사실을 확인할 수 있다.

첫째, 당시 당나라가 옛 백제나 신라를 당나라에 속하게 하려고 했던 의도를 읽을 수 있다. 유인궤가 당나라의 정삭正朔을 해외에 반포한다고 한 말로 보아 당나라가 옛 백제 땅을 중국의 영토로 만들려던 의도를 읽을 수 있다. 신라를 계림대도독부로 삼고 신라 왕을 계림주대도독으로 임명한 것 또한 그러한 의도를 보여준다.

둘째, 백제 부흥을 꾀한 옛 백제인들의 움직임을 볼 수 있다. 옛 백제

---

27 《삼국사기》28, 〈백제본기〉6, 의자왕 20년 조의 백제 멸망 뒤의 사실을 기록한 부분.

인들은 고구려와 왜에 구원을 요청했고, 실제로 왜인들이 동원되었다. 백제의 멸망은 당나라와 신라에 의한 것이지만, 뒷날 고구려와 왜까지 관계되는 국제적인 사건으로 전개되었다.

셋째, 당나라 사람들은 648년 당 태종이 김춘추에게 한 약속을 지킬 생각이 처음부터 없었다.

김유신은 이러한 전개를 미리 알고 있었다. 그러한 상황에서 신라의 운명을 결정할 정책을 만드는 데 김유신의 영향이 컸을 것이다.

| 고구려 옛 땅을 당 지방 행정구역으로 편제하다 |　668년 9월 21일 고구려가 멸망했을 때, 당나라는 고구려의 5부, 176성, 68만여 호를 나누어 9도독부, 42주, 100현으로 하고 평양에 안동도호부安東都護府를 설치하여 통치하게 하였다. 신라의 장수 가운데 공이 있는 자를 도독·자사·현령으로 삼아 화인華人〔당나라 사람〕과 더불어 통치에 참여케 했으며, 우위위대장군 설인귀를 검교안동도호檢校安東都護로 삼아 군사 2만을 거느리고 가서 이를 지키게 했다. 이로써 옛 고구려 지역은 당나라의 지배 아래 들어갔다. 그때가 당 고종 총장 원년[668년]이었다.

| 신라·당나라 전쟁 승리, 김유신의 삼한통합의 꿈 성취 |　당나라가 신라의 의지와는 관계없이 옛 백제와 고구려 땅을 당나라 지방 행정구역으로 편제하자, 신라는 이 같은 당나라의 야욕을 보고는 전쟁을 벌일 수밖에 없었다.

문무왕 9년[669년] 5월 왕은 각간 김흠순과 파진찬 양도를 당나라에 사죄사로 보냈다. 그러나 당 고종은 문무왕이 옛 백제의 토지와 백성을 마음대로 가졌다며 책망하고 화를 내어 사자를 거듭 잡아 두었다.[28] 이로 보아 신라가 옛 백제의 토지와 인민을 장악하기 시작한 것은 그 이전 임이 분명하다. 대체로 고구려를 정복한 668년 9월 이후부터였다고 볼 수 있다. 문무왕 10년[670년] 정월 당 고종은 당에 머물고 있던 김흠순에 게는 귀국을 허락해 신라로 돌아가게 했으나, 양도는 그대로 붙잡아 두 어 마침내 당나라 감옥에서 죽였다.

670년 3월에 사찬 설오유와 옛 고구려 태대형 고연무가 각기 정병 1 만을 거느리고 압록강을 건너 옥골(미상)에 이르렀다. 말갈의 군사들이 개돈양(미상)에 와서 기다리고 있었다. 4월 4일에 마주 싸워 신라군이 크게 이겨 목 베고 포로로 한 자들이 헤아릴 수 없이 많았다. 그러나 당 나라 군사들이 계속해서 이르렀기에 신라군은 물러나 백성白城(미상)을 지켰다.

한편 문무왕 11년[671년] 9월에는 당나라 장군 고간高侃 등이 번병蕃兵 4만 명을 거느리고 평양에 와서 깊은 도랑과 높은 성벽〔深溝高壘〕을 쌓고 대방을 침범했다. 그 이듬해 7월에는 고간이 군사 1만을, 이근행이 군 사 3만을 거느리고 평양에 이르러 8개의 병영을 짓고 주둔했다. 8월에 신라와 옛 고구려 군사가 힘을 합해 당나라 군사와 맞서 싸워 승리를 거 두기도 하고 패하기도 했다.

이 전쟁은 김유신이 673년 7월 1일 죽은 뒤까지 이어졌다. 김유신이 이때 어떤 역할을 했는지는 기록에 없다. 그러나 직접 참전하지는 않았 지만 분명 신라를 위해 힘을 다했을 것으로 생각된다.

675년 9월 29일 당나라 장군 이근행이 군사 20만을 거느리고 매초 성買肖城(경기도 양주군 주내면 고읍리)에 주둔했는데, 신라 군대가 이를 쳐 서 쫓고 말 3만 380필을 얻었으며 병기도 그만큼 얻었다.[29] 그해에 있었

28   《삼국사기》 6, 〈신라본기〉 6, 문무왕 10년.

던 신라군과 당군의 크고 작은 여러 번의 전투에서 신라군이 승리했고, 당군을 축출하였다. 676년 11월 사찬 시득이 선병船兵을 거느리고 설인귀와 소부리주 기벌포에서 싸웠으나 패했다. 그러나 크고 작은 스물두 차례의 전투에서 이겨 4천여 급을 참수했다. 그 결과 김유신이 673년에 세상을 떠난 뒤, 그의 오랜 꿈인 삼한통합이라는 꿈이 마무리되었다.

┃태종무열왕이 끌어들인 당군, 문무왕이 축출하다┃ 신라의 백제·고구려 정벌에 당나라 군대는 주력 부대를 제공했다. 그러나 당나라 군대는 처음부터 신라까지 당나라의 지방 행정구역으로 편제하여 지배할 생각이었다. 신라는 이 같은 당나라의 팽창 정책을 끝내 물리쳤다.

문무왕은 668년 고구려 정벌 이후 한반도에서 당나라 군대를 축출하려 전쟁을 벌였다. 660~668년 동안 백제와 고구려를 평정하려는 "제1차 9년 전쟁"을 벌였다면, 668~676년 동안 당군을 축출하고자 벌인 전쟁은 "제2차 9년 전쟁"이라 할 수 있다.[30] "제1차 9년 전쟁"은 신라의 원교근공책에 따라 김춘추와 문무왕이 끌어들인 당나라 군대와 연합하여 벌인 전쟁이고, "제2차 9년 전쟁"은 백제와 고구려, 그리고 신라까지 지배하려는 당나라를 신라 스스로 물리친 전쟁이다. "제2차 9년 전쟁"은 신라가 원교근공책에 따라 끌어들였던 당나라의 야욕을 물리쳐야 했던 전쟁이다. 마침내 김춘추가 끌어들인 당나라 군대를 그의 아들 문무왕이 축출할 수 있었다. 이로써 김유신이 중심이 되어 이룬 삼한통합은 한국사의 방향을 새롭게 결정한 역사적 사건이 되었다.

---

29 《삼국사기》 7, 〈신라본기〉 7, 문무왕 15년.
30 이종욱, 《신라의 역사》 2, 김영사, 2002, 22쪽.

| 신라의 당군 축출과 김유신 |　　언제 시작되었는지 확실하지는 않지만, 668년 고구려를 정복한 뒤 시작하여 676년까지 이어진 전쟁으로 신라는 당군을 몰아냈다. 673년에 세상을 떠난 김유신은 676년까지 이어진 당군 축출 전쟁에 참전할 수 없었으나 신라는 자체의 군사력을 가지고 백제와 고구려를 멸망시켰을 뿐 아니라 당나라 군대도 축출해냈다.

김유신이 품은 호국의 꿈은 신라인 모두의 꿈이 되어 결국 백제와 고구려를 정복하고 신라마저 지배하려던 당군까지 몰아냈던 것이다.

| 신라가 당군을 축출할 수 있었던 힘 |　　"제2차 9년 전쟁"을 치른 결과 당나라 군대를 몰아낸 힘은 어디서 나왔을까? 우선 신라 지배 세력들이 단합되어 있었던 것을 생각할 수 있다. 김유신의 두 가지 꿈을 이루는 과정에 김춘추를 왕으로 세우려던 칠성우를 중심으로 신라 지배 세력이 하나로 뭉쳤다.

그리고 신라는 일찍부터 골품제를 바탕으로 왕경과 지방을 나누어 중앙집권적인 통치 체제를 편성했다. 신라는 새로이 편입된 옛 백제와 고구려의 토지와 인민을 통치하고자 지방통치 조직으로 지름 3~4킬로미터 정도의 자연촌과 자연촌을 몇 개 합친 지름 10킬로미터 안팎의 행정촌을 설치해 운용했다. 행정촌에는 중앙정부에서 지방관을 파견했다. 삼한통합 전에는 도사를 파견했는데 대신라에 이르러서는 내시령이라는 지방관을 파견했다.

이 같은 지방통치조직은 삼한통합을 이루어낸 힘을 제공했고, 삼한통합 뒤에는 당나라와 맞서 싸워 나라를 지키는 힘을 얻었다.

| 김유신의 호국의 꿈이 이루어지다 |　　　지금 우리는 신라가 삼한을 통합한 뒤 백제와 고구려가 다스리던 토지와 인민 전체를 지배하는 "삼국통일"을 했어야 한다고 생각한다. 그러나 신라는 실제로 그럴 만한 능력이 없었다. 648년 당나라에 갔던 김춘추에게 백제와 고구려를 평정한 뒤 평양 이남과 백제의 토지를 신라에 주어 편안하게 하겠다는 당 태종의 약속이 지켜지기를 속으로 바랐을 것이나, 역사의 냉엄함은 이를 허용하지 않았다. 당나라가 신라를 지배하려 했기 때문이다.

당나라가 신라의 평양 이남 또는 청천강 하류 이남의 토지와 인민을 지배하는 것은 시간이 지나서였다. 735년 당 현종이 신라 사신 김의충이 돌아올 때 칙령을 내려 신라 성덕왕에게 패강淇江 이남의 땅을 준 때부터였다.[31] 이렇게 하여 신라가 당군 축출 이후 신라와 당나라 두 나라 사이의 갈등 관계를 해소했다.

어떤 면에서 김유신이 열다섯 살에 가졌던 호국의 꿈이 이루어진 것은 735년이라고 할 수도 있다. 김유신이 세상을 떠난 수십 년 뒤 호국의 꿈을 이루었다고 하겠다. 이 같은 꿈을 이룬 데에는 신라인 모두의 노력이 있었다.

31　《삼국사기》 8, 〈신라본기〉 8, 성덕왕 34년.

김유신,
원원사와 취선사를 세우다

원원사遠源寺라는 절을 세운 연대를 알 수는 없다.《삼국유사》"명랑 신인" 조에는 원원사 창건에 관한 기록이 나온다.

> 또 신라 서울 동남쪽 20여 리에 원원사가 있는데, 세간에 이렇게 전한 다. "안혜 등 네 대덕이 김유신·김의원·김술종 등과 함께 발원하여 세운 것 이다. 네 대덕의 유골이 모두 절의 동쪽 봉우리에 묻혔으므로 사령산四靈山 조사암이라 한다." 그렇다면 네 대덕은 모두 신라 때의 고승이라 하겠다.
>
> 돌백사㻺白寺〈주첩주각柱貼注脚〉에 쓰여 있는 것을 살펴보면 이렇다. 경 주 호장 거천의 어머니는 아지녀이고 아지녀의 어머니는 명주녀이며 명주 녀의 어머니인 적리녀의 아들은 광학대덕과 대연삼중인데, 형제 두 사람이 모두 신인종에 귀의했다. 장흥 2년[931년]에 고려 태조를 따라 상경하여 임 금의 행차를 따라 분향·수도했다. 태조는 그 노고를 포상하여 두 사람의 부 모의 기일보忌日寶로 [돌백사에] 전답 몇 결을 주었다. 그렇다면 광학·대연 두 사람은 성조 고려 태조를 따라 입경入京한 자이고, 안사 등은 김유신과 더불어 원원사를 세운 사람이라 하겠다(《삼국유사》 5, 〈신주〉 6, "명랑신인").

위 기록에서 김유신과 김술종을 주목할 수 있다. 그 가운데 김술종은 칠성우의 한 사람인 술종공이 틀림없다. 칠성우 가운데 적어도 두 사람 이 원원사 창건에 관련된 것이다. 문제는 원원사 창건 연대를 알 수 없 다는 것이지만, 김유신이 불교와 뗄 수 없는 관계에 있었음은 사실이다. 《삼국유사》 "미추왕 죽엽군" 조에는 김유신이 평양[고구려]을 평정한 뒤 복을 빌고자 취선사鷲仙寺를 세웠다는 기록도 나온다. 뒷날 혜공왕은 취선사에 공덕보전功德寶田 30결을 내려 김유신의 명복을 빌게 했다. 김유신이 취선사를 세운 까닭에는 삼한통합 전쟁 과정에 목숨을 바친 장병들의 명복을 빌려는 의도도 있었을 것이다.

제VII장

김유신의 죽음과
그 뒤에 벌어진 일들

신라의 역사, 나아가 한국의 역사는 김유신의 존재 이전과 이후로 나눌 수 있다는 생각을 해본다. 김유신의 두 가지 꿈이 없었다면 김춘추가 왕위에 올랐을까, 신라의 삼한통합이 이루어졌을까? 나는 김유신의 두 가지 꿈이 이루어진 것이 한국 역사의 결정적 분수령을 만들었다고 본다. 그 뒤 대신라를 거치며 한국인을 만든 역사가 전개되었다.

신라인들은 김춘추의 왕위 계승과 신라의 삼한통합을 특별하게 생각했다. 《삼국사기》는 진덕여왕까지의 시기를 상대上代로, 태종무열왕에서 혜공왕까지를 중대中代로 구분하고 있다. 《삼국유사》는 법흥왕에서 진덕여왕까지를 중고中古 시대로 구분하고, 태종무열왕 이후를 하고下古 시대로 구분하고 있다. 모두 진덕여왕에서 태종무열왕으로 넘어가는 때를 구분점으로 삼고 있다.

이 같은 시대 구분은 성골 왕에서 진골 왕으로 왕위가 넘어간 것이 근본적인 이유이지만, 신라의 삼한통합으로 대신라가 탄생한 것과도 관련된 것이 아닐 수 없다. 그러한 시대 변화를 이끈 중심에 김유신이 있었다.

김유신은 673년 일흔아홉 살의 나이에 세상을 떠났다. 여기서는 역사적 인물이 된 "신국지웅" 김유신의 죽음과 그 뒤에 벌어진 많은 일을 보겠다.

7.1.
남다른 조짐이 나타난 김유신의 죽음

《삼국사기》〈신라본기〉에는 문무왕 13년[673년] 가을 7월 1일에 김유신이 죽었[薨]다고 기록하고 있다. 〈열전〉에는 김유신의 죽음과 관련하여 함녕咸寧 4년[문무왕 13년(673년)] 계유에 벌어진 일에 대한 더 자세한 이야기가 나온다.

그해 봄에 요성妖星이 나타났는데 지진이 일어났다. [문무]대왕이 이를 근심했다. 그러나 유신이 나아가 아뢰었다. "지금의 변이는 그 재앙이 노신老臣에게 있는 것으로 국가의 재앙이 아닙니다. 대왕께서는 근심하지 마시옵소서." 대왕은 말했다. "만약 그렇다면 과인이 심히 염려하는 바요." 담당 관서에 명하여 기도를 올려 재앙을 물리치도록 했다(《삼국사기》43, 〈열전〉 3, "김유신 (하)").

요성妖星은 재해의 징조로 잘못 알고 믿었던 별인데, 혜성彗星이나 큰 유성流星을 말한다. 673년 봄에 요성이 나타나자, 문무왕은 국가에 재앙이 닥칠 것을 걱정했는데, 김유신이 그것은 자신에게 닥칠 재앙이라고 했다. 왕은 이를 더 크게 걱정하여 기도까지 올리게 한 것을 볼 수 있다.

| 음병들이 떠나다 |　　　　신병이 김유신을 호위했다는 사실을 전하는 역사책은 《삼국사기》나 《삼국유사》가 아니라 《화랑세기》다. 《화랑세기》 15세 풍월주 유신공 조는 김유신이 중악에 들어가 노인에게서 비결을 받았으며, 신변에 늘 신병神兵이 있어 좌우에서 호위했다고 하였다.[1] 《삼국사기》 〈열전〉 "김유신 (상)"에 따르면 김유신이 중악에 들어가서 노인에게 비결을 받은 시기는 그가 17살 때인 건복 33년[611년]이었다고 나온다. 그런데 673년에 신라인들이 김유신의 집에서 음병陰兵들이 나오는 것을 목격한 것이다.

> [673년] 여름 6월에 사람들이 보니 융복戎服[옛날 군복]을 입고 무기를 든 수십 명이 유신의 집에서 울며 나오더니 조금 뒤 보이지 않았다. 유신이 이 말을 듣고 말했다. "이들은 틀림없이 나를 몰래 보호하던 음병陰兵들인데, 내가 복이 다한 것을 보고 떠난 것이니 나는 곧 죽을 것이다."(《삼국사기》 43, 〈열전〉 3, "김유신 (하)")

음병은 신병神兵을 뜻하는 것으로 볼 수 있다. 신병들이 김유신 곁을 떠난 것이다. 그 소식을 들은 김유신은 자신이 죽을 때임을 알았다. 그 뒤 열흘가량이 지나 김유신은 병이 들어 자리에 누웠다.

| 김유신, 세상을 떠나며 문무왕에게 소인을 멀리하라고 하다 |　　　그 소식을 들은 문무왕은 가만히 있지 않았다. 그는 친히 김유신을 찾아가서 위문하였다.

1　　《화랑세기》 15세 풍월주 유신공.

[김]유신이 말했다. "신은 대왕의 팔다리가 되어 온 힘을 다해 원수元首〔문무왕〕를 받들고자 했는데 견마犬馬〔김유신〕의 병이 이 지경에 이르렀사오니, 오늘 이후에는 용안을 다시 뵐 수 없겠습니다." 대왕이 눈물을 흘리며 물었다. "과인에게 경이 있는 것은 마치 물고기에게 물이 있는 것과 같은데, 만약 피치 못할 일이 생긴다면 인민人民은 어떻게 하며, 사직社稷은 어떻게 할 것인가?"(《삼국사기》 43, 〈열전〉 3, "김유신 (하)")

문무왕은 김유신이 떠난 뒤의 인민과 사직을 걱정한 것을 볼 수 있다. 김유신은 아래와 같이 답을 하였다.

"신은 어리석고 불초하니 어찌 국가에 도움이 되었다고 하겠습니까? 다행스러운 것은 밝으신 임금께서 등용할 때 의심하지 않으시고 일을 맡기실 때 의심하지 않으신 까닭에 대왕의 밝으심에 매달려 조그만 공을 이루게 된 것입니다. 지금 삼한三韓이 일가一家가 되고 백성들이 두 마음을 갖지 않게 되니, 비록 태평한 세상에는 이르지 못했다 하더라도 또한 조금은 편안한 세상이 되었다고 하겠습니다. 신이 보건대, 예로부터 제왕의 자리를 잇는 임금들은 처음에는 정사를 잘못하는 이가 없었으나, 끝까지 잘하는 이가 극히 적으므로 여러 대의 공적을 하루아침에 무너뜨려 버리니 매우 통탄할 일입니다. 삼가 원하옵건대, 전하께서는 성공이 쉽지 않음을 아시고 조상이 이루어놓은 일을 이어 나감〔守成〕이 또한 쉽지 않음을 염두에 두시어 소인小人을 멀리하시고 군자君子를 친히 가까이하시어 위로는 조정이 화합하고, 아래로는 백성과 만물이 편안하도록 하시어 화란이 일어나지 않고 기업基業이 무궁하게 된다면 신은 죽더라도 근심이 없겠습니다." 왕이 울면서 이 말을 받아들였다(《삼국사기》 43, 〈열전〉 3, "김유신 (하)").

김유신은 세상을 떠나며 자신의 외조카이자 처남이기도 한 문무왕에게 진심 어린 충언을 남겼다. 그가 수성守成을 중요하게 강조한 것은 김춘추〔태종무열왕〕가 이루어놓은 업적을 이어나가기를 바란 것이 아닐까? 소인을 멀리하고 군자를 가까이하여 조정을 화합시키고 백성과 만물을 편안케 하여 대대로 전해 오는 왕국〔基業〕을 무궁하게 해달라는 김유신의 이 충언을 문무왕은 받아들였다. 사실 누구보다도 김유신 자신이 한평생 소인을 멀리하고 군자를 가까이했다.

┃김유신, 세상을 떠나다┃ 《삼국사기》〈열전〉에 김유신의 죽음과 관련된 사실들이 나온다.

> [673년] 가을 7월 1일 자택의 정침正寢에서 세상을 떠나니〔薨〕 향년 79세였다. 문무대왕이 부고를 듣고 몹시 슬퍼했다. 부의로 채색 비단 1천 필, 벼 2천 섬을 내려 장사 지내는 일에 쓰도록 하였다. 북을 치고 나팔을 부는 군악대 1백 명을 주었다. 나아가 금산 언덕〔金山原〕에 장사 지내고 담당 관원에게 명하여 비석을 세워 공적을 기록케 했다. 또 민호民戶를 정해 보내어 묘를 지키게 했다(《삼국사기》43, 〈열전〉3, "김유신 (하)").

위 기록으로 보아 문무왕이 김유신의 장사를 정성껏 치른 것을 알 수 있다. 그리고 묘에는 비석을 세우고 수묘인을 둔 것도 볼 수 있다.

┃김유신 묘는?┃ 김유신의 묘에 대해서는《삼국사기》〈열전〉 "김유신 (하)"에서 금산 언덕에 장사 지냈다고 하였으나,《삼국유사》"김유신" 조에는 김유신의 능이 서산西山 모지사 북쪽, 동으로 뻗은 봉우리에 있다고 나온다.[2] 현재 사적 제21호 김유신장군묘는 경주 충효동에 있다.

원형의 봉토분으로 봉분의 지름은 18미터, 높이는 5미터 정도이다. 봉
토의 밑에는 호석을 둘렀는데 한 칸 건너 십이지신상十二支神像을 세웠다.

│ 김유신의 묘, 신라인들은 기억했다 │   《삼국유사》"미추왕 죽엽군" 조
를 보면, 779년 4월 김유신의 무덤에서 회오리바람이 일어나 사람들이
죽현릉으로 들어갔는데, 능 안에서 김유신과 미추왕이 나누는 이야기
가 들렸다고 한다. 이 같은 기록으로 보아 죽은 지 100년이 지난 제36대
혜공왕 대까지도 신라인들이 김유신의 무덤 위치를 알고 있었음을 확
인할 수 있다. 신라 왕경 사람들이라면 누구나 그 위치를 알았다고 여겨
진다.

그리고 김유신이 흥무대왕으로 추봉되면서 묘의 모습이 달라졌을
수 있다. 원래 김유신이 세상을 떠날 무렵 신라왕들의 묘로는 태종무열
대왕릉이나 신문왕릉이 있었는데 그 모습은 김유신장군묘와 다른 것이
분명하다. 현재 김유신장군묘는 흥무대왕으로 추봉될 무렵의 왕릉인
흥덕왕 등의 왕릉과 그 모습이 비슷하다. 단정하기는 어려우나 김유신
을 흥무대왕으로 추봉하며 조정에서 김유신장군묘를 당시 형식에 맞게
고쳐 조성한 것을 뜻할 수 있다.

신라가 망한 뒤 김유신장군묘는 어떻게 되었을까? 고려와 조선을 거
쳐 지금까지 경주에는 김유신의 후손들이 살고 있다. 그러나 현재 김유
신장군묘의 위치에 관한 논란이 있다. 그 가운데는 태종무열왕릉 동쪽
김인문의 묘로 알려진 묘가 김유신의 묘라는 견해도 있다. 여기서는 김
유신장군묘의 위치에 관해 더는 이야기하지 않기로 한다. 다만 신라 사
람들이 알고 있던 김유신 장군의 묘를 고려나 조선 시대에 경주에 살던

2   《삼국유사》1. 〈기이〉 2 (상), "김유신".

김유신의 후손들이 바꾸었을 가능성이 있을까? 그리고 언제인가 김유신 장군의 묘를 바꾸었다면 경주에 살던 다른 씨족들은 가만히 있었을까 하는 생각도 든다.

7.2.
세상을 떠난 김유신에 대한 조치와
신라인들의 평가

김유신은 "신국지웅神國之雄" 곧 신의 나라인 신라의 영웅이었다. 신라인들은 김춘추를 왕으로 세우고 삼한통합을 이루어낸 김유신을 특별한 인물로 기억했다. 그렇기에 김유신이 세상을 떠날 즈음 벌어진 여러 가지 이야기들이 전해온다.

1) 문무왕, 조고지업을 이은 김유신 일가의 공을 치하하다

책 도입부에서 668년 고구려를 정복한 문무왕이 남한주에 이르러 신하들에게 한 말을 이미 보았다. 문무왕은 김유신의 할아버지 무력이 백제 성왕을 죽이는 승리를 거두었고, 아버지 서현은 백제와 여러 번 싸워 승리를 거두었으며, 김유신은 조상의 업〔祖考之業〕을 이어 나라를 지키는 장군이자 재상이 되었다고 하였다. 나아가 그 일문一門에 힘입지 않았다면 신라의 흥망을 알 수 없었을 것이라 하며 김유신의 공을 논했던 것이다.[3] 고구려를 치고 서울로 돌아오기도 전에 김유신의 공을 치하하며 그 덕에 나라를 지키고 삼한을 통합하였음을 밝힌 것이다. 김유신이 살아 있을 때 이 같은 높은 평가는 그가 세상을 떠난 뒤에도 이어졌다.

2) 문무왕, 김유신의 시조 수로를 종조宗祧에 합사토록 하다

신라인들은 수로왕과 그를 시조로 하는 금관국을 특별하게 생각하고 대우하였다. 그런 데에는 이유가 있다. 《삼국유사》 "가락국기"에 나오는 기록을 보자.

신라 30대 왕 법민[문무왕]은 용삭 원년 신유[661년] 3월 어느 날 조서를 내렸다. "가야국 시조의 9대손 구형왕이 우리나라에 항복할 때 거느리고 온 아들 세종의 아들이 솔우공이요, 그 아들 서운 잡간의 딸 문명황후께서 나를 낳았다. 그러므로 시조(수로왕)는 나에게는 15대의 시조가 된다. 그 나라는 이미 멸망했으나 장사 지낸 묘는 아직 남아 있으니, 종조宗祧에 합하여 제사를 계속하도록 하겠다."

이에 사자를 그 옛 궁전터에 보내 묘 가까이에 있는 가장 좋은 밭 30경을 바쳐 제사를 마련할 토지로 삼은 뒤 왕위전王位田이라 부르고 본 위토에 부속시켰다. 수로왕의 17대손 갱세賡世 급간은 조정의 명을 받들어 그 제전祭田을 주관하여 명절마다 술과 단술을 만들고 떡·밥·차·과일 따위의 많은 제물로써 제사를 지냈으며 매년 빠뜨리지 않았다. 그 제일祭日도 거등왕이 정했던 연중 다섯 날을 바꾸지 않았다. 그리하여 그 향기로운 제사는 그제

3   《삼국사기》 43, 〈열전〉 3, "김유신 (하)".

야 우리에게 맡겨졌다. 거등왕이 즉위한 기묘년[199년]에 편방便房[정전이 아닌 곳에 제사 지내는 방]을 두고부터 내려와 구형왕 말기에 이르기까지 330년 동안에 묘의 제사는 영구히 변함이 없었으나, 구형왕이 왕위를 잃고 나라를 떠난 뒤부터 용삭 원년[661년] 신유에 이르기까지 120여 년 동안에는 이 묘의 제사를 간혹 빠뜨리기도 했던 것이다. 훌륭하다! 문무왕은 먼저 조상을 받드니 효성스럽구나. 끊어진 제사를 이어 다시 이를 행함이여!(《삼국유사》2, 〈기이〉 2 (하), "가락국기")

위 기록의 계보에는 문제가 있다. 그러나 문무왕이 661년 이후 금관국 시조 수로왕에 대한 제사를 신라 종조宗祧[종宗은 종묘, 조祧는 원조를 합사하는 사당]에 합사한 것을 알 수 있다. 수로왕의 묘와 사당이 멀리 떨어져 있음에도 신라 종묘에 합사한 것이다. 신라인들, 특히 문명황후(왕후)를 어머니로 둔 문무왕은 수로왕에 대한 제사를 끊이지 않고 이어가도록 했다. 금관국의 시조 수로왕을 문무왕의 조상이 된다고 보고 신라 왕실의 먼 조상[遠祖]으로 생각한 것이다.

《삼국유사》"가락국기"를 보면 수로왕에 대한 제사는 여러 가지 우여곡절을 거쳐 고려 문종 대인 1076년까지 이어졌다. 그 뒤로 지금까지도 이어지고 있다. 수로왕의 묘에 대한 제사가 이어진 것은 모두 김유신이 있었기 때문에 가능했던 일이다.

문무왕이 그의 15대 조인 수로왕에 대한 제사를 신라 종조에 합사한 조치는 뒷날 김유신을 시조로 하는 종족宗族과 수로왕을 시조로 하고 김유신을 중시조로 하는 씨족이 번성하는 근본적 이유가 되었다. 현재 한국인 가운데 김유신을 중시조로 하는 김해 김씨를 자처하는 씨족의 성원 수가 적지 않은 것은 이 때문이라 생각된다.

3) 김유신을 성인聖人·천신, 불교 삼십 삼천의 한 아들로 보다

세상을 떠난 김유신을 신라인들은 성인聖人·천신天神으로 생각했다. 또한, 불교에서 말하는 삼십삼천三十三天의 한 아들로 보기도 했다. 다음 기록을 보자.

제31대 신문대왕의 이름은 정명이고 성은 김이다. 개요開耀 원년 신사 [681년] 7월 7일에 왕위에 올랐다. 아버지 문무대왕을 위해 동해 바닷가에 감은사感恩寺를 세웠다. 이듬해 임오년[682년] 5월 초하루에 해관 파진찬 박숙청이 아뢰었다. "동해안에 있는 작은 산이 떠서 감은사로 향해 오는데 물결을 따라 왔다 갔다 합니다." 왕이 이상하게 여겨 일관 김춘질에게 점치게 하니, "대왕의 아버님께서 지금 바다의 용이 되어서 삼한을 진호하시고 또 김유신공도 삼십 삼천의 한 아들로서 지금 인간으로 내려와서 대신이 되었습니다. 두 성인(二聖)이 덕을 같이하여 성을 지키는 보물을 내려주시려 하니, 만약 폐하께서 해변에 행차하신다면 반드시 값을 따질 수 없는 큰 보물을 얻으실 것입니다."라고 하였다. 왕은 기뻐하며 그달 7일 이견대利見臺에 가서 그 산을 바라보고 사자를 보내어 살펴보게 했다.

……왕이 배를 타고 바다로 나가 그 산에 들어가니 용이 검은 옥대를 받들어 바쳤다. 왕은 용을 맞아 같이 앉으며 물었다. "이 산과 대나무가 혹은 갈라지기도 하고 혹은 합해지기도 하니 무슨 까닭이냐?" "비유해 말씀드리면 한 손으로 치면 소리가 나지 않고 두 손으로 쳐야 소리가 나는 것과 같습니다. 이 대나무란 물건은 합쳐야만 소리가 나게 되므로 성왕께서 소리로써 천하를 다스리게 될 상서로운 징조입니다. 왕께서 이 대나무로 피리를 만들어 불면 천하가 화평해질 것입니다. 지금 왕의 아버님께서는 바닷속 큰 용이 되셨고, 김유신은 다시 천신이 되셔서 두 성인이 마음을 같이하여 이같이 값을 치를 수 없는 큰 보물을 저에게 주시어 저로 하여 그것을 왕께 바치게 한 것입니다." 왕은 몹시 놀라고 기뻐하여 오색 비단과 금과 옥을 용에게 주고 사자를 시켜 대나무를 베게 한 다음 바다에서 나왔다. 그때 산과

용은 문득 없어지고 보이지 않았다(《삼국유사》 2, 〈기이〉 2 (하), "만파식적").

위 기록은 문무왕과 김유신을 두 성인으로 표현하고 있다. 문무왕은 세상을 떠난 뒤 그때 바다의 용이 되어 삼한을 진호하고 있고, 김유신은 불교에서 말하는 삼십 삼천의 한 아들로 인간으로 내려와 대신이 되었다는 것이다. 신문왕 대에 신라인들은 김유신을 특별한 존재로 보았던 것이 틀림없다.

4) 당 고종, 성신 김유신을 삼십 삼천의 한 사람으로 기록하다

김유신이 세상을 떠난 뒤 신라인만이 아니라 당나라 황제도 그의 존재를 인정했다. 특히 김유신을 불교의 삼십 삼천 가운데 한 사람으로 보았다는 이야기는 신라에만 퍼져 있었던 것이 아니었다. 《삼국유사》 "태종 춘추공" 조에 들어 있는 김춘추의 묘호 태종太宗을 취소하라고 하는 중국의 요구와 김유신에 대한 기록[4]을 보자.

신문왕 때[681~692년] 당 고종이 신라에 사신을 보내 말했다. "짐의 성스러운 아버지께서는 어진 신하〔賢臣〕위징魏徵과 이순풍李淳風 등을 얻어 마음을 합하고 덕을 같이하여 천하를 통일했다. 그러므로 태종太宗 황제라 한 것이다. 너희 신라가 바다 밖의 소국으로 태종이라는 호를 써서 천자의 이름을 참람되이 사용하는 것은 그 뜻이 불충한 데 있으니 속히 그 호칭을 고쳐라." 신라 왕이 표를 올려 말했다. "신라는 비록 소국이나 성신聖臣 김유신을 얻어 삼국을 하나로 통합했습니다. 그러므로 봉하여 태종이라 한 것입

---

4   《삼국유사》 2, 〈기이〉 2 (상), "태종 춘추공".

니다.” 황제가 그 표表를 보고 자신이 태자로 있을 때 하늘에서 허공에 소리 치기를 “삼십 삼천의 한 사람이 신라에 내려와 유신이 되었다.”라고 한 것을 책에 기록한 것이 생각나 꺼내 보고 크게 놀랐다. 이에 다시 사신을 보내 태종의 칭호를 고치지 않아도 좋다고 했다(《삼국유사》1,〈기이〉2 (상), “태종 춘추공”).

위 기록을 보면, 제31대 신문왕 대에 신라인들이 김유신을 성신聖臣 이라고 한 것을 볼 수 있다. 그런가 하면 당 고종도 태자로 있을 때 삼십 삼천의 한 사람이 신라에 내려와 김유신이 되었다는 사실을 기록해두 었다. 김유신이 삼십 삼천의 한 사람이라는 이야기는 신라만이 아니라 당나라에도 알려져 있었기 때문에, 당나라에서 태종[무열왕]이라는 칭 호를 고치지 않아도 좋다고 한 것이다. 신라만이 아니라 당나라에서도 김유신을 특별하게 여긴 것이 사실이라 하겠다.

5) 김유신의 존재, 김춘추의 묘호를 문제 삼은 당 중종의 일을 해결하다

신라가 당나라의 군대를 빌려 삼한을 통합한 뒤 두 나라 사이에는 갈 등이 계속되었다. 앞에서 보았듯이 당 고종은 말할 것도 없고 그 뒤를 이은 중종中宗 대에도 태종무열왕의 묘호 “태종太宗”을 문제 삼았다.《삼 국사기》에 나오는 신문왕 12년[692년] 당나라 중종이 사신을 보내 구두 로 조서를 전했다는 기록을 보자.

“우리 태종太宗 문황제文皇帝는 신묘한 공과 거룩한 덕이 천고千古에 뛰어났으므로 세상을 떠나던 날 묘호를 태종이라 했는데 너희 나라의 선왕先王 김춘추도 같은 묘호를 쓰니 이는 매우 분수에 넘치는 일이다. 모름지기 급히 호칭을 고쳐라." 왕이 군신들과 더불어 의논하여 답했다. "소국[신라]의 전왕 춘추의 시호는 우연히 성조聖祖(당 태종)의 묘호를 범한 것인데, 칙령으로 이를 고치라 하시니 신이 감히 명령을 따르지 않을 수 있겠습니까? 그러나 생각해보면, 선왕 춘추는 자못 어진 덕이 있었고, 더욱이 생전에 '어진 신하(良臣) 김유신'을 얻어서 한마음으로 정치를 하여 삼한을 하나로 통합했으니 그 공업이 크다고 하지 않을 수 없습니다. 세상을 떠날 때 온 나라의 신민臣民이 슬퍼하고 사모하는 마음을 견디지 못해 추존追尊한 호가 성조의 묘호를 범한 것을 깨닫지 못한 것인데, 이제 교칙敎勅을 들으니 두려움을 이기지 못하겠습니다. 엎드려 바라건대 사신께서 대궐의 뜰에 복명할 때 이것을 말씀드려주시기 바랍니다." 뒤에 다시 별다른 칙명이 없었다(《삼국사기》 8, 〈신라본기〉 8, 신문왕 12년).

'태종'이라는 묘호의 문제는 《삼국유사》에도 나온다. 바로 앞에서 본 기록으로 그런 사정을 알 수 있다. 김유신의 존재가 신라와 당나라 사이에 벌어진 현안의 문제를 해결하는 열쇠가 되기도 했던 것이었다.

6) 김유신을 신국神國의 영웅이라고 한 《화랑세기》의 찬

《화랑세기》 15세 풍월주 유신공 조를 보면 그를 기리는 찬이 다음과 같이 나온다.

찬하여 말한다: 가야(파)의 종주이고 신국의 영웅이다. 삼한을 통합하

여 오동五東의 어지러운 질서를 하나로 바로 잡아 통치하게 만드니 혁혁한 공을 세워 이름을 남김은 해와 달과 아울러 함께한다.

《화랑세기》가 언제 편찬되었는지 분명치 않다. 그러나 풍월주를 우두머리로 하는 화랑도를 폐지한 뒤인 681년 이후 편찬된 것은 분명하다. 《화랑세기》19세 풍월주 흠순공 조에, 성덕왕 원년[702년] 아찬 원훈을 중시로 삼았다는 기록이 나오는 것으로 보아 그 직후일 가능성이 있다. 이 무렵 신라인들은 김유신을 신국 곧 신라의 영웅이라고 했다. 특히 김유신이 삼한을 통합하여 5동을 하나로 통치하게 만든 공을 높이 평가하여 "신국지웅"이라고 한 사실을 볼 수 있다. 여기서 말하는 5동은 구체적으로 어떤 세력인지 알 수 없다. 그러나 추측하자면 신라·고구려·백제·가야·말갈이 아닐까 짐작해본다.

7) 성덕왕도 김윤중의 조부 김유신을 기억하다

제33대 성덕왕 대[702~737년]의 어느 해 8월 보름에, 왕이 월성 높은 봉우리에서 시종하는 관리들과 술자리를 베풀고 즐기다가 김유신의 적손嫡孫 대아찬 윤중允中을 불러오게 했다. 성덕왕은 지금의 안평무사安平無事가 윤중의 조부 김유신의 덕택이라고 하며, 이를 잊어버리는 것은 바른 도리가 아니라고도 했다. 왕은 윤중과 함께 지난날의 김유신에 관해 이야기하고, 날이 저물어 돌려보낼 때 절영산의 말 한 필을 내렸다고 한다.[5] 이 같은 기록으로 보아 성덕왕 또한 김유신이 삼한통합을 이룬

5 《삼국사기》43, 〈열전〉3 "김유신 (하)".

공을 기억했고, 김유신의 적손을 잘 대우해준 사실을 볼 수 있다.

8) 혜공왕이 김유신의 명복을 빌다

성덕왕 대 이후로도 김유신에 관한 이야기는 계속되었다. 《삼국유사》 "미추왕 죽엽군" 조를 보면 세상을 떠난 김유신의 호국에 대한 기록이 있다.

제37대 혜공왕 때인 대력 14년 기미[779년] 4월에 갑자기 회오리바람이 유신공의 무덤에서 일어났다. 그 속에 한 사람이 준마를 탔는데 장군의 모습과 같았으며, 또한 갑옷을 입고 무기를 든 40명가량의 사람이 그 뒤를 따라와서 죽현릉으로 들어갔다. 조금 뒤에 능 속에서 마치 진동하며 우는 소리가 나는 듯하고 혹은 호소하는 듯한 소리가 들렸다. 그 말은 "신은 평생에 난국을 구제하고 [삼한을] 통합한 공이 있었으며, 지금 혼백이 되어서도 나라를 지키고 보호하여 재앙을 제거하고 환란을 구제하려는 마음은 잠시도 변함이 없습니다. 지나간 경술년[770년]에 신의 자손이 아무런 죄도 없이 죽임을 당했으니, 이는 군신들이 저의 공력을 생각해주지 않는 것입니다. 그러므로 신은 다른 곳으로 옮겨가서 다시는 나라를 위하여 애쓰지 않겠사오니, 원컨대, 왕께서 이를 허락해주십시오."라고 했다. [미추]왕이 답했다. "나와 공이 이 나라를 지키지 않는다면 저 백성들은 어떻게 하겠소. 공은 다시 전과 같이 노력해주시오." 김유신이 세 번이나 청해도 미추왕이 세 번 다 허락하지 않으니 회오리바람은 이에 돌아갔다.

[혜공]왕은 이 소식을 듣고 두려워서 대신 김경신을 보내어 김공[김유신]의 능에 가서 사과토록 했다. 공을 위하여 공덕보전 30결을 취선사에 내려 명복을 빌게 했다. 이 절은 김공이 평양을 평정한 뒤 복을 빌고자 세웠기 때문이다.

미추왕의 혼령이 아니었더라면 김공의 노여움을 막지 못했을 것이니 나라를 진호함(鎭護邦國)이 크다고 아니할 수 없다. 그러므로 나라 사람들이 그 덕을 생각해서 삼산三山과 함께 제사 지내어 폐지하지 않고서, 서열을 오릉五陵의 위에 두어 대묘大廟라고 불렀다고 한다(《삼국유사》1, 〈기이〉 2 (상), "미추왕 죽엽군").

위 기록을 보면, 혜공왕 대[765~780년]에 회오리바람이 일어나 김유신의 묘에서 시조대왕[미추왕]의 능에 이르렀다. 김유신의 혼령이 말하기를 770년에 자신의 자손이 아무런 죄 없이 죽임을 당한 것은 자신의 공력을 생각해주지 않는 것이기에 다른 곳으로 갈 것이며, 다시는 호국하지 않겠다고 하며 그것을 허락해달라고 했다. 미추왕의 혼령은 세 번이나 청하는 김유신의 청을 허락하지 않았다고 한다.

혜공대왕이 이를 듣고 두려워하여 김경신[뒤에 제38대 원성왕이 됨]을 보내어 제사 지내고 사과했으며 취선사에 전 30결을 바쳐 명복을 빌게 했다는 것이다. 김유신의 존재는 신라인들에게 이렇게 계속 남아 있었다.[6]

특히 미추왕의 혼령이 아니었다면 김유신의 노여움을 막지 못했을 것이므로 그 큰 호국정신을 기리고자 미추왕릉을 오릉 위에 두어 대묘大廟라 했다는 사실을 주목할 만하다. 오릉은 사릉원이라고 불리던 곳으로 신라 건국 시조 혁거세를 비롯한 박씨 왕들의 무덤이 있는 곳을 가리킨다. 혜공왕 대 신라에서 미추왕릉을 박씨 왕들의 능보다 격을 높여 대릉으로 삼은 의미를 생각할 필요가 있다. 거기에 더하여 미추왕릉을 삼산三山과 함께 제사 지내어 폐지하지 않았다고 한다. 혜공왕 대 신라인

6   《삼국사기》43, 〈열전〉 3, "김유신 (하)".

329
7.2. 세상을 떠난 김유신에 대한 조치와 신라인들의 평가

들이 김유신과 미추왕의 혼령 모두 나라를 지킨다고 생각했음을 알 수 있다.

9) 김유신을 흥무대왕으로 추봉하다

앞에서도 나왔듯이, 신라 하대下代 때 신라인들은 김유신에 대해 또 다른 조치를 취했다. 그를 흥무대왕興武大王이라 추봉하여 대왕으로 삼은 것이다. 이에 대한 기록들이 있다.

《삼국사기》〈열전〉 "김유신 (하)"에는 후에 흥덕대왕이 [유신]공을 흥무대왕興武大王으로 봉했다고 나온다.7 《삼국유사》 "김유신" 조에는 제54대 경명왕에 이르러 유신공을 추봉追封하여 흥호대왕興虎大王이라 했다고 나온다.8 여기서 말하는 흥호대왕은 흥무대왕을 가리킨다. 《삼국사절요》13에는 흥덕왕 10년[835년] 2월에 왕이 김유신을 흥무대왕으로 추봉한 것으로 나온다.9

제42대 흥덕왕[826~836년 재위] 또는 제54대 경명왕[917~924년 재위]이 김유신을 흥무대왕으로 추봉한 이유는 무엇이었을까? 신국의 영웅 김유신을 흥무대왕으로 추봉한 것은 사실이다. 그러나 그 추봉 시기가 언제냐에 따라 추봉한 이유가 달라질 것이다.

신라의 하대를 연 중심인물인 원성왕과 그 후손들은 김춘추의 직계 후손들과 대결을 벌였다. 흥덕왕의 형인 제41대 헌덕왕 14년[822년] 김헌창의 난이 그 대표적인 예라 하겠다. 김헌창은 김주원의 아들로, 아버

---

7 《삼국사기》 43, 〈열전〉 3. "김유신 (하)".
8 《삼국유사》 2, 〈기이〉 2 (상). "김유신".
9 《삼국사절요》 13, 흥덕왕 10년 2월.

지 김주원이 왕위에 오르지 못한 것을 이유로 반란을 일으켰다. 원래 제 37대 선덕왕宣德王이 785년에 세상을 떠날 때 김주원을 왕으로 삼으려 했으나 상대등 경신이 왕위에 올라 원성왕이 되었던 것이다. 김헌창의 난을 진압하는 데 동원된 여덟 명의 장군들을 중심으로 원성왕계 종족 들 사이에 왕위 계승전이 벌어졌다.

홍덕왕이 왕위에 오른 뒤로 서울의 진골 세력들을 하나로 통합하기 불가능한 상황이 되었다. 이때 홍덕왕이 김유신을 홍무대왕으로 추봉 한 것이 아닌가 생각한다. 김유신을 중심으로 하는 진골 세력은 김춘추 의 직계도 아니고, 그렇다고 내물왕 계통의 후손도 아니면서도 번성한 종족 세력이 되어 있었다고 생각된다. 홍덕왕으로서는 그들 김유신·김 흠순 등의 후손을 왕위 계승전에 뛰어들지 않도록 하거나, 반대로 그들 세력을 끌어들이는 상징적 조처를 해야 했다. 그 가운데 하나가 바로 김 유신을 홍무대왕으로 추봉하는 것이 아니었나 한다.

김유신을 대왕으로 추봉한 또 다른 이유를 생각해볼 수 있다. 제54 대 경명왕 대에는 이미 신라 조정에서 지배할 수 있는 토지가 왕경[지금 의 경주] 지역 정도로 축소되어 있었다. 따라서 김유신을 홍무대왕으로 추봉한 이유를 생각하기 어렵다. 무너져 가는 신라 왕국을 지키고자 삼 한통합의 주역이었던 김유신을 홍무대왕으로 추봉하고 그에게 왕국을 재건토록 빌었던 것이었다고 볼 수도 있겠다. 더욱이 경명왕은 박씨로 혁거세왕의 후손이다. 김유신을 중시조로 하는 종족의 힘을 빌리고자 김유신을 홍무대왕으로 추봉했을 가능성도 염두에 둘 수 있다. 그러나 과연 경명왕이 김유신을 대왕으로 추봉했을까 의심이 든다. 그때 김유 신을 홍무대왕으로 추봉했다고 하더라도 무너져내린 신라를 살려낼 수 있다고는 생각되지 않기 때문이다.

나는 김유신으로 상징되는 구충왕의 후손들이 몰락했다고 보지 않는다. 이미 김유신이 신흥 귀족이라거나 김유신 사후 그 후손들이 육두품으로 전락했다는 주장에 대한 비판이 있다. 실제로 김유신 대를 거치며 크게 번성한 구충왕의 후손들이 모두 같은 신분적 지위를 누릴 수는 없었다. 그 가운데는 족강하여 육두품 또는 그 밑의 신분이 된 종족宗族들도 있었다.

그렇더라도 그들 김유신의 후손은 신라 중대를 거쳐 하대에도 신라 사회에서 무시할 수 없는 세력으로 있었다. 다만 그들 종족들에게는 김유신이 태종무열왕과 중복된 혼인 관계를 맺어 그 세력을 강화한 것 같은 일은 벌어지지 않았을 뿐이다. 세대가 지나며 신라의 왕들은 새로운 종실과 척리를 갖게 되었다. 왕을 배출한 종족을 제외하면, 김유신을 상징으로 하는 세력들만이 아니라 방계화한 왕족들도 모두 세대가 지나며 왕과의 관계가 멀어지고 사회적·정치적 위상이 줄어드는 것은 너무도 당연한 일이다. 그렇다고 그러한 세력들이 사라진 것은 아니다. 그들 왕에게서 멀어진 세력들은 그들 나름대로 진골 신분을 유지하며 신라의 지배 세력으로 남아 있었다.

그 예로 내물왕의 10세손이라고 하는 제37대 선덕왕이나 내물왕의 12세손이라고 하는 제38대 원성왕을 들 수 있다. 그들의 부계 조상들이 10여 대에 걸쳐 그 세력을 유지한 결과 선덕왕은 780년, 원성왕은 785년에 왕위를 계승할 수 있었다. 김유신을 중시조로 하는 가야파 김씨 세력들은 신라 중대를 거쳐 하대에 이르면 가야파로 구분되는 것이 아니라 "신김씨"라는 성을 사용하며 그 세력을 유지했고, 그런 때문에 흥덕왕이 김유신을 흥무대왕으로 추봉했다는 견해도 있다. 흥덕왕 대에 신라는 그 이유는 알 수 없으나 김유신 같은 영웅을 필요로 했던 사실도 생각해본다. 신하였던 인물을 왕으로 추봉하는 일은 찾아보기 힘들다. 분명한 사실은 그때 신라에서는 신하였던 김유신을 대왕으로 추봉할 어떤 중요한 필요가 있었다는 것이다. 김유신을 대왕으로 추봉한 이유는 앞으로 생각할 문제다.

그리고 그를 대왕으로 추봉한 시기는 《삼국사절요》에 나오는 것과 같이 흥덕왕 10년[835년]이라고 생각해본다.

10) 김유신, 그를 원조로 하는 "신김씨"를 만든 중심이 되다

신라 말 김유신을 먼 조상[遠祖]으로 하는 성인 "신김씨新金氏"가 사용되었다. 김유신은 신라 시대에 신김씨라는 성의 탄생을 가능케 한 인물이었다.

당시 신라인들이 성을 갖고 있었던 것은 분명하지만, 《화랑세기》에서 보듯 왕이나 풍월주를 비롯한 지배 세력들은 실제로는 그들의 성을 거의 사용하지 않았다. 당시 같은 성을 가진 씨족의 성원들 수가 많이 늘어나 있었고, 하나의 씨족도 그 안에 성골·진골·육두품 등 신분을 달리하는 종족들로 다시 나뉘었기에 구태여 성을 사용할 필요가 없었다. 《화랑세기》에는 육부성 가운데 하나인 설씨薛氏, 그리고 처음 보는 대씨大氏와 찰씨察氏가 나오기는 하지만, 이 성들은 신라의 왕을 배출하던 종성보다 신분적으로 낮은 세력의 성이었다. 그러나 신라인 그들은 서로의 계보를 파악하고 있었다.

이 책에서는 수로왕을 시조로 하는 씨족이 김씨 성을 언제부터 사용했는지 등에 대한 문제를 다루지 않는다. 그와 달리 신라에서 신김씨를 일컫은 세력은 어떤 집단이고 언제부터 신김씨라는 성을 사용했을까 살펴보겠다. 신라 말 임나 왕족임을 내세우고 김유신을 원조遠祖라고 하며 그 성을 신김씨라고 한 예가 있다. 이와 관련하여 다음 기록을 볼 수 있다.

[진경]대사의 이름은 심희審希이고 속성은 신김씨新金氏이니 그 선조는 임나의 왕족이다. 풀에서 성스러운 가지가 빼어났는데 매번 이웃 나라 군대의 침략에 괴로워하다가 우리나라에 투항했다. 원조遠祖 흥무대왕은 오산의 정기를 타고 바다의 정기에 올라서 문신의 길조를 잡아 재상의 뜰에 나왔고, 무신의 지략을 잡아 왕실을 높이 부양하였으며, 평생토록 □□하여 두 적이 영원히 안정되고 토군의 사람들이 능히 세 조정을 받들어 멀리 진한의 풍속을 어루만졌다(〈창원 봉림사지 진경대사탑비명〉).

924년에 건립된 위의 금석문을 보면 비문의 주인공인 진경대사眞鏡大師[853~923]의 이름은 심희이고 속성은 "신김씨"이며, 그 선조는 임나 왕족이고 원조는 흥무대왕이라고 한 대목이 보인다.

한편 신라 금석문을 보면 신김씨를 일컫는 기록이 더 나온다. 872년에 작성된 〈신라 황룡사9층탑 찰주본기〉에는 "적위赤位 대나마 大奈麻 신김현웅新金賢雄"과 "적위赤位 나마奈麻 신김평긍新金平矜"이라는 기록이 나온다. 두 명의 신김씨가 보이는데 그 신분은 진골이 아닌 두품신분 정도였다고 보여진다. 한편 〈황복사비편〉에는 "나마奈麻 신김계新金季"라는 기록이 보이지만 작성 시기를 알 수 없다.

이들 기록에 나오는 "신김新金"은 알지를 시조로 하는 김씨가 아니라 신김씨를 뜻한다. 현재 기록을 통해 확인할 수 있는 신김씨를 일컫는 인물은 그 신분이 높지는 않았다고 생각된다. 그렇다고 신김씨가 두품신분만 있었던 것은 아니었다.

제42대 흥덕왕 10년[835년] 2월 조에 왕이 김유신을 흥무대왕으로 추봉한 사실은《삼국사절요》13에 나온다. 여기서 신김씨에 관한 기존 견해를 볼 수 있다. 신김씨는 금관가야(금관국) 왕족이면서 신라 왕실과 혼인한 김유신가※의 후손을 일컫는 친족 용어이며, 835년 2월 김유신을 흥무대왕으로 추봉함으로써 나타났고, 국가와 왕실의 허가 또는 승인 아래 불렀다는 견해도 있다.

앞에서 이야기한 것과 같이, 신라의 왕을 비롯한 지배 세력들은 그들의 세보를 알아야 했다. 신라 골품 사회체제 아래서 세보가 개인이나 종족의 사회적·정치적 지위를 정해주는 헌장이 되었기 때문이다. 신라인들은 세보를 통해 "개인의 골품"도 확인했다. 김유신이 세상을 떠난 뒤에도 그의 후손들은 "신국지웅"을 시조로 하는 종족에 속한 세보가 골품 사회를 살아가는 헌장이 되었다.

따라서 김유신을 원조로 하는 종족도 김씨 성을 썼지만, 신라인들은 그들이 알지를 시조로 하는 김씨와 다르다는 것을 잘 알았다. 그러다가 김유신을 흥무대왕으로 추봉한 뒤부터 그의 후손들이 신김씨라는 성을 썼던 것일 수 있다고 본다. 김유신을 원조로 하는 신김씨는 알지를 시조로 하는 김씨와 구별하고자 했던 것이었다.

김유신의 행록이 가지는 문제

신라인들에게 김유신은 특별한 인물이었기에 그의 행록行錄〔사람의 언행을 기록한 글〕이 만들어졌다. 김유신에 관한 신라인들의 공식적인 기록은 문무왕이 담당 관원에게 그의 공명功名을 기록하게 하여 만든 비문이 아닌가 생각된다.[10] 그런데《삼국사기》〈열전〉에 아래와 같은 기록이 있다.

> 유신의 현손玄孫인 신라의 집사랑 장청長淸이 유신의 행록 10권을 지어 세상에 전해 오지만 자못 만들어낸 말이 많으므로 이를 잘라버리고 기록할 만한 것만 뽑아 이 전을 만든다(《삼국사기》43,〈열전〉3, "김유신 (하)").

위 기록으로 김유신의 현손玄孫인 김장청이 만든 김유신의 행록 10권 가운데 거짓된 기록을 제하고 만든 것이《삼국사기》에 나오는 김유신 열전 세 권이라는 사실을 알 수 있다. 김부식 등이 잘라버린 기록 가운데 신라인이 중시했던 세보에 대한 자료들이 있었다고 본다. 그것은 《화랑세기》에 나오는 계보와 견주어보면 잘 알 수 있다.

또 주목할 사실이 있다.《화랑세기》를 보면 신라인들이《문명황후사기》,《미생기》,《전군열기》,《칠성록》,《보혜기》,《호조공기》,《고승전》등의 전기들을 쓴 것을 알 수 있다. 9세 풍월주 비보랑 조에는 "공의 별전別傳이 세상에 돌아다니는 것이 많은데 거짓된 것이 많아 다 기록하

10 　《삼국사기》43,〈열전〉3, "김유신 (하)".

지는 않는다."라는 대목도 보인다.

　김유신에 대한 행록 10권 가운데 거짓된 말이 많은 것은 당연한 일이 아닌가 한다. 그러나 신라인들은 전기로 기록할 참과 거짓을 판별할 명확한 기준이 있었다. 세보가 그것이다. 거의 모든 전기는 세보를 중시했을 것이라고 본다. 신라 골품 사회체제를 운용하는 기본 장치가 세보였기 때문이다. 신라인들에게 세보는 마음대로 바꿀 수 있는 것이 아니었다. 누군가 거짓으로 그 세보를 조작하면 다른 사람들에게도 영향을 미치게 되었다. 따라서 정확한 세보가 골품 사회체제를 유지하는 기본적인 장치가 되었다.

　그러나 고려인들이 《삼국사기》〈열전〉을 펴내며 신라인들이 중시한 세보 가운데 필요 없다고 여기거나 유교적 윤리로 용납할 수 없는 계보는 잘라버린 부분도 없지 않았을 것이라 본다. 결과적으로 고려판 《삼국사기》속 김유신은 고려인의 관점에서 만들어낸 김유신 열전이라 하겠다. 여기서 《화랑세기》의 세보가 가지는 중요성을 알 수 있다.

성신 김유신을 얻어 이룩한 삼한통합과
그 역사적 의의

| 신라의 삼한통합이 지닌 역사적 의미, 현재 한국인과 무관할 수 없다 | 앞에서 보아왔듯이, 김유신은 한평생 크게 두 가지 꿈을 성취했다. 하나는 김춘추를 왕위에 올린 것이었고, 다른 하나는 백제와 고구려를 멸망시켜 신라의 평안과 부귀를 불러온 것이었다.

당시 삼국 사람들 가운데 삼국 사이에 벌어진 삼한통합 전쟁을 동족상잔同族相殘의 비극적인 전쟁이라고 생각한 사람이 있었을까? 고구려·백제·신라 삼국 사람들이 하나의 민족이라는 의식이 있었을까? 신라는 백제와 고구려를 멸망시킨 뒤 정복자의 권리를 행사하지 않았을까? 신라인들은 옛 백제인과 고구려인들을 그들과 동등하게 대우하며 융합정책을 펼쳤을까?[11] 백제나 고구려의 신神들을 신라의 신으로 편입시켰을까? 백제나 고구려의 건국 신화를 신라의 건국 신화와 동등하게 중시했을까? 백제나 고구려인으로 신라의 최고 지배 세력이 되어 대신라(이른바 통일신라)가 망할 때까지 그 세력을 유지한 씨족 세력이 있었을까? 신라인들이 백제의 상좌평이나 고구려의 막리지 같은 최고 관직을 그대로 두었을까? 신라 왕위에 고구려와 백제 사람들이 번갈아 올랐을까? 신라는 백제와 고구려인들에게 신라인과 동등한 시민권을 주었을까? 옛 백제와 고구려인 가운데 신라 골품제 사회에서 진골이나 육두품

11　《삼국유사》 2, 〈기이〉 2 (하), "문호(무)왕 법민" 조에 보면 "고구려를 쳐 그 나라 왕손을 데려와서 진골의 관등을 주었다."라고 나온다. 여기서 말하는 고구려 왕손은 안승을 가리킨다. 그러나 안승과 그의 후손은 그 뒤 신라 역사에서 사라졌다.

으로 편입된 사람들이 얼마나 되었을까?

신라 군단 조직 가운데 구서당九誓幢에 백제민(백금서당), 고구려민(황금서당), 말갈국민(흑금서당), 보덕성민(벽금서당·적금서당), 백제잔민(청금서당)이 편성되었다는 것이 신라의 민족 융합책을 의미할까? 다른 많은 군단 조직에 피정복민들이 포함되어 있었을까? 병졸을 제외한 장군 등의 구서당 무관직에 피정복민들이 있었을까?

이 같은 여러 질문에 대한 답은 부정적인 것들뿐이다. 이 질문에 답하는 과정에서 신라인들이 정복자의 권리를 당당하게 행사했다는 사실을 확인하게 된다.

전쟁의 승리야말로 또 다른 역사를 만드는 출발점이 된다. 신라의 삼한통합이 결국 고구려나 백제 사람들이 아니라 신라인을 시조로 하는 한국인을 만들어냈다. 그 뒤 한국사는 신라인을 시조로 하는 한국인 중심의 역사로 만들어졌다. 그 중심에 김춘추〔태종무열왕〕·법민〔문무왕〕 그리고 김유신이 있었다. 김춘추나 법민의 왕위 계승은 김유신에 의해 이루어졌다. 그런 면에서 김유신의 존재를 주목할 필요가 있다.

현재 고구려나 백제인을 시조로 하는 씨족을 찾기 어려운 상황에서 한국사 연구자들은 신라가 외세를 끌어들여 동족의 나라들을 멸망시켰다고 하여 김춘추나 김유신이 이루어낸 삼한통합이라는 업적을 불완전하다거나 민족사의 불행한 일이라고 이야기해왔다. 신라인을 시조로 하는 성을 가진 씨족에 속한 것으로 자처하는 다수의 한국인이 신라의 삼한통합을 비판하는 것은 한국인 스스로 조상을 비판하는 셈이다. 여기서 근현대 한국사학이 한국인의 오리진을 왜곡하는 역사를 만들어낸 것을 알 수 있다.

┃삼한통합으로 신라가 정복한 지역은?┃ 　　　신라가 백제와 고구려를 멸망 시켰지만, 고구려 전 지역을 점령하고 지배할 생각도 능력도 없었다. 당 태종이 김춘추에게 옛 백제 땅과 평양 이남의 토지를 신라에 주겠다고 한 약속에서도 그런 사정을 볼 수 있다.[12] 나는 신라가 삼한통합을 한 뒤 청천강 하류에서 원산만(함흥평야)까지를 장악했다고 본다.[13] 앞에서 말 한 것처럼 신라는 처음부터 고구려 영역 전체와 그 안에 살던 인민 모두 를 지배할 의도가 없었고 또 그럴 만한 능력도 없었기 때문이다.

┃고구려가 지배하던 옛 땅은?┃ 　　　668년 고구려를 멸망시킨 당나라는 고구려 땅에 당나라의 지방행정 구역을 편제한 것을 위에서 보았다. 그 런데 676년 당군을 몰아낸 신라는 평양(실제는 청천강 하류)에서 원산 만 이남을 지배하게 되었다고 보았다. 그 이북의 땅은 어떻게 되었을 까?

　　그 땅에는 발해가 섰다. 발해는 고구려의 지배를 받던 속말말갈족인 대조영이 698년에 진국왕震國王을 칭하며 왕국을 세웠다. 713년에 당나 라로부터 "발해군왕渤海郡王"으로 책봉받으며 나라 이름을 발해로 바꾸 었다. 이렇게 되어 당나라는 고구려의 옛 땅을 차지할 수 없게 되었다.

┃삼한을 통합한 신라에 닥친 변화┃ 　　660년에 백제, 668년에 고구려를 멸망시킨 신라는 676년에 당나라 군대를 물리치고 삼한통합을 이루어 냈다. 673년에 세상을 떠난 김유신은 당나라 군대를 몰아내는 것을 보 지 못했다. 그렇더라도 김유신이 주도한 신라의 삼한통합은 신라 자체

12　　《삼국사기》7,〈신라본기〉7, 문무왕 11년 조 설인귀의 편지에 대한 문무왕의 답서.
13　　이종욱,《신라의 역사》2, 김영사, 2002, 52~53쪽.

에 커다란 변화를 가져왔다.

이 뒤 신라는 외우가 없어졌다. 신라에 평화가 찾아온 것이다. 신라가 망할 때까지 외국 적들의 침입이 없었다. 신라에 평화가 깨진 것은 9세기 후반 지방 군웅群雄들이 성장하고, 그 가운데 대군웅들이 등장한 때다. 그 군웅들은 신라 조정의 통치를 벗어난 집단이 되었다.

신라의 삼한통합은 신라의 국력을 증가시켰다. 신라가 정복한 옛 백제와 옛 고구려 지역으로 말미암아 신라의 영역과 인구가 크게 늘면서 재정이 크게 확대되었다. 대신라의 군사력도 커졌다. 신라의 중국화도 계속 전개되었다. 신라의 삼한통합은 신라 전반에 걸쳐 새로운 변화를 초래했다. 삼한통합 이후 신라에 닥친 많은 변화는 신국의 영웅이 된 김유신과 무관한 것들이 아니었다.

| 신라인, 피정복민에 대한 정복자의 권리를 행사하다 |　　정복자의 권리 행사에는 피정복자들을 노비로 삼는 일과 피정복자들의 재물 약탈을 생각할 수 있다. 여기서는 다른 문제들을 생각해본다. 정복한 지역에 대한 신라의 지배 정책은 어떤 것이었을까? 신라의 정복자 권리 행사는 피정복 세력인 고구려와 백제 사람들을 신라인으로 만드는 일부터 시작되었음이 틀림없다.

우선 신라는 피정복국·피정복민들에 대한 정체성 말살을 시도했다고 본다. 백제와 고구려의 건국 신화를 인정하지 않고, 두 나라 왕실의 제사를 허용하지 않았던 것이 그 하나다. 실제로 당나라는 660년에 백제 의자왕과 일족들을, 668년에는 고구려 보장왕과 그 일족들을 포로로 잡아갔다. 삼한을 통합한 신라의 영토에서 백제와 고구려의 왕이나 그들의 시조묘에 대한 제사는 사라졌다. 이로써 백제와 고구려의 후손은 그들의 시조묘에 대한 제사를 지낼 수 없게 되었고, 결국 신라 안에서 신라의 인민으로 자리 잡으며 정체성을 잃고 소멸되었다. 신라 안에서 시조묘에 대한 제사는 신라 건국 세력인 혁거세에 대한 제사를 의미했을 뿐이다.

백제나 고구려의 정치조직 자체가 사라졌고, 사회체제도 유지할 수 없었으며 두 나라의 문화도 기본적으로 유지할 수 없었다. 흔히 신라가 백제나 고구려의 문화를 받아들여 민족 문화를 발전시켰다고 하지만 나는 그렇게 보는 것을 망설여왔다. 무엇이 주가 되고 무엇이 종이 되었는가를 따져야 하기 때문이다. 백제나 고구려의 문화는 신라에서 소멸하는 과정을 겪었기에 대신라의 중심 문화로 자리 잡을 수 없었다. 신라인들은 백제나 고구려의 문화를 지켜야 할 의무가 없었다.

당시 삼국은 일신교가 아닌 다신교 사회였다. 삼국에는 수많은 신이 있었다. 국가가 제사를 지내는 시조묘가 있는가 하면 지역마다 수호신들이 있었고, 가정에도 여러 신이 있었다. 지역이나 가정의 수호신들에 대한 제사는 이어졌지만, 신라 조정에서는 백제와 고구려의 국가 시조신을 제사 지내지 않았다고 본다.

피정복국이 된 옛 백제와 고구려 사람들은 어떻게 되었을까? 신라인들은 새로이 정복한 백제나 고구려 지역을 신라인의 통치 체제 아래에 편제했다. 피정복지역 사람들에 대한 최고의 대우는 오늘날의 면 정도에 해당하는 행정촌의 진촌주, 그리고 그 밑에 오늘날의 이里에 해당하는 자연촌의 차촌주로 편제하는 것이었다. 피정복민에 대한 신분적인 차별을 한 것이다. 신라 왕경 신분으로 따지면 진촌주는 5두품에, 차촌주는 4두품에 해당했다. 일부 세력가들은 신라의 진촌주 신분으로 편제되었다. 그들 세력은 지방 세력으로 계속 존속해나갔을 것이다. 그런가 하면 신라 조정은 행정촌에 내시령이라고 하는 지방관을 파견하여 한층 중앙집권적인 통치를 했다. 이로써 삼한통합을 이룬 신라의 국력은 강화될 수밖에 없었다.

신라에 가야파가 존재한 것과 달리 백제파나 고구려파가 없던 것은 그들 피정복민과 신라인 지배세력 사이에 혼인이 이루어지지 않았기 때문이다. 신라인들은 가야인들과 혼인했다. 삼한통합 전 신라와 고구려 왕실 사이에 혼인이 이루어진 예는 보이지 않는다. 신라와 백제 왕실 사이에 여자들이 오가며 혼인한 사실은 있다. 삼한통합 뒤에는, 안승의 예를 제외하면, 신라인이 백제나 고구려인과 혼인한 예가 기록에 나오지 않는다. 백제계나 고구려계 세력이 신라 조정의 지배 세력으로 등용된 예를 찾기 어렵고 혹 있었다 해도 언젠가 도태된 것으로 생각한다.

정복자인 신라가 피정복자인 백제와 고구려 그리고 말갈 사람들을 지배하는 일은 쉬운 일이 아니었을 것이다. 그러나 백제계나 고구려계 피정복민들은 중국 계통이나 말갈족과는 달리 종족적 동질성이 있었다고 본다. 신라가 피정복 세력인 백제계와 고구려계 사람들을 신라인으로 편입하는 일은 다른 종족種族 사람들의 경우보다 쉬웠다고 생각된다. 그런데 그들 백제계와 고구려계 사람들은 대신라에서 신라인으로 자리 잡았기에 고려나 조선 그리고 현재는 그 존재를 찾기 어려운 것을 생각해본다.[14]

---

14   신라의 삼한통합으로 이루어진 "통일신라는 민족의 용광로로서의 역사적 과업을 수행하면서 한국사를 한 차원 높여주는 계기였던 것이다."라는 주장이 있다.

김유신의 일족들

《화랑세기》로 알게 된 큰 사실이 있다. 신라인들이 세보(계보)를 중시했다는 것이다.《화랑세기》가 나타남으로써 비로소 신라인들이 골품 사회체제를 유지하고자 그들의 세보를 얼마나 중요하게 여겼는지 알게 되었다.

여기서는 "신국지웅" 김유신의 세보 가운데 처와 첩, 아들과 딸, 형제자매에 관해 보기로 한다. 김유신의 세보 속에 들어간 일족들은 김유신으로 말미암아 "개인의 골품"을 강화하고 높은 사회적·정치적 지위에 오를 수 있었다. 물론 김유신과 계보 관계가 멀어질수록 개인의 골품 점수는 줄어들었다. 그런가 하면 김유신의 누이동생 정희의 아들 흠돌은 김유신의 조카로서 악행을 저지르기도 했다.

이해를 돕고자 나는 이 책에서 성姓을 중시하는 현대의 관행을 따라 김유신이라는 이름을 사용했다. 그러나《화랑세기》에는 김유신이라고 성을 표기한 기록이 없다. 유신·유신공으로 나올 뿐이다. 그것이 바로 신라 당대의 기록이다.

여기서는 우선 유신·유신공이라는 이름의 세 가지 의미부터 보겠다. 이어 당시 왕을 빼고는 누구보다도 강력한 세보를 만들었던 김유신의 일족들에 관해 차례로 보기로 한다.

김유신이라는 이름이 지닌 의미

앞에서 말한 것처럼,《화랑세기》에는 기본적으로 등장인물들의 성姓을 기록하지 않았다. 그렇다고 그때 신라인들이 성을 갖지 않은 것은 아니다. 신라인들은 한자식 성을 사용하기 전부터 각 씨족氏族〔clan〕의 시조를 알고 있었으며, 그런 시조들을 둘러싼 신화가 전해졌다. 그리고 그 시조의 후손이 하나의 씨족을 형성했다. 씨족마다 뒷날 중국식 성을 쓰게 되며 각기 하나씩 성을 가졌다.

결국, 당시 신라인들이 썼던 성은 씨족을 가리킬 뿐이었다. 각 씨족은 시간이 지나며 번성했고 파가 나뉘었다. 파별로 각 종족宗族〔lineage〕을 이루었다. 그 결과 하나의 성姓에 여러 신분으로 나뉜 종족들이 있었으므로 성으로는 신분을 나타낼 길이 없었다.

여기서 당시 신라인들의 이름이 지닌 의미를 생각할 필요가 있다. 김유신을 예로 들어보겠다.

┃유신이라는 이름의 세 가지 의미┃ 《화랑세기》에 나오는 "유신" 또는 "유신공"이라는 이름 곧 김유신의 존재가 지니는 세 가지 의미를 볼 수 있다.

첫째, 신라인들은 유신·유신공이라는 이름만으로도 그가 속한 씨족을 알았다.《화랑세기》15세 풍월주 유신공 조의 세계에 나오는 계보에 금관국의 시조인 수로왕부터 이어지는 가계가 있다. 그 가운데 수로왕을 시조로 하는 씨족이 있다. 수로왕은 금관국의 시조이기 때문에 그를 시조로 하는 씨족은 신라 골품 사회체제에서 사회적·정치적으로 별 의미가 없었다. 다만 신라인들은 '유신'이라는 이름으로 수로왕을 시조로 하는 씨족의 존재를 알았다. 그때 신라인들에게 '유신'이 한자식 성^姓을 쓰느냐 아니냐는 별문제가 되지 않았다.

다른 풍월주들도 골품 사회체제 속에서 씨족을 나타내는 성을 해당 풍월주의 신분을 나타내는 장치로 쓸 수 없었다. 당시 왕을 배출하던 김씨에 속한 씨족만 해도 그 안에 여러 종족이 나뉘었고 각 종족은 다시 서로 다른 신분층으로 나뉘기도 했기 때문이다. 물론《화랑세기》에 나오는 풍월주들은 대부분 진골이었지만, 그들이 성을 쓴다고 하여 그 성으로 각 종족의 골품 신분을 나타낼 수는 없는 일이었다. 따라서《화랑세기》에는 인물들의 성을 거의 밝히지 않은 것이다.

둘째, 신라인들은 유신·유신공이라는 이름으로 그가 속한 종족^{宗族}을 알 수 있었다. 신라인들은 532년 신라에 항복해 온 금관국 10대 왕 구충왕을 기억했다. 그들은 구충왕을 시조로 하는 종족과 구충왕의 증손 김유신에 관해서도 알고 있었을 것이다. 신라에서는 이 같은 종족을 단위로 하여 진골 신분을 유지하는 혈족 집단을 형성했다. 따라서 신라인들에게 종족은 신분을 밝히는 장치가 되었다. 특히 김유신과의 계보 관계로 김유신의 종족들은 정도의 차이는 있으나 높은 "개인의 골품"을 가질 수 있었다.

셋째, 당연한 일이지만 유신·유신공이라는 이름은 한 개인을 가리키기도 했다. 유신에게는 19세 풍월주가 되었던 흠순이라는 동생이 있었다. 유신도 흠순도 모두 개인의 이름이다. 이 같은 개인의 이름은 시간이 지나 세대가 늘어나면 유신을 시조로 하는 종족이나 흠순을 시조로 하는 종족의 시조가 되기도 했다.

신라인들에게 중요한 사실은 유신·유신공이라는 한 개인의 이름만이 아니라 그 이름을 가진 인물의 세보世譜를 함께 인식했다는 것이다. 한 개인의 세보로써 해당 인물의 '개인의 골품'을 알 수 있었고, 그러한 방식으로 골품 사회체제를 운용했다.

8.2.
김유신의 일족들

김유신의 세보로 김유신의 일족들에 관해 볼 수 있다. 김유신의 세보는 크게 네 가지 범주로 나눌 수 있다. 그 가운데 김유신에게 피를 전해 준 사람들을 밝히는 "세계世系"에 들어 있는 조상들에 대해서는 앞에서 다루었다. 이에 여기서는 김유신의 처첩, 자녀, 손자, 형제자매들에 관해 또 그들과 관련된 사실들에 관해 차례로 보고자 한다.

1) 김유신의 처와 첩

지금까지 나온 자료를 보면 김유신에게는 처첩이 세 명 있었던 것을 알 수 있다. 먼저 612년에 혼인한 영모슈毛가 있다. 그리고 655년에 혼인한 지조부인이 있다. 또 김유신에게 서자 군승軍勝이 있었다고 하므로 그에게 첩이 있었던 것을 알 수 있다. 차례대로 보겠다.

| 김유신의 부인 1, 《화랑세기》에 나오는 영모 | 김유신에게는 원래 부인이 있었다. 《화랑세기》 15세 풍월주 유신공 조의 기록으로 그러한 사실을 알 수 있다.

> 돌아오자, 호림공이 풍월주의 지위를 물려주겠다고 청했다. [유신]공은 사양했으나 어쩔 수 없었다. 이에 15세 풍월주가 되었다. [만호]태후가 하종공의 딸 영모를 아내로 맞이하도록 명하여 미실궁주를 위로하려 했다. 영모는 곧 유모의 동생이었다. 형제[자매]가 모두 선화의 아내가 되었다. 그때 사람들이 영화롭게 여겼다. 곧 건복 29년[612년] 임신년이었다(《화랑세기》 15세 풍월주 유신공).

위 기록을 보면 611년 김유신이 중악에서 노인에게 비결을 받고 돌아온 뒤 혼인한 내용이 나온다. 김유신이 612년에 풍월주가 된 뒤 영모와 혼인한 사정을 볼 수 있다.

그런데 앞에 제시한 《화랑세기》의 기록을 보면, 김유신이 영모와 혼인한 것은 만호태후 때문이었던 것을 알 수 있다. 그런 데에는 이유가 있다. 만호태후가 미실에게 빚이 있었기 때문이다. 실제로 609년에 만노에서 왕경으로 온 김유신이 14세 풍월주 호림의 부제가 된 것은 호림의 부제였던 보종이 그 지위를 양보했기 때문이다. 그때 미실은 만호태후를 위로하고자 그의 아들 보종에게 부제의 자리를 양보토록 했다. 그 결과 김유신은 호림의 뒤를 이어 15세 풍월주가 될 수 있었다. 이에 김유신이 풍월주가 되었을 때 만호태후는 미실의 손녀였던 영모를 김유신과 혼인을 시켜 미실을 위로했고 미실에게 진 빚을 갚았던 것이다.

영모의 아버지는 11세 풍월주를 지낸 하종이고, 할아버지는 6세 풍월주였던 세종이다. 세종은 제24대 진흥왕의 아버지가 다른 동생이다. 영모의 외할아버지는 7세 풍월주 설화랑(설원랑)이었다. 중요한 것은 영모의 할머니가 진흥왕의 후궁이었고, 진흥왕의 왕비였던 사도왕후의 조카인 미실이었다는 사실이다.

《화랑세기》는 영모의 존재를 밝혀주었지만, 김유신의 아내가 된 영모가 처인지 첩인지는 기록하지 않았다. 곧이어 보려는 것처럼, 655년, 예순한 살의 나이에 혼인한 지조를 김유신의 유일한 정처로 보면 그 이전에 김유신의 정처가 누구였는지 설명이 안 된다. 여러 가지 정황으로 볼 때는 영모는 첩이 아닌 정처였다고 하겠다. 문제는 김유신과 영모 사이에서 태어난 자녀가 누구였느냐는 것이다. 이에 대해서는 뒤에 알아보겠다.

한 가지 짚고 넘어가기로 한다. 《화랑세기》에 나오는 영모는 612년에 김유신과 혼인한 것으로 나온다. 그런데 《삼국사기》를 보면 655년에 김유신이 지조부인과 혼인한 것으로 나온다. 김유신의 나이 예순한 살에 첫 부인을 맞았다고는 여겨지지 않는다. 따라서 김유신은 영모를 첫 부인으로 맞았는데 언제인가 세상을 떠나고 난 뒤 지조부인을 맞이한 것으로 보아야겠다. 여기서 영모의 존재를 밝힌 《화랑세기》가 가지는 사료적 가치를 알 수 있다.

| 김유신의 부인 2, 《삼국사기》에 나오는 지조부인 | 《삼국사기》에는 영모가 나오지 않는다. 따라서 《화랑세기》가 나타나기 전까지 우리는

김유신의 부인은 지조智照[지소智炤]부인이었다고 생각했다.《삼국사기》 태종무열왕 2년[655년] 10월에 왕녀 지조가 대각찬 김유신에게 시집갔다고 나오기 때문이다.《삼국사기》〈열전〉 "김유신 (하)"에 나오는 기록을 보면 김유신의 누이동생 문희가 태종무열왕의 정궁이 되었고, 태종무열왕과 문희 사이에서 출생한 지조부인이 다시 김유신의 처가 된 것을 알 수 있다. 이는 왕실 근친혼은 아니지만, 전형적인 왕실 근친혼의 유형에 해당하는 혼인이다. 현재 한국에서 이 같은 근친혼을 받아들이지 않는다. 그러나 신라에서는 지배 세력들 사이의 근친혼은 그들의 세력을 유지하는 가장 중요하고 결정적인 방법이었다. 잉카, 마야 그리고 하와이 왕국에서도 이런 근친혼이 있었다. 태종무열왕과 김유신도 이 같은 중복된 혼인으로 그들의 관계뿐만 아니라 정치적 세력과 지위 등 모든 권력을 강화하였다.

《삼국사기》〈신라본기〉 성덕왕 11년 8월 조에는 김유신이 세상을 떠난 뒤 그의 처를 부인夫人으로 봉하고 매년 곡식을 주기로 하였다는 이야기가 나온다.《삼국사기》〈열전〉에 나오는 기록도 볼 수 있다.

후에 지소부인[지조]은 머리를 깎고 갈포 옷을 입고 비구니가 되었다. 그때 대왕이 말했다. "지금 서울과 지방이 평안하여 임금과 신하가 베개를 높이 베고 근심 없이 지내는 것은 태대각간이 내려주신 것입니다. 생각건 대, 부인이 그 집안을 잘 다스리고 경계하여 서로 어우러지니 뒤에서 도운 숨은 공이 뛰어났습니다. 과인은 그 공덕을 보답하려는 생각을 지금까지 하루도 잊은 적이 없습니다. 이제 해마다 남성南城(남산신성으로 추정됨)의 조 1천 석을 드리도록 하겠습니다."《삼국사기》 43,〈열전〉 3, "김유신 (하)")

지조부인에게 조 1천 석을 내린 사람은 성덕왕이다. 지조부인이 비구니가 된 일은 이상한 일이 아니다.《삼국유사》"진흥왕" 조에는 진흥왕의 어머니 지소태후가 법흥왕의 딸로서 입종갈문왕의 비였는데 삭발을 하고 법의를 입었던 사실도 나온다. 당시에는 갈문왕의 부인이나 태후가 승복을 입고 비구니가 되는 일들이 있었다.

《삼국유사》"김유신" 조에는 김씨댁 재매財買부인이 죽으니 청연靑淵에 장사 지내고, 이로 말미암아 재매곡財買谷이라 불렀다고 나온다. 해마다 봄철에 그 종중宗中의 사녀士女들이 골짜기 남쪽 시내에 모여 크게 잔치를 했는데 이때에는 온갖 꽃이 피고 송화松花가 골 안 숲에 가득했다. 골짜기 어귀에 암자를 지어 송화방이라 불렀는데 원찰願刹로 삼았다고 한다.[1] 여기서 말하는 재매부인은 재매정택의 주인인 김유신의 부인 지조부인일 것으로 짐작이 간다. 재매부인에 대한 종중의 기억과 원찰의 존재를 주목할 수 있다.

┃김유신의 첩,《삼국사기》에 나오는 서자 군승의 어머니┃ 《삼국사기》 〈열전〉에는 지조부인과 그의 자녀들에 관한 기록에 뒤이어 아래 기록이 있다.

또 서자 아찬 군승이 있었는데 그의 어머니의 성씨는 사라졌다(《삼국사기》 43, 〈열전〉 3 "김유신 (하)").

위 기록으로 김유신에게 첩도 있었음을 알 수 있다. 군승의 어머니가

---

1   《삼국유사》 2, 〈기이〉 2 (상), "김유신".

어떤 사람이고 어떻게 살았는지는 알 수 없다. 다만 김유신에게 서자가 있었다는 사실은 분명하다고 보아야 한다.

2) 김유신의 자녀들

612년 김유신의 아내가 되었던 영모는 언제 세상을 떠났고 김유신과 사이에 자녀를 몇이나 두었는지 알 수 없다. 그러나《화랑세기》에서 이에 대한 답을 구할 수 있다.

김유신이 태종무열왕과 문희 사이에서 출생한 지조부인을 아내로 맞은 시기를 주목할 필요가 있다. 지조가 김유신에게 시집간 시기가 655년 10월로, 김유신의 나이 예순한 살 때였다. 바로 여기에 문제가 있다. 구체적인 문제를 이미 밝힌 연구가 있다.

《삼국사기》〈열전〉에는 김유신의 자식에 관한 기록이 나온다.

> 유신의 아내 지소부인은 태종대왕의 셋째 딸이다. 아들 다섯을 낳았는데, 맏아들은 이찬 삼광이고, 둘째 아들은 소판 원술이고, 셋째 아들은 해간 원정이고, 넷째 아들은 대아찬 장이이고, 다섯째 아들은 대아찬 원망이고, 딸이 넷이었다(《삼국사기》 43,〈열전〉 3, "김유신 (하)").

위 기록을 보면 태종무열왕의 셋째 딸 지조[지소]부인은 김유신에게 시집가 아들 다섯과 딸 넷을 낳았던 것으로 나온다. 그런데 이 같은 기록은 신라 시점이 아닌 고려 시점의 이야기라고 보아야 한다.

다시 밝히지만, 김유신과 지조부인이 혼인한 시기는 655년 10월이고, 김유신이 세상을 떠난 것은 673년 7월 1일이다. 김유신과 지조부인이 함께 산 기간은 17년 9개월 정도가 된다. 그렇다면 김유신이 죽을 때 김유신과 지조부인 사이에 출생한 자녀의 나이는 아무리 많아도 열일곱 살을 넘을 수 없다.

그런데 문무왕 6년[666년] 4월 천존의 아들 한림과 김유신의 맏아들 삼광이 모두 나마奈麻[제11등]였는데 당나라에 들어가 숙위케 했다고 나온다. 그때 문무왕은 이미 백제를 평정했으므로 고구려를 멸망시키려고 당나라에 군사를 청했다.[2] 여기서 주목할 사실은 666년에 삼광의 나이가 몇 살이었느냐 하는 것이다. 그때 나이는 아무리 많아도 열 살로 계산되므로, 열 살에 지나지 않은 삼광이 당나라에 들어가 숙위하였다는 이야기는 무리라는 주장이 있다. 이는 타당한 견해다. 따라서 삼광의 나이가 열 살보다 많았을 것이라고 볼 필요가 있다. 그렇게 되면 삼광의 어머니는 지조부인이 아니라 영모였을 가능성이 있다.

최치원이 열두 살 나이에 배를 타고 바다를 건너 당나라에 가서 학문을 구한 것을 생각하면 삼광이 열 살 정도에 숙위하러 당에 갔을 수도 있다. 그렇게 되면 삼광은 지조부인의 아들일 수 있다. 그렇더라도 과연 열 살 나이의 삼광이 당시 고구려를 멸망시키고자 신라가 당나라에 청병하는 상황에서 숙위를 하러 갈 자격이 있었겠느냐는 생각이 든다.

삼광이 지조부인이 아니라 영모의 아들이라면 또 다른 문제가 생긴다. 김유신과 영모가 혼인한 것은 612년이다. 그 무렵 삼광이 태어났다면 666년 당나라에 숙위로 갈 때 쉰 살 정도는 되었을 것이다. 그런데도 11등 관등인 나마에 머물렀을 것 같지는 않다. 이 경우 김유신과 영모 사이에 출생한 딸들의 존재로 삼광의 출생 시기를 늦추어볼 수도 있다. 누이들이 있었다고 하면 그의 출생 시기가 늦어지기 때문이다.

다음은 둘째 아들 원술元述에 관한 문제다. 문무왕 12년[672년] 당나

2   《삼국사기》 6, 〈신라본기〉 6, 문무왕 6년.

라 군사는 말갈과 함께 석문의 들에 진을 치고, 신라는 대방의 들에 진을 친 채로 전투를 벌인 일이 있다.3 그때 원술은 비장裨將으로 참전했는데, 결과적으로 왕명을 욕되게 했고 가훈을 저버렸다 하여 김유신이 목을 벨 것을 요청했으나 문무왕이 용서해주었다.4

561년 사다함이 태종공 이사부를 따라 가야를 치러 갈 때 귀당비장이었고 나이가 열여섯 살이었다. 그때 원술도 비장이었으므로 나이가 많지는 않았다고 여겨진다. 원술 또한 가야를 치러 갈 때 사다함 정도인 열여섯 살가량이었을 가능성이 있으므로 지조부인의 아들일 수 있다.

┃김유신과 지조부인 사이에 출생했다는 딸들┃ 《삼국사기》〈열전〉"김유신 (하)"의 기록에 따르면 김유신과 지조부인 사이에 네 명의 딸이 있었다고 한다. 그런데 김유신의 딸들에 대한 구체적 기록들은《삼국사기》가 아니라《화랑세기》에 나온다.

《화랑세기》27세 풍월주 흠돌 조는 "신광의 형 진광晉光은 곧 흠돌의 처였다."고 적었다.《화랑세기》26세 풍월주 진공 조에는 "신광은 유신공의 딸로 태자의 첩이 된 사람이다."라고 나온다. 또 "보로(전군)는 ……곧 김유신의 삼녀 작광酌光을 맞이하여 처로 삼았다."고 되어 있다.

《화랑세기》19세 풍월주 흠순공 조에는 "[흠순]공의 셋째 아들만이 홀로 [염장공의 딸을] 버리고 유신공의 딸 영광令光을 아내로 맞아 아들 영윤令胤을 낳았으니 곧 반굴공이다."라고 나온다. 반굴은 태종무열왕 7년[660년] 7월 9일 황산벌에서 백제 계백의 5천 결사대와 맞서 싸우다가 전사하였다. 그러므로 반굴과 혼인한 김유신의 딸 영광令光은 김유신과

---

3 《삼국사기》7,〈신라본기〉7, 문무왕 12년.
4 《삼국사기》43,〈열전〉3, "김유신 (하)".

655년에 혼인했던 지조부인의 딸이 아님을 알 수 있다. 영광의 예를 하나의 실마리로 삼으면, 《삼국사기》〈열전〉 "김유신 (하)"에 나오는 김유신과 지조부인 사이의 5남 4녀 가운데 지조부인이 아니라 영모의 자녀가 있을 수 있다고 추측할 수 있다.

흠돌이 27세 풍월주로 있던 시기[662~664년]에 진광이 흠돌의 처였을 수 있다. 신광의 경우 태종무열왕 대에 태자(문무왕)의 첩으로 있었는데 흠돌이 신광을 태자의 첩이 아니라 태자비로 삼자고 문희를 설득한 것으로 나온다. 그 시기는 분명 661년 이전이다. 이에 신광 또한 지조부인의 딸이 아니라 영모의 딸로 보아야 한다는 생각이다.

작광의 어머니에 관해서도 생각할 문제가 있다. 진공이 26세 풍월주가 되기 전, 흠돌의 누이 흠신은 진공이 출중하고 용감하다고 생각하여 보로전군(진평왕과 보량 사이에 출생)을 버리고 진공에게 가려 했다. 진공이 사람을 시켜 보로전군을 설득하므로 보로전군은 김유신의 삼녀 작광을 아내로 맞이하였다.[5] 진공이 이에 흠신을 처로 삼았고, 풍월주가 되자 화주로 삼았다. 진공이 26세 풍월주로 있던 시기[652~656년]는 김유신과 지조부인이 혼인한 655년 무렵이다. 따라서 김유신의 삼녀 작광은 지조부인의 딸일 수 없다.

《화랑세기》에 나오는 기록들로 진광, 신광, 작광의 출생 순서를 알 수 있고, 더하여 영광을 비롯하여 네 딸이 있었음을 알 수 있다. 영광이 어쩌면 진광보다 나이가 많았을 수도 있다. 김유신의 딸 네 명, 곧 진광, 신광, 작광, 영광 모두 지조부인하고는 관계가 없었다. 그들은 김유신의 첫 번째 부인이었던 영모의 딸들일 것으로 생각된다. 이 경우 앞에서 본 삼광도 지조부인의 아들이 아닐 가능성이 있다.

5   《화랑세기》 26세 풍월주 진공.

내가 생각한 김유신과 영모 사이의 자녀들은 이름의 끝 자에 광光 자를 사용하였고, 김유신과 지조부인 사이에 출생한 세 아들은 원元 자를 이름 앞 자로 쓴 것을 볼 수 있다. 더는 추측은 하지 않기로 한다.

┃신라인의 형사처수兄死妻嫂, 영모의 딸을 지조의 딸로 삼았을 가능성┃ 한 가지 신라인 가운데 형의 아내와 아이를 동생의 아내와 아들로 삼은 예를 볼 수 있다. 《화랑세기》 13세 풍월주 용춘공 조에 보면 "[용춘]공은 이에 천명공주를 처로 삼고 태종을 아들로 삼았다."라고 나온다. 이는 용수의 처 천명공주와 그 아들 태종무열왕을 용춘의 아내와 아들로 삼은 것을 의미한다.

같은 사례는 아니지만, 당시 김유신과 영모 사이에 출생한 아들과 딸들도 김유신과 지조부인 사이의 아들과 딸로 삼았을 가능성을 생각해 보게 만든다. 이 경우 지조부인이 직접 낳지 않은 자녀도 자신의 자녀로 삼았고 그런 사실이 기록으로 전하는 것일 수 있다.

8.3.
김유신의 아들·딸과 관련된 사실

┃김유신과 삼광┃ 김유신은 죽은 뒤에도 그의 아들들에게 영향을 미쳤다. 그 한 예로 다음 기록을 보자.

뒷날 김유신의 아들 삼광三光이 집정할 때, 열기가 나아가 군수郡守가 되기를 청했으나 허락하지 않았다. 이에 열기가 지원사의 중 순경에게 말하기를, "내 공이 크건만 군수 자리를 청해도 되지 않으니, 삼광은 아마 자기 아버지가 죽었으므로 나를 잊은 것이 아닐까?"라고 하였다. 순경이 삼광에게 말하니 삼광은 열기에게 삼년산군의 태수 자리를 주었다(《삼국사기》 47, 〈열전〉 7, "열기").

열기는 661년 당나라의 요구로 군량을 평양까지 보낼 때 김유신을 위해 공을 세운 인물이다. 김유신과 열기의 관계로 말미암아 삼광이 열기를 삼년산군의 태수로 임명토록 한 것을 볼 수 있다.

┃ 김유신과 원정 ┃　《삼국사기》〈열전〉 "열기" 전에는 또 다른 이야기가 있다. 662년 소정방에게 군량을 공급하러 갈 때 소정방에게 연락한 열기 외에 구근이 있었다.

구근은 원정공을 따라 서원술성을 쌓았는데, 원정공이 다른 사람의 말을 듣고 구근이 일에 게으르다고 여겨 그를 매질하니 구근이 말했다. "내가 일찍이 열기와 함께 생사를 헤아릴 수 없는 곳으로 들어가서 대각간의 명령을 욕되게 하지 않았으므로 대각간도 나를 무능하다고 여기지 않고 국사國士로서 대우했는데, 지금 근거 없는 말을 듣고 나를 죄주니 평생의 치욕이 이보다 큰 것이 없을 것이오." 원정이 이 말을 듣고 한평생 이를 부끄럽게 여기고 뉘우쳤다(《삼국사기》 47, 〈열전〉 7, "열기").

여기서 말하는 대각간은 김유신이고 원정공元貞公은 김유신의 셋째 아들이다. 원정공은 근거 없는 말(浮言)을 듣고 김유신이 국사로 대우했던 구근을 매질한 것을 평생 뉘우쳤다고 한다. 김유신과 열기·구근의 관계가 김유신 사후에도 이어진 것을 볼 수 있다. 김유신은 그렇게 거느린 사람들을 대우해주며 인심을 얻었던 것을 알 수 있다.

| 김유신의 둘째 아들 원술, 왕명과 가훈을 어긴 벌을 받다 | 김유신의 아들들 가운데 원술이 당나라 군대와 맞서 싸운 전투에 참전한 이야기가 《삼국사기》〈열전〉에 나온다.

일찍이 법민왕[문무왕]이 고구려에 반란을 일으킨 무리를 거두어주고 또 백제의 옛 땅을 차지했기에 당 고종이 크게 노하여 군사를 보내 신라를 쳤다. 당나라 군대는 말갈과 함께 석문石門 벌판에 진영을 설치했다. 문무왕이 장군 의복義福과 춘장春長 등을 보내 방어케 했다. 이들은 대방帶方 벌판에 군영을 설치했다. 그때 장창당長槍幢만이 홀로 따로 군영을 설치했는데 당병 3천여 인을 만나 그들을 잡아 대장군의 진영으로 보냈다. 이에 여러 부대(幢)에서 모두 말했다. "장창당이 홀로 있다가 성공했으니 반드시 후한 상이 내릴 것이다. 우리도 모여 머물러 있으면 안 된다. 부대마다 각자 싸워야 할 것이다." 마침내 각기 병력을 분산하였다. 당병과 말갈이 신라군이 진을 치지 못한 틈을 타 공격해와 신라군은 크게 패해 장군 효천曉川과 의문義文 등이 전사했다.

유신의 아들 원술은 비장裨將으로 있었는데, 또한 전사戰死하려 하자 그를 보좌하던 담릉淡凌이 이를 말리며 말했다. "대장부는 죽는 것이 어려운 일이 아니라, 죽을 곳을 가리는 것이 어려운 일입니다. 만약 죽어서 성공할 수 없다면 살아서 후에 도모하는 것만 못할 것입니다."

원술이 답했다. "남아男兒는 구차하게 살지 않는 것인데 장차 무슨 면목으로 아버지를 뵙겠느냐?" 곧 말을 채찍질하여 달려 들어가려 하자 담릉이 말고삐를 잡고 놓아주지 않았으므로 마침내 죽지 못했다. 상장군을 따라

무이령蕪荑嶺을 나오는데 당병이 뒤따라 이르렀다. 거열주居烈州의 대감인 일길찬 아진함阿珍含이 상장군에게 말했다. "공 등은 힘써 빨리 가십시오. 나는 나이 벌써 일흔이니 살면 얼마나 더 살겠습니까. 이때야말로 내가 죽을 날입니다." 곧 창을 비껴들고 적진에 쳐들어가 죽었다. 그 아들 역시 따라서 죽었다. 대장군 등은 숨어 달아나 왕경으로 들어왔다.

대왕이 듣고 유신에게 물었다. "군대의 패전이 이와 같으니 어찌겠소?" 유신이 답했다. "당인唐人들의 계책을 헤아릴 수 없으니 마땅히 장졸들에게 각기 요충지(要害處)를 지키게 하여야 할 것입니다. 다만 원술은 왕명을 욕되게 했을 뿐 아니라 가훈도 지키지 않았으니 목을 베어야 합니다." 문무왕이 말했다. "원술은 비장이므로 혼자에게만 중형을 내릴 수는 없소." 이에 죄를 용서했다.

원술은 부끄럽고 두려워 감히 아버지를 뵐 수 없었다. 전원田園에 숨어 있다가 아버지가 세상을 떠난 뒤에 어머니를 뵙고자 하니, 어머니는 "부인에게는 삼종지의三從之義(세 가지 따라야 할 도리)가 있다. 지금 내가 이미 과부가 되었으니 마땅히 아들을 따라야 할 것이다. 그러나 원술과 같은 자는 이미 선친(先君)에게 아들 노릇을 하지 못했으니 내가 어찌 그의 어미가 될 수 있겠느냐?" 하고 마침내 만나 보지 않았다. 원술이 통곡을 하며 가슴을 치고 땅을 구르며 차마 떠나지 못했으나, 부인은 끝내 만나주지 않았다. 원술은 탄식하며 말했다. "담릉의 잘못으로 이 지경에 이르렀구나." 이에 태백산에 들어갔다. 을해년[675년]에 당병이 와서 매소천성買蘇川城을 공격하자 원술이 이 소식을 듣고 나와 죽음으로 그 전의 치욕을 씻으려 했다. 마침내 힘을 다해 전투를 벌여 공을 세우고 상을 받았으나 부모에게 용납되지 않았으므로 분하고 한탄하여 벼슬을 하지 않고 한평생을 마쳤다(《삼국사기》 43, 〈열전〉 3, "김유신 (하)").

위 기록을 보면 김유신의 아들이라 하여 부귀영화를 누리기만 한 것은 아니라는 사실을 알 수 있다. 김유신은 그의 아들 원술의 목을 벨 것을 직접 문무왕에게 청하기도 하였다. 잘못된 계책을 써 패하고도 숨어 달아나 왕명을 욕되게 하고 가훈을 지키지 않았다는 이유에서였다.

여기서 볼 수 있는 사실은 신라인, 그 가운데에도 김유신의 집안에서는 왕명과 가훈을 지켜야 관직을 가지고 당당하게 살아갈 수 있었다는 것이다.

왕은 원술을 용서하였으나, 원술은 부끄러워 아버지를 보지 못했다. 원술의 어머니는 김유신이 죽자 원술을 따라야 함에도 그가 자식 노릇을 하지 않았으므로 자신은 어미가 될 수 없다고 하며 보지 않았다. 원술은 675년 전투에서 공을 세웠으나 부모에게 용납되지 못하였기에 평생을 벼슬하지 않고 마쳤다는 것이다. 김유신이 세상을 떠난 것은 673년 7월 1일이다. 여기서 말하는 원술의 어머니는 분명 지조부인이다.

혹 지조부인이 원술의 친모가 아니라는 생각이 잠시 들기도 하지만 단정할 수 없다는 견해가 있다. 그보다 김유신 집안의 가훈이 엄격했던 사실을 보게 된다. 그렇게 가훈을 지켰기에 김유신 집안은 대단한 힘을 갖게 되었던 것이다.

| 김유신의 딸들의 혼인 | 《삼국사기》에는 김유신의 아들과 딸들의 혼인에 관한 기록을 찾을 수 없다. 그와 달리 《화랑세기》에는 아들에 관해서는 나오지 않지만, 딸들의 혼인에 관한 자료가 나온다. 그러한 자료를 가지고 계보를 그려볼 수 있다.

그 자료를 보면 김유신과 영모 사이에 출생한 네 딸 가운데 세 명이 사촌과 혼인한 것을 볼 수 있다. 첫째 딸 진광은 김유신의 누이동생 정희政姬의 아들 흠돌과 혼인했다. 둘째 딸 신광은 김유신의 누이동생 문희의 아들 법민의 첩이 되었다. 셋째 딸 작광은 보로전군과 혼인했다.

넷째 딸 영광은 김유신의 남동생 흠순의 아들 반굴과 혼인했다.

김유신의 딸들이 김유신 남매에게서 출생한 사촌들과 혼인한 것은 그들의 세력 분산을 방지하는 조처를 한 것이었다. 김유신의 동생들은 그들의 아들을 김유신의 딸과 혼인시킴으로써 사촌혼四寸婚을 그들의 세력을 강화하는 수단으로 삼았다. 다른 사람들은 감히 김유신의 딸들을 며느리로 삼을 위치에 있지 않았다.

8.4.
김유신의 손자와 관련된 사실들

김유신의 손자에 관한 기록은 찾아보기 어렵다. 적손 윤중, 그리고 서손 암巖 정도가 있다.

│적손 윤중│ 김유신의 적손 윤중에 대해서는 두 가지 이야기가 남아 있다. 먼저 앞에서 잠시 이야기한 윤중과 성덕대왕[702~737년 재위]과의 관계를 보자.

유신의 적손 윤중은 성덕대왕을 섬겨 대아찬이 되었고, 여러 차례 왕의 은혜를 받았는데 왕의 친족(親屬)들은 자못 이를 시기했다. 마침 8월 보름이었는데, 왕이 월성의 높은 꼭대기에 올라 시가지를 바라보며 시종하는 관리들과 함께 술을 마시며 즐기다가 윤중을 불러오게 하자 간諫하는 사람이 있었다. "지금 종실과 외척 가운데 어찌 좋은 사람이 없겠습니까? 그런데 유독 소원疏遠한 신하를 부르시니 어찌 친족을 가깝게 하는 것이겠습니까?" 왕이 말했다. "지금 과인이 경들과 함께 안평安平하고 무사한 것은 윤중의 조부 덕택이다. 만약 공의 말과 같이하여 이를 잊어버린다면 곧 착한 이를 잘 대우하여 그 자손들에 미치도록 한다는 바른 도리가 아니다." 마침내 윤중을 매우 가까운 자리에 앉게 하고 그 조부祖父의 지난 일에 관해 이야기하고 날이 저물어 돌려보냈다. 절영산絶影山의 말 한 필을 내려주니 신하들이 불만스럽게 바라볼 뿐이었다(《삼국사기》 43, 〈열전〉 3, "김유신 (하)").

위 이야기는 김유신의 적손인 윤중에 관한 여러 가지 해석을 불러오게 했다. 그러나 성덕왕 12년[712년] 8월 김유신의 아내 지조를 부인으로 봉하고 해마다 곡식 1천 섬을 주기로 했던 사실을 주목할 수 있다.6 성덕왕 대에 김유신의 부인을 잘 대우한 것을 보면, 윤중을 비롯한 김유신의 자손 또한 잘 대우해주었을 것임을 짐작해볼 수 있다.

그런데 이와 다른 주장도 있다. 그에 따르면 신문왕 대에 문무왕과 김유신이 성인으로 추앙받은 일을 이야기하면서, 김유신이 죽은 뒤 본가야(금관국) 왕족계 세력이 점차 약화되었다는 주장이 있다. 그런가 하면 한걸음 더 나가 그들 세력이 사회적·정치적으로 몰락했고 그 결과 쌓인 불만 때문에 그들이 반란에 가담하게 되었다고도 했다.

《삼국사기》 성덕왕 24년[725년]에 집사부 장인 중시로 임명된 윤충允忠은 《삼국사기》 "김유신 (하)"의 윤중允中과 같은 인물이 틀림없다는 견해가 있다. 그러나 725년에 중시로 임명된 윤중(윤충)이 언제까지 그 자리에 있었는지는 기록이 없어 알 수 없다. 효성왕 3년[739년] 중시 의

6   《삼국사기》 8, 〈신라본기〉 8, 성덕왕 12년.

충이 죽었으므로 이찬 신충을 중시로 삼았다는 기록을 볼 수 있을 뿐이다. 739년에 죽은 중시 의충이 윤충이 아니라면, 윤충(윤중)은 그 이전 언젠가 그 자리에서 물러났을 것이다.

윤충(윤중)이 중시가 된 725년은 김유신이 태어난 595년부터 따지면 130년이 지난 뒤다. 그리고 김유신이 죽은 해로부터 따지면 52년 뒤가 된다. 어쨌든 윤충(윤중)은 김유신의 손자였다고 볼 수 있다. 한편 태종무열왕 - 문무왕 - 신문왕 - 성덕왕으로 보면 성덕왕은 태종무열왕의 증손자이고 문무왕의 손자가 된다.

제33대 성덕왕과 윤중은 태종무열왕과 문희 사이에 출생한 관계로만 따지면 육촌 사이가 된다. 그 사이에 문무왕은 자의왕후를, 신문왕은 신목왕후를 맞았고, 성덕왕은 첫 왕비 엄정(성정)왕후,7 그리고 다음 왕비 소덕왕후와 혼인했다. 문무왕 - 신문왕 - 성덕왕 삼대에 걸친 왕의 왕비로 김유신계가 끼어들지 못하면서 성덕왕과 윤중의 인척 관계 또는 혈연적인 관계가 벌어졌음을 알 수 있다. 구태여 말하자면 육촌 사이에 피의 8분의 1이 같았는데, 성덕왕에게 그보다 더 가까운 혈족과 외척들이 생기면서 윤중이 왕실인 종실宗室만이 아니라 인척 관계에서도 소원한 신하가 된 것이다.

《삼국유사》 "만파식적" 조를 보면, 제31대 신문왕 대에 문무왕과 더불어 두 성인으로 추앙받았던 김유신은 신문왕의 아들 성덕왕 대에서도 나라의 평화를 지킨 공을 인정받았다. 성덕왕이 김유신의 공으로 말미암아 윤중을 잘 대접하였던 것으로 그러한 사정을 알 수 있다.

그러나 성덕왕에게 김유신은 문무왕에게 김유신과는 같은 존재일

---

7   엄정(성정)왕후는 아들이 없어 출궁된 것으로 보았다. 이종욱, 《신라의 역사》 2, 김영사, 2002, 83쪽 참조.

수 없는 것이 분명하다. 하지만 성덕왕의 말만 보아도 알 수 있듯, 윤중이 진골 신분을 잃었던 것은 아니다. 그가 대아찬의 관등에 올랐다는 것이 진골임을 말해주는 증거다. 그리고 윤중이 중시가 되었다는 사실도 그가 성덕왕과 정치적으로 가까운 관계에 있었음을 생각하게 만든다.

윤중이 중시로 있던 성덕왕 대에 이르면, 김유신과 그의 형제들의 후손 수가 적지 않게 늘어나 있었을 것으로 짐작된다. 특별한 일이 없는 한 구충왕을 시조로 하고 김유신을 중심으로 하는 이들 종족은 신라가 망할 때까지, 다는 아니지만 다수가 진골 신분을 유지하는 종족으로 남았을 것이다. 다만 성덕왕을 비롯해 그 뒤의 왕들 주변에는 김유신을 시조로 하는 종족들보다 더 가까운 세력들이 자리 잡았던 사실을 생각할 필요가 있다. 세월이 지날수록 그런 현상은 더 커졌을 것이다.

그렇더라도 김유신과 그 일족들은 신라 하대에 이르러서도 그 수를 늘려나갔고, 그들을 특별히 구별하고자 신김씨라는 성을 쓰게 되었다. 신김씨에는 진골뿐만 아니라 육두품 또는 그 아래 신분인 사람도 포함되었을 것이다. 김유신에서 계보가 멀어질수록 김유신으로 말미암아 가질 수 있던 "개인의 골품"은 줄어든 것이 당연한 일이었다.

윤중에 대한 또 다른 이야기가 있다.

개원 21년[733년] 대당大唐에서 사신을 보내 교유했다. "말갈발해靺鞨渤海는 겉으로는 번국藩國이라 일컫지만, 속으로는 교활한 마음을 품고 있으므로, 지금 출병하여 죄를 물으려 한다. 경[신라 왕] 또한 군대를 동원하여 서로 협공토록 하라. 듣건대 옛 장수 김유신의 손자인 윤중이 있다고 하니 마땅히 이 사람을 뽑아 장수로 삼도록 하라." 이에 당나라에서 윤중에게 금과 비단을 약간 주었다. 이때 성덕대왕이 윤중과 그 아우 윤문允文 등 네 장군에게 명하여 군대를 거느리고 당병을 만나 발해를 정벌케 했다(《삼국사기》43, 〈열전〉 3, "김유신 (하)").

733년 당나라가 발해를 공격할 때 윤중을 참전토록 요청하였다. 당나라 사람들에게 김유신은 더할 수 없이 위대한 장군이었기 때문이다. 김유신의 손자 윤중까지 동원하고 싶어 할 정도였다.

김유신의 종족이라 하여 세대가 지나더라도 모두 동등한 사회적·정치적 권리를 유지할 수 있던 것은 아니었다. 하지만 중국 당나라에서는 김유신을 기억하고 있었고, 그 때문에 김유신의 손자인 윤중을 장군으로 동원하여 말갈발해를 정벌하고자 했다는 사실이 흥미롭다.

┃ 윤중의 서손 김암 ┃   김유신의 적손 윤중의 서손인 김암金巖은 성품이 총명하고 민첩하였는데 방술方術을 익히기를 좋아했다고 한다.

그는 젊어서 이찬이 되어 당에 들어가 숙위하였는데 틈틈이 스승에게 나아가 음양가陰陽家의 술법을 배웠다. 한 가지를 들으면 세 가지의 이치를 알았다. 스스로 《둔갑입성지법遁甲立成之法》을 저술하여 그 스승에게 올리니 스승이 놀라면서 말했다. "그대의 명민함이 여기에 이를 줄은 몰랐구나." 그 뒤에는 감히 제자로 그를 대우하지 못하였다.

대력大曆 연간[766~779년]에 신라로 돌아와 사천司天 대박사가 되었다. 양주良州·강주康州·한주漢州 세 주의 태수를 거쳐 다시 집사시랑이 되었고, 패강진 두상이 되었는데 이르는 곳마다 정성을 다해 백성을 보살펴 사랑하고 봄·여름·가을의 농번기를 지난 여가에는 육진병법六陣兵法을 가르치니 사람들이 모두 이를 편리하게 여겼다.

일찍이 누리[蝗蟲]가 서쪽에서 패강의 경계에 들어왔는데 들판을 덮으니 백성들이 걱정하고 두려워했다. 김암이 산 정상에 올라 분향하고 하늘에 기도를 드리니 홀연히 바람과 비가 크게 일어나 누리가 모두 죽었다.

대력 14년[779년]에 왕명을 받아 일본국에 사신으로 갔더니 그 국왕이 김암의 현명함을 알고 억지로 억류하려 했다. 마침 당나라 사신 고학림高鶴林이 와서 서로 보고 매우 반가워하니 왜인들이 김암이 대국(당나라)에도 알려진 사람임을 인정하고 감히 억류하지 못하게 되어 돌려보냈다(《삼국사기》 43, 〈열전〉 3, "김유신 (하)").

김암은 779년 혜공왕 15년에 일본에 사신으로 갔었다. 김암이 윤중의 서손이므로 김유신으로부터 보면 그의 5세손인 김암이 젊어서 이찬으로 당나라에 가서 숙위를 했다고 한다. 그가 정말 젊어서 이찬이 되었다면 진골 신분을 유지한 것이다. 그러나 그가 거쳤던 관직을 보면 태수太守, 집사시랑, 패강진 두상 등으로 되어 있다. 이 같은 관직은 진골만이 아니라 육두품도 차지하던 관직이다. 따라서 김암을 진골이라 하는 데는 문제가 있다고 여겨진다. 이러한 생각이 타당하다면 김암이 젊어서 이찬으로 당나라에 갔다는 기록은 수정되어야 한다. 만일 김암이 진골에서 족강된 사람이라면 이찬의 관등을 가질 수 없기 때문이다. 그렇더라도 김유신의 후손 김암은 그 나름대로 자기의 특성을 살릴 분야를 개척하여 나간 것을 볼 수 있다.

│ 혜공왕 대에 김유신의 후손이 반란하였다는 주장은 사실일까? │ 김유신이 죽은 뒤 금관국(본가야) 왕족계 세력은 점차 사회적·정치적으로 몰락하게 되었고, 그 결과 쌓인 불만 때문에 반란에 가담하였다는 주장이 있다.

이 주장에 나오는 대아찬 김융의 반란 시기는 혜공왕 6년[770년] 8월이다. 그때 김융은 모반하다가 참형을 당했다.[8] 문제는 김융이 김유신의 후손이라는 사실이 밝혀져 있지 않았다는 것이다. 그런데 그를 김유신의 후손이라고 하는 것이다. 아무런 근거 없이 김융을 김유신의 후손이라고 하며, 그때 김유신의 후손들이 신원 운동을 일으켜 성공은 했으나 그 세력이 점점 약해졌다는 주장을 한 것이다.

《삼국유사》"미추왕 죽엽군" 조에 나오는 기록이 《삼국사기》〈열전〉 "김유신 (하)"에도 나온다. "미추왕 죽엽군" 조에 나오는 779년 김유신이 시조대왕[미추왕]을 찾아간 이야기로 미루어 보아 770년에 김유신의 자손이 아무런 죄도 없이 죽임을 당했다고 한 것이 김융의 죽음을 뜻한다고 해석한 것이다. 정황으로 보아 그럴 가능성이 있다. 그러나 증거도 없이 김융이 김유신의 후손일 것이라 하며 당시 김유신의 후손들이 신원 운동을 일으켰고, 그 뒤 그 세력이 점점 약해졌다는 주장 자체는 이해가 되지 않는다.

여기서 김유신의 후손을 바라보는 관점을 새롭게 정리할 필요가 있다. 앞에 이야기한 혜공왕 6년[770년]은 김유신이 세상을 떠난 지 98년이 되는 해이다. 김유신의 5세손이 되는 김암이 779년에 일본에 사신으로 갔다는 사실을 상기하면, 이 무렵 김유신의 후손이 적지 않게 늘어나 있었으리라고 생각할 수 있다. 그들 가운데에는 진골에서 족강하여 두품신분인 종족도 있었을 것이다.

김유신이 세상을 떠난 뒤 1백 년 정도 되는 시간이 흐르며 그를 시조로 하는 여러 종족이 분화되었고, 그들 종족 사이에 사회적·정치적 차등화도 생겨났다고 생각해야 한다. 770년대에 김유신계 후손들이 반란을 일으켰다는 증거는 없다. 김융이 김유신을 시조로 하는 종족에 속한다

---

8   《삼국사기》 9, 〈신라본기〉 9, 혜공왕 6년.

고 하더라도 김유신을 시조로 하는 종족 전체가 반란에 참여한 것은 아니라고 본다. 위에 인용한 주장은 김유신 사후 김유신을 시조로 하는 종족의 확대와 그 안에 벌어지는 족장 등의 변화를 무시하고, 한번 김유신의 자손이면 모두 김유신이 누렸던 것과 같은 지위를 누려야 한다고 여긴 것이 아닌가 생각된다.

8.5.
김유신의 형제자매 및 그 자식들과 관련된 사실들

《화랑세기》26세 풍월주 진공 조를 보면, 김유신에게 정희라는 누이동생이 있었던 것을 볼 수 있다. 그렇게 되면 김유신에게는 김흠순이라는 남동생과 보희·문희·정희라는 여동생들이 있었던 것이 된다. 이들 오남매의 출생 순서는 알 수 없다. 그러나 김유신과 김흠순의 출생 연도가 각각 595년과 599년으로 《화랑세기》에 나오기에, 그 사이에 보희나 문희가 출생하였을 가능성을 생각할 수 있다. 이 경우 적어도 보희는 김흠순보다 연상일 수 있다.

한편, 정희는 보희나 문희보다 나이가 적었을 가능성이 있다. 그렇기에 김유신이 김춘추에게 누이를 시집보내려는 작전을 벌일 때 정희가 어려서 혼인 대상에서 제외했던 것일 수 있다.

| 김유신의 남동생 김흠순 |　　김유신의 동생 김흠순은 그 형과 대비되는 성격을 가졌음을 앞에서 보았다. 또 다른 예가 있다.《화랑세기》19세 풍월주 흠순공 조에도 낭비성 전투에 대한 기록이 있다.

　　그해[629년]에 흠순공의 아버지 서현공과 형 유신이 낭비娘臂를 쳐서 큰 공을 세웠다. 흠순공은 분연히 말하기를 "나로 하여 이 같은 빈 그릇만 지키라고 하니 장차 무엇이 될 것인가? 나도 또한 지금부터 나갈 것이다."라고 하였다. 대개 그때 사람들이 공 세우기를 좋아하고 선도를 탐구하지 않았는데, 공 또한 그러한 사람이었다. 이로써 흠순공은 풍월주로 재위한 4년 동안 한결같이 낭정은 돌보지 않고 낭도들을 거느리고 지방에 머물렀다. 부제인 예원공이 낭정을 대행했다. [흠순]공은 성품이 활달했고 청탁에 구애되지 않았다. 사람들이 모두 유신공을 존경하고 따랐으나 홀로 그러지 아니하고 "어리석은 형이 어찌 두려운가?"라고 했다. 그러나 유신공의 우애는 지극히 돈독하여 흠순공을 마치 어린아이처럼 사랑했다(《화랑세기》19세 풍월주 흠순공).

　　《화랑세기》에 나오는 위 기록으로 김유신의 동생 김흠순에 관해 알 수 있다. 김흠순은 원래 17세 풍월주 염장공의 부제였다. 염장의 뒤를 이어 풍월주가 되어야 했으나 김유신이 명을 내려 김춘추에게 풍월주의 지위를 양보하였다. 김흠순은 김춘추가 18세 풍월주의 지위에서 물러나자 19세 풍월주의 지위에 올랐다.[9] 그는 여러 차례의 대전大戰에서 패한 일이 없었고 사졸 사랑하기를 어린아이같이 하였다고 한다.[10]

　　이러한 김흠순을 조정에서는 삼보三寶의 한 명으로 삼았다.《삼국사

9　《화랑세기》19세 풍월주 흠순공.
10　《화랑세기》19세 풍월주 흠순공.

기》〈열전〉에 668년 당 고종이 이적을 보내 고구려를 평정하는 전쟁을 벌일 때 문무왕이 김유신·김흠순·김인문 세 신하는 나라의 보배라 했다. 김흠순은 김유신이나 김인문과 마찬가지로 삼한통합 과정에 큰 공을 세운 국가의 보물이었던 것이다.[11]

《화랑세기》에는 김흠순은 문무왕 20년[680년] 2월 보단낭주와 더불어 천계天界로 올라갔다고 나온다. 나이가 여든세 살이었는데 낭주는 두 살이 적었다. 자손이 백을 헤아렸고 조문하는 사람이 만을 헤아렸다고 한다.

┃왕비와 태후로서의 문희┃ 보희의 동생 문희는 김유신의 누이동생 가운데 역사적으로 가장 큰 이름을 남긴 인물이다.《화랑세기》18세 풍월주 춘추공 조에 나오는 김춘추와 문희와의 혼인에 관한 기록을 보면, 김춘추와 문희의 혼인은 김유신의 의도에 따라 이루어진 것을 알 수 있다. 원래 김유신은 보희와 김춘추를 혼인시키려 했으나 동생인 문희에게 기회가 갔다. 두 사람이 혼인을 한 시기가 언제인지 구체적인 기록은 없다. 다만 김춘추가 풍월주가 된 시기를 626년으로 계산할 수 있으므로 문희와 김춘추가 혼인한 시기는 그 이전 언제일 것이다.

문희는 춘추의 정궁 부인인 보라궁주가 세상을 떠난 뒤 김춘추의 정궁이 되었다. 화군이 되어 아들을 낳으니 그가 바로 법민(문무왕)이다. 김춘추와의 혼인, 법민의 출산 등은 문희의 운명을 결정한 사건이었다.

두 사람의 혼인에 대한 몇 가지 주장이 있다. 앞에서 여러 차례 보았듯이, 김유신은 언젠가 성골이 사라질 것을 예견했다. 그때 왕위 계승 제1순위가 김춘추라는 사실을 알아본 것이다. 그렇기에 김춘추와 인척

---

11 《삼국사기》 43, 〈열전〉 3, "김유신 (하)".

관계를 맺고자 하였다. 김유신은 자신의 누이를 김춘추의 부인이 되게 함으로써 김춘추를 왕으로 세우는 꿈을 더 적극적으로 전개하게 되었던 것이다.

또한, 김유신은 왕의 자리가 어떤 의미를 지닌 것인지 잘 알고 있었다. 신라 시대 지배 세력의 혼인은 두 사람 사이의 사랑의 결과만이 아니라 근본적으로 두 가문 사이의 결합을 의미하며, 그러한 결합으로 사회적·정치적인 면 등 모든 면에서 양가가 그 세력을 연합하는 결과를 가져왔다.

문명왕후(문희)는 김유신의 동생이자 장모였고, 김유신은 법민(문무왕)의 외삼촌인 동시에 매부가 되었다. 김유신은 이 같은 중복된 인척 관계를 맺음으로써 당대 최고의 세보를 갖게 되었고 또 최고의 신하가 될 수 있었다. 문명왕후 또한 김유신이 있었기에 왕비로서 태후로서 권력과 권위를 강하게 작동시킬 수 있었다.

| 정희의 아들 흠돌, 김유신과 문희의 외조카로서 악행을 저지르다 |　김흠돌은 달복과 정희 사이에 출생한 아들이다. 김흠돌의 어머니 정희가 김유신과 문희의 동생이었으므로, 김흠돌에게는 신라 삼보 가운데 한 사람인 김유신이 외삼촌이었고, 태종무열왕의 왕비이자 문무왕의 어머니로 문명태후였던 문희가 이모가 된다.

김흠돌은 김유신과 문희를 배경으로 악행을 저질렀다. 그 예가 있다. 《화랑세기》 26세 풍월주 진공 조를 보면 김흠돌은 진공과 사이가 좋았다고 한다. 진공이 그를 부제로 삼았는데, 진공의 뒤를 이어 27세 풍월주가 되었다. 마음이 험악하고 간사한 꾀가 많아 사람들이 김흠돌을 꺼렸다고 한 것으로 보아, 진공과 김흠돌의 인성을 긍정적으로 평가하기는 어려울 것 같다. 김흠돌의 누나 흠신欽信은 보로전군에게 시집가서 두 딸을 낳았는데 아름다웠다. 이에 진공은 김흠돌과 꾀를 내어 흠신과 보로전군 몰래 그들의 두 딸과 정을 통했다.

그런데 흠신은 진공이 출중하고 용감하다고 생각하여 진공에게 가고자 하니, 진공은 사람을 시켜 보로전군에게 흠신이 병이 있다고 하여 버리게 하였다. 보로전군이 흠신을 버리고 김유신의 딸 작광을 처로 삼자, 진공은 흠신을 처로 삼고 풍월주가 되어서는 화주로 삼았다.[12]

《삼국사기》신문왕 즉위 조와 원년 조에 김흠돌의 반란에 관한 기록이 있다. 먼저 신문왕 즉위 조의 기록을 보겠다.

> [신문왕의] 왕비는 김씨로서 소판 흠돌의 딸인데, 왕이 태자가 되었을 때 태자비로 맞아들였으나 오래도록 아들이 없었으며, 뒤에 아버지가 난을 일으켜 연좌되어 궁에서 쫓겨났다(《삼국사기》 8, 〈신라본기〉 8, 신문왕 즉위 조).

위 기록에서 신문왕이 태자일 때 김흠돌의 딸을 태자비로 삼았음을 알 수 있다.《화랑세기》32세 풍월주 신공 조에 김흠돌의 딸을 태자에게 바친 이야기가 나온다.

> 흠돌은 아첨하여 문명태후를 섬겼다. 이에 그의 딸이 유신공의 외손이므로 태자에게 바쳤다. 태자와 모후는 흠돌의 딸을 좋아하지 않았다(《화랑세기》 32세 풍월주 신공).

---

12 《화랑세기》 26세 풍월주 진공.

문무왕의 태자[신문왕]는 김유신의 외손이자 김흠돌의 딸을 태자비
로 맞이하게 되었다. 태자와 모후 자의왕비는 김흠돌의 딸을 좋아하지
않았다. 그럼에도 김흠돌은 문명태후에 아첨하여 딸을 태자에게 바쳤
다. 그의 이모 문명태후를 등에 업고 딸을 태자비로 만든 것이다.

그러나 문명태후가 세상을 떠나며 상황이 바뀌게 되었다. 문명태후
가 언제 세상을 떠났는지는 확실치 않지만,《화랑세기》를 보면 문명태
후가 죽자 김흠돌 등이 모반을 꾀하였다고 나온다. 그때 문무제의 병이
크게 악화되어 끝내 죽었다고 하였다.[13] 문무왕이 세상을 떠난 시기는
681년 7월 1일이므로, 문명태후가 세상을 떠난 것은 그 얼마 전인 681
년 6월경일 수 있다.

여기서 김흠돌이 전에 벌였던 또 다른 악행을 보면 그가 반란을 일으
킨 이유를 알 수 있다. 다음 기록을 보자.

이에 앞서 흠돌은 자의慈儀가 아름답다는 소문을 듣고 보룡宝龍이 과부
인 것을 업신여겨 [자의를] 첩으로 삼고자 했으나 보룡이 막았다. 얼마 안
있어 보룡이 당원전군幢元殿君을 낳았다. 흠돌은 사람을 시켜 보룡의 추함을
떠들게 하여 위협했다. 대개 보룡에게 [태종무열]왕의 총애가 있는 것을
알지 못했기 때문이다. 자의가 태자[법민]의 비가 되자 흠돌은 장차 화가 미
칠까 두려워하여 사람들에게 자의가 덕이 없다고 험담하여 궁지로 몰았다.
그때 흠돌은 문명황후의 조카였다. 그러므로 권세가 내외를 압도했다. 자
의궁慈儀宮은 마음을 졸이며 조심했다. 흠돌이 문명후를 설득하여 말하기를
"자의가 뒷날 후后가 되어 아들을 [태자로] 세우면 대권이 진골정통에게
다시 돌아갈 것이므로 가야파는 위태로울 것입니다. 신광을 일찍 태자비로
삼아 우리 집안[族]을 편안하게 하는 것만 못합니다."라고 했다. 신광은 유

13   《화랑세기》32세 풍월주 신공.

신공의 딸로 태자의 첩이 된 사람이다(《화랑세기》 26세 풍월주 진공).

김흠돌은 자의를 첩으로 삼으려 했는데, 자의의 어머니 보룡이 이를 막자 태종무열왕이 보룡을 총애하는 것을 모르고 험담하였다. 여기서 말하는 자의의 아버지는 21세 풍월주였던 선품이다. 선품의 아버지는 진흥왕과 사도부인 사이에 출생한 구륜이고, 구륜은 동륜과 금륜의 동생이다. 자의의 어머니 보룡은 12세 풍월주를 지냈던 보리와 만룡 사이에서 태어난 사람이었다.

자의가 태자비가 되자 김흠돌은 장차 화가 미칠까 두려워하여 자의를 험담하여 궁지로 몰았다. 그리고 문명황후(왕후)를 설득하여 말하기를, 자의가 황후가 되어 아들을 태자로 세우면 대권이 진골정통에게 돌아가 가야파가 위태로워질 것이기에 신광을 일찍 태자비로 삼아야 한다고 말했다.[14] 김유신·문희·정희는 가야파인 서현의 자녀로 가야파였고, 신광은 김유신의 딸로 태자의 첩이 된 사람이다. 김흠돌의 처 진광이 신광의 형이므로 곧 김흠돌의 처형이 된다. 그러므로 김흠돌은 김유신의 공을 평계로 삼았지만, 이는 결국 그의 무리를 강하게 만들려는 것이었다. 문명황후는 김흠돌의 말에 거의 기울었으나, 태자(법민)가 받아들이지 않아 김흠돌의 계책은 깨졌다.[15]

진공은 5년 동안 풍월주로 있다가 김흠돌에게 그 지위를 물려주었다. 그때 (법민과 그의 첩 신광 사이에) 태손太孫 소명전군昭明殿君이 (이미) 태어났는데, 태종무열왕이 자의의 현숙함을 매우 사랑했기 때문에 김흠돌은 다시 그 계책을 말하지 못했다. 대신 보룡궁에 정성을 바치고,

14 《화랑세기》 26세 풍월주 진공.
15 《화랑세기》 27세 풍월주 흠돌.

딸을 순원順元의 첩으로 들일 것을 청했으나 보룡은 거절했다. 김흠돌은
다시 사람을 시켜 야명궁夜明宮과 김대문의 아버지 오기吳起에게 정성을
바치고 전에 저지른 악행을 무마하려 했다.

　태종무열왕을 이어 즉위한 문무왕은 자의를 왕후로 삼았다. 자의는
김흠돌의 악함을 알았으나, 문명태후에게 효도를 했으므로 한마디도
발설하지 않았다.16 여기서 김유신, 문명태후의 세력이 어느 정도였는
지 짐작할 수 있다. 왕후가 된 자의왕후조차 김흠돌의 악행을 알면서 한
마디도 못한 것이 그 증거다.

　김흠돌은 7년 동안 풍월주로 있다가 664년에 김대문金大問의 아버지
인 오기吳起에게 그 지위를 물려주었다. 그런데 그때 낭정은 이미 어지
러워져 있었고, 진공·흠돌·흥원 등이 모두 낭도 사병을 거느리고 위에서
낭정을 전횡했다. 28세 풍월주 오기는 이를 바로잡을 수 없었고, 3년 뒤
29세 풍월주 원선에게 그 지위를 물려주었다.17

　30세 풍월주 천관天官의 처는 김흠돌의 딸이었다. 그렇기에 낭정은
다시 김흠돌의 무리에게 돌아갔다.18 32세 풍월주 신공信功은 김흠돌의
조카이며, 흥원의 딸 차홍次紅을 화주로 삼았다. 수년 내에 낭정은 삼간
三奸[진공·흠돌·흥원]의 손에 들어갔다.19

│신문왕의 즉위와 김흠돌의 반란│　　김흠돌은 사위 신문왕이 즉위하는
순간 반란을 일으켰다.《삼국사기》로는 김흠돌이 반란을 일으킨 이유
를 알 수 없다. 다만 그 난에 연루되어 흠돌의 딸이 쫓겨난 사실을 알 수

16　《화랑세기》27세 풍월주 흠돌.
17　《화랑세기》28세 풍월주 오기공.
18　《화랑세기》30세 풍월주 천관.
19　《화랑세기》32세 풍월주 신공.

8.5. 김유신의 형제자매 및 그 자식들과 관련된 사실들

있을 뿐이다.

《화랑세기》에는 김흠돌이 반란을 일으킨 이유가 나온다. 여기서 《화랑세기》의 정합성을 볼 수 있다.《화랑세기》32세 풍월주 신공 조를 보면, 문명태후가 죽자 흠돌 등은 스스로 죄가 무거운 것을 알고 두렵고 불안해했다. 문명태후의 위세 아래 아무런 조치도 취하지 못했던 자의태후가 신문왕의 어머니이자 문무왕의 왕비로서 김흠돌을 응징할 수 있게 된 것이다. 게다가 태자에게 시집간 흠돌의 딸이 총애를 잃었다. 이에 김흠돌은 모반을 일으켰다. 실제로는 그가 왕이 되고자 일으킨 반란이었다.

그러나 모반은 진압되었다.《삼국사기》에는 신문왕 원년[681년] 8월 8일 소판 김흠돌, 파진찬 흥원, 대아찬 진공 등이 반역을 모의하다가 참형을 당했다고 나온다.[20] 8월 16일의 교서를 보면 김흠돌 등은 그 지위가 재능으로써 오른 것이 아니라는 점이 확인된다. 그의 벼슬은 실로 은덕으로써 올라갔다는 것이다. 여기서 말하는 은덕은 김흠돌이 계보로 확보한 것을 뜻한다. 김흠돌이 정희의 아들로서 김유신과 문명태후의 조카인 은덕을 입어 관직에 올랐다는 것이다.

김흠돌·흥원·진공 등은 낭정을 장악하고 화랑도의 한 파맥을 형성하고 있었다. 김흠돌의 난을 평정한 뒤 자의태후가 풍월주를 우두머리로 하는 화랑도를 폐지한 것은 당연한 일이라 하겠다.

그때 중신들이 오래된 풍속을 갑자기 바꾸면 안 된다고 하자, 대신 국선을 우두머리로 삼게 하여 화랑도를 부활시켰다. 그러나 화랑의 풍속은 크게 바뀌었다고 한다.[21] 이 때문에《삼국사기》나《삼국유사》에

20   《삼국사기》8,〈신라본기〉8, 신문왕 원년.
21   《화랑세기》32세 신공.

는 풍월주가 아니라 국선이 나온다고 생각된다. 고려 시대에 편찬된 《삼국사기》와《삼국유사》는《화랑세기》에 나오는 풍월주의 존재를 은 폐했다.

현재 한국 사학은 신문왕 원년[681년] 김흠돌의 난을 진압한 결과 피의 숙청이 있었으며, 그 결과 전제 왕권이 확립되었다는 역사가 통설로 받아들여지고 있다. 그러나《화랑세기》덕분에, 김유신과 문명태후를 등에 업고 악행을 벌였던 김흠돌의 존재를 알게 된 것과 그런 김흠돌이 반란을 일으킨 사실을 알게 된 것이 흥미롭다.《화랑세기》의 이야기를 인정하면 현재 한국의 역사가들이 만들어낸 것과 전혀 다른 신라의 역사가 재구성된다.

책을 마무리하며

김유신의 꿈,
한국·한국인을 만든 역사가 되다

　지금까지 10대 김유신의 두 가지 꿈을 화두로 삼아 김유신의 한평생에 관한 이야기를 펼쳐왔다. 그의 꿈은 그 자신만이 아니라 나아가 신라사 그리고 한국사의 방향을 정하고 현재 한국·한국인을 만들어낸 웅대한 꿈이었다. 한국 역사에서 이 같은 꿈을 품었던 사람을 찾기 힘들다.

　그런데 이 책의 독자께서는 지금까지 우리가 알던 김유신과 크게 다른 그를 만났을 것이다. 크게 세 개의 장벽을 넘어 신라인에 가까운 김유신을 만났다고 하겠다. 여기서 김유신을 바로 보기 위해 넘었던 장벽이 어떤 것인지 보기로 한다.

┃김유신을 바로 보기 위해 넘어야 할 장벽의 존재┃　먼저 한 여론조사를 주목하겠다. 〈대한민국 50년 역사상 베스트 20, 워스트 20〉이 그것이다(《조선일보》 1998년 7월 16일 자 4면). 현재의 인물을 빼고 한국사상 추려낸 베스트 인물에 세종(1위), 이순신(2위), 김유신 (12위) 등이 나온다. 워스트 인물로는 이완용(1위), 김유신(12위), 김춘추(19위) 등이 나온다.

　1998년에 이루어진 이 여론조사는 해방된 지 50여 년이 되었을 때 한국인들이 역사상 인물을 어떻게 평가했는지 보여주는 것이다. 이 여론조사에 나오는 김유신은 이 책에서 이야기해온 "신국지웅"과는 다른 인물로 평가되고 있는 것을 알 수 있다.

현재 한국인들은 어떤 이유로 김유신을 베스트 인물 12위, 워스트 인물 12위로 평가하고 있는 것일까? 그것은 20세기 초 이래 지금까지 만들어진 김유신에 대한 근현대 한국사 연구의 현대판 관점이 반영된 때문이다. 그러면 지난 100여 년 동안 만들어진 김유신을 둘러싼 역사는 어떤 것이고 그 문제는 무엇일까?

┃김유신을 신라인으로 볼 수 없게 만든 장벽┃　여기서 김유신을 이해하기 위해 넘어야 할 세 가지 장벽을 생각할 수 있다. 이 모두 역사가들이 시대의 산물이라는 데 그 이유가 있다.

1) 김유신을 신라인으로 볼 수 없게 만든 고려판 장벽

《삼국사기》〈열전〉에 나오는 김유신은 책의 네 가지 저술 목적 가운데 하나인 "신자臣子의 충사忠邪" 곧 신하의 충성스러움과 간사함 가운데 충성스러운 신하의 표상으로 선택된 인물이다. 50권으로 된《삼국사기》의 〈신라본기〉가 12권이고, 〈백제본기〉가 6권이며, 《삼국사기》〈열전〉 전체가 10권인데 그 가운데 3권이 김유신 〈열전〉이라는 사실은 《삼국사기》 편찬자들이 그에 대해 얼마나 큰 비중을 두었는지 말해준다. 그런데 문제는 김유신 〈열전〉은 신라인 김유신이 아니라 고려인이 필요로 했던 고려판 충성스러운 신하 김유신을 만들어낸 것이라는 데 있다.

김유신 〈열전〉에는《화랑세기》의 저술 목적인 "화랑의 세보", "낭

정의 대자", "파맥의 정사"에 대한 이야기는 거의 은폐되었다. 김유신
〈열전〉에는 충성스러운 신하로서의 면모를 말하는 자료들로 채워졌다.

고려판《삼국사기》〈열전〉은 신라인 김유신을 살려내는 자료로써
가지는 한계가 분명하다. 그 한계를《화랑세기》가 메워주고 있다. 지금
까지 신라판《화랑세기》를 가지고 김유신을 바라본 결과《삼국사기》
등 사서가 만들어낸 장벽을 넘어 신라인 김유신을 어느 정도 살려낼 수
있었다고 본다. 이렇게 살려낸 김유신 자체가《화랑세기》가 가지는 신
라판 사료로서의 가치를 증명해 주는 것이라 생각한다.

2) 김유신을 영웅으로 볼 수 없게 만든 현대판 장벽

현재 한국사학이 만들어낸 현대판(현대 버전) 김유신은 이 책에서
말해온 영웅 김유신과 크게 다르다. 그것은 1905년부터 1945년까지 이
어진 일제 한국 강점·폐멸기에 만들어진 김유신에 대한 역사에 뿌리를
두고 있기 때문이다. 그때 한국사 연구자들은 신라가 외세인 당나라 군
대를 끌어들여 동족의 나라인 고구려와 백제를 멸망시켰다고 하며 외
세를 끌어들이는 것을 반민족적인 행위라고 주장했다. 그것은 제국일
본의 한국 폐멸을 막으려는 정치적 목적에서 김유신을 정치적 도구로
삼은 현대판 역사였다.

1945년 해방 뒤 제대로 된 한국사 개설서 한 권 없던 상황에서 한국
인의 정체성과 자긍심을 불러오고자 한국사를 새롭게 만들어내는 과정
에 한국사 연구자들이 신라의 삼한통합에 관한 역사를 왜곡했다. 실제
로 그들은 고구려가 민족 통일을 성취하지 못하고 신라가 민족과 영토
를 반으로 나누어 통일한 것이 민족의 커다란 불행이라거나, 김춘추가

당나라에 가서 청병한 것을 사대사상에 사로잡혀 있는 것이라고 주장했다. 또는 고구려가 삼국을 통일했으면 한국사는 반대 방향으로 갔을지 모른다는 주장도 했다.

그들은 고구려가 삼국을 통일했으면, 신라인을 시조로 하는 종성과 육부성을 가진 한국인은 그때 사라졌고, 그 나라에는 고구려인을 시조로 하는 성을 가진 씨족이 다수였을 것이라는 생각은 하지 않았던 것이다. 이는 신라 오리진의 한국인 스스로 자신의 조상인 신라인을 폄훼하고 사라진 남의 조상을 높이 받드는 것이 아닐 수 없다.

이런 역사를 만드는 과정에 김춘추와 김유신을 반민족적인 행위를 한 을사오적과 같은 인물이라는 역사를 만들어낸 것이다. 결국 시대의 산물인 역사가들이 지난 100여 년 동안 김유신을 희생으로 삼아 만들어낸 현대판 역사의 장벽을 넘어서지 않고는 신라판 김유신을 살려낼 수 없다.

3) 삼한통합으로 이루어진 신라 오리진의 한국인을 뭉갠 일제판日帝版 장벽

현재 우리는 신라·신라인이 한국·한국인의 오리진이라는 사실을 주목하지 않고 있다. 여기서 한국인이 신라 오리진이라는 사실을 인정할 수 없게 만든 이유를 볼 필요가 있다.

먼저 일본인이 만든 식민사학은 한국인이 신라 오리진이라는 사실을 뭉갰다는 것을 밝히지 않을 수 없다. 제국일본은 1905년부터 한국을 강점하기 시작했고, 1910년부터 1945년 제2차 세계대전에서 패망할 때까지 한국인·한국어·한국사·한국문화 등 한국의 모든 것을 폐멸시켜 일본의 그것으로 만드는 정책을 폈다. 그때 일본인에게 한국사는 존재할 수 없던 역사였다.

그 대표적 예가 바로 신라 오리진의 한국인에 대한 역사를 말살하려던 것이다. 여기서 1919년 일본의 한 교수가 그의 저서의 부록으로 수록한 〈《삼국사기》의 〈신라본기〉에 대하여〉라는 짧은 논문을 주목할 필요가 있다. 그는 그 논문에서 《삼국사기》에 나오는 신라 내물왕까지 기록이 날조된 것이라고 했다. 이 주장에 따라 신라 건국 신화의 시대부터 신라 제17대 내물왕(356~402년)까지 수백 년의 신라 역사가 뭉개졌다. 그리고 내물왕까지의 기록을 부정함으로써, 신라 건국 신화와 초기 역사에 나오는 신라 종성宗姓과 육부성六部姓의 시조의 존재 자체를 신라사 나아가 한국사에서 말살했다. 이것은 제국주의 일본이 만든 일제판日帝版 신라사로 한국인의 신라 오리진을 뭉개버린 것이다.

더 큰 문제가 있다. 1945년 해방되는 순간은 제대로 된 한국사 개설서 한 권 없던 상황이었다. 그때 일제가 폐멸시켰던 한국사를 되찾는 작업이 필요했다. 그런데 그런 작업을 주도한 연구자들은 일제가 날조해 낸 일제판 신라사 말살을 거의 그대로 따라 《삼국사기》에 나오는 내물왕 이전 기록을 조작된 것으로 보았다.

결국, 시대의 산물인 일본과 한국의 역사가들이 신라 내물왕 전후까지 역사를 뭉갬으로써 우리 스스로가 신라 오리진이라는 한국인의 존재를 뭉개온 것이다.

여기서 위에서 이야기한 고려판과 신라사 말살에 뿌리를 둔 일제판과 현대판 김유신이 가진 세 가지 장벽을 넘어서서 신라판 김유신에 관한 이야기를 마무리하겠다.

┃양신 김유신, 신라를 넘어 한국사 전체 속의 영웅이 되다┃ 나는 이 책의 처음부터 신라 사람 김대문이《화랑세기》에서 김유신을 "신국지웅" 곧 신라의 영웅으로 평가한 사실을 주목했다. 이 책에서 이야기한 김유신 은 단지 신라·신라인의 영웅만이 아니라, 한국사 속의 영웅이고 현재 한 국·한국인 모두의 영웅이라고 본다.

신라인들이 김유신에 대한 평가를 어떻게 했는지 볼 수 있다. 제왕학 의 교과서라 불리는《정관정요貞觀政要》에서 위징魏徵은 충신忠臣을 가리 켜 [나라가 위급한 상황에서] 자신은 말할 것도 없고 일족이 모두 죽고, 군주는 대악에 빠져 폭군이 되며, 나라와 집안이 모두 망하고 자신의 헛 된 이름만을 남기는 신하라고 했다. 그러나 양신良臣은 스스로는 아름다 운 이름을 얻고, 군주가 성군의 칭호를 갖게 하며, 대대손손 끝없이 복 과 관직을 누리도록 하는 신하라 했다. 따라서 충신과 양신 둘 사이에는 큰 차이가 있음을 알 수 있다.[1]

신문왕은 김유신을 충신이라 하지 않았다. 신문왕은 그를 양신良臣[2] 이라 했다. 그때 신라인들은 알 수 없었지만, 김유신은 한국 역사상 누 구도 따를 수 없을 만큼 양신이었던 것이다.

김유신 자신은 신라 최고의 관직을 차지했고, 세상을 떠난 뒤에는 성 신聖臣, 성인聖人으로 불리었고, 불교에서 말하는 삼십 삼천으로 인정되 었고, 흥무대왕으로 추봉되어 아름다운 이름을 얻었다. 그리고 그가 왕 으로 세웠던 태종무열왕과 그 아들 문무왕은 삼한통합을 이룬 왕이 되 는 역사를 만들도록 했다. 김유신의 자손들은 신라 시대에 대를 이어 복 을 받고 관직을 차지했다. 한 걸음 나아가 고려·조선을 거쳐 지금도 김

---

1   吳兢 撰, 戈直 集論,《譯註 貞觀政要集論》卷四,〈附錄〉第一 "新唐書 魏徵列傳".
2   《삼국사기》8,〈신라본기〉8, 신문왕 12년.

유신을 중시조로 하는 본관을 가진 것으로 자처하는 씨족이 번성한 씨족으로 되어 있다. 김유신을 중시조로 하는 김해 김씨를 자처하는 사람들이 1985년 조사에서 한국인 전체 4042만 명 가운데 377만 명으로 전체 인구의 9.3퍼센트에 해당한다.

이 같은 김씨 가운데 실제 수로왕의 후손이 아닌 사람들도 포함되어 있을 것이다. 한국사 연구자들이 주장해온 것과 같이 역사 전개 과정에 성이 없던 사람들이 여러 가지 방법으로 김해 김씨 성을 갖게 된 것도 사실일 것이다. 그렇더라도 이 같은 김해 김씨를 자처하는 한국인이 적지 않은 것은 분명 "신국지웅" 김유신 때문이라 생각해본다.

김춘추와 문희 사이에서 출생한 문무왕은 그의 외가의 시조인 수로왕을 종조宗祧에 합사토록 했다. 신라 시대에 신라에 정복된 나라 가운데 금관국을 빼면, 고구려나 백제 또는 가야의 다른 소국들의 시조를 종조에 모신 경우를 찾을 수 없다. 문무왕 이후 신라에서 수로왕을 종조에 합사하여 제사 지낸 결과 그 일족이 정체성을 갖고 번성할 수 있었다.

김유신의 두 가지 꿈 가운데 하나였던 신라의 삼한통합이 현재 다수의 한국인을 신라인의 후손으로 자처하도록 만드는 출발점이 되었다. 또한, 김유신은 그가 속한 씨족의 시조인 수로왕을 지금까지 기억하게 만든 인물이었다. 거기에 더하여 삼한통합의 주역인 김유신은 한국인이 신라 오리진이 되도록 만든 사람이었다. 고려와 조선을 거쳐 지금 이 같은 인물을 단지 "신국지웅" 곧 신라의 영웅이라고만 하기에는 문제가 있다. 그는 한국사의 방향을 결정하고 한국인을 만드는데 이바지한 한국사 속의 영웅 가운데 영웅이라 할 수 있다.

| 신라 오리진의 한국인을 만든 김유신의 꿈 |　　여기서 내가 겪은 일화를 소개하겠다. 내가 정부 기관 가운데 모 청廳의 한 위원회 위원으로 있을 때 이야기다. 2019년도에 열렸던 동 위원회의 한 분과에서 있었던 일이다. 동 위원회 규정에 따르면 위원은 해당 안건과 직접적인 이해관계가 있다고 인정되면 심의와 의결에서 제척除斥되는 것으로 나온다. 내 성씨의 시조와 관련한 안건이었기에 나는 그 안건에 관한 의결 과정에 제척 사유에 해당한다는 통보를 받고, 잠시 회의장 밖으로 나가 표결에서 제척되었던 일이 있었다. 2천 년도 더 전 신라 건국신화의 시대부터 만들어진 한 씨족의 존재가 지금도 국가의 공적인 회의에서 제척 사유가 되고 있다. 이는 신라가 남긴 역사의 유산, 신라 오리진이라는 역사의 유산이 지금 한국인에게 작동하고 있는 것을 뜻한다.

한국인은 한국사의 산물이다. 20세기 초 이래 지금까지 우리는 한민족의 시조가 단군이라고 여겨왔다. 우리가 매년 기념하는 개천절開天節도 그런 이유로 만들어졌다고 하겠다. 단군은 한국사 최초의 국가였던 고조선의 건국 세력이라는 역사적 의미를 부정할 수는 없는 일이다. 그러나 현재 다수 한국인은 신라인을 시조로 하는 성을 가진 씨족氏族임을 자처하고 있다.

1985년 실시한 인구 및 주택 센서스 결과 한국인의 275개 성 가운데 5대 성인 김씨 879만 명(그 가운데 김유신을 중시조로 하는 김해 김씨도 있다), 이씨 599만 명, 박씨 344만 명, 최씨 191만 명, 정鄭씨 178만 명으로 이들을 합하면 2190만 명이다. 이는 당시 한국인의 54퍼센트에 달한다. 물론 이 통계 수치를 그대로 믿자는 것이 아니다. 그리고 5대 성을 가진 한국인이 모두 신라인을 시조 또는 중시조로 하는 것은 아니지만, 현재 신라인을 시조로 한다고 자처하는 한국인들이 다수인 것은 사실이다. 분명히 밝히지만, 나는 위와 같은 통계에 역사적 사실이 들어 있다고 본다.

신라인을 시조로 하는 성을 갖지 않은 한국인들도 부모, 조부모 등 윗대의 조상을 보면 반 넘는 사람이 신라인을 시조로 하는 성을 가진 것으로 자처한다는 사실을 확인하게 될 것이다. 그것은 신라가 삼한통합을 했기 때문이다. 김유신 스스로는 의도하지 않았지만, 김유신의 꿈이었던 신라의 삼한통합은 그 뒤 한국사의 주인공을 신라인의 후손으로 만들었다. 만일 고구려가 삼국을 통일했다면 지금 그 나라 사람들 가운데 신라인을 시조로 하는 성을 가진 씨족은 찾기 어려울 것이다.

물론 옛 백제와 고구려 사람들의 유전자가 한국인의 핏속에 들어 있다는 사실을 부정할 수는 없다. 그러나 현재 한국인 가운데 백제인이나 고구려인을 시조로 하는 성을 가진 씨족임을 자처하는 사람을 찾기 어렵다.

나는 지난 100여 년 동안 펼쳐진 현대판 민족사가 신라의 삼한통합과 그 주역인 김춘추와 김유신 등 신라인을 폄훼하는 역사를 만들었다고 보았다. 이는 신라인의 후손인 현재 한국인들이 스스로 신라의 삼한통합을 잘못된 것으로 창작했기 때문이다.

신라의 삼한통합이 한국 역사의 전개 과정에서 사회적·정치적으로 한국인들이 고구려나 백제인의 후손이 아니라 신라인의 후손이 되도록 만들었다. 그리고 삼한통합 뒤 옛 백제나 고구려 사람들은 대체로 대신라(이른바 통일신라) 사람으로 편입되었다. 그런 한국인을 만든 역사의 중심에 신라의 삼한통합의 주역인 김유신이 있었다.

나는 이 책에서 지난 100여 년 동안 근현대 한국 사학이 필요로 했던 역사로 만들어낸 "현재의 과거"로서 현대판 김유신이 아니라, "과거의 현재" 곧 김유신이 살던 시대의 신라판 그를 살려내는 작업을 했다. 그리고 나아가 이 책에서 다루는 "과거의 현재"가 "과거의 과거"(신라 건국신화의 시대를 포함한 신라 초기)와 "과거의 미래"(이 책을 쓴 현재)를 연결되어다는 사실을 밝혔다. 이는 일제의 잔재인《삼국사기》내 물왕 이전 기록에 대한 부정을 부정함으로써 김유신 등 신라인이 중심되어 이루어낸 삼한통합이 현재 한국인을 신라 오리진으로 만들었다는 사실을 이야기한 것이다.

한국 최초의 국가였던 고조선부터 현재에 이르기까지 역사가 현재 한국인을 만들었다. 앞으로 한국사에서 할 일 가운데 하나는 신라의 삼한통합으로 이루어진 신라 오리진의 한국인이 만들어진 사실을 밝혀내는 일이라 하겠다. 대신라를 거쳐 고려와 조선 그리고 현재 한국에 이르는 과정에 어떻게 신라 오리진의 한국인이 형성되었는가 하는 역사를 밝히는 작업이 필요하다. 다시 강조하지만, 현재 한국인은 한국사의 산물이기 때문이다.

┃책을 마무리하며-10대 신국지웅神國之雄의 꿈, 역사를 만들다┃ 한 가지 분명히 할 사실이 있다. 김유신과 김춘추가 서로 잘 만났다는 것이다. 김춘추는 김유신을 잘 만났기에 당 태종을 만나 청병에 성공하여 드디어 왕이 되었고 백제를 멸망시킬 수 있었다. 그런가 하면 김유신은 김춘추를 잘 만났기에 그가 10대의 나이에 꾼 호국과 보국의 꿈을 모두 이룰 수 있었고 삼국 최고의 양신良臣이 될 수 있었다.

두 사람의 만남은 서로를 위인으로 만드는 결과를 가져왔다.《화랑세기》를 보면 김유신을 "신국지웅神國之雄"으로 평가하였고, 김춘추는 "제세지주濟世之主"와 "영걸지군英傑之君"이라고 평가하였다.

10대 김유신의 꿈은 역사를 만들었다. 신라의 삼한통합은 김춘추와 김유신 그리고 칠성우를 포함한 신라인 모두의 힘으로 이루어졌다. 그리고 그런 삼한통합은 대신라라는 새로운 시대의 역사를 만들었다. 그들 신라인이 만든 역사는 고려와 조선을 거쳐 현재 신라·신라인 오리진의 한국·한국인을 만들었다.

이 책에서 나는 20세기 초 일제가 한국을 강점·폐멸시킨 시기에 만들어진 근현대판 김유신과 다른 김유신, 곧 신라판 김유신을 소개했다. 이는 단순히 김유신 한 인물에 대한 역사적 전환이 아니다. 이 같은 작업은 근현대 한국 사학이 만들어낸 문제들을 씻어내는 출발점이 될 수 있다고 본다. 커다란 댐도 조그만 구멍으로 말미암아 무너진다. 이 책이 한국 역사 연구, 나아가 한국 사회에 널려 있는 많은 문제들을 정리하여 바로잡는 하나의 도화선이 되기를 바란다.

책을 마무리하며 독자들이 현대판 김유신이 아니라 이 책에서 이야기해온 신라판 김유신을 새롭게 만났기를 바란다.

김유신(595~673년)의 연보

* 금관국 제6대 좌지왕坐知王[407~421년]부터 신라 여자를 왕후로 삼음
* 법흥왕 8년 [521년], 김유신의 증조 구충〔신라 계황의 딸 계화를 왕비로 삼음〕 금관국 왕으로 즉위
* 법흥왕 19년 [532년], 금관국 왕 구충[구해, 구충]이 무력 등 세 아들을 거느리고 항복해 오자 그들에게 상등의 직위를 주고〔진골로 편입됨〕, 본국〔금관국〕을 식읍으로 삼게 함
* 진흥왕 대[540~576년], 무력과 아양공주〔진흥왕과 사도황후의 딸〕 혼인
* 진흥왕 원년[540년], 지소태후가 풍월주를 우두머리로 하는 화랑도 설치
* 진흥왕 11~12년[550~551년], 〈단양 적성비〉에 아찬 관등의 무력武力 등장〔이찬 이사부와 함께 대중등으로 나옴〕
* 진흥왕 14년[553년] 7월, 백제 동북 변읍을 빼앗아 신주新州 설치, 아찬 무력을 군주軍主로 삼음
* 진흥왕 15년[554년] 7월, 신주 군주 무력의 군대 백제 성왕을 죽이고 좌평 4명과 사졸 2만 9600명을 죽이는 승리를 거둠
* 진흥왕 33년[572년], 동륜태자가 보명궁의 큰 개에게 물려 사망
* 진지왕 4년[579년] 7월 17일, 진지왕이 폐위됨으로, 진지왕과 그 아들 용수와 용춘이 출궁하며 성골에서 진골로 족강됨
* 진평왕 10~13년(?)[588~591년], 서현을 전방화랑으로 명함
* 진평왕 10년[588년], 서현이 우방대화랑이 됨
* 진평왕 13년[591년], 보리가 12세 풍월주가 될 때 서현이 부제가 됨, 용춘을 우방대화랑으로 삼음

* 진평왕 15~16년[593~594년], 김유신의 아버지 서현과 어머니 만명이 야합野合, 진골정통 만호태후가 그의 딸 만명과 대원신통 서현의 혼인을 불허하여 서현과 만명 만노군(지금의 충북 진천군 일대)으로 도망감
* 진평왕 17년[595년], 김유신 태어나 만노에서 609년까지 삶
* 진평왕 17년[595~609년], 서현을 만노에 봉함
* 진평왕 25~34년[603년], 진평왕이 왕위 계승권자로 천명공주를 정하고 용수와 혼인시켜 왕궁에 거주케 하고 용수를 왕위 계승자로 정함, 그 해에 김춘추 탄생
* 진평왕 31년[609년], 김유신을 만나본 만호태후의 허락으로 김유신과 그 가족 서울인 왕경으로 귀환함(재매정택에 거주?)
* 진평왕 31년[609년], 김유신이 호림공의 부제가 됨
* 진평왕 31년[609년], 김유신 삼한통합이라는 호국護國의 꿈을 밝힘(고구려와 백제를 평정하여 외우外憂를 없애고 부귀를 누리고자 함)
* 진평왕 31년[609년], 김유신이 부제가 되었을 때 가야파 낭도가 가야정통으로 자기를 사적으로 돌보아달라 요구, 김유신이 만호태후의 자손으로서 또 대인으로서 사애를 하지 않는다고 하며 거절
* 진평왕 33년[611년], 김유신 중악에 들어가 난승을 만나 삼한통합을 위한 방술方術의 비법을 배움(중악에서 돌아온 뒤 풍월주가 됨)
* 진평왕 34년[612년], 김유신 15세 풍월주(《삼국유사》에는 국선으로 나옴)의 지위에 오름,《화랑세기》의 "세계"에 김유신은 삼파의 자손(진골정통·대원신통·가야파)이라 함
* 진평왕 34년[612년], 만호태후가 11세 풍월주 하종의 딸 영모를 아내로 맞도록 하여 화주로 삼음
* 진평왕 34년[612년], 풍월주 김유신이 김춘추를 부제로 삼음

* 진평왕 34년[612년], 진평왕이 선덕공주를 왕위 계승자로 정하며 용춘을 사신으로 삼음, 천명공주와 용수 그리고 김춘추가 출궁당함

* 진평왕 34년[612년], 풍월주 김유신을 용춘이 사신으로 삼자 보국報國을 맹세하고, 용수가 김춘추를 맡기자 "삼한지주"라 하여 언젠가 왕위 계승을 시키는 보국의 꿈을 품음

* 진평왕 34년[612년], 이웃 나라의 적이 쳐들어오자 풍월주 김유신 인박산에 들어가 중악에서 한 것과 같이 빎

* 진평왕 34년[612년], 호국신들의 도움으로 김유신이 고구려인 백석을 잡아 죽임

* 진평왕 34년[612년], 이 무렵부터 673년 6월 김유신이 죽을 때까지 그 신변에는 신병들이 좌우에서 호위함

* 진평왕 38년[616년], 김유신이 상선이 됨, 열국을 순행하며 삼한통합을 하고자 지기지사志氣之士를 모집함

* 진평왕 38년[616년], 이후 상선이 된 김유신이 칠성우를 결성함, 신라의 통일사업이 칠성우로부터 시작됨

* 진평왕 44년[622년], 용수가 내성사신이 되어 대궁·양궁·사량궁 삼궁을 겸해 맡음

* 진평왕 43년[621년], 17세 풍월주 염장공이 김춘추를 부제로 삼음

* 진평왕 47년[625년], 김유신이 누이동생 문희와 김춘추를 맺어주어 계보를 강화함, 김유신과 문희 사이의 자녀들이 있었음

* 진평왕 47년[625년], 김유신이 문희가 누군지 모르는 사람의 아이를 임신했다고 하여 태워 죽이려 함, 선덕공주가 김춘추에게 명하여 문희를 구해주게 함, 포석사에서 길례吉禮를 행하여 김춘추와 문희의 관계를 공식화함

* 진평왕 47년[625년], 김춘추의 정궁 보라궁주가 출산하다가 죽고 문희가 정궁이 됨

* 진평왕 48년[626년], 김춘추가 스물네 살에 18세 풍월주가 되고 문희가 화군이 됨. 이때 김유신이 17세 풍월주 염장의 부제 김흠순에게 풍월주의 지위를 양보하게 하여 김춘추가 풍월주가 되고, 김흠순은 19세 풍월주가 됨

* 진평왕 51년[629년] 8월, 김유신이 중당 당주로 고구려 낭비성을 공격하는 전투에 참전하여 큰 공을 세움. 낭비성 전투에 이찬 임영리, 파진찬 용춘과 백룡 소판 대인과 서현이 참전함〔대장군 용춘과 서현. 부장군 김유신이 참전했다고도 함〕. 이 전투에서 김유신의 "영강전략領綱戰略"으로 신라군은 고구려군 5천을 목 베어 죽이고 1천 명을 사로잡음

* 진평왕 51년~54년[629~632년], 김유신의 동생 김흠순이 19세 풍월주를 지냄

* 선덕왕 원년[632년], "성골남진"한 상황에서 성골인 승만이 왕위 계승

* 선덕왕 원년[632년], 선덕여왕 즉위하며 삼서지제三壻之制를 시행하여 용춘·흠반·을제를 남편〔壻〕으로 삼음

* 선덕왕 11년[642년] 8월, 백제 장군 윤충이 신라 대야성 성주 품석과 그의 부인 고타소〔김춘추의 딸〕를 죽임, 이에 김춘추가 백제를 멸망시킬 각오를 다짐

* 선덕왕 11년[642년] 겨울, 김춘추가 고구려에 백제를 정복하고자 청병하러 감, 김춘추에게 문제가 생기면 김유신이 고구려와 백제 왕정을 짓밟겠다고 함, 김춘추가 고구려에 들어가 60일이 지나도 돌아오지 않자 3천 또는 1만 결사대를 뽑아 한강을 건너 고구려와 남쪽 국경으로 들어가니 이 소식을 들은 고구려 왕이 김춘추를 놓아줌

* 선덕왕 11년[642년], 김유신을 압량주 군주로 삼음

* 선덕왕 13년[644년], 김유신을 소판으로 상장군〔대장군〕으로 임명, 백제의 일곱 성을 치게 하여 승리를 거둠, 가혜의 나룻길을 개통함

* 선덕왕 14년[645년] 정월, 백제에서 돌아온 김유신이 왕을 뵙기도 전에 백제군이 신라 매리포성을 공격해 오자, 왕은 김유신을 상주장군으로 임명해 백제군을 물리치게 함, 김유신이 승리하고 백제군 2천을 목 베어 죽임

* 선덕왕 14년[645년] 3월, 김유신이 백제군을 물리치고 돌아와 왕에게 복명하고 집에 돌아가기 전인데 백제군이 다시 국경을 넘어옴, 왕이 김유신을 다시 보내 승리를 거두게 함, 왕이 소식을 듣고 작위를 올려주고 상을 내림

* 선덕왕 14년[645년] 5월, 당나라 태종이 친히 고구려를 침공하려고 신라를 동원한다는 말을 들은 의자왕이 신라 일곱 성을 습격해 뺏자 왕이 김유신을 보내 공격하게 함

* 선덕왕 14~15년[645~646년], 용수가 그의 부인 천명과 아들 김춘추를 용춘에게 맡김

* 선덕왕 16년[647년] 정월, 상대등 비담 등이 "여주불능선리女主不能善理"를 외치며 반란을 일으킴, 김유신을 포함한 칠성우가 중심이 되어 반란을 진압함

* 선덕왕 16년[647년] 정월 8일, 덕만〔시호가 선덕〕이 세상을 떠남, 낭산에 장사 지냄

* 진덕왕 16년[647년] 정월 8일에서 17일 사이, 칠성우가 진덕여왕을 즉위시킴

* 진덕왕 원년[647년] 정월 17일, 비담을 죽이니 연좌되어 죽은 자가 서

른 명이 됨

* 진덕왕 원년[647년], 24세 풍월주 천광이 비담의 난 진압에 공을 세움, 난이 평정된 뒤 그 공으로 천관을 호성장군으로 임명됨

* 진덕왕 원년[647년] 2월, 이찬 알천을 상대등으로 임명함

* 진덕왕 원년[647년], 용춘이 79세에 세상을 떠남

* (진덕왕 원년[647년], 대아찬 김춘추를 일본에 질質로 보내 장기간 머물 었다는《니혼쇼키日本書紀》의 기록이 있음)

* 진덕왕 원년[647년] 10월, 백제 장군 의직이 기병 3천[보병과 기병 1만]으로 신라에 침공, 김유신이 막아내니 의직이 말 한 필만 타고 돌아감

* 진덕왕 2년[648년], 압량주 군주 김유신이 민심을 모아 백제와 전쟁을 치를 수 있게 함

* 진덕왕 2년[648년], 백제 장군 의직이 서쪽 변방 10여 성을 함락하고 옥 문곡에 이르자 왕이 압독주 도독〔군주〕 김유신에 명하여 물리치게 함, 신 라군이 백제군을 물리치고 여덟 명의 장군을 사로잡음, 품석과 고타소 의 유골과 여덟 명의 백제 장군을 교환함

* 진덕왕 2년[648년], 김유신은 백제 국경을 넘어 12개 성을 뺏고 머리 2 만 급을 베고 9천 명을 사로잡음, 공을 논하여 김유신의 관등을 이찬으 로 높이고 상주행군대총관으로 삼음

* 진덕왕 2년[648년], 김유신이 백제 국경을 넘어 아홉 성을 무찌르고 9 천여 급을 베고 6백 명을 사로잡음

* 진덕왕 2년[648년], 김춘추 동궁으로 있으며 당나라에 가서 당 태종을 만나 문화를 통한 청병을 하여 당나라가 20만 명을 보내 백제와 고구려 를 정벌하겠다는 약속을 받음

* 진덕왕 2년[648년], 당 태종이 김춘추에게 김유신의 인품을 물은 뒤, 청

병에 응함

* 진덕왕 3년[649년] 정월 이후, 남자의 공복을 중국식으로 바꾸는 등 김춘추가 주도하고, 칠성우가 뒷받침한 중국화가 다양하게 전개됨

* 진덕왕 3년[649년] 8월, 백제 장군 은상이 신라로 쳐들어오자 왕이 대장군 김유신 등에게 명하니 승리를 거두고 은상 등을 목 벰

* 진덕왕 4년[650년], 중국 영휘 연호를 사용함

* 진덕왕 8년[654년] 3월, 마지막 남은 성골, 진덕여왕이 세상을 떠나며 김유신이 보국의 꿈을 이룰 기회가 옴

* 태종무열왕 원년[654년] 3~4월 사이, 김유신이 주도하여 김춘추가 왕위에 오르며 진골 왕의 시대가 열림

* 태종무열왕 원년[654년], 왕의 아버지(용춘)를 문흥 갈문왕으로, 어머니를 문정태후로 추존(추봉)함

* 태종무열왕 원년[654년] 10월, 왕녀 지조를 김유신에게 하가下嫁함

* 태종무열왕 2년[655년] 정월, 고구려·백제·말갈의 군대가 연합하여 신라 국경의 33개 성을 빼앗음

* 태종무열왕 2년[655년], 신라 부산형령 조미곤이 백제에 잡혀가 좌평 임자의 집에 종이 됨, 김유신이 조미곤을 통해 좌평 임자와 밀약을 맺음

* 태종무열왕 2년[655년] 9월, 김유신이 백제 도비천성을 공격해 이김

* 태종무열왕 7년[660년] 정월, 이찬 김유신을 상대등으로 삼음[66세]

* 태종무열왕 7년[660년] 3월 이전(?), 태종무열왕이 김인문을 사신으로 당나라에 보내 군사를 청함

* 태종무열왕 7년[660년] 3월, 당 고종이 소정방에게 명하여 수륙군 13만 명을 거느리고 백제를 치게 하고 태종무열왕을 우이도행군총관으로 삼음

* 태종무열왕 7년[660년] 5월 26일, 태종무열왕이 김유신 등과 군사를 거

느리고 서울을 나와 6월 18일에 남천정에 이름

* 태종무열왕 7년[660년] 6월 21일, 태종무열왕이 태자 법민에게 병선 1
백 척을 거느리고 덕물도에 가서 소정방을 맞이하게 함, 소정방이 법민
에게 7월 10일 백제 남쪽에 이르러 대왕의 군사와 만나 의자 도성을 파
괴하려 한다고 함

* 태종무열왕 7년[660년] 7월(?), 태종무열왕이 태자 법민, 대장군 김유
신 등에게 정병 5만을 거느리고 당군을 응원케 함

* 태종무열왕 7년[660년] 7월 9일, 김유신 등이 황산벌에 진군, 백제 장군
계백의 5천 결사대와 결전, 김흠순의 아들이자 김유신의 조카 반굴과 좌
장군 품일의 아들 관창이 "영강전략"을 펼쳐 신라군이 승리를 거둠

* 태종무열왕 7년[660년] 7월, 황산벌 전투에 승리를 거두고 김유신 등이
당나라 군영에 이르니 소정방은 김유신 등이 약속한 기일을 어겼다고
하여 독군 김문영의 목을 베려 함, 김유신이 모욕을 당할 수 없다고 하
여 먼저 당나라 군사와 결전한 뒤에 백제를 부수겠다 함, 이에 소정방의
우장 동보량이 일깨워 소정방이 김문영의 죄를 용서해줌

* 태종무열왕 7년[660년] 7월, 새가 소정방의 진영 위를 날자 점을 친 뒤
두려워 전쟁을 멈추려 하니, 김유신이 검으로 그 새를 죽이자 당군이 전
투를 벌여 승리를 거둠

* 태종무열왕 7년[660년] 7월 13일, 의자왕은 웅진성으로 달아나고, 그
아들 부여융과 대좌평 천복 등이 나와서 항복, 7월 18일 의자왕이 태자
와 웅진방령의 군사를 거느리고 와서 항복함

* 태종무열왕 7년[660년], 백제를 멸망시킨 공을 논하여 대장군 김유신
에게 대각간을 줌

* 태종무열왕 7년[660년], 당 황제 고종이 백제를 멸망시킨 전쟁에서 김

유신의 공이 크므로, 이 소식을 듣고 사신을 보내 칭찬함

* 태종무열왕 7년[660년], 백제를 멸망시킨 뒤 소정방이 김유신·김인문·김양도에게 정복한 백제의 땅을 세 사람에게 나누어주어 식읍으로 삼겠다고 하자, 그 세 사람은 이익을 취한다면 의리에 어긋난다고 하여 받지 않음

* 태종무열왕 7년[660년], 백제를 평정한 당나라는 신라까지 침략할 음모를 꾸미자 김유신이 방비함, 이를 탐지한 당나라 군대가 낭장 유인원과 1만의 병사를 사비성에 남겨두고 본진이 돌아감

* 태종무열왕 7년[660년] 9월 3일, 당나라 소정방이 백제 왕 등 포로를 거느리고 돌아감

* 태종무열왕 7년[660년], 소정방이 돌아가자 당 황제가 신라까지 정벌하지 않았나 하자, 임금이 어질고 신하가 충성을 다하는 등 작지만 도모할 수 없었다고 보고함

* 태종무열왕 7년[660년] 한가윗날, 김유신이 고구려 첩자를 위로해 돌려보낸 사실을 안 고구려인들이 신라는 김유신이 재상으로 있는 한 가볍게 볼 수 없다 함

* 태종무열왕 8년[661년], 5월 9일, 고구려와 말갈 군사가 술천성을 공격해 오자 버티기 어려웠는데, 김유신이 제단을 설치하고 기도를 드려 적군이 물러나게 함

* 태종무열왕 8년[661년] 6월, 태종무열왕 세상을 떠남, 59세, 시호 무열, 왕호 태종, 영경사 북쪽[또는 애공사 동쪽]에 장사 지냄

* 문무왕 원년[661년] 6월, 김유신의 조카이자 처남인 문무왕이 즉위함

* 문무왕 원년[661년] 6월, 문무왕이 김유신 등을 거느리고 고구려를 향해 출발, 남천주에 이름

* 문무왕 원년[661년] 7월 17일, 문무왕이 김유신을 대장군으로 삼음

* 문무왕 원년[661년] 8월, 문무왕이 여러 장군을 거느리고 시이곡정에 이름

* 문무왕 원년[661년] 9월 19일, 문무왕이 웅현정으로 감, 25일 군대를 보내 옹산성을 포위, 김유신이 전진하여 성을 포위하고 적 장수에게 항복을 종용했으나 따르지 않자 9월 27일 대책을 불사르고 항복을 받음, 10월 29일 문무왕이 당나라 황제의 사자가 왔다는 말을 듣고 왕경으로 돌아감

* 문무왕 원년[661년] 10월 29일~문무왕 2년[662년] 2월 6일, 평양을 침공한 소정방에게 군량을 공급하라는 당나라의 요청을 받음, 김유신이 자원하여 군량을 수송하겠다고 나서 661년 12월 10일 김유신이 아홉 명의 장군과 군사를 거느리고 군량을 싣고 고구려를 향해 나감, 662년 1월 23일 칠중하〔임진강〕를 건너 2월 1일 평양에서 떨어지기 3만 6천 보에 이름, 2월 6일 양도 등에게 군량과 다른 선물을 가져다 소정방에게 전함, 돌아오는 길에 고구려군 1만여 급을 벰, 공을 논하여 김유신과 김인문에게 본피궁의 재물과 토지와 노비를 나누어줌

* 문무왕 2년[662년] 2월, 김유신이 소정방에게 군량을 수송하러 갈 때 허락받았던 편의종사권에 따라 군량 수송에 공을 세웠던 열기에게 사찬의 관등을 주도록 문무왕에게 청하여 허락받음

* 문무왕 2년[662년] 2월, 소정방이 보내온 난새와 송아지 그림을 원효법사가 "속환"이라고 해석하여 김유신이 작전을 펼 수 있게 됨

* 문무왕 원년[661년] 3월, 김서현의 딸 문명황후는 문무왕 자신을 낳았기에 가야국 시조(수로왕)는 왕에게는 15대 시조가 되는데 나라가 멸망했으나 묘가 남아 있으니 종조에 합사하여 제사를 계속 지내도록 함

* 문무왕 3년[663년], 당은 신라를 계림대도독부로 삼고 신라 왕을 계림주 대도독으로 임명함

* 문무왕 3년[663년] 7월 17일~11월 20일, 백제의 여러 성이 백제의 부흥을 꾀하자 문무왕이 김유신 등 장군을 거느리고 7월 17일 정토에 나섬, 8월 13일 두솔성에서 백제인과 왜인이 함께 진을 침, 신라군이 승리하니 백제인과 왜인이 모두 항복함, 임존성은 30일 동안 공격했으나 함락시키지 못하고 그 밖의 여러 성은 항복함, 11월 20일 서울로 돌아와 김유신에게는 전 5백 결을 하사하고 그 밖의 장졸에게 상을 차등 있게 내림

* 문무왕 4년[664년] 3월, 백제의 여중이 사비성에 모여 반란을 일으킴, 김유신이 은밀한 계책을 주어 이기게 함

* 문무왕 4년[664년] 정월, 70세의 김유신이 청노함, 문무왕이 이를 허락하지 않고 궤장을 내려줌

* 문무왕 5년[665년], 당 고종이 사신을 보내와 김유신을 봉상정경 평양군개국공으로 책봉하고 식읍 2천 호를 줌

* 문무왕 6년[666년], 당 고종이 김유신의 장자 삼광을 불러 좌무위익부 중랑장으로 삼고 당에 머물러 숙위케 함

* 문무왕 8년[668년] 6월 12일, 당나라 우상 유인궤와 당에서 숙위하던 김삼광이 신라에 와 신라군을 동원할 기일을 약속함, 6월 21일 문무왕이 고구려 평정할 군단을 편성, 대각간 김유신을 고구려 원정군의 최고 사령관인 대당대총관으로 임명, 6월 29일 신라군이 왕경을 출발했으나 김유신은 풍으로 서울에 머묾, 9월 21일 당나라군과 신라군이 평양을 포위하니 고구려가 항복, 영공이 보장왕 등 20여만 명을 이끌고 당나라로 돌아감

* 문무왕 8년[668년] 9월 26일, 일본 중신내신이 사람을 보내 신라의 상신 김유신에게 배 한 척을 주었다고 함

* 문무왕 8년[668년], 고구려를 정복한 뒤 문무왕이 남한주에 이르러 무력, 서현, 김유신의 공적이 뛰어났음을 밝히고 김유신의 한 가문에 힘입지 않았다면 신라의 흥망을 알 수 없었을 것이라 하며 그의 직과 상을 어찌할 것인가 신하들에게 물음

* 문무왕 8년[668년] 10월 22일, 서울에 머물던 김유신에게 태대각간의 관등을 주고 식읍 5백 호를 내리고 수레와 지팡이를 줌, 추창趨蹌[궁전에 오를 때 예의에 맞도록 허리를 굽히고 종종걸음으로 걸어가는 것]을 하지 않도록 함, 김유신의 요좌寮佐[보좌관]들에게 관등 1급씩 더해줌

* 문무왕 8년[668년], 당 황제가 김유신에게 조서를 내려 공을 표창하고 당에 들어와 조회하라고 했으나 김유신이 당에 가지 않음, 당 황제의 조서는 5대손이 잃어버림

* 문무왕 8년[668년], 삼한통합을 하고 김유신이 문노를 사기의 종주로 삼고 각간으로 추증하고 신궁의 선단에서 대제를 행함

* 문무왕 8년[668년], 고구려 멸망 뒤에 당이 고구려 땅을 9도독부, 42주, 100현으로 하고 평양에 안동도호부를 설치하고 신라 장수 가운데 공이 있는 자를 도독, 자사, 현령으로 삼아 당나라 사람과 더불어 통치케 함

* 문무왕 8~16년[668~676년], 고구려 멸망 후 신라의 당군 축출 전쟁이 벌어짐, 673년에 세상을 떠나 김유신은 그 전쟁에 직접 참전하지는 않았으나 신라는 김유신이 이끌던 군대가 승리를 이끎

* 문무왕 8년[668년], 평양을 평정한 뒤 복을 빌고자 취선사를 세움

* 문무왕 9년[669년], 왕이 목마장 174곳을 내려주었는데 소내所內에 22곳, 관청에 10곳, 김유신에게 6곳, 김인문에게 5곳 등을 나누어줌

* 문무왕 13년[673년], 이전 김유신이 안혜 등 네 대덕과 김의원·김술종 과 함께 발원하여 원원사를 세움

* 문무왕 13년[673년], 봄에 요성이 나타남, 문무왕은 국가에 재앙이 닥 칠 것이라 하고 김유신은 자신에게 재앙이 닥칠 것이라 함

* 문무왕 13년[673년] 6월, 융복을 입고 무기를 든 수십 명이 김유신의 집 을 떠남, 이들은 김유신 자신을 보호하던 음병으로 자기가 죽을 것이라 함, 이 소식을 들은 문무왕이 친히 김유신을 찾아 위문하며 김유신이 떠 난 뒤 인민과 사직을 걱정함, 이에 김유신은 문무왕에게 수성을 강조하 는 등의 충언을 하고 문무왕이 이를 받아들임

* 문무왕 13년[673년] 7월 1일, 79세의 나이로 김유신이 세상을 떠남, 문 무왕이 부의를 내리고 군악대를 보내주었으며 금산 언덕에 장사 지내고 비석을 세워 공적을 기록하게 하고 민호를 보내 묘를 지키게 함(사적 21 호 김유신장군묘는 경상북도 경주시 충효2길 44-7에 소재함)

* 문무왕 20년[680년] 2월, 김유신의 동생 김흠순이 83세의 나이로 세상 을 떠남

* 문무왕 20년[681년] 7월 1일, 문무왕이 세상을 떠남, 시호를 문무라 하 고 동해 어귀의 큰 돌 위에 장사 지냄

* 신문왕 원년[681년] 8월 8일, 김유신의 조카 김흠돌과 흥원과 진공 등 이 반역을 모의하다가 참형을 당함

* 신문왕 2년[681년] 5월 1일, 해관 파진찬 박숙청이 신문왕에게 문무왕 은 바다의 용이 되어 삼한을 진호하고 김유신은 삼십 삼천의 한 아들로 인간 세상에 내려와 대신이 되었다는 말을 함, 5월 7일, 신문왕이 배를 타고 바다로 나가 산에 들어가 용을 만났는데 용이 말하기를 신문왕의 아버지 문무왕은 바다의 큰 용이 되었고 김유신은 다시 천신이 되었다

는 말을 했다고 함

* 신문왕 대[681~692년], 당나라에서 김춘추의 묘호 태종을 문제 삼자, 신문왕이 표를 올려 신라는 소국이나 성신 김유신을 얻어 삼국을 하나로 통일했기에 김춘추를 봉하여 태종이라 한 것이라 함, 당 황제가 태자로 있을 때 삼십 삼천의 한 사람이 신라에 내려와 유신이 되었다는 것이 책에 기록된 것을 생각하고 놀라 태종의 호를 고치지 않아도 좋다고 했다고 함

* 신문왕 12년[692년], 당 중종이 사신을 보내 김춘추가 당 태종과 같은 묘호를 쓰는 것을 문제 삼고 그 호칭을 고치라 함, 신문왕이 군신과 의논하여 선왕 김춘추는 자못 어진 덕이 있었고 생전에 양신 김유신을 얻어 삼한을 통일했으니 그 공업이 커서 태종이라 했는데 당 태종의 묘호를 범한 것을 몰라서 그랬으니 사신에게 그런 사정을 말해달라 했다고 나옴

* 성덕왕 대[702~737년] 어느 해 8월 보름날, 왕이 월성 높은 봉우리에서 김유신의 적손 대아찬 윤중을 불러오게 하고, 지금의 안평무사는 윤중의 조부 김유신의 덕택이라 하며 이를 잊어버리면 안 된다고 함

* 혜공왕 15년[779년], 김유신의 무덤에서 회오리바람이 일어 죽현릉[미추왕릉]으로 가 불만을 말한 소식이 알려지자 혜공왕이 김유신의 능에 가서 사과하도록 하고 취선사에 공덕보전을 내려 명복을 빌게 함

* 흥덕왕 10년[835년], 흥덕왕 10년에 왕이 김유신을 흥무대왕으로 추봉함, 김유신을 원조로 하는 종족이 신김씨를 일컬음

이 책에 나온 신라의 제도와 용어들

(이 책에서 나는《화랑세기》에 나오는 신라의 제도와 용어를 사용하여 김유신에 관한 역사를 다루었다. 그런데《화랑세기》에는 그들이 만들어 운용하던 제도와 용어에 관한 설명이 없다. 신라인들은 그들이 운용하던 제도나 용어 들을 잘 알고 있었기에 구태여 설명할 필요가 없었지만, 현대 독자를 위하여 신라의 제도와 용어에 관한 설명을 덧붙여, 이 책을 이해하는 데 도움이 되도록 한다.)

가야파加耶派:《화랑세기》8세 풍월주 문조 조에 그가 가야파 한 무리를 모았다고 나온다. 그리고《화랑세기》15세 풍월주 유신공 조에는 그가 "가야지종加耶之宗" 곧 가야(파)의 우두머리라고 나온다. 가야파는 화랑도의 파맥 가운데 한 파였다. 김유신이 화랑도로 활동할 때 화랑도의 파맥은 진골정통과 대원신통 그리고 가야파가 있었다. 가야파는 금관국의 마지막 왕인 구충仇衝(또는 구형, 구해)의 손자 서현과 서현의 아들인 김유신이 그 대표적인 인물이다. 이런 가야파를 가야 정통이라고 했다. 구충의 후손이 가야 정통이었던 것이다. 그런데 가야파에는 또 다른 계통의 인물들이 있었다. 그 가운데 한 사람이 8세 풍월주를 지낸 문노와 같이 모계가 가야계인 경우도 가야파에 속했으나 가야 정통은 아니었다. 그런데 주목할 사실은 이들 가야파가 가야인의 파가 아니라, 신라인으로서 가야인의 피가 섞인 것을 뜻하였기에 신라 사회 안에서 가야파는 차별대우를 받지 않았다.

개인의 골품: 개인의 골품이라는 용어는 내가 쓰는 용어다.《화랑세기》에는 골품이라는 용어가 사용되고 있다. 신라의 신분제가 골품제라는 것은 누구나 아는 사실이다. 골품제에는 왕경인의 신분으로 성골·진골·두품·평인 신분 등이 있었다. 그리고 지방인은 진촌주·차촌주·평인 등의 신분이 있었다. 그런데 같은 진골 신분이더라도 그 출생에 따라 "개인의 골품"이 달라졌다. 신라의 골품 신분은 인도의 카스트Caste 제도에서 바르나Varna에 해당하는 브라만Brahman, 크샤트리아Kshatrya, 바이샤Vaishya, 수드라Sudra에 해당하고, "개인의 골품"은 바르나가 다시 나뉘는 하위 카스트subcaste인 자티Jati와 비교된다. 같은 진골인 신라인도 개인의 골품에 차이가 있었다. 개인의 골품은《화랑세기》에 나오는 세계世系에 따라 결정되었다. 김유신을 예로 보면, 그의 부모 2명, 조부모 4명, 증조부모 8명 등 윗대의 조상을 밝히는 것이다. 물론 김유신에게 피를 전해준 모든 사람을 기록한 것은 아니지만, 윗대 조상이 가진 개인의 골품이 각기 달랐고 그런 개인의 골품을 합한 것이 김유신 개인의 골품이 되었다. 이 같은 개인의 골품은 사람마다 달랐다. 다만 형제는 세계의 인물이 같았기에 개인의 골품도 같았다. 그러나 김유신과 그의 동생 김흠순은 출생한 때 개인의 골품은 같았을지라도, 뒤에 서로 다른 활동을 하거나 혼인 등으로 개인의 골품이 달라진 것도 사실이다.

낭도부곡郎徒部曲:《화랑세기》8세 풍월주 문노 조를 보면, 그가 풍월주로 있을 때[579~582년] "낭도부곡郎徒部曲"을 두었다고 나온다. 여기서 말하는 부곡은 중국에서는 사병私兵을 가리키기도 한 것으로, 낭도부곡은 화랑도 조직이라고 볼 수 있다. 물론 540년 풍월주를 우두머리로 하는 화랑도가 설치되었을 때부터 낭도부곡이 있었지만 문노가 새로이 조직을 편성한 것을 알 수 있다.

낭정郎政:《화랑세기》의 저술 목적 가운데 하나가 "낭정의 대자大著"다. 낭정은 화랑도의 조직이나 그 운용을 가리키는 말이다.《화랑세기》에는 실제로 풍월주와 부제 등으로 이루어진 화랑, 그 밑에 현재의 부사관과 같은 존재인 낭두 그리고 현재의 사병과 같은 존재인 낭도들로 이루어진 화랑도 조직이 자세히 나오고 있다. 그런가 하면 화랑도와 관련된 여자들도 등장한다. 풍월주의 부인인 화주, 낭두의 딸들로 이루어진 봉화, 서민의 딸들로 구성된 유화 등이 그들이다. 그 밖에 화랑도 조직의 내용과 운용이 생각 밖으로 자세하게 나온다.《화랑세기》로 화랑도의 조직과 그 운용에 관해 많은 사실을 알게 된 것이다.

대원신통大元神統:《화랑세기》덕분에 알게 된 인통姻統 가운데 하나로 보미가 시조이며, 진흥왕의 왕비인 사도왕후가 그 대표적인 인물이었다. 진흥왕과 사도왕후의 딸인 아양공주도 어머니 사도 왕후의 인통을 이어받아 대원신통이 되었다. 아양공주가 김유신의 할아버지 무력과 혼인하여 서현을 낳았는데 서현도 아양공주의 인통을 이어받아 대원신통이었다. 진골정통 만호태후의 딸 만명은 어머니의 인통을 이어받아 진골정통이었다. 만호태후가 그의 딸 만명이 서현과 결혼하는 것을 반대한 것은 서현이 가야파의 피를 가졌기 때문이 아니라, 인통이 달랐기 때문이다. 그런데 김유신은 어머니 만명의 인통을 이어받아 진골정통이 되었기에 만호태후와 같은 인통이었다.

마복자摩腹子: 마복자는 김유신과 관련을 찾기 어렵다. 그러나 신라의 마복자 제도는 현재 우리에게는 상상하기 어려운 제도이기에 간단한 설명을 하겠다.《화랑세기》1세 풍월주 위화랑 조를 보면, 법흥왕에게 마복칠성이라는 마복자 7명이 있었던 것으로 나온다. 마복자 제도는 신라의 독특한 제도로 임신한 여자가 더 높은 지위의 남성에게 사랑을 받은 뒤 낳은 아들을 가리킨다. 마복자 제도를 가지고 높은 지위의 세력들은 정치적인 지지자를 갖게 되었고, 마복자는 후원자를 얻게 되는 제도였다. 왕들만이 아니라, 화랑들도 낭두의 임신한 처와 관계를 맺어 마복자를 가졌다. 마복자 제도를 가지고 신라인들이 일종의 사회·정치적 의제 가족관계를 맺었다는 것을 알 수 있다. 따라서 마복자의 존재는 단순히 성적 문란의 증거일 수 없다.

보국報國:《화랑세기》15세 풍월주 유신공 조를 보면 용춘이 김유신을 사신으로 발탁하자, 그는 보국(나라의 은혜를 갚음, 나라에 충성을 다함)하기를 맹세하고 시석矢石을 피하지 않고 따랐다고 나온다. 그때 용수 또한 아들인 김춘추를 김유신에게 맡기자 크게 기뻐하며 용수의 아들인 김춘추는 삼한의 주인이라 했다고도 한다. 여기서 김유신이 보국을 맹세한 대상은 용춘이다. 용춘을 모시는 일이 나라에 충성을 다하는 일이라 생각했던 것이다. 그리고 김유신은 김춘추를 모시는 일도 보국으로 생각한 것을 짐작할 수 있다. 이에 김유신은 김춘추를 삼한의 주인 곧 언제인가 신라가 삼한을 통합하고 그런 신라의 군주로 삼겠다는 꿈을 품었던 것을 알 수 있다. 김유신은 풍월주가 되었을 때인 612년 10살의 김춘추를 언제인가 왕으로 세울 꿈 곧 보국의 꿈을 품었던 것이다.

사신私臣: 사신에는 두 가지 의미가 있다. 하나는 왕실의 업무를 담당하는 내성의 장관을 의미한다. 다른 하나는《화랑세기》13세 풍월주 용춘공 조에 선덕공주가 612년 진평왕의 결정에 따라 왕위 계승자로 되었을 때 용춘이 능히 자기를 도울 수 있다고 생각하여 사신이 되어주기를 청했다고 나온다. 그리고《화랑세기》15세 풍월주 유신공 조에는 그가 풍월주가 되었을 때 용춘이 김유신을 사신으로 발탁한 것으로 나온다. 선덕공주는 용춘을 사신으로, 용춘은 김유신을 사신으로 삼았던 것이다. 이 경우 사신은 왕이 아닌 사람이 거느린 신하를 의미한다.

삼서지제三壻之制: 이는《화랑세기》에 나오는 신라의 제도였다. 서壻는 서壻와 같은 뜻의 글자로 사위나 남편을 의미한다.《화랑세기》13세 풍월주 용춘공 조에는 선덕공주가 즉위하자 용춘공을 남편으로 삼았는데 용춘과 사이에 자식이 없자, 군신群臣이 "삼서지제" 곧 세 남편을 두는 제도를 의논하여 흠반공과 을제공을 버금가는 남편으로 두도록 했다. 여기 나오는 삼서지제의 삼서三壻는 선덕여왕의 남편이었던 것이 분명하다.

상선上仙:《화랑세기》12세 풍월주 보리공 조를 보면 보리는 풍월주로 3년간 재위하다가 부제인 용춘에게 그 자리를 전해주었다고 한다. 보리는 비록 그 지위가 상선이었으나 몸은 불문에 바쳐 맏형[원광]을 도왔다고 한다. 여기서 풍월주를 물러나면 상선이 된 것을 알 수 있다.《화랑세기》16세 보종공 조에는 보종이 풍월주의 지위를 물려주고 역대 상선들의 모임에 참석한 것을 알 수 있다. 풍월주를 물러나 상선이 된 사람들은 그 수가 여러 명이었다. 이들 상선은 화랑의 낭정에 간섭하기도 하고 도움을 주기도 했다. 그리고《화랑세기》25세 춘장공 조에는 풍월주에서 물러나 창부를 거쳐 집사부의 중시까지 올랐는데, 그것이 부형과 상선의 음덕에 의지했을 뿐이라 했다고 나온다. 이에 풍월주를 지낸 상선들이 춘장에게 도움을 주어 집사부 중시까지 되게 한 것도 볼 수 있다.

선문仙門:《화랑세기》10세 풍월주 미생랑 조에는 그가 오랫동안 선문에 있었기에 낭도들이 문하에서 많이 배출되었다고 나온다. 미생 [550~609년]은 561년에 낭도〔화랑〕가 되었다고 하는데, 다른 기록에는 561년에 세종이 풍월주가 되자 미생을 전방화랑으로 삼았다고 한다. 미생이 풍월주로 있던 시기는 585~588년이었다. 미생이 현역 화랑으로 있던 시기인 561~588년 동안 그는 선문에 있었다는 사실을 알 수 있다. 한편《화랑세기》22세 양도공 조를 보면 "입망지법立望之法"에 상선上仙과 상랑上郞의 마복자가 아니면 낭두가 될 수 없다고 나온다. 그러므로 낭두의 처들이 임신하면 산 꿩을 예물로 하여 선문에 들어가 탕비가 되어 총애를 얻으면 물러났다고 한다. 이로 보아 선문에는 상선과 상랑도 있었던 것을 알 수 있다. 김유신은 609년 부제가 된 뒤 616년 풍월주가 되었고, 풍월주를 물러난 뒤 상선이 되었다. 이에 김유신은 609년부터 616년 뒤 상선의 지위를 물러난 뒤에도 조정에 나가 출장입상하기 전까지 선문에서 활동한 것을 생각해본다.

세계世系:《화랑세기》의 각 풍월주의 전기에는 본문〔세보〕과 찬贊에 이어 세계가 나온다. 이 세계는 해당 풍월주에게 피를 전해준 윗대의 조상을 밝힌 계보다. 그 모든 세계의 조상을 밝힌 것은 아니지만 해당 풍월주의 "개인의 골품"은 세계로써 결정되었다. 세계는 신라 골품 사회에서 개인의 골품을 정해주는 좌표의 씨줄과 날줄이었다. 세계에 왕이나 왕비가 있고 풍월주와 그들이 가까운 혈족일수록 개인의 골품 점수는 올라갔다. 또 조상의 혼인 관계가 처와 첩 또는 사통관계에 따라 개인의 골품 점수가 달라졌다. 다만 형제는 출생에 따라 정해지는 개인의 골품 점수는 같았다. 시간이 지나며 형제간의 활동이나 혼인 관계 등으로 개인의 골품이 달라졌다. 신라 골품제 사회에서 세계에 따른 개인의 골품이 중요한 장치였는데 《삼국사기》나 《삼국유사》 등 후대의 사서에서는 세계라는 용어는 나오지만, 구체적인 의미를 알 만한 자료는 사라졌다. 《화랑세기》 덕분에 비로소 세계의 의미를 알게 되었다.

세보世譜: 《화랑세기》의 후기를 보면 김대문의 아버지 "오기공이 향음鄕音으로 화랑의 세보를 저술하였으나 미처 완성하지 못하고 돌아가셨다. 불초 자식이 공무의 여가에 낭정郞政의 대자大者와 파맥派脈 정사正邪를 모아 아버지의 계고稽考의 뜻을 이었다."라고 밝히고 있다. 여기서 말한 화랑의 세보는 풍월주의 세보를 말한다. 《화랑세기》의 본문에 들어 있는 계보가 곧 세보라 하겠다. 세보는 각 풍월주의 부모나 조부모 등 직계 조상만이 아니라 그들의 형제뿐 아니라 처가·외가 그리고 자식들에 이르기까지 다양한 관계들이 나오고 있다. 《화랑세기》의 세보에는 모두는 아니나 17대 내물왕부터 31대 신문왕까지 왕과 그들의 왕비, 후궁들까지 등장할 뿐만 아니라 그들 사이의 구체적인 관계까지 밝혀져 있다. 풍월주들은 왕이나 왕비 또는 후궁들과도 연관되어 있었던 것이다. 따라서 《화랑세기》의 세보는 풍월주만이 아니라 왕위 계승, 지배 세력, 골품제, 혼인, 상속 등의 친족 제도까지도 이해할 수 있는 소중한 자료가 된다. 오기공과 김대문이 화랑의 세보를 《화랑세기》에 넣었던 이유는 세계를 넣었던 이유와도 같은 것이나, 오히려 세보는 세계와 달리 조상만이 아니라 다양한 사람들의 계보를 모두 기록함으로써, 골품제 사회에서 각 풍월주와 그 혈족들의 관계를 포괄적으로 보여주고 있어 더욱 의미가 있다.

신국지웅神國之雄:《화랑세기》15세 풍월주 유신공 조의 찬贊을 보면 "가야파의 우두머리이고 '신국지웅'이다. 삼한을 통합하여 … 혁혁한 공명은 일월과 아울러 함께한다."라 나온다.《화랑세기》에 신국이라는 용어는 다른 곳에도 나오지만 "신국지웅"이라는 말은 이곳에 나올 뿐이다. 신라인들이 김유신을 신국 곧 신라의 영웅이라 했는데 그 이유는 삼한통합의 공이며, 그 공명은 일월日月과 같다는 것이다. 신라의 삼한통합에 가장 큰 공을 세운 인물로 김유신을 들고 있는 것을 볼 수 있다.

열선각列仙閣:《화랑세기》9세 풍월주 비보랑 조에 미실이 파의를 염려하여 여러 상선과 상화를 화합해 열선각을 짓고 대의를 통과시켜 결단했다고 나온다. 열선각은 퇴임 풍월주인 상선과 상화들이 모이던 장소였다. 김유신도 풍월주를 물러난 뒤 열선각에서 활동했다고 여겨진다.

영강전략領綱前略: 이 용어는 내가 이 책에서 처음 사용한 것이다.《삼국사기》를 보면 629년 진평왕이 파진찬 용춘과 소판 서현 등을 보내 고구려 낭비성을 치게 했다. 그때 김유신은 중당 당주 또는 부장군으로 출전했는데 고구려군의 형세가 성하여 신라 군사가 싸울 마음이 없었다. 그때 김유신이 옷깃〔領〕을 정돈해야 갓옷이 바로 되고, 벼리〔綱〕를 바로 쳐들어야 그물이 펴진다고 했는데 내가 그 옷깃과 벼리라 하며 적진으로 세 번 들어가 장수의 목을 베고 깃발을 빼앗았다. 이에 신라 군사들이 쳐들어가니 낭비성의 고구려인들이 항복했다. 나는 김유신이 외쳤던 옷깃과 벼리를 따서 "영강전략領綱戰略"이라는 말을 만들어보았다. 660년 법민과 김유신이 거느린 신라군과 계백의 5천 결사대가 황산벌에서 전투를 벌일 때 반굴과 관창이 영강전략을 펼친 사실을 볼 수 있다.

인통姻統:《화랑세기》6세 풍월주 세종 조에는 미추대왕이 광명을 황후로 삼으며 조서를 내려 옥모의 인통이 아니면 황후로 삼지 말라고 했다고 나온다. 이로써 인통은 왕비를 배출하는 계통을 의미하게 되었다. 인통에는 진골정통과 대원신통 두 가지가 있다. 왕비를 배출하는 계통으로 모계 곧 여자에서 여자로 그 계통이 전해졌다. 남자는 한 대에 한 해 어머니의 인통을 이었다. 인통은 왕위나 지배 세력 나아가 화랑도의 파맥에까지 확대되었다.

전군殿君:《화랑세기》15세 풍월주 유신공 조에는 김유신이 김춘추에게 바야흐로 지금은 비록 왕자나 전군이라 하더라도 낭도가 없으면 위엄을 세울 수 없다고 한 말이 나온다. 그리고《화랑세기》11세 풍월주 하종 조에는 진흥왕이 태자太子 이하 왕자王子와 전군殿君에게 명하여 후궁인 미실에게 절하고 어머니라 부르도록 했다고 나온다. 태자와 왕자는 왕비에게서 출생한 아들인데 태자는 왕위 계승자를 가리킨다. 그리고 전군은 후궁이 낳은 아들을 가리킨다. 그런데《화랑세기》11세 풍월주 하종 조에는 세종과 미실의 아들 하종을 진흥왕이 가자假子로 삼아 전군의 지위를 준 것으로 나온다. 이에 대해 반대도 있었지만, 진흥왕과 미실 등이 신궁神宮에서 전군을 봉하는 예를 행했다고 나온다. 전군은 왕의 아들인 것은 사실이나 가자도 전군의 지위를 줄 수 있었던 것을 볼 수 있다.《화랑세기》13세 풍월주 용춘공 조에는 진평왕이 적자嫡子가 없어 용춘의 형인 용수 전군을 사위로 삼아 왕위를 물려주려 했다고 나온다. 사실 용수는 진지왕이 재위할 때[576~579년] 왕자였다. 그런데 진평왕 대에 용수가 전군으로 나오는 이유는 알 수 없다.

진골정통眞骨正統: 왕비를 배출하던 여자의 계통인 인통의 하나로,《화랑세기》6세 풍월주 세종 조에는 신라에 병합된 조문국의 운모공주와 신라인 구도 사이에서 출생한 옥모의 인통이 아니면 황후로 삼지 말라 명한 것으로 나온다. 옥모는 진골정통의 조祖가 되었다. 뒷날 지소태후는 진골정통의 종宗 또는 수주首主가 되었다. 김유신의 할머니 아양공주가 대원신통이고 외할머니 만호태후가 진골정통이었기에 서현과 만명의 혼인을 만호태후가 반대하였다. 그 때문에 서현과 만명이 만노군으로 도망갔고 그곳에서 김유신이 태어났다.

출궁出宮:《화랑세기》12세 보리공 조를 보면 숙명공주는 그때 황후의 지위에 있으며 이화랑의 아름다움에 빠져 골품을 초개처럼 버리고 동혈의 벗이 되기로 약속하고 손을 잡고 출궁하여 종신토록 배반하지 않았다고 나온다. 숙명공주는 지소태후와 태종〔이사부〕사이에 출생한 사람인데 진흥왕의 왕비가 되었으나 이화랑과 관계를 맺게 되어 골품을 버리고 출궁한 것이다.《화랑세기》13세 풍월주 용춘공 조에는 603년 진평왕이 큰딸 천명공주를 왕위 계승권자로 정하고 용수와 혼인시켜 다음 대의 왕으로 사위가 된 용춘을 정했다. 그런데 612년에 이르러 차녀인 선덕공주가 왕위를 이을 만한 모습을 보이자 천명공주에게 그 지위를 양보하게 했다. 이에 천명공주는 효심으로 왕위 계승권자의 지위를 양보하고 출궁한 것으로 나온다. 김유신이 살던 시기 왕과 그 일족들은 월성의 대궁, 만월성의 양궁, 금성의 사량궁으로 이루어진 삼궁에 살았다. 삼궁이 성골의 거주지가 되었다. 그런데 왕궁을 떠나 사는 출궁을 하는 경우 신분이 떨어지는 족강族降을 당하게 되었다. 천명공주가 진평왕의 명에 따라 출궁을 하면서 성골에서 진골로 신분이 떨어진 것이 그 하나의 예다. 그런가 하면 출궁하면서 "개인의 골품"이 떨어지기도 했다고 본다. 출궁은 성골에게도 있었다. 법흥왕 이후 새로운 왕이 즉위하면 전왕의 형제로서 성골이었던 사람들은 출궁하여 진골이 되고, 새로운 왕의 형제들이 왕궁인 삼궁에 살며 성골 신분이 되었다.

칠성우七星友:《화랑세기》14세 풍월주 호림공 조를 보면, 호림은 조정의 일에는 간여하지 않았으나 나라에 큰일이 있으면 반드시 그에게 물었다고 한다. 호림은 알천공·임종공·술종공·염장공·유신공·보종공 등과 칠성우를 만들어 남산에서 자적自適했는데, 통일의 사업이 공들로부터 많이 시작되었다고 나온다. 이 책에서 김유신이 칠성우를 만든 사실을 밝혔다. 칠성우는 김춘추를 왕으로 세우고 삼한통합을 이루려는 보국과 호국의 중심 세력이 되었다. 그리고 칠성우의 아들들 또한 김유신의 꿈인 보국과 호국의 꿈을 실현하는 데 동참했다.

파맥派脈:《화랑세기》후기에 보면, 그 저술 목적 세 가지가 나온다. 그 가운데 파맥의 정사正邪가 있다. 화랑도에는 파가 나뉘었고 김유신이 화랑도로 활동할 때는 크게 진골정통·대원신통·가야파의 세 파가 있었다. 김유신은 부계로는 가야파였고, 어머니를 따라 진골정통이기도 했다. 김유신은 가야파였지만 대인무사의 정신으로 가야파만 사적으로 돌보

지 않았다. 그는 파맥 사이의 융화를 이루도록 했기에 화랑도가 그에게
몸 바치기를 원했다고 한다.

풍월주風月主: 《화랑세기》는 540년부터 681년까지 임명되었던 32명 풍
월주의 전기다. 540년 진흥왕의 어머니 지소태후가 화랑(도)을 설치하
고 국인들로 하여 받들도록 했다. 그보다 앞서 법흥왕이 위화랑魏花郎을
사랑하여 화랑이라 불렀는데, 화랑이라는 이름이 여기서 시작했다고
한다. 위화랑은 1세 풍월주였다. 당시 신라에는 동시에 여러 명의 화랑
이 있어 각기 낭도를 거느렸다. 이에 여러 화랑이 거느린 화랑도를 하나
로 묶어 그 우두머리를 임명하고 풍월주라 불렀다. 풍월주의 밑에는 부
제副弟를 두고 화랑도를 삼부로 나누었고 각 부에 여러 업무를 담당하는
직책을 두었다. 612년 15세 풍월주가 된 김유신은 10살의 김춘추를 부
제로 삼아 낭도를 거느리게 하여 위엄을 세우도록 했다. 그때 김유신은
언젠가 김춘추를 왕으로 세우고자 그를 부제로 삼았던 것이다.

호국護國: 《화랑세기》16세 풍월주 보종공 조를 보면 김유신이 낭도들
에게 말하기를 선仙을 배우려면 보종을 따르고, 호국입공護國立功 곧 나
라를 지켜 공을 세우려면 자기를 따르라 한 사실이 나온다. 여기서 호국
의 의미가 구체적으로 무엇인가 볼 필요가 있다. 《화랑세기》15세 풍월
주 유신공 조를 보자. 그에 따르면 김유신은 늘 화랑도에게 말하기를
"우리나라는 동해에 치우쳐 있어 삼한을 통합할 수 없는 것이 부끄러운
일이다. 어찌 골품과 낭도의 소속을 다투겠느냐? 고구려와 백제를 평정
하면 나라에 외우外憂가 없어질 것이니 가히 부귀를 누릴 수 있다. 이것
을 잊으면 안 된다"라고 했다. 김유신이 말한 호국은 구체적으로 고구

려와 백제를 정복하여 외우를 없애고 부귀를 누리는 것이었다. 김유신은 612년 열여덟 살에 풍월주가 되었을 때 백제와 고구려를 정복하려는 호국의 꿈을 품었다. 그는 한평생 힘을 다하여 호국의 꿈을 이루어냈다.

《화랑세기花郎世記》: 《삼국사기》에는 《화랑세기》가 김대문의 저술로 나온다. 《화랑세기》는 540년부터 681년까지 임명되었던 32명 풍월주의 전기다. 풍월주는 화랑도의 우두머리였다. 《화랑세기》 저술 목적은 "화랑의 세보", "낭정의 대자", "파맥의 정사"로 나온다. 저술 시기는 681~687년 사이로 생각하였으나, 703년 뒤였던 것으로 수정한다. 《화랑세기》의 각 풍월주의 전기는 본문과 찬에 이어 세계世系의 구조로 되어 있다.

그 가운데 본문은 각 풍월주의 세보와 파맥 그리고 낭정에 관한 내용이 들어 있다. 그 가운데 세보와 세계에는 당시 왕위 계승, 친족 제도, 골품 제도 등에 관한 사실들이 들어 있다. 그런데 《화랑세기》는 그러한 제도의 원리를 밝히지 않고 실제 그 원리가 적용된 사실을 담고 있다. 신라인 누구나 아는 당시 신라 골품 사회체제를 움직이던 원리를 구태여 밝힐 필요가 없었던 것이다. 이에 우리는 《화랑세기》에 나오는 구체적인 사실로써 당시 만들어졌던 사회체제의 운영 원리를 찾아내야 한다. "개인의 골품"에 관한 이해는 그 하나라 하겠다.

《화랑세기》에는 화랑도 조직에 구체적인 내용이 들어 있다. 이로써 비로소 신라가 망한 뒤 처음으로 신라 화랑도 조직에 관해 알 수 있게 되었다. 그리고 《화랑세기》에는 당시 화랑도에 파가 나뉜 사실도 나오고 있다. 김유신이 활동할 때는 진골정통·대원신통·가야파가 있었다. 파맥이 나뉜 것이다. 그런데 파맥에 따라 정사正邪 곧 바르거나 사악한 파로 나뉜 것을 알 수 있다.

《화랑세기》에 나오는 기록 가운데 세보는 신라가 망한 뒤에는 역사가들이 주목하지 않았다. 우리는 《화랑세기》가 나타남으로써 신라의 골품 사회체제를 이해할 수 있게 되었다. 김유신의 증조인 금관국의 제10대 구충왕이 532년 그의 세 아들과 함께 나라를 들어 신라에 항복해 들어왔을 때 신라에서는 그들을 진골로 편입해준 이유를 알 수 있다. 금관국의 제6대 좌지왕부터 구충왕까지 신라 진골 여자들을 왕비로 맞이함으로써 구충왕의 몸에는 신라인의 피가 더 많이 들어 있었던 것이다. 그 결과 신라에서는 그들에게 아무런 문제 없이 진골 신분을 줄 수 있었다. 또한, 김유신이 선문에서 활동하며 호국과 보국의 두 가지 꿈을 기획했고 그 꿈을 실현하기 위해 칠성우라는 결사를 조직한 것도 알 수 있게 되었다. 진덕여왕 대에 칠성우들의 모임에 관해 한국 사학은 화백회의라고 주장해왔다. 그러니 칠성우의 모임은 화백회의와는 무관한 것이었음을 《화랑세기》 덕분에 알 수 있게 되었다. 김유신에 관한 이 책은 신라판(신라 버전) 《화랑세기》가 아니었다면 쓸 수 없었다.

참고문헌

사료

《삼국사기三國史記》, 한국고전총서 2, 민족문화추진회, 1973.

《삼국유사三國遺事》, 한국고전총서 1, 민족문화추진회, 1973.

김대문 저, 이종욱 역주해, 《화랑세기》, 소나무, 2005.

연민수·김은숙·이근우·정효운·나행주·서보경·박재용, 《역주 일본서기譯註 日本書紀》, 동북아역사재단, 2013.

금석문

한국고대사회연구소 편, 〈문무왕비편文武王陵碑〉, 《역주 한국고대금석문》 2, 가락국사적개발연구원, 1992.

한국고대사회연구소 편, 〈봉림사 진경대사탑비鳳林寺 眞鏡大師塔碑〉, 《역주 한국고대금석문》 3, 가락국사적개발연구원, 1992.

황수영, 〈신라 황룡사9층탑 찰주본기〉, 《한국금석유문》, 일지사, 1976.

연구서

신라사학회 편, 《흥무대왕 김유신 연구》, 신라사학회, 2011.

신채호, 《조선상고사》, 종로서원, 1948.

이기백, 《신라정치사회사연구》, 일조각, 1974.

이기백·이기동, 《한국사강좌 I》 고대편, 일조각, 1982.

이종욱, 《신라골품제연구》, 일조각, 1999.

이종욱, 《화랑세기로 본 신라인 이야기》, 김영사, 2000.

이종욱, 《신라의 역사》 1-2, 김영사, 2002.

이종욱, 《화랑》, 휴머니스트, 2003.

이종욱, 《춘추》, 효형출판, 2009.

이종욱, 《신라가 한국인의 오리진이다》, 고즈윈, 2012.

정순태, 《우리 민족을 만든 인물 김유신, 시대와 영웅》, 까치, 2000.

참고서

고등학교 《국사》(교사용지도서), 2007.

외국서적

Ernest L. Schusky, *Manual for Kinship Analysis*, 1972.

Frank Robert Vivelo, *Cultural Anthropology Handbook*, 1978.

Raymond Scupin, *Cultural Anthropology*, 2000.

연구논문

김창겸, 〈신라시대 김유신의 흥무대왕 추봉과 '신김씨'〉, 《흥무대왕 김유신 연구》, 신라사학회, 2011.

김태식, 〈김유신의 흥무대왕 추봉 시기〉, 《신라사학보》 6, 신라사학회, 2006.

김태식, 〈방사로서의 김유신〉, 《흥무대왕 김유신 연구》, 신라사학회, 2011.

박문옥, 《《화랑세기》로 본 김유신의 세계, 인통과 혼인-신라 골품제하에서의 지위 -〉, 《한국상고사학보》 43, 한국상고사학회, 2004.

신채호, 〈김유신 특장의 음모〉 《조선사》, 《조선일보》, 1931. 10. 3.

이기동, 〈신라 화랑도 연구의 현단계〉, 《이기백선생 고희기념 한국사학논총》, 일조각, 1994.

이기백, 〈대등고〉, 《신라정치사회사연구》, 일조각, 1974.

이기백, 〈신라 집사부의 성립〉, 《신라정치사회사연구》, 일조각, 1974.

이종욱, 〈남산신성비를 통하여 본 신라의 지방통치체제〉, 《역사학보》 64, 역사학회, 1974.

이종욱, 《《화랑세기》에 나타난 진골정통과 대원신통》》, 《한국상고사학보》 18, 한국고대사탐구학회, 1995.

이종욱, 〈과연 김유신과 김춘추는 신흥 또는 소외된 귀족이었나〉, 《역사충돌》, 김영사, 2003.

이종욱, 《《화랑세기》를 통해본 신라 화랑도의 가야파〉, 《한국고대사탐구》 27, 한국고대사탐구학회, 2017.

이종욱, 《《화랑세기》에 나오는 계보가 갖는 중요성과 그 의미〉, 《한국고대사탐구》 29, 한국고대사탐구학회, 2018.

정동락, 〈필사본 《화랑세기》로 본 대가야와 신라의 결혼동맹〉, 《한국고대사탐구》 24, 한국고대사탐구학회, 2016.

조범환, 〈김유신의 가계와 후손들의 활동- '가야계 출신이어서 가지는 한계'의 학설로부터 자유롭게 하기-〉, 《흥무대왕 김유신 연구》, 신라사학회, 2011.

津田左右吉, 〈三國史記の新羅本紀について〉, 《古事記及び日本書紀の新硏究》, 《津田左右吉全集》別卷 1, 岩波書店, 1989.